30 €
13

Do. 24. Mai '07, 16² Kws

W0096439

**Wolfgang Hartung: Die Spielleute im Mittelalter
Gaukler, Dichter, Musikanten**
(7-5613-0) statt Originalausgabe 29.90
jetzt als Sonderausgabe nur **12.95**

Sie wurden verehrt und verachtet: Es gab kein Fest, keine Kirmes ohne die Auftritte der fahrenden Sänger, Musikanten, Gaukler und Dichter, Possenreißer und Akrobaten. Ihre Auftritte brachten Farbe und Spannung in den Alltag und sie versorgten ihr Publikum mit den neuesten Nachrichten. Trotzdem zählten die meisten Spielleute zu den sozialen Randgruppen der mittelalterlichen Ständegesellschaft und besaßen häufig keine Rechte. Der Autor beschreibt anschaulich Existenz und Lebensformen der unbehausten Spielleute. 365 Seiten, zahlr. Farb- und s/w-Abb, Format 14 x 21 cm, gebunden.

**Wolfgang Hartung: Die Spielleute im Mittelalter
Gaukler, Dichter, Musikanten**
(7-5613-0) statt Originalausgabe 29.90
jetzt als Sonderausgabe nur **12.95**

Sie wurden verehrt und verachtet: Es gab kein Fest, keine Kirmes ohne die Auftritte der fahrenden Sänger, Musikanten, Gaukler und Dichter, Possenreißer und Akrobaten. Ihre Auftritte brachten Farbe und Spannung in den Alltag und sie versorgten ihr Publikum mit den neuesten Nachrichten. Trotzdem zählten die meisten Spielleute zu den sozialen Randgruppen der mittelalterlichen Ständegesellschaft und besaßen häufig keine Rechte. Der Autor beschreibt anschaulich Existenz und Lebensformen der unbehausten Spielleute. 365 Seiten, zahlr. Farb- und s/w-Abb, Format 14 x 21 cm, gebunden.

Wolfgang Hartung
Die Spielleute im Mittelalter

Wolfgang Hartung

Die Spielleute
im Mittelalter

Gaukler, Dichter, Musikanten

Artemis & Winkler

Bibliografische Information Der deutschen Bibliothek
Die Deutsche Bibliothek verzeichnet diese Publikation in der
Deutschen Nationalbibliografie; detaillierte bibliografische Daten
sind im Internet unter http://dnb.ddb.de/ abrufbar.

© 2003 Patmos Verlag GmbH & Co. KG
Artemis & Winkler Verlag, Düsseldorf und Zürich
Alle Rechte vorbehalten.
Satz: KompetenzCenter, Mönchengladbach
Druck und Verarbeitung: fgb freiburger graphische Betriebe
ISBN 3-538-07163-2
www.patmos.de

Inhalt

7 *Vorwort*

8 *Einleitung*
Was ist ein Spielmann?

14 *Erstes Kapitel*
Die Spielleute – ein Thema für Historiker?

23 *Zweites Kapitel*
Die Gesellschaft im Mittelalter

39 *Drittes Kapitel*
Das Repertoire der Spielleute

66 *Viertes Kapitel*
Die Kennzeichen: Haartracht, Kleidung und Name

85 *Fünftes Kapitel*
»Vorfahren« der mittelalterlichen Spielleute

93 *Sechstes Kapitel*
Die soziale Herkunft der Spielleute

116 *Siebtes Kapitel*
Die Spielleute und die Kirche

131 *Achtes Kapitel*
Die Haltung der Theologen und Seelsorger

140 *Neuntes Kapitel*
Lichter am Horizont:
Thomas von Aquin und Franziskus von Assisi

148	*Zehntes Kapitel* Der Spielmann und die Normen des weltlichen Rechts
158	*Elftes Kapitel* Weltliche Herrschaft und Spielleute
173	*Zwölftes Kapitel* König, Adel, Kirchenfürsten: Herrschaftsideal und Wirklichkeit
205	*Dreizehntes Kapitel* Spielleute und Publikum in den Städten
211	*Vierzehntes Kapitel* Teufel, Tanz und Spielleute
224	*Fünfzehntes Kapitel* Frauen als Spielleute – der Tanz der Salome und ihrer Töchter
248	*Sechzehntes Kapitel* Spielmannslohn: Wie gewonnen, so zerronnen
262	*Siebzehntes Kapitel* Die Organisation der Spielleute: Korporation und Bruderschaft
295	*Achtzehntes Kapitel* Lebensformen und Mentalität
324	*Anhang*
324	Abkürzungsverzeichnis
325	Quellenverzeichnis
332	Literaturverzeichnis
341	Anmerkungen
360	Personenregister
366	Bildnachweis

Vorwort

Seit beinahe dreißig Jahren sind mir die Spielleute des Mittelalters wissenschaftlich und – ich gebe es freimütig zu – auch emotional ans Herz gewachsen. Der Spielmann verkörpert wie kein anderer die Gestalt des *homo viator*. Seine Lebensform als Unbehauster und Heimatloser macht ihn in einer Welt der festen Bindungen zum Außenseiter. Er ist ein Kind des Orpheus, der sein Publikum beglückt, aber selbst nicht in der Lage ist, sein Glück zu machen und festzuhalten. Unangepaßt und opportunistisch, lobhudelnd und zynisch, blasphemisch und bigott – das alles ist der Spielmann.

Er ist vor allem das Opfer der christlichen Theologen, welche die Freuden des irdischen Lebens genau so hassen wie sich selbst. Dieser Haß entlädt sich über dem Spielmann, der im Mittelalter Lust und Lebensfreude verkörpert. Und das Publikum? Das Publikum liebt seine Spielleute und fürchtet sie doch als Fremde und weist sie nach ihrem Auftritt wieder fort.

Die fremde, oftmals grotesk erscheinende Welt der Spielleute zu beobachten, zu analysieren, zu verstehen und zu beschreiben führte immer wieder auch an den Rand der Aufgaben und Möglichkeiten des Historikers.

Die Umsetzung in die Form eines Buches haben mein Kollege Prof. Dr. Uwe Ludwig, Frau Mareen Goebel und vor allem Herr Ulrich Mattejiet, M.A. vom Artemis & Winkler Verlag sachkundig und hilfreich begleitet. Danke.

Meiner Frau Sandra seien »Die Spielleute« gewidmet.

Düsseldorf, im August 2003

EINLEITUNG
Was ist ein Spielmann?

»Qu'est-ce qu'un jongleur?« Damit beginnt Edmond Faral seinen 1910 erschienenen »Klassiker« über spielmännische Lebenswelten: »Les jongleurs en France au Moyen Age.« (»Die Spielleute in Frankreich im Mittelalter.«)[1] Und er sah sich gezwungen, auszuholen:

»Ein Spielmann ist ein vielgestaltiges Wesen: Er ist Musiker, Dichter, Schauspieler, Gaukler. Er ist eine Art von Vergnügungsmanager (›intendant des plaisirs‹) an den Höfen von Königen und Fürsten. Er ist ein Vagabund, der auf den Straßen herumirrt und in den Dörfern auftritt. Er spielt die Leier und singt Heldenepen (»chansons de geste«) bei der Pilgerrast. Er ist der Scharlatan, der die Menge an den Wegkreuzungen unterhält. Er ist Autor und Darsteller der Spiele, die feiertags vor dem Kirchenportal aufgeführt werden. Er ist der Tanzmeister, der die jungen Leute zum Reigen und zum Tanz führt. Er schlägt die Trommel. Er bläst Trompete und Busine und führt damit die Prozession an. Er ist Erzähler und Sänger, der die Feste, die Nachtwachen vor den Festen sowie Hochzeiten zu fröhlichen Ereignissen macht. Er ist Kunstreiter, der auf Pferden voltigiert. Er ist Akrobat, der auf den Händen tanzt, der mit Messern jongliert, der in vollem Lauf durch Reifen springt, der Feuer schluckt, der sich verdreht und verrenkt. Er ist Spaßmacher, der sich in Szene setzt und schauspielert. Er ist Scherzbold, der Unsinn vorführt und den Tölpel spielt. Das alles ist der Spielmann und darüber hinaus noch viel mehr.«

Edmond Faral gibt seinen Lesern angesichts dieser umfangreichen Beschreibung der wichtigsten Merkmale eine prägnante Kurzdefinition mit auf den Weg: »Wir betrachten als Spielleute alle, die den Menschen berufsmäßig Unterhaltung bieten.«

Die Frage, wer und was ein Spielmann sei, und wie die vielfältigen Formen der Kunstausübung und wie die verschiedenen Künstler bezeichnet werden sollen, ist ein altes, tief in das Mittelalter zurückgehendes Streitthema, so auch für den berühmten Guiraut Riquier. Dieser wirkte zwischen 1254 und 1292 an verschiedenen provenzalischen Adelshöfen und insbesondere am Hofe von König Alfons dem Weisen von Kastilien als Spielmann. »Guiraut Riquier pflegt mit einer Art von melancholischer Hingabe alle überkommene lyrische Gattungen, vom *chanson* zum *sirventes*, von der *tenzone* bis zur *pastourelle* ... Er lebt im Gefühl des zu spät Geborenen. In hochmütigem Stolz, aber zugleich auch mit übergenauer und strenger Sorge um die Rangordnung verteidigt er seine Position als Dichter, der sich bedroht sieht, für einen einfachen Spielmann gehalten zu werden, zumal die echten Kunstkenner selten geworden sind.«[2]

Guiraut Riquier glaubte, Kunst und Kultur Kataloniens und der Provence zu verkörpern und zu bewahren. Daher dichtete er 1275 ein fiktives Gesuch an König Alfons den Weisen, welches die Forderung enthielt, eine gesetzliche Regelung hinsichtlich der Künstler und ihrer Bezeichnungen nach seinen fachmännischen Vorschlägen zu treffen.[3] König Alfons sei dieser insbesondere auch standespolitischen Forderung in einer königlichen Urkunde nachgekommen. Der historische König Alfons war zu dieser Zeit übrigens neben Richard von Cornwall und seit 1273 neben Rudolf von Habsburg auch deutscher (Gegen-)König. Die fiktive Urkunde war folgendermaßen überschrieben: »Erklärung des Herrn Königs Alfons von Kastilien zu der Eingabe, welche Gr. Riquier hinsichtlich des Namens der *joglars* im Jahr 1275 gemacht hat.«[4]

»Im Namen des Wahren Gottes, des Vaters und des Sohnes, der von der jungfräulichen Mutter geboren ward, und des Heiligen Geistes, der wahrhaftig ist in Einheit, im jetzt laufenden Jahre Christi 1275, zu Ende des Monats Junius, erklären Wir Alfons von Gottes Gnaden und nach Seinem Willen regierender König von Kastilien, Toledo, León usw. ... auf die ehrerbietige Vorstellung, die Guiraut Riquier in Betreff des Namens *jongleur* uns vorgestern überliefert hat ... Wir finden, daß die Instrumente auf Lateinisch, wer es versteht, *instrumenta* heißen; daher kommt der Name Instrumentenspieler, und dies sind eigentlich die römischen *histriones*; die Troubadours heißen dagegen auf Lateinisch *inventores*; aber alle die Springer und Seiltänzer *joculatores*, und daher stammt der unge-

König Alfons der Weise diktiert einem Schreiber den Text seines Buches über die Spiele (Miniatur, Kastilien, um 1280). Dem wegen seiner hohen Bildung berühmten Herrscher wurde auch eine Ordnung über die Spielleute in den Mund gelegt.

bührliche Name Jongleur, den alle diejenigen führen, welche die Höfe besuchen und die Welt durchwandern, ohne daß man sie weiter unterscheidet. Dies ist, um die Wahrheit zu sagen, ein Mißbrauch. Andre Namen gibt es offenbar nicht im Romanischen und so heißen alle, selbst die Seiltänzer und Possenspieler Jongleurs. Das ist ein Gebrauch, der zu tief eingerissen ist, um ihn leicht abschaffen zu können.

In Spanien ist die Sache besser eingerichtet, und wir wollen nichts daran geändert wissen: hier werden die Gewerbe durch die Namen unterschieden. Die Musiker heißen *Joglars*, die Possenspieler *Remendadors*, die Troubadoure an allen Höfen *Segriers*. Diejenigen Menschen aber, die fern von gutem Benehmen ihre niedrigen Künste auf Straßen und Plätzen sehen lassen und kein ehrbares Leben führen, die nennt man ihrer Schlechtigkeit wegen *Cazuros*.

So ist der Brauch in Spanien und leicht kann man am Namen die Künste erkennen. Allein in der Provence heißen alle Jongleurs, und das scheint uns ein großer Fehler jener Sprache ... Es ist ein Mißstand, daß man schlechte und rohe Menschen nicht durch den Namen bezeichnet und sie mit den besseren vermengt.

Wir raten und erklären daher von Rechts wegen, daß alle diejenigen, mögen sie nun Kenntnisse haben oder keine, die eine niedere Lebensart führen, und in keiner guten Gesellschaft erscheinen dürfen, so wie diejenigen, die Affen, Böcke und Hunde tanzen lassen, den Gesang der Vögel nachmachen, Instrumente spielen, oder für geringe Gaben vor dem Pöbel singen, daß alle diese unter dem Namen *Jongleurs* nicht begriffen werden sollen; ebensowenig diejenigen, die den Höfen nachgehend ohne jede Scham jede Erniedrigung sich gefallen lassen und gefällige und edle Beschäftigungen verschmähen. Man nenne sie *Bouffons*, wie dies in der Lombardei der Fall ist.

Diejenigen, die sich mit Höflichkeit und angenehmen Künsten unter den Edlen zu benehmen wissen, indem sie Instrumente spielen, Novellen erzählen, Verse und Canzonen anderer vortragen, und durch dergleichen einnehmende Fertigkeiten unterhalten, dürfen allein den Namen *Jongleurs* führen. Sie müssen an den Höfen erscheinen und belohnt werden, da sie Lust und Zeitvertreib mitbringen.

Diejenigen, welche die Geschicklichkeit besitzen, Verse und Melodien zu erfinden, von diesen zeigt die Vernunft, wie man sie nennen muß. Denn wer Tanzlieder, Coblas und Balladen, Albas und Sirventes meisterhaft zu dichten versteht, dem gebührt der Name *Troubadour* und von Rechts wegen größere Ehre als dem *Jongleur*, der durch die Werke des ersteren besteht.«

An dieser Stelle sei kurz innegehalten und mit wenigen Worten umrissen, was wir uns bei den immer wieder hier gebrauchten Begriffen »Provence« und »provenzalisch« im Mittelalter vorzustellen haben:

Spätestens seit dem 9. Jahrhundert haben sich gewissermaßen Töchter des Spätlateinischen entwickelt. »Auf dem Boden Galliens traten zwei Sprachen zutage, die man traditionell seit Dante danach bezeichnet, wie sie jeweils ›ja‹ sagen: Die Langue d'oïl im Norden und die Langue d'oc im Süden.«[5]

Unter »Provenzalisch« wird die Sprache, Literatur und Kultur verstanden, soweit sie mit der Landschaft, in welcher die »langue d'oc« beheimatet, gesprochen und geschreiben wurde, verbunden ist. Und weil davon ein größerer Raum erfaßt wird als die Provence, hat sich heute weitgehend die Bezeichnung »Okzitanische Literatur« durchgesetzt. Die damit umrissene Landschaft nennen wir entsprechend Okzitanien (frz. Occitanie). Das Provenzalische war vom 12. bis zum 14. Jahrhundert in Nord- und Mittelitalien die Sprache der gehobenen Lyrik. Wir werden vor allem sehen, daß okzitanische Spielleute und Dichter sich von Italien bis Katalonien in einem sprachlich und künstlerisch übergreifenden Kulturraum bewegten. Damit nutzten sie übrigens die gleichen Wegen wie die Katharer und andere als Häretiker abgestempelte Gläubige, die auf der religiösen Suche oder auf der Flucht vor der Inquisition zwischen Katalonien, den Pyrenäen, Okzitanien und Oberitalien ihr Heil suchten.[6]

Der Begriff »Südfrankreich« kann allenfalls den heutigen Süden Frankreichs im geographischen Sinne beschreiben. Mit der gewaltsamen politischen Eingliederung Okzitaniens in das französische Königreich im 13. und 14. Jahrhundert sowie in den Zeiten der Reformation im 16. Jahrhundert und erneut durch die totalitären Maßnahmen der Französischen Revolution wurde versucht, das historische und kulturelle Eigenleben und die okzitanische Identität zu Gunsten einer zentralistischen Ideologie aus Tradition, Staat und Verfassung sowie aus dem historischen Gedächtnis der Menschen zu tilgen.

Um 1366 schrieb der ins provenzalische Exil verbannte Petrarca an seinen glühenden Bewunderer Boccaccio über die Spielleute:[7] »Es sind keine Leute von großem Geist, dafür besitzen sie jedoch ein gutes Gedächtnis und sind sehr aufmerksam. Sie sind aber auch ausgesprochen frech und suchen Königs- und Adelshöfe auf, sind Habenichtse, reißen sich anderer Leute Lieder unter den Nagel ... Sie erbetteln die Huld der Adeligen sowie Geld, Kleidung und Kostbarkeiten.«

Hier drücken zeitgenössische Fachleute mit kritischem Blick aus, was die Spielleute kennzeichnet. Dabei sind jedoch auch Eitelkeit und Eigeninteressen sowie Standesdünkel des bei Hofe verkehrenden *Jongleurs* bzw. des »erhabenen« Dichterfürsten mit im Spiel.

Beide haben gute Gründe, ihre Distanz zu den »niederen« Spielleuten zu betonen; an den Höfen müssen sie sich die Gunst und die Gagen der Gönner mit den Spielleuten teilen.

Wenn wir danach fragen, was mittelalterliche Spielleute von sich selbst oder von ihren Kollegen halten, kommt mit den Antworten gelegentlich ein bitterer Zug ins Spiel. Der Florentiner Kaufmann und Notar Brunet Latin (Brunetto Latini) schrieb um 1250 in Paris das enzyklopädische Werk »Li livres dou Tresor«, »Bücher geistiger Schätze«, und etikettierte den Spielmann folgendermaßen:[8] »Jugleor est cil qui converse entre la gent a ris et a geu, et moque soi et sa femme et ses enfans, et touz autres.«

»Der Spielmann ist jemand, der mit Lachen und Spiel unter die Leute geht und sich über sich selbst, über seine Frau und seine Kinder lustig macht und über alle anderen auch.«

Wir wollen im Folgenden die Frage untersuchen, wie die Wissenschaft, insbesondere die Geschichte »auf den Spielmann« gekommen ist; wann und auf welchen Wegen der Spielmann zum Gegenstand der Untersuchung und Darstellung wurde.

ERSTES KAPITEL
Die Spielleute – ein Thema für Historiker?

Als die Geschichtswissenschaft »laufen gelernt hatte«, also seit der Mitte des 19. Jahrhunderts, waren die Lieblingsthemen der Mittelalterlichen Geschichte die Haus-, Hof- und Staatsaktionen im christlichen Abendland. Diese schienen allein gelenkt und bestimmt von den großen Persönlichkeiten, also von Kaisern, Königen und Päpsten, Kardinälen, Fürsten, Heerführern, Rittern und sonstigen Würdenträgern. Selbst nach dem Zweiten Weltkrieg ist vielen Historikern noch nicht klar geworden, wie zerbrechlich und fragwürdig historische Größe ist. 1956 erschien der erste Band einer neu begonnenen deutschen Biographie mit dem Titel »Die großen Deutschen«[9]. Sie konnten es nicht lassen.

Zu den »Großen der Geschichte« gesellten sich im 19. Jahrhundert jedoch sehr bald auch die Bürger der Städte und die Bauern auf dem Land als Interessengebiete der Historiker hinzu. Neben die politischen und kirchlichen Institutionen wie Monarchie, Reichstag, Konzil usw. traten Einrichtungen des städtischen und auch des bäuerlichen Lebens: Stadtrecht, Patriziat, Handwerker und Kaufleute, Zunft und Gilde einerseits, Weistum, Hofrecht, Genossenschaft andererseits.

So entstand im Laufe des 19. Jahrhunderts ein großartig angelegtes historisches Gemälde, welches die Entwicklung der mittelalterlichen Kultur- und Geistesgeschichte nachzeichnete und auch die Menschen in ihrer Epoche, in ihren jeweiligen Lebensräumen, an ihrem angestammten Platz und gottgegebener Abhängigkeit farbenfroh und volkstümlich darstellen wollte.

Es kann uns dabei nicht entgehen, daß die Fragen, die von den Historikern an das Mittelalter gestellt wurden, aus Fragen und Problemen der eigenen Zeit hervorgegangen sind. Diese bewußten und unbewußten Motive trägt möglicherweise jede Beschäftigung, auch die wissenschaftliche, mit der Vergangenheit in sich. Somit stellt jede Generation neue Fragen an die Geschichte; Fragen, die aus der eigenen Zeit hervorgehen und vorher so noch nicht gestellt worden sind. Damit wachsen der Geschichtswissenschaft mit dem Wandel der Zeit stets neue Fragen zu, und auch die Gesellschaft erwartet neue Antworten.

Die Probleme verdichten sich jedoch dann, wenn der Fragende, der Wissenschaftler, die zeitliche und kulturelle Distanz zu den vergangenen Epochen verliert und etwa mit seiner Forschung und Darstellung die alten Zeiten wiederbeleben, d. h., die alte politische, gesellschaftliche oder kirchliche Ordnung als Vorlage für die Gestaltung von Gegenwart und Zukunft heranziehen möchte. Die Verbindung von Wissenschaft, Ideologie und Politik stellt unter diesem Vorzeichen eine unbekömmliche Rezeptur dar, aus welcher denn auch die schädlichsten Mixturen für das 19. und 20. Jahrhundert gebraut worden sind.

Die »Großen der Geschichte« boten sich förmlich für die Anfertigung historischer Porträts an, und oft genug sind sie auch zu ideologischen Ikonen gestaltet worden.

Die intensive Beschäftigung des Historikers mit Königen und Kaisern, Päpsten, Bischöfen und anderen wurde dadurch erleichtert, daß ihr Tun und Treiben zu deren Lebzeiten oder bald danach in eine schriftliche Form gegossen wurde. Sie treten uns in Chroniken, Annalen, Viten und Tatenberichten entgegen, die, als große Leistung der Geschichtswissenschaft des 19. Jahrhunderts, in umfangreichen Editionswerken für Forschung und Schulbildung veröffentlicht wurden. In vorderster Reihe sind die »Monumenta Germaniae historica«, die »Denkmäler deutscher Geschichte«, zu erwähnen. Aber gerade dieses nationale Quellenwerk spiegelt den historischen Zeitgeist in besonderem Maße wider. Heute noch ist jedem Band als Emblem der MGH ein Eichenkranz vorangesetzt mit der Inschrift: »SANCTUS AMOR PATRIAE DAT ANIMUM«, »Die heilige Liebe zum Vaterland verleiht Geist/Seele/Trotz/Übermut/ Denkkraft/Zorn/Leidenschaft usw.« (Die richtige Übersetzung bitte ankreuzen). Die Vaterlandsliebe spart die Sozialgeschichte aus. In den MGH wird sie lediglich als Schmuddelkind behandelt.

Dort stand denn auch der Gedanke, Monumente, also Denkmäler, zu publizieren, im Vordergrund. Hinsichtlich der Auswahlkriterien bleibt dieses Editionsunternehmen trotz aller wissenschaftlichen und editorischen Leistungen perspektivisch beschränkt.

Als sich die Historiker schließlich der städtischen und der bäuerlichen Bevölkerung zuwandten, fiel es aus verschiedenen Gründen schwer, ein kohärentes Bild von ihnen zu zeichnen. Es schien, als hätten die »kleinen Leute« im Mittelalter kein eigenes Schicksal gehabt, sondern eine anonyme Existenz ohne jede Bedeutung geführt. Lediglich die Institutionen, in welche sie eingebettet waren, wie Grundherrschaft, Gericht, Stadtrecht usw., schienen mitteilenswert. Ihr Leben schien charakterisiert durch den Mangel an besonderen, vitalen Merkmalen, die von den Herren gepflegt, herausgehoben und für die Zeitgenossen und für die Nachwelt auf Pergament, Stein und seit dem Spätmittelalter auch auf Papier festgehalten worden sind.

Wir wissen heute, daß dem nicht so war und es sei daran erinnert, daß die »Großen« im Verlauf des Mittelalters von den zeitgenössischen Geschichtsschreibern ebenfalls nur zögerlich eine Darstellung erfahren haben, die ihre Persönlichkeit und Individualität nachzeichnete. Denn diese Autoren interessierten sich nicht dafür, was den Menschen tief in seinem Inneren berührte und welche persönlichen Motive seinen Entscheidungen zugrunde lagen. Vielmehr ging es ihnen darum, den Herrscher als ein Werkzeug Gottes im heilsgeschichtlichen Prozeß darzustellen. Sie wollten ein Bild der Kategorie »des Kaisers« oder »des Königs« oder »des Papstes« oder »des Bischofs« oder »des Ritters« zeichnen; sie wollten gewissermaßen eine Ikone anfertigen, hinter welcher die individuellen Züge der Persönlichkeit möglicherweise bis zur Unkenntlichkeit zurücktraten; eine für das Mittelalter typische Haltung. Eine von Henrik Ibsen 1866 in Anlehnung an Sören Kierkegaard formulierte »Lebensweisheit« kennzeichnet das dem Mittelalter fremde bzw. als verwerflich geltende Streben nach Individualität:

»Wen Gott vernichten will, den macht er
Zum Individuum, dann lacht er.«[10]

Die »Vita Caroli Magni« des Einhard um 830, die »Taten« des Kaisers Konrad II. aus der Feder des Wipo im 11. Jahrhundert oder die »Taten Friedrich Barbarossas« aus der Feder des Bischofs Otto von Freising und seines Fortsetzers Rahewin im 12. Jahrhundert sind daher auch keine biographischen Werke in unserem Sinne, sondern verbergen unter der gattungsbedingt plakativen Oberfläche die oftmals mühsam zu entdeckende Individualität und Persönlichkeit des »Helden«.

Monarchie und Adel vermeinten im 19. Jahrhundert noch immer oder schon wieder die Verantwortung für das Reich tragen zu sollen und identifizierten sich ungeniert in zum Teil lächerlicher und zum Teil schamloser Weise mit ihren mittelalterlichen Vorfahren. Und das 1871 gegründete anachronistische, kleindeutsche Kaiserreich als angeblicher Nachfolger des Heiligen Römischen Reiches deutscher Nation bezeichneten sie als »Zweites Reich« und begingen damit gemeinsam mit dem geschichtsseligen Bürgertum eine Geschichtsklitterung, die denn auch bis 1918 nur kurzen Bestand hatte. Dem sogenannten Zweiten Reich noch ein Drittes draufzusetzen, lag folgerichtig in der Natur dieser Denkweisen.

Auch die Bürger und die Bauern fanden schließlich das Interesse der Geschichtswissenschaft. Dem biedermeierlichen und dem nationalliberalen Bürgertum des 19. Jahrhunderts war nämlich ebenfalls daran gelegen, die mittelalterlichen »Vorfahren« aufzusuchen, und das noch weit in das 19. Jahrhundert hinein überwiegend agrarisch strukturierte Deutschland besann sich seines bäuerlichen Erbes. Und weil seither die bäuerliche Geschichte sowohl von der Klassenkampf- als auch von der Blut-und-Boden-Ideologie für ihre jeweiligen Ziele vereinnahmt wurde, war ihr ein langanhaltendes Interesse beschieden.

Im ausgehenden 19. Jahrhundert wurden schließlich auch die Spielleute zum Gegenstand des Interesses.[11] Die Literaturwissenschaften haben die Spielleute, die »jongleurs« und die »minstrels« schon sehr viel früher entdeckt als die Historiker. Allein schon die umfangreiche Herausgabe von Dichtungen im 19. Jahrhundert hat eine intensive Behandlung auch der Kulturgeschichte der Spielleute nach sich gezogen. Mit dem Handbuch von Gautier über »Les épopées françaises«[12] und vor allem dem über die literaturwissenschaftlichen Fragestellungen hinausgehenden Buch von Edmond Faral über »Les jongleurs en France au Moyen Age« aus dem Jahre 1910 fanden die Spielleute intensivere Untersuchungen und Darstellungen.

Hermann Reich entwickelte 1903 ein universalhistorisches Panorama des »Mimus« von der Antike bis zum Jahr 1902. Er versah sein

Werk mit einem Tableau, welches über die Zeiten und die Räume Afrikas, Europas und Asiens hinweg seine »Theorie des Mimus« ins Bild setzen sollte.[13]

»Wie im Oriente der griechische Mimus das Mittelalter hindurch geblüht hat und in seinen Kindern und Kindeskindern dort noch fortlebt, so hat im Occidente der römische Mimus sich durch das lange Mittelalter hindurch lebendig erhalten bis auf unsere Tage. Wie Philistion im griechischen Osten zahlreiche Nachfolger hatte, Phoebus, Origanion, Diogenes und die zahllosen Mimographen, deren Namen vergessen sind, die in immer neuen Mimen die alten Typen und Themen der mimischen Ethologie und Biologie den Wandlungen des *βίος* anpaßten und wohl auch neue dazu erfanden, so gab es auch im lateinischen Westen in den nachchristlichen Jahrhunderten zahlreiche Mimographen.« Wir sehen hier ein typisches Beispiel dafür, wie Kulturgeschichte als Entwicklungsgeschichte, als ein biologisch entstandenes und zu bewertendes Phänomen aufgefaßt wird. Hier liegen, wie wir im Folgenden sehen werden, die Wurzeln für künftige unheilvolle Tendenzen der Wissenschaftsgeschichte. Den Gedankengängen Hermann Reichs hat sich Ernst Robert Curtius noch 1954 vorbehaltlos angeschlossen.[14]

Die germanistische Literaturwissenschaft tat sich im Gegensatz zur Romanistik mit den Spielleuten recht schwer.[15] Denn diese entsprachen in vielerlei Hinsicht nicht den hehren Vorstellungen von den eigenen Vorfahren. Dort, wo sich der Spielmann nicht nachträglich veredeln ließ oder wo seine angebliche Herkunft vom keltischen Barden oder germanischen Skop so gar nicht mit dem realistischen Bild vom mittelalterlichen Spielmann harmonisierte, wurden Erklärungen für diesen Mangel gesucht und »wissenschaftlich« aufbereitet. Die moralgesättigten Ausführungen der wilhelminischen Zeit steigern sich zum Unerträglichen. Hier ist vor allem Wilhelm Hertz zu nennen, der 1886 sein »Spielmannsbuch« vorgelegt hat.[16] Auch hinsichtlich ethnischer Ressentiments setzte er Maßstäbe: »Wenn der wandernde Sänger des europäischen Nordens in der allgemeinen Achtung sank, so hatte er das hauptsächlich dem zweiten Element zu danken, das sich von Süden her über die Länder der Kelten und Germanen ergoß, dem verrufenen Volke der römischen Mimen, Spaßmacher und Gaukler …; aber jenes Unkraut der Lustigmacher war unverwüstlich.«[17]

Damit bewegt sich Hertz in einer deutsch-nationalen Ideologie, welche die eigene Gegenwart unmittelbar, im Verhältnis eins zu eins, mit der Geschichte verknüpfen wollte und zwar zum Vorteilhaftesten für Vergangenheit und Gegenwart. »Die Reinheit – ein Wort, das z. B. auch Wilhelm Grimm immer wieder im Zusammenhang mit National- oder Volksdichtung gebrauchte – der eigenen Vorfahren darf nicht angetastet werden; wenn sie schon dem Laster verfallen sind, dann wenigstens als Verführte. So kann das Ideal einigermaßen von Schmutz freigehalten werden.«[18]

Vor allem diejenigen Spielleute, die »niederer Art« zuzurechnen seien, waren schwer in die deutsche Tradition einzureihen. Im Rückgriff auf den Übergang von der Antike zum Mittelalter hatten Forscher wie Mönckeberg die »verlotterte« spätantike Schauspielszene vor Augen, wie sie in den Verdammungsurteilen der Kirchenväter in grellen Farben und obszön schillernd dramatisiert wurden. Damit lag für die »merkwürdige Zusammenstellung des fahrenden Volkes« im deutschen Mittelalter auch schon eine Erklärung bereit:[19]

»Die Volkssänger niederer Art haben sich den herumziehenden Trupps römischer Gaukler angeschlossen und aus diesen beiden Bestandteilen ist das hervorgegangen, was man als fahrendes Volk bezeichnete. Die Volkssänger haben von den Histrionen und Praestigiatoren die Gauklerstücke gelernt und sind durch die weiblichen Mitglieder der römischen Banden zu der für den echten späteren Spielmann typischen leichten Lebensauffassung und ziemlich laxen Moral bekehrt worden, während das Singen und Sagen und das Spielen musikalischer Instrumente durch die Volkssänger als notwendiges Merkmal eines fahrenden Mannes hinzukam.«

Solche Vorstellungen und Denkkategorien sind keineswegs Schöpfungen des Nationalsozialismus, sondern waren wie auf vielen anderen Gebieten so auch in den Literaturwissenschaften schon Generationen früher vorbereitet und vorweggenommen worden. Das läßt sich am Beispiel der Spielleute des Mittelalters, an ihrer Einstufung und Etikettierung, zeigen. Mit den Spielleuten oder besser, mit den Spielleuten als Autoren der hinterlassenen Werke, setzte sich seit 1924 Hans Naumann auseinander.[20] Hier sei lediglich illustriert, aus welchem Geist heraus die Spielleute für die folgenden Jahrzehnte abgestempelt wurden – und mit ihnen alle nichtbürgerlichen Künstler und Schausteller. Es läßt sich allein schon »aus Nebensätzen, Adjektiven, Vorwürfen gegen andere und frühere Forscher ein Bild dessen, was er mit Spielmann meint,« skizzieren:

»... das armselige Gesindel der Spielleute«, »primitive Spaßmacher«, »dieses fahrende Gesindel handgreiflicher, primitiver, grobsinniger Erlustigung«, »das liederliche Gesindel der Spielleute«, »das armselige Musikantengesindel.«[21]

Im Naumanns Lexikonartikel »Spielmannsdichtung« verfestigen sich Sprache und Denken: die Spielleute sind ein »ehrloses, feiges, gehrendes Pack«, sie sind »das aus der antiken Welt (und zum Teil auch aus primitiven heimischen Anfängen?) ererbte recht- und ehrlose, fahrende Gesindel von Tänzern, Springern, Musikanten und Erlustigungskünstlern aller Art, welches man seit alter Zeit Spielleute nennt«. Der Spielmann ist »ein verräterischer, feiler, schlechter, ehrloser Geselle«.[22] Obwohl wir an dieser Stelle schon im Bilde sind und uns trotz der verwendeten Sprache und Begriffe mit Assoziationen an zeitgenössische Strömungen noch zurückhalten, sei noch einmal aus Naumanns Lexikonartikel zitiert:

»Wie allzeit und überall in der Welt und in der menschlichen Kulturgeschichte das wandernde berufsmäßige Künstlertum wirklich ausgesehen hat, wenn die romantischen Schleier fallen, sozial, moralisch, künstlerisch ungemein tiefstehend, mißachtet, zur Hefe und zum Abschaum der Menschheit gehörig, ... die Geschichte des musikalischen Zunftwesens ... rechtfertigt unsere Wendungen vom verächtlichen Pack, vom armseligen Gesindel ...«[23] Die offiziellen nationalsozialistischen Verlautbarungen zu den Nichtseßhaften jeglicher Art haben Naumann kaum übertroffen.

Die Behandlung des Themas hat sich nach 1945 zu einem gewissen Grad auf die faktengeschichtliche, positivistische Schiene verlegt mit einem gewissen Hang zur Esoterik. So hat denn Walter Salmen 1960 in seinem Buch »Der fahrende Musiker im europäischen Mittelalter« zwar Ansätze zu einer über die Grenzen der Musikwissenschaft hinaus gehenden Darstellung der Spielleute gezeigt.[24] Über weite Strecken, sofern sie nicht musikgeschichtliche Fragen betreffen, hat er jedoch lediglich aus der alten Literatur unkritisch referiert und esoterische Erklärungsmuster unterlegt.[25]

Es ist ein Verdienst der französischen Geschichtswissenschaft, insbesondere aus dem Umkreis der historischen Zeitschrift »Annales. Economies, Civilisations. Sociétés«, seit den dreißiger Jahren Synthesen zwischen den verschiedenen Lebensbereichen und Gruppen der Gesellschaft aufzuzeigen sowie ihre Strukturen und ihre Dynamik sichtbar zu machen. Vor allem die Sicht auf die funktionale

Verknüpfung der sozialen Schichten erwies sich als besonders erkenntnisfördernd. Einen wesentlichen Anstoß gab das Buch von Bronislaw Geremek über »Die Randgruppen in Paris im 14. und 15. Jahrhundert«, das 1976 aus dem Polnischen in das Französische übersetzt wurde.[26] An der Universität Montréal hat 1975 ein interdisziplinärer Arbeitskreis, der sich den sozialen Randgruppen gewidmet hatte, seine Ergebnisse in einem Sammelband unter der Federführung von G.-F. Allard vorgelegt: »Aspect de la marginalité au Moyen Age«.[27] 1979 erschien in der Reihe *Cahiers Jussieu* der Sammelband »Soziale Randgruppen und Ausgeschlossene in der Geschichte«, mit Aufsätzen, welche die Zeit von der Antike bis in die Neuzeit umspannen.[28] Mit einem Aufsatz des Basler Historikers František Graus über »Randgruppen der städtischen Gesellschaft im Spätmittelalter« wurde 1981 die ernsthafte historische Auseinandersetzung im deutschsprachigen Raum eröffnet. Ihm folgten 1982 Hartung: »Die Spielleute, eine Randgruppe in der Gesellschaft des Mittelalters« und 1984 Irsigler-Lassotta: »Bettler und Gaukler, Dirnen und Henker. Randgruppen und Außenseiter in Köln«. 1986 erschien der aus einer Arbeitstagung hervorgegangene Band: »Städtische Randgruppen und Minderheiten« mit dem Aufsatz von Hartung: »Gesellschaftliche Randgruppen im Spätmittelalter. Phänomen und Begriff«.

Der 1990 in erster Auflage erschienene und 2001 erheblich erweiterte Sammelband von Bernd-Ulrich Hergemöller über die »Randgruppen der spätmittelalterlichen Gesellschaft« untersucht auf dieser Basis Prostituierte, Henker, Hebammen, Bader, Narren, Aussätzige, Juden, Hexen, Homosexuelle, Spielleute und andere Gruppen.[29] Der einleitende Aufsatz der ersten Auflage »Randgruppen der spätmittelalterlichen Gesellschaft. Einheit und Vielfalt« ist in der zweiten Auflage unter dem Titel »Randgruppen der spätmittelalterlichen Gesellschaft. Wege und Ziele der Forschung« erheblich erweitert und begrifflich vertieft worden.[30]

Das *Centro di Studi sul Teatro Medioevale e Rinascentimentale* veranstaltete 1977 in Orvieto seine zweite interdisziplinär angelegte Studientagung zum Thema: »Der Beitrag der Spielleute zu den Anfängen des italienischen Schauspiels«. Der daraus hervorgegangene Sammelband spiegelt nicht allein die theater-, sondern auch die sozial-, geistes- und kulturgeschichtliche Auseinandersetzung mit den Spielleuten wider.[31] Die germanistische Dissertation von Antonie

Schreier-Hornung: »Spielleute, Fahrende, Außenseiter. Künstler der mittelalterlichen Welt« geht von einer etwas diffusen Fragestellung nach »den Spielleuten« und möglichen, 24 Generationen zurückliegenden, spielmännischen Vorfahren der Autorin aus.[32] Die oben erwähnte erste sozialgeschichtliche Monographie von Hartung über die Spielleute (1982) wandte sich lediglich an einen kleinen Kreis von Mediävisten.[33] Daran sei mit vertieften und breiter angelegten Forschungen angeknüpft. Zugleich soll die Beschäftigung mit Spielleuten und anderen Randgruppen Erkenntnisse über Struktur, Mentalität und Wertsystem einer Gesellschaft und nicht zuletzt über ihre Ängste vermitteln, die auf anderen Wegen nicht zu gewinnen wären. Es ist dabei ein besonderes Anliegen, die Quellen und Texte, die der Historiker nutzt und interpretiert, vorzustellen und in Übersetzung anzubieten. Denn die selbst dem Historiker fremde Welt, die wir hier betreten, schrieb, las, sang und hörte Lateinisch, Altfranzösisch, Provenzalisch, Mittelenglisch, Mittelhochdeutsch, frühes Italienisch und andere Vorstufen moderner Sprachen. Angesichts der zeitlichen Distanz gilt um so mehr: »Übersetzen bedeutet insbesondere auch Interpretieren.« Ähnliches sei auch für den Umgang mit den vorgelegten Bildquellen vorangestellt. Wie die schriftlichen Zeugnisse dienen sie dem Gewinn und der Vermittlung von Erkenntnissen.

ZWEITES KAPITEL
Die Gesellschaft im Mittelalter

Die dreigeteilte Menschheit
Das beginnende Hochmittelalter entwarf das Modell von der »funktionalen Dreiteilung der Gesellschaft«, das durch Georges Duby und in der Folge auch durch O. G. Oexle eingehend untersucht wurde: Für das frühe 11. Jahrhundert wird uns ein Wahrnehmungs- und Deutungsschema der mittelalterlichen Gesellschaft vor Augen geführt, das bis in das 18. Jahrhundert für die künftigen Vorstellungen und Theorien von der gesellschaftlichen Ordnung in Europa maßgeblich wurde.

Bischof Adalbero von Laon belehrte um 1025 König Robert den Frommen in seinem »Gedicht für König Robert«:[34] »Dreifach ist also das Haus Gottes, das man eines wähnt: hier auf Erden beten (*orant*) die einen, andere kämpfen (*pugnant*), und noch andere arbeiten (*laborant*); diese drei gehören zusammen und ertragen nicht, entzweit zu sein; derart, daß auf der Funktion (*officium*) des einen die Werke (*opera*) der beiden anderen beruhen, indem alle jeweils allen ihre Hilfe zuteil werden lassen.«

Auch Bischof Gerhard von Cambrai erklärte 1036 in einer Predigt die seit der Schöpfung bestehende Ordnung nach dem gleichen Schema, wonach »das Menschengeschlecht von Anbeginn der Welt in drei geteilt war, die Männer des Gebets (*oratoribus*), die Bauern (*agricultoribus*) und die Krieger (*pugnatoribus*)«.[35]

Die Vorstellungen von den Drei Ordnungen dürften in manchen Regionen Europas im 11. Jahrhundert von der Realität der wirtschaftlichen und gesellschaftlichen Entwicklungen bereits überholt gewesen sein. Möglicherweise schreiben Adalbert von Laon und Gerhard von Cambrai schon in der Absicht, sich gegen den in ihren Augen beängstigenden, aus Italien, Okzitanien und Flandern heran-

Dreiständebild aus Lichtenbergs »Prognosticatio« (Jacob Meydenbach, Mainz 1492). Der Holzschnitt schreibt noch an der Schwelle der Neuzeit die aus dem Früh- und Hochmittelalter überkommene Soziallehre fort: Die Stände der Geistlichen (Betende), Fürsten/Ritter (Schützende) und Bauern (Arbeitende) bilden nach wie vor die Trias der christlichen Menschheit.

ziehenden Wandel zu wappnen, der die als gottgegeben angesehene kosmische Ordnung zu zerstören drohte. Allein schon der gedankliche Versuch, Kaufleute, Handwerker und andere, nicht agrarische Berufe mit der heilsgeschichtlich verankerten dreigeteilten Gesellschaftsordnung zu vereinbaren, stellte die Theologen, die wichtigsten Normgeber der Zeit, vor unlösbare Probleme. Denn die Kaufmannschaft etwa, die nicht von ihrer Hände Arbeit und im Schweiße ihres Angesichtes ihr Brot verdiente, wurde als einer der Stände dargestellt, in welchem es schwer war, Gott zu gefallen.

Dennoch hat dieses Ständemodell seine Popularität nicht zuletzt durch den Reiz der Anschaulichkeit in vielfacher Ausgestaltung und auch in dichterischer Fassung bewahrt:

»Als Gott uns aus der Hölle errettet hatte,
Ordnete er uns in drei Ständen.
Der erste war, ehrlich gesagt,
Der geistliche Stand – um Gott zu dienen
In Kirchen und Klöstern.
Der zweite war der Ritterstand,
Zur Aburteilung der Räuber.
Der dritte schließlich war der Stand der Bauern.«[36]

Auch in Deutschland wurde dieses Thema aufgenommen. Der Spruchdichter Barthel Regenbogen etwa nutzte um 1300 die Lehre von den drei Ordnungen zu einem Appell für Solidarität und Harmonisierung der drei Stände:

»Der pfaffe, ritter, bûmann, die dri sölten sîn gesellen:
Der bûmann sol dem pfaffen und dem ritter ern,
sô sol der pfaffe den bûmann unt den ritter nern
vor der helle, unt sol der werde ritter wern
dem pfaffen unt dem bûmann, die in tuon icht übels wellen.
Nu dar, ihr edelen, werden drî gesellen!«[37]

»Geistlicher, Ritter, Bauer, die drei sollten sich zusammen tun:
der Bauer soll den Geistlichen und den Ritter achten
und der Geistliche soll den Bauern und den Ritter vor der Hölle
schützen.
Und dieser, der edle Ritter, soll den Geistlichen und den Bauern
verteidigen,
die ihm überhaupt nicht übel gesonnen sind.
Wohlan, ihr ehrenhaften Leute, werdet zu drei Freunden.«

Das kirchliche Werte- und Normensystem
Neben den neuen Berufsgruppen in den Städten haben sich noch andere Individuen und Gruppen herausgebildet, die sowohl nach Auffassung der mittelalterlichen Zeitgenossen als auch bei moderner

sozialgeschichtlicher Fragestellung nicht in die vorgegebenen Schemata einzuordnen sind. Es handelt sich um Menschen, die am Rande bzw. außerhalb der Gesellschaft standen. Menschen am Rande sind nicht nur ein Phänomen neuzeitlicher oder moderner Gesellschaften. Randseiter dürften wir in allen Epochen und in allen Kulturen vorfinden. Sie sind gewissermaßen »Produkte« der jeweiligen Gesellschaft. Überspitzt könnten wir formulieren, daß jede Gesellschaft ihre eigenen Randseiter erzeugt.

Was verstehen wir unter gesellschaftlicher Randgruppe, unter Marginalität? Die begriffliche Klärung ist deshalb von grundsätzlicher Bedeutung, weil die Existenz der Spielleute von marginaler Lebensform und ihrer prekären sozialen Situation geprägt ist.

Der Begriff der Randgruppe steht in engem funktionalen Zusammenhang mit Norm und Normalität. Normen werden von denen festgelegt, die in einer Gesellschaft das Sagen haben. In der Zeit des europäischen Mittelalters formulierten Theologen das gültige Wertesystem und die daraus hervorgehenden Normen.

Die abendländische Kirche wurde in ihren Spitzenpositionen auf den Bischofs- und Abtsstühlen vom Adel repräsentiert, denn dieser besaß gewissermaßen das Monopol auf die Kirchenherrschaft. Darin stellten auch das Papsttum und das Kardinalskollegium keine Ausnahme dar. Aus den Reihen des Adels ging – durch Wahl oder Erbrecht – auch der König hervor, der an erster Stelle dazu berufen war, das »gottgewollte« Werte- und Normensystem auf Erden zu überwachen und durchzusetzen.

Die Menschen im Mittelalter trennten die Religion noch nicht vom Alltagsleben und den Verstand noch nicht von der Religion. In dem, was sie umgab und berührte, was sie beschäftigte, was sie glaubten, befürchteten und erhofften, sahen sie das Übernatürliche wirken. Dies freilich konnte nicht immer der christlich-theologischen Überprüfung standhalten. Konkurrierende Wertesysteme, die aus germanischen und mittelmeerischen Religionen übernommen worden waren, befanden sich seit der Spätantike auf dem zäh verlaufenden Rückzug. Sie blieben als Bodensatz »heidnischer« Vorstellungen und Praktiken jahrhundertelang virulent.

In jedem Fall lag der Welt, in der die Menschen des Mittelalters lebten, nach ihrer Vorstellung eine von Gott geschaffene und gewollte Ordnung zu Grunde. Darin nahm jeder Einzelne und jede Gruppe eine vorherbestimmte Stellung und einen unabänderlichen

Rang ein. Diese göttliche Ordnung wurde von niemandem in Frage gestellt, und niemand durfte sie für sich persönlich deuten und interpretieren.

Das Recht zur Auslegung der Heiligen Schrift besaß allein die Kirche, die durch Bischöfe die Priester mit dieser Aufgabe betraute. Unter diesen befanden sich im Mittelalter überwiegend kleine ländliche Leutpriester mit niederem Bildungsstand, oft genug nicht einmal des Schreibens und Lesens fähig, aber auch gebildete Theologen mit einem hohen Niveau von Bildung und Wissenschaft. Deren Auslegung der christlichen Botschaft stützte sich auf die Beschlüsse von Synoden und Konzilien sowie auf die »auctoritates«, also auf die Kirchenväter des Frühchristentums, wie Augustinus, Hieronymus, Johannes Chrysostomus, die Zeitgenossen waren, und viele andere.[38] Diese »maître penseurs«, also die Vordenker der Kirche, konstruierten eine Weltsicht, worin Himmel und Erde, Jenseits und Diesseits in einer alles umfassenden, gottgewollten Ordnung untrennbar miteinander verknüpft und organisch verbunden waren. Diese Konstruktion nannten sie »ordo divinus«, göttliches Ordnungsgefüge. Die Gesetze, die in diesem System galten, waren ausschließlich göttliche Gesetze. Deren Formulierung und Auslegung lag ausschließlich in den Händen der dafür berufenen Theologen. Auf dieser Basis legte die Kirche die Normen fest, an die sich alle Christenmenschen zu halten hatten. Sie waren so gestaltet, daß religiöses Leben und profanes Leben nicht voneinander zu trennen waren. Dies entsprach auch den vorchristlichen religiösen Vorstellungen.

Die weltliche Herrschaft, angeführt von Kaiser- und Königtum, lag in adeliger Hand. Und je mehr sich die Kirche mit dem Papsttum an ihrer Spitze vom weltlichen Zugriff befreite, um so mehr forderte sie den bewaffneten Arm von Königtum und Adel zur Durchsetzung der von ihr formulierten Werte und Normen.

Dem Christentum in Gestalt des Katholizismus ist es gelungen, bis zum Ende der Völkerwanderung im 6. Jahrhundert die religiöse Vorherrschaft in Mitteleuropa zumindest formal zu erlangen. Es bedurfte jedoch mehrerer Jahrhunderte, bis die Menschen des Mittelalters auch in ihren tieferen Schichten zu Christen wurden. Dies belegt die Vielfalt des primitiven, wirren und phantastischen religiösen Denkens sowie der Allgegenwart magischer Vorstellungen und Praktiken.[39]

Das Mittelalter bleibt über Jahrhunderte von einer relativen Statik der gesellschaftlichen und geistigen Entwicklung gekennzeichnet. Glaube und Formen der Religionsausübung wurden zunehmend normiert. Die Menschen in ihrem Sein und Handeln waren ihnen unterworfen. Die theologischen Feinheiten und Streitfragen jedoch erreichten und berührten die Gläubigen höchstens am Rande. Diese verharrten in einfachen, von heidnischen Vorstellungen und magischen Praktiken durchsetzten christlichen Glaubensformen. Die Zeit bis in das 11. Jahrhundert vor allem, die »archaische Epoche« des Mittelalters, ist weitgehend von allgemein akzeptierten sozialen und religiösen Haltungen und Einstellungen gekennzeichnet. Alternative Vorstellungen waren undenkbar in einer Zeit der Übernahme und der Bewahrung dessen, was die frühchristlichen theologischen Autoritäten hinterlassen hatten. Die jeweilige Gegenwart wurde mit Hilfe althergebrachter Praktiken, geforderter Einhaltung von Normen und Beachtung gelieferter Modelle zu bewältigen versucht. Jegliches Handeln legitimierte sich allein durch solche Rückgriffe auf das Erlaubte.

Der Aufbruch der europäischen Gesellschaft

Seit dem 11. Jahrhundert geriet das Denken und Handeln der mittelalterlichen Menschen in Bewegung, so wie die Menschen auch. Dieses Jahrhundert wird zu Recht als die »Aufbruchsepoche der europäischen Gesellschaft« bezeichnet.[40] Innere und äußere Unruhe der Menschen werden greifbar, eine wachsende intellektuelle und religiöse Neugier ist zu bemerken. Der Zug zu den entstehenden Städten, die sich mit vorher nicht seßhaften Kaufleuten und ehemals hörigen Landbewohnern füllten, brachten Bewegung in die festverwurzelte, unbewegliche Gesellschaft und ihre Ordnungsvorstellungen. In neugerodeten Wald- und Sumpfgebieten wurden alle Anstrengungen unternommen, Acker- und Weideland zu gewinnen und Siedlungen zu errichten. Das machte nicht zuletzt das Wachstum und die beschleunigte Vermehrung der Bevölkerung Europas im 10. und 11. Jahrhundert notwendig und eine erhebliche Erwärmung des Klimas möglich.[41] Der Handel nahm zu und dieser Handel, der ja stets Wandel schafft, brachte nicht nur mehr Waren zu den Kunden, sondern auch fern voneinander wohnende Menschen einander näher. Das bis dahin mager fließende Rinnsal der Nachrichten über ferne Ereignisse und Ideen wuchs an und verbreitete sich. Und mit den Nachrichten flossen Kenntnisse, Gerüchte, Wundermären und Sehnsüchte. Neue Möglichkeiten der Lebensgestaltung, der religiösen, wirtschaftlichen, sozialen sowie der rechtlichen Existenz ließen sich zumindest erahnen.

Das Denken und Vorstellungsvermögen auch der kleinen Leute war nicht mehr ausschließlich befangen von dem, was die eigene, oft so enge und kleine Welt gewährte. Diese war im Grunde nicht viel mehr als das sich scheinbar ewig drehende Lebensrad mit Geburt, Kindersegen und Tod, mit den Arbeiten des Säens und Erntens und allzuoft mit Zeiten des Darbens im Wechsel von Frühjahr, Sommer, Herbst und Winter. Die Rhythmen und Regelmäßigkeiten des täglichen Lebens, soweit sie nicht von der Natur und ihren unabänderlichen Abläufen bestimmt waren, unterlagen dem Willen und dem Gesetz der Herrschaft und ganz zuvorderst dem Wertesystem der Kirche und den davon ausgehenden Normen.

Insbesondere auch die Jenseitsvorstellungen wurden von diesem System vorgegeben und beherrscht. Das Unvermögen zu abstraktem Denken in unserem Sinne wurde in dieser Kultur durch das gemalte Bild oder durch figürliche Darstellung ausgeglichen. Mit deren Hilfe wurden dem Ungläubigen ebenso wie dem Gläubigen die Lehrsätze christlicher Religion und die Biblische Geschichte plastisch vor Augen geführt. Die Kirchen und ihre Portale sowie die Kreuzgänge waren reichlich mit solchen oftmals in höchster Dramatik und barbarischer Einfalt gestalteten Darstellungen ausgestattet. Gleichsam wie Bildergeschichte haben sie die religiöse Unterweisung und die Verkündigung des christlichen Wertesystems untermalt und unterstützt.

Selbsttätiges religiöses Denken oder gar Kritik konnte von solcherart Christen nicht erwartet werden. Hatten doch selbst die Leutpriester auf dem Land gegenüber ihren Schäflein lediglich eine Nasenlänge Vorsprung hinsichtlich ihrer Bildung und ihres theologischen Wissens. Manch einer dieser kleinen, bäuerlich lebenden Geistlichen war aus dem Hörigenverband des adeligen Eigenkirchenherrn ausgewählt worden. Eine schöne Stimme oder eine schwache, für die schwere Feldarbeit ungeeignete Konstitution gaben nicht selten den Ausschlag für die Bestimmung zum Priester. Die Ausbildung zum Seelsorger war dürftig und entbehrte oftmals jeglicher theologischer Substanz. Der künftige Pfarrer erlernte Gebet und Gesang, die allernotwendigsten liturgischen Formen sowie

Grundkenntnisse der Heiligen Schrift und des Lateinischen gewissermaßen bei seinem geistlichen Lehrherrn.

Je nachdem, in welcher Region, in welchem Kulturraum Europas wir uns befinden, beginnt die Zeit des geistigen und gesellschaftlichen Aufbruches früher oder später. Im 11. Jahrhundert sind diese Entwicklungen in vollem Gang. Sie sind geprägt von Neugier und Zweifeln am überkommenen Alten und mündeten in Kommunikation und Auseinandersetzung, die in Form und Intensität seit der Antike versandet waren. Damit wurden im mittelalterlichen Abendland vor allem Prozesse in Gang gesetzt, bei denen die Menschen lernten, Sachverhalte zu vergleichen, zu unterscheiden, zusammenzufassen und zu abstrahieren. Sie gelangten auf dieser Basis zu Schlüssen, Urteilen und vor allem zur Bildung von Begriffen. Damit haben die Menschen begonnen, sich das selbständige »Denken« anzueignen. Denken als »Probehandeln« bietet dem Menschen die Chance, nach neuen, noch nicht erprobten Gestaltungsmöglichkeiten seines Lebens zu suchen und Barrieren zu überwinden, die sein Handeln behindern.

Mit Hilfe des Denkens konnte der Mensch nun seine Existenz und seine Lebensbedingungen durchleuchten und mit anderen vergleichen. Er stellte Fragen an Religion, Heilsweg und Heilserwartung und begann, die Kirche kritisch zu betrachten und vor allem die Realität des kirchlichen Lebens an den evangelischen Grundsätzen des Christentums zu messen. Die hohe Bereitschaft der Menschen, sich den im 11. Jahrhundert allenthalben aufkommenden religiösen Bewegungen anzuschließen, die von der Herrschaftskirche unentwegt als »Häresien« denunziert wurden, war eine Folge des »neuen Denkens«.

Die mobilen Elemente der Gesellschaft – das sind neben Fernkaufleuten und Pilgern vor allem auch die Spielleute – hatten erheblichen Anteil an diesen Erscheinungen. Denn sie streuten neben Tratsch und Sensationsberichten auch Neuigkeiten politischen, geistigen und religiösen Inhaltes sowie »verrückte« Ideen unter die Leute. Die Spielleute als gesellschaftliche Randgruppe gaben ein lebendiges Beispiel für alternative Formen der Lebensgestaltung. Damit wurden sie jedoch zum »schlechten Beispiel« für die religiös, sozial, wirtschaftlich und vor allem mental noch festverwurzelten Menschen ihrer Zeit.

Was sind »gesellschaftliche Randgruppen«?

Das von der Kirche und ihren Theologen im Laufe von Jahrhunderten ausgearbeitete christliche Werte- und Normensystem besaß angesichts seines göttlichen Ursprunges allerhöchste Autorität. In der christlichen Kultur des Abendlandes erscheint es daher geradezu selbstverständlich, daß alle, die sich nicht daran orientierten und dagegen verstießen, in das Abseits der christlichen wie der sozialen Gemeinschaft gerieten. Denn beides bildete, wie wir wissen, eine untrennbare Einheit. Wer sich den Normen auf Dauer nicht beugte, wurde eliminiert oder mußte es zumindest auf sich nehmen, außerhalb dieser Gesellschaft, an ihrem Rande zu leben. Er wurde zum Randseiter, zur marginalen Existenz, womöglich zum »out-law«. Als solcher gehörte er keiner Gruppe der gedachten sozialen Ordnung mehr an, nicht dem Bürgertum, nicht den Bauern, ja nicht einmal dem Bettlern, denen zumindest die gottgewollte Rolle des Almosenempfängers zugemessen wurde.

Wenn Randseiter und »unehrliche« Leute überhaupt eine Chance zum Überleben im Umkreis – nicht im Kreis der Gesellschaft – erwartete, dann nur, wenn sie seßhaft waren und notwendige Funktionen für die Gemeinschaft ausübten, die für die Bürger zu schmutzig und zu entehrend waren – als Henker und Abdecker, als Prostituierte, Totengräber, als Kloakenreiniger usw.

Eine zweite Voraussetzung neben der Seßhaftigkeit war die Einhaltung der sozialtopographischen Ordnung, d. h. die Beschränkung auf die von der »ehrlichen« Gesellschaft abgetrennten Wohnviertel. Diese lagen, dem niederen Rang entsprechend, am Rande der Stadt, an der Stadtmauer oder in den Hüttensiedlungen der Vorstädte und galten als verfemte Viertel bzw. Straßen. Die Viertelbildung ist eine Erscheinung, die in der mittelalterlichen Stadtentwicklung ihren Anfang nahm.[42] In dieser Zeit stellten 500 Bewohner einer Siedlung eine soziale und demographische Verdichtung dar, die bei entsprechender rechtlicher Voraussetzung bereits als Stadt begriffen wurde. Funktionale gewerbliche Gründe und Prozesse sozialer Unterscheidung führten zur Ausbildung von Straßen oder Vierteln mit spezifischen Gewerben und sozialen Schichten. Nicht nur die Handwerke und Gewerbe, nicht nur die Randseiter, sondern auch Fremde wurden nach Möglichkeit auf bestimmte Straßen oder Stadtviertel begrenzt; so etwa Slawen (Wenden) in den sog. Wendenquartieren. Die jüdischen Ghettos bildeten insofern keine Ausnahme, die aus dem Rahmen der »üblichen« Diskriminierung gefallen wäre.

Was nun die Spielleute betrifft: In Paris existierte im Mittelalter ein *vicus viellatorum/vicus joculatorum*, also ein Fiedler- bzw. Spielleuteviertel, welches um 1400 als *rue des jongleurs* und um 1480 als *rue des menestriers* bezeichnet wird. In Arras gab es zumindest 1876 noch eine *rue des jongleurs*[43]. Auch in Köln ist für das Jahr 1231 eine *platea joculatorum* und um 1300 eine *Speleludestrate* belegt.[44]

Die Randseiter waren immer und überall Konflikten mit ihrer Umwelt und namentlich mit der geistlichen und weltlichen Obrigkeit ausgesetzt. Sie erfuhren von den akzeptierten Mitgliedern der Gesellschaft Diskriminierung und wurden nach Möglichkeit vom engen Zusammenleben in Stadt und Dorf ausgeschlossen. Dort entwickelten sich beharrliche Ressentiments und wirksame Strategien, die dem Randseiter Freiheit, Ehre und letztlich auch das Dach über dem Kopf verweigerten oder entzogen.

Die Unbehausten

Mit solchen unbehausten Menschen, die wir den mobilen Randgruppen zurechnen, haben wir es in diesem Buch zu tun. Denn der weit überwiegende Teil der mittelalterlichen Spielleute zog, ohne einen festen Wohnsitz zu haben und ohne soziale, herrschaftliche oder kirchliche Anbindung, durch die Lande. Sie verweilten heute hier und morgen dort. Überall, wohin sie auch gelangten, waren sie Fremde, die von der Hand in den Mund lebten. Ihre Lebensformen und ihr existenzieller Hintergrund waren also sehr verschieden von denen der Kaufleute, der fahrenden Ritter, der Pilger, der wandernden Handwerksgesellen und der fahrenden Scholaren. Diese waren allesamt zu einem wenn auch nur vagen, von Kirche, Obrigkeit und Gesellschaft aber akzeptierten Ziel unterwegs.

Neben den Spielleuten finden wir auf den Straßen des mittelalterlichen Europa eine Vielzahl von heimatlosen und unbehausten Menschen, die ebenfalls außerhalb der gesellschaftlichen Ordnung standen und zwar aus vielerlei Gründen: Sie waren Opfer von verheerenden Kriegszügen und Plünderungen, Hungersnöten und Naturkatastrophen, waren durch persönliche Schicksale oder lediglich durch die Lust am Wandern zu ihrem unsteten Leben gekommen.

Die Quellen berichten von entlaufenen Mönchen, streunenden Nonnen und von Kriminellen, von Räuberbanden, von durchgebrannten Leibeigenen, von Geächteten, von Menschen, die vor den Ungarn, Normannen oder Sarazenen geflohen waren. Dazu kamen diejenigen Pilger, die im Leben nicht an das Ziel ihrer Pilgerreise gelangten, falls sie überhaupt dorthin gelangen wollten. Waren manche doch nur unter dem Zwang der ihnen auferlegten Buße oder der Androhung einer schrecklichen Strafe unterwegs nach Rom, Jerusalem oder Santiago de Compostela.

Allen diesen Menschen ist die Situation der mobilen Randgruppen gemeinsam: Sie sind heimatlos und unbehaust. Sie unterstehen keinem adeligen oder geistlichen Herrn oder einer städtischen Obrigkeit. Das mag verlockend klingen, es bedeutet jedoch auch, daß sie in dieser Welt keinen Schutz genossen, daß sich ihrer niemand in rechtlichen Dingen annahm, daß sie nirgendwo und von niemand Anspruch auf Bleibe, Arbeit oder Brot hatten. Somit waren sie in dieser herrschaftlich strukturierten Gesellschaft weniger wert als etwa ein leibeigener, schollegebundener Bauer, der zu ungemessenem (d. h. unbeschränktem) Frondienst verpflichtet war. Denn dieser genoß die Schutzherrschaft seines Leibherrn, die zumindest Leben, Nahrung und einen gesellschaftlichen Platz im Dorfverband einräumte.

Das moderne Verständnis von »Freiheit« war dem Mittelalter fremd. »Frei« konnte nach mittelalterlichem Verständnis nur derjenige sein, der entweder das Schwert aufgrund von Herkunft und Macht selbst zu führen vermochte, oder aber derjenige, der im Dienst oder Hörigenverhältnis eines mächtigen Herrn stand, der seine »Freiheit« beschützte. Wenn ein Leibeigener die »Huld« seines Herrn verlor, indem er etwa dessen Machtbereich entfloh, so konnte das den Verlust seiner Freiheit zur Folge haben. Er war dem Elend preisgegeben und wurde zum »streichenden, landschädlichen Mann«, der nur noch den Galgen zu erwarten hatte.[45]

Jeder, der den vorgeschriebenen Platz im göttlichen Ordo verließ, wurde damit zugleich an den Rand der Gesellschaft verwiesen. Denn eine derartige Abweichung störte nicht nur die irdische Ordnung, sondern letztlich auch das von Gott perfekt abgestimmte Werk der Schöpfung, für dessen Auslegung die Theologen das Monopol besaßen.

Wir müssen uns darüber im Klaren sein, daß die Menschen am

Rande der Gesellschaft grundsätzlich auch Elemente dieser Gesellschaft sind. Selbst wenn durch Begriffe und Sanktionen, durch diskriminierende Haltungen und Maßnahmen schier unüberwindliche Schranken gezogen werden, bleiben die Ausgegrenzten dennoch Bestandteil der Gesellschaft, von der sie »abstammen«, die sie zu dem gemacht hat, was sie sind.

Die Beschäftigung mit den Spielleuten setzt voraus, daß wir ihre Situation als mobile soziale Randgruppe vor Augen haben. Damit wir wissen, wovon wir sprechen und uns nicht unnötig Möglichkeiten der Erkenntnis verschließen, sei hier die Absicht einer begrifflichen Klärung von »Randgruppen« wieder aufgenommen.

Die ins Beliebige ausgearteten Definitionen von »Randgruppe« können kein Grund sein, den erkenntnisfördernden Begriff zu eliminieren. So verzichtet etwa Peter Schuster in seinem Buch über die Frauenhäuser im späten Mittelalter auf die Gelegenheit, »zu bestimmen, ob die Prostituierten in der spätmittelalterlichen Stadt eine Randgruppe bildeten.« Dies wäre eine Möglichkeit gewesen, mit einer Definition begriffliche Schärfe für gesellschaftliche Randgruppen zu gewinnen und zugleich auch den Blick für das Phänomen zu schärfen. Schuster erhebt zu Recht den Vorwurf, daß der Begriff »Randgruppe« beliebig genutzt werde: für Dienstboten, Mägde und Knechte[46] oder für alte Menschen[47] oder etwa für »die Hälfte der Bevölkerung«[48]. Er bietet uns dann doch eine Definition an: »Sprechen wir über Randgruppen, wissen wir zumindest, daß wir über Gruppen sprechen, deren gesellschaftliche Stellung und Einbindung in das Gesellschaftsgefüge gering ist.«[49] Dies reicht jedoch in keiner Hinsicht aus, seinen eigenen Untersuchungsgegenstand auch nur in den gröbsten Konturen zu umreißen und öffnet der unwissenschaftlichen Beliebigkeit, über welche sich Schuster zuvor beklagt, Tür und Tor.

Die Arbeit des Historikers basiert ganz grundsätzlich darauf, sich der Sprache und der Begrifflichkeit seiner eigenen Zeit als Instrumente zu bedienen, um historische Sachverhalte zu erforschen und darzustellen. Es geht keineswegs darum, die »Bestimmung von Randgruppen mit neuzeitlichen Kriterien« vorzunehmen, wie Schubert vorgibt, um sich einer seriösen Beschreibung unseres Gegenstandes zu entziehen.[50]

Folgende, nicht nur auf das Mittelalter beschränkte Definition hat sich als angemessen bewährt:[51]

Gesellschaftliche Randgruppen umfassen Personen,
- die von den Normen des Wertesystems einer Gesellschaft abweichen. Es ist dabei nicht entscheidend, ob diese Personen die Normen nicht befolgen wollen oder nicht befolgen können. Abweichung muß nicht durch entsprechendes Handeln, sondern kann auch durch Eigenschaften gegeben sein (z. B. uneheliche Geburt, körperliche Merkmale, Fremdsein usw.),
- die infolge ihrer Abweichung von den Normgebern, z. B. von Kirche oder Obrigkeit oder von der Gesellschaft, mit Mißtrauen, Vorurteil, Diskriminierung und Abwertung bedacht werden,
- die ausgegrenzt und angesichts stereotyper Vorstellungen mit einem negativen »Etikett« und in der Folge mit einem Stigma versehen werden,
- die nicht eine Schicht der Gesellschaft sind, sondern als ihr Produkt neben ihr existieren,
- die sich möglicherweise zu Gruppen verbinden und durch äußere Einwirkungen und innere Dynamik eine Subkultur ausbilden.

Die von manchen Randgruppen ausgebildete Subkulturen sind nicht mit »Gegenkultur« oder »Eigenkultur« zu verwechseln. Die Randseiter befinden sich innerhalb einer Gesellschaft immer in der Minderzahl, sind jedoch nicht als »Minderheit« anzusehen. Wir müssen uns darüber im Klaren sein, daß die Zuweisung von Personen und Gruppen zu Randseitern nach Region und nach Zeit variiert. Die Unehrlichkeit etwa der Scharfrichter »war in Süddeutschland wesentlich stärker ausgeprägt als in Norddeutschland und wies auch in relativ kleinräumigen Regionen unterschiedliche Grade auf.«[52]

Die Juden und die seit dem 15. Jahrhundert in Mitteleuropa auftretenden Zigeuner gehören nicht zu den Randgruppen.[53] Man kann »der Marginalisierung der Juden« schon gar nicht einen »geradezu prototypischen Charakter« beimessen.[54] Eine klare, eng an die Phänomene und die Aussagen der Quellen angebundene Begriffsdefinition könnte entsprechende Irrtümer vermeiden lassen. Denn Juden und Zigeuner sind von außen dazugetreten und konstituieren sich durch ihre jeweils eigene Kultur und durch ein eigenes Werte- und Normensystem.[55] Ihre Behandlung durch Staat und Gesellschaft ist allerdings durchaus mit der von Randgruppen zu vergleichen. Selbst die Inhalte der Verleumdungen, mit denen Juden und Vagabunden überzogen werden, sind stereotyp: Vagierende Bettler in Frankreich wurden um 1380 des Vorhabens verdächtigt, Brunnen zu vergiften.[56] Dies kann jedoch kein vernünftiger Grund sein, sie als Randgruppen zu definieren. Sie schieden selbst wiederum Individuen oder Gruppen aus, die sich seit dem Spätmittelalter mit den einheimischen Randseitern in der Vagabondage verbanden.

Diese Merkmalsbeschreibung und Definition der gesellschaftlichen Randgruppen geben uns schon jetzt die wichtigsten Antworten darauf, warum die Spielleute den gesellschaftlichen Randgruppen zuzuordnen sind: Wegen ihren Eigenschaften als herrenlose Fremde, als Unbehauste, als nicht Integrierte, deren Lebensform von rastloser Mobilität geprägt war. Diese und andere Abweichungen von den Normen führten dazu, daß sie von Kirche, Obrigkeit und insbesondere auch von der Gesellschaft mit Mißtrauen, Vorurteil, Diskriminierung und Abwertung bedacht wurden. Ihre zahlenmäßig und zeitlich begrenzte Aufnahme als Musikanten, Spaßmacher, Akrobaten usw. darf uns nicht über ihre Situation als Marginalisierte hinwegtäuschen.

Magie, Schamanen, Mythos

Wir bedürfen also nicht des Griffes in die wissenschaftliche und esoterische Mottenkiste, wenn wir danach fragen, ob und warum die Spielleute den Randseitern zuzurechnen sind. Selbst in der mediävistischen Fachliteratur werden jedoch abstruse Theorien vorgelegt, die sich u. a. auf das Buch des Musikwissenschaftlers Werner Danckert über »Unehrliche Leute« zurückführen lassen.[57] In dieser vom Geiste einer längst veralteten Volkskunde getragenen Arbeit – Danckert wurde 1943 in Berlin zum Professor ernannt – wird die These verfochten, daß mit der christlichen Überlagerung der germanisch-heidnischen Welt deren Überreste im Verborgenen weitergeblüht hätten und wirksam geblieben seien.[58] Danckert sieht auf dem »Gebiet der ›Standeslosen‹ ein kulturgeschichtliches Kuriosum, eine *terra incognita*. »Die wahren Ursachen des Verrufs liegen nicht dort, wo man sie bislang gesucht hat. Man muß tief ›graben‹, bis zu verborgenen, halb verschütteten Untergründen der älteren Kult- und Glaubenswelt unseres Kulturkreises, um die ursprünglichen Triebfedern und Beweggründe zu finden. Sie liegen nicht offen zutage, sondern wurden – schon seit dem frühen Mittelalter – unter die (kollektive) Bewußtseinsschwelle hinabgedrückt: verdrängt. Alle jene mit Makel, mit Verachtung, aber auch mit abergläubischer Scheu umgebenen Berufe treten auf irgendeine Art das Erbe germanischen, vorchristlichen *Kultbrauchtums* an.«[59]

Allein schon die Sprache und die Begrifflichkeit dieser Gedankengänge tragen einen eigenartig rückwärtsgewandten Charakter. Das angeblich Magische und Kultische, die Priester- und die Medizinmannfunktion der Spielleute finden den Weg selbst in die neuere germanistische Literatur. Schreier-Hornungs »Spielleute, Fahrende, Außenseiter« sei als Beispiel herangezogen: »Es wird jetzt auch deutlich, daß die Kategorie der ›Unehrlichkeit‹ in Bezug auf die Fahrenden ihre besondere Qualität haben muß. Weil sie durch das Spiel verbunden sind mit Magischem und Kultischem, vermutlich also alte Priester- und Medizinmannfunktion repräsentieren, können sie am ›gewöhnlichen Leben‹ der Seßhaften gar nicht teilhaben. Für seine Verbindung zum Magischen, zum Heiligen, bezahlt er mit seinem Außenseiterdasein«.[60] Es braucht nur wenig, um den Brückenschlag auch zum Dichter vorzunehmen. »So sind sie die Außenseiter, nicht weil sie als Auserwählte – auch ihnen gilt manchmal die Verachtung der Mitmenschen – mit diesen nicht zusammenleben können. Zu diesen tief im Mythischen verwurzelten Funktionen gehört auch die des Dichters.«[61]

Weder für die hier anklingende Bohème-Romantik noch für die Verbindung vom Spielmann zum Magischen und zum Heiligen gibt es seriöse Belege, wenn wir von den theologischen Pamphleten des Mittelalters absehen. Dazu finden sich – nach Danckert – die Spielleute wie auch andere Fahrende in kosmischer Weltsicht unter den Elementen Erde, Feuer, Wasser eingeordnet. Wenn dann auch noch das angebliche »Schamanenerbe, die nachklingende Kultmagie ... als Initialmotiv der Verfemung und Unehrlichsprechung«[62] bemüht wird, fühlen wir uns in ein vorwissenschaftliches, finsteres Zeitalter zurückversetzt. Am Ende erfahren wir bei Schreier-Hornung: Der Status der Spielleute, »der ihr ›Anderssein‹ festschreibt, erweist sich so als Klassifikation des Unbeschreibbaren.«[63] Das ist barer Unsinn. Im Grunde basieren diese nebulösen Vorstellungen und Lehren auf dem mythologischen Ungeist esoterischer Zirkel des 19. Jahrhunderts und einer gehörigen Portion Naivität.

Wenden wir uns auf der Grundlage von historischen Quellen und literarischen Texten des Mittelalters dem Spielmann zunächst in seiner konkreten Tätigkeit zu und versuchen, ihn in der Darstellung seiner »beruflichen« Existenz zu erfassen und zu beschreiben.

DRITTES KAPITEL
Das Repertoire der Spielleute

Spektrum der Spielmannskunst
Wie breit das Tätigkeitsfeld der Spielleute insgesamt gestreut ist, hat bereits der Literaturwissenschaftler Edmond Faral umrissen: Es umfaßt alle Künste und Darbietungen, die auf Jahrmarkt und Dorfplatz, im Wirtshaus und bei Hofe, im Bürgerhaus und sogar in der Kirche und auf dem Friedhof dargeboten wurden.[64]

Die uns überlieferten literarischen Texte und die historischen Quellen berichten überwiegend von der dichtenden, erzählenden und musizierenden Tätigkeit der Spielleute. Dabei dürfen wir jedoch die Bärenführer, Zauberkünstler, Seiltänzer, Feuerschlucker, Akrobaten und viele andere Künstler und Schausteller nicht vergessen.

»Du spielst schlecht auf der Drehleier und du singst noch viel schlechter. Du kannst mit den Würfeln nicht umgehen und auch nicht mit dem Streichbogen. Du kannst weder tanzen noch hüpfen. Du singst keine Sirventes und keine Balladen.«

Das alles und noch viel mehr sei erforderlich, um ein halbwegs angesehener Spielmann zu sein. Dies alles nicht zu können, wirft Guiraut de Cabreira dem Spielmann Cabra an den Kopf;[65] und literarisch habe dieser sowieso nichts zu bieten: »Denn dieser schlechte Spielmann kennt weder die Geschichte von Karl dem Großen, noch von Roland, von Anseïs, von Wilhelm, von Erec, von Robert, von Ogier, von Girart de Roussillon, von Beuve, von Gui, von Merlin, von Alexander dem Großen, von Priamus, von Tristan, Gawain oder von hundert anderen.«

Als Besonderheit der schriftlichen Überlieferung zu den Spielleuten ist hervorzuheben, daß diese nicht nur von fremder Hand herrührt, also von denen, die den Spielleuten überwiegend kritisch oder feindselig gegenüberstehen, nämlich von Geistlichkeit oder Obrigkeit. Zahlreiche Texte sind von den Spielleuten selbst verfaßt und auch niedergeschrieben worden. Somit finden wir von ihrer Hand unvergleichlich mehr Selbstzeugnisse als von anderen Ständen dieser Zeit. Sie überliefern viele Lebensumstände, ihr Können, ihr Tun und Treiben und damit auch ihr Repertoire.

Der provenzalische Spielmann Gaucelm Faidit etwa wird von seinem Konkurrenten Guiraut de Calenson belehrt, was ein rechter »*jongleur*« an Kunstfertigkeit und Geschicklichkeit alles beherrschen müsse. Solche Aufzählungen in dichterischer Form sind auch in der altfranzösischen Dichtung häufig zu finden. Demnach gehörten dazu Dichten und Tanzen, Trommeln und mit Messern jonglieren, auf der »Citoile« spielen und mit Kastagnetten klappern, Marionetten vorführen und durch vier Reifen hintereinander springen. Auch soll der Spielmann Vögel nachahmen sowie Hunde und Affen dressieren können.[66]

Im altfranzösischen Versroman »Erec und Enide« des Chrétien de Troyes aus der zweiten Hälfte des 12. Jahrhunderts wird das Repertoire der Spielleute bei der Hochzeit von Erec und Enide ausgebreitet:[67]

> »Als der ganze Hof versammelt war
> Rief man alle Spielleute der Gegend zusammen.
> Was immer auch seine Spezialität war,
> Ein jeder wollte dabei sein.
> Im Saal herrscht große Freude:
> Jeder zeigt, was er kann.
> Dieser hüpft und dieser springt, dieser zaubert,
> Der eine erzählt, der andere singt,
> Der eine pfeift, der andere musiziert,
> Der eine auf der Harfe, der andere auf der Rotte,
> Der eine auf der Geige, dieser auf der Leier,
> Dieser flötet, dieser spielt auf der Schalmei,
> Sie musizieren auf dem Glockenspiel und schlagen den Tambur,
> Sie spielen auf dem Dudelsack, auf dem Flageolet
> Auf der Fretel.«

In einer Vielzahl von altfranzösischen und provenzalischen Texten werden die Aufgaben der Spielleute bei den Festen beschrieben; so auch in »Cléomades« von Adenet le Roi:

Jongleur und Musikant. Miniatur aus einem Troparium (Handschrift mit liturgischen Dichtungen) des 11. Jahrhunderts (Paris Bibl. Nat. lat. 1118).

»Und als sie gegessen hatten,
Haben sie sich um die Tafel gelagert,
Denn nun begann das Fest.
Es gab eine Menge von Musikinstrumenten:
Drehleiern und Psalterien.
Harfen, Rotten und Canons
Und Flageolet aus Cornwall.
Es fehlte kein Instrument von Bedeutung.
Denn König Karlmann liebte sehr
Spielleute, die das alles taten.«[68]

Im »Lippiflorium« des Justinus von Lippstadt (um 1260), einer lateinischen Lebensbeschreibung des Bernhard II. zur Lippe (um

41

1140–1224), eines hohen westfälischen Adeligen und livländischen Bischofs, findet die bunte Vielfalt spielmännischer Darbietungen bei Hofe am Beginn des 13. Jahrhunderts eine aufschlußreiche Schilderung. Offenbar wurden die musikalischen Darbietungen der Spielleute nur während des Essens unterbrochen:[69]

»Wenn die Mahlzeit beendet ist, fängt die Schar der Fahrenden wieder mit ihren Kunststücken an. Jeder macht, was er kann, und müht sich zu gefallen. Der eine singt und erfreut die Zuhörer durch die Lieblichkeit der Stimme; der andere trägt Lieder von den Taten der Helden vor. Dieser hier schlägt mit den Fingern nach der Regel die verschiedenen Saiten; dieser da läßt mit seiner Kunst die Leier süß ertönen. Die Flöte macht aus tausend Löchern Töne verschiedener Art, der Schlag der Pauke erzeugt schrecklichen Lärm. Der eine springt und vollführt mit seinen Gliedern verschiedene Bewegungen, beugt sich vor und zurück, bewegt sich im Zurückbeugen nach vorn, läßt die Hände anstelle der Füße gehen, streckt die Füße in die Höhe und heißt den Kopf, unten zu sein, wie eine Chimäre. Der andere läßt durch Zauberkunst verschiedene Trugbilder erscheinen und täuscht durch die Geschicklichkeit der Hand die Augen. Dieser führt den Leuten einen jungen Hund oder ein Pferd vor, die er auffordert, sich wie Menschen zu gebärden; dieser dort wirft die Scheibe in hohem Bogen durch die Luft, fängt sie im Fallen auf und wirft sie wieder empor. Solche Spiele und andere mehr gibt es an diesem festlichen Tag.«

Gottfried von Straßburg läßt seinen Tristan, als dieser sich als Spielmann Tantris ausgibt, eine geradezu enzyklopädische Aufzählung der Spielmannskünste vornehmen:[70]

»Tristan sprach: ›Ich wills euch sagen.
Ich war ein höfischer Spielmann
und beherrschte ausgezeichnet
die Lebensformen und den Stil des Hofes;
sprechen, schweigen je nach Wunsch,
die Leier und die Fiedel spielen,
die Harfe und die Harfenzither,
scherzen oder spotten –
dies alles konnte ich so gut,
wie es der Beruf verlangt.‹«

In »Morant und Galie«, einer mittelhochdeutschen Übertragung einer Chanson de geste, eines Heldenepos, aus dem Altfranzösischen im 13. Jahrhundert, wird das Hoffest Karls des Großen beschrieben, das von 400 Spielleuten – »ministriere, die wir nennen speleman« – gestaltet wurde:[71] »Einige von ihnen verstanden sich darauf, von Abenteuern zu singen und von Ereignissen, die in alten Zeiten geschehen waren. Es gab dort auch einige, die auswendig von Minne und Liebe erzählten; einige, die die Fiedeln laut erklingen ließen; einige, die schön auf dem Horn bliesen. Einige traten als Riesen auf. Einige flöteten kunstvoll auf der Holz- und Knochenflöte. Einige bliesen Musikstücke auf dem Dudelsack. Einige spielten Harfe und Geige, denen man schweigend zuhören konnte. Einige erfreuten traurige Herzen mit dem Psalterion. Es gab einige, die das Spiel der Zither in Paris gelernt hatten. Einige erprobte Meister zauberten unter dem Hut. Einige konnten gut die Scheibe drehen, einige lärmten und sprangen; einige konnten sehr gut ringen. Einige ließen nach Belieben die Böcke mit den Pferden kämpfen und ließen Meerkatzen auf ihnen reiten. Es gab einige, die mit Hunden tanzen konnten, und einige, die Steine kleinkauen konnten.«[72]

Spielmann Unserer Lieben Frau

Besondere Anforderungen wurden an die Spielleute gestellt, wenn es um die Vorführung von Tänzen und das Lehren von Tanzschritten ging. Hier wurden weltläufige, überregionale Kenntnisse gefordert. Viele in Europa verbreitete Wundergeschichten erzählen vom armen Spielmann, der seine Künste der Mutter Gottes vorführt und anschließend erhört wird. So auch der »Tombeor (Tänzer) de Notre-Dame«. Er soll sich als Mönch in das Kloster Clairvaux zurückgezogen und beobachtet haben, wie die anderen Mönche Gebet und Arbeit Gott weihten. Traurig darüber, daß er nichts besaß oder konnte, was Gott erfreuen würde, wandte er sich an die Muttergottes. Die dichterisch gestaltete Legende überliefert, wie er der Mutter Gottes sein reines Herz und seine »internationalen« Tanzkünste als Opfergabe anbietet:[73]

> »Da begann er Sprünge zu machen
> Niedrige und kleine, große und hohe,
> Zuerst darüber, dann darunter,

Dann begab er sich auf seine Knie
Vor dem Bild, und verneigte sich.
Ach, sagt er, Du liebe Königin,
Bei euerm Mitleid, bei Eurer Gnade,
Verachtet meine Darbietung nicht.
…
Daraufhin tanzt er den französischen Schritt
Und dann den der Champagne,
Dann den spanischen
Und dann den, der in der Bretagne beheimatet ist,
Und dann den aus Lothringen.
…
Danach tanzt er nach römischer Art
Und hält die Hand vor die Stirn
Und tanzt übertrieben graziös.
Dann tanzt er mit den Füßen nach oben
Und geht auf seinen zwei Händen auf und ab,
So daß die Füße gar nicht mehr auf die Erde gelangen.«

Maria hat ihn denn auch erhört und diese Gabe angenommen. Sie fächelte ihrem völlig erschöpften Verehrer Luft zu.[74]

Waffenlärm und Schwarze Kunst
Die Tanzleidenschaft des Mittelalters wird uns noch beschäftigen. Die Spielleute waren bei den Veranstaltungen unerläßlich. Zum Tanz bedurfte es der Musik, des Anführers und des Ansagers, eines Organisators der Lustbarkeit. Diesen fand man im Spielmann.

Daneben eröffnet uns die schriftliche Hinterlassenschaft der Spielleute ein ganz anderes Feld ihrer Tätigkeiten und ihres Repertoires. Der kleine, als »hobereau«, als »Krautjunker«, bezeichnete Jongleur Bertrand de Born[75] verherrlicht Krieg und Kampfgetümmel, um die ritterliche Welt zu ehren. Gleichzeitig sei hier eine Übersetzung des beginnenden 19. Jahrhunderts geboten, die gewissermaßen noch den Geist der Befreiungskriege atmet:[76]

»Manch farb'gen Helm und Schwert und Speer
Und Schilde schadhaft und zerhaun
Und fechtend der Vasallen Heer

Ist im Beginn der Schlacht zu schaun;
Es schweifen irre Rosse
Gefallner Reiter durch das Feld,
Und im Getümmel denkt der Held,
– Wenn er ein edler Sprosse –
Nur wie er Arm' und Köpfe spellt,
Er, der nicht nachgibt, lieber fällt.

Nicht solche Wonne flößt mir ein
Schlaf, Speis' und Trank, als wenn es schallt
Von beiden Seiten: drauf hinein!
Und leerer Pferde Wiehern hallt
Laut aus des Waldes Schatten,
Und Hilferuf die Freunde weckt,
Und Groß und Klein schon dicht bedeckt
Des Grabens grüne Matten,
Und mancher liegt dahin gestreckt,
Dem noch der Schaft im Busen steckt.«

Nicht nur ihre Musik, sondern viele andere Künste machten die Spielleute in den Augen der Kirche zu gefährlichen Verführern. »Sulche meistere guode kuochelden under dem huode.« – Einige erprobte Meister zauberten in ihren Hüten. So wurden auch die Zauberkunststücke, die von manchen Spielleuten angeboten wurden, mit Mißtrauen beargwöhnt und mit Verboten belegt.

»Li autre ovrent de nigromance«. Sie betrieben also auch Geisterbeschwörung, wie aus dem »Cléomades« von Adenet le Roi hervorgeht, wenn das Spielmannsrepertoire vorgestellt wird.[77]

»Cil saut, cil tume, cil anchante« – »der eine hüpft, der andere tanzt und der dritte zaubert«, erfahren wir aus dem Roman »Erec et Enide« (um 1170) des berühmten Dichters Chrétien de Troyes. Beides, Zauberei und Geisterbeschwörung, selbst wenn sie nur als Kunststückchen auf dem Jahrmarkt und in der Schaubude angepriesen wurden, galten manchen Zeitgenossen als Schwarze Kunst. Kein Wunder also, daß Kirche und Obrigkeit auch in dieser Hinsicht ein Auge auf die Spielleute geworfen hatten.

Mimik, Gebärden, Schauspiel

Den Vortrag von musizierenden und rezitierenden Spielleuten müssen wir uns stets in Begleitung von ausgelassener Mimik und reichem Gebärdenspiel vorstellen. Die vorgetragenen Dialoge gaben Gelegenheit zum Ein-Mann-Rollenspiel, wenn nicht gar zwei oder mehr Spielleute verschiedene Rollen übernahmen.

Der Vortragsstoff konnte ein ernster sein, wenn etwa die Taten Karls und seines treuen Paladins Roland vorgetragen wurden, oder auch – und zwar mit Vorliebe – von heiterer und burlesker Natur. Dann geriet der Spielmann in Fahrt: »L'uns fet l'ivre, l'autres le sot«. »Der eine spielt den Betrunkenen, der andere den Tolpatsch«, heißt es in einem Versroman der Zeit.[78] Wenn Mimik und Gebärdensprache zusammentrafen, wenn der Vortragskünstler sich mit dieser oder jener Person seines Spieles identifizierte und sie mit seinem Einsatz belebte, dann wurden die Worte und das Handeln ihm selbst zu eigen. Wir können auf diesem Wege Stationen der Entwicklung zum Schauspiel und zu ersten Ansätzen des Theaters nachvollziehen. Wenn seit dem hohen Mittelalter überall in Europa geistliche Spiele wie Mirakel-, Mysterien- und Osterspiele aufkamen und künftig jahrhundertelang gepflegt wurden, dann dürfen wir mit der Entstehungsgeschichte des europäischen Theaters nicht nur fromme Kleriker, Bürgers- und Bauersleute verbinden, sondern müssen auch den Spielleuten einen erheblichen Anteil zumessen.

Die von den Spielleuten vorgetragenen schauspielerischen Darbietungen – von »Stücken« können wir ja noch nicht sprechen – dürfen nur entfernt mit dem Theater der Neuzeit, mit Schauspieltruppen und zunehmend festgelegten Stücken und Rollen, mit mehr oder weniger ausgestalteten Bühnen, verglichen werden. Denn die schauspielerischen Anfänge des »Theaters« der Spielleute waren Stegreifprodukte, die vor dem Hintergrund eines schriftlichen oder nichtschriftlichen »Drehbuches« produziert wurden. Und die »Bretter, die die Welt bedeuten« standen im Wirtshaus, auf dem Straßenpflaster, auf Kirchenstufen oder wo auch immer sich Gelegenheiten zum Auftritt boten.

Marionetten, Puppen, Tierdressuren

Eine besondere und vielleicht die früheste Form des europäischen Schauspieles wurde nach Ausweis der Quellen und Texte in Deutschland und Frankreich ausgeübt: das Puppenspiel. »L'us fai lo juec dels bavastelz«, »die einen betreiben das Spiel mit den Marionetten«, erfahren wir im Roman »Flamenca« in der Sprache der Langue d'oc aus der Zeit um 1250.[79] Guiraut de Calenson weist ebenfalls auf diese Spielmannskunst hin:[80]

»Er kann sich im Kreise drehen,
Und alte Lieder
Und Puppenspiel aufführen.«

Auch unser Guiraut Riquier, der im ausgehenden 13. Jahrhundert die Kultur der Spielleute und der Troubadoure vor dem Untergang bewahren wollte, zählte Marionetten (»bavastels«) zu den Spielmannskünsten.[81] »Nu zu ir spillute ... Richt zu mit den snuren die tatermanne ...«, »Los, ihr Spielleute, ... bereitet die Marionetten an ihren Schnüren vor«, heißt es im »Wahtelmaere«.[82] In Chaucers »Canterbury Tales«, im Prolog zu »Sir Thopas«, finden wir für das ausgehende 14. Jahrhundert ebenfalls einen Beleg für die Aufführung von Puppenspiel durch Spielleute in England:[83]

»Approche near, and loke up merily.
Now war yow, sirs, and lat this man have place;
He in the waast is shape as well as I;
This were a popet in an arm tenbrace
For any womman, smal and fair of face.«

Es gibt nicht wenige Quellen und Texte, die über Spielleute berichten, die allerlei dressierte Tiere mit sich führen: Bären und Ziegen, Hunde und Vögel usw. Im »Chanson d'Aye« aus der zweiten Hälfte des 12. Jahrhunderts ist der gleichnamige Held zugegen, wenn anläßlich der Wiedererrichtung eines Klosters ein Fest gefeiert wird und elegant und teuer gekleidete »Ritter bei den Vorführungen der Löwen und der Bären zuschauen ...«[84] Von Löwen, die in Käfigen oder Gräben gehalten werden, lesen wir in verschiedenen mittelalterlichen Quellen. So überliefert z. B. die Chronik des Klosters Petershausen bei Konstanz, daß sich der tapfere Graf Udalrich von Bregenz, als er am Hofe Kaiser Ottos des Großen weilte, einem ausgebrochenen Löwen entgegenstellt und ihn gezähmt habe. »Er streichelte ihn und befahl dann seinen Wärtern, ihn ohne Furcht an-

Musizierender Spielmann mit dressierten Affen (Tennison-Psalter, vor 1248. London Brit. Mus. Add. ms. 24686).

zufassen und in seinen Käfig zu bringen.«[85] Guiraut de Calenson fordert vom qualifizierten Spielmann, daß er Vögel nachahmen sowie Hunde und Affen dressieren könne.[86]

> »Viele Spielleute kamen von nah und fern
> Um ihrem Beruf nachzugehen,
> Und man gab ihnen mit leichter Hand
> Kleidungsstücke aller Art.
> Sie spielten verschiedene Instrumente:
> Horn, Tambour, Trommel
> Und verschiedene Tierdressuren
> Mit Affen und Bären ...«[87]

Andere Textstellen sprechen neben Bären, Hunden und Affen auch von Murmeltieren (»*marmotes*«), welche von Spielleuten zur Musik vorgeführt werden.[88] Miniaturen illustrieren solche Darbietungen.

Robert von Flambourgh weiß ebenfalls von Spielleuten zu berichten, die ihre Körper verrenken oder dressierte Bären und Affen mit sich führen: »... ursos ducunt vel simias«.[89] Die Handschrift eines anonymen Verfassers aus dem 13. Jahrhundert sagt uns, daß ein Affe nicht einfach ein Affe ist, sondern ebenso wie der Spielmann ein Werkzeug des Teufels: »Hystrio facit symiam saltare in diebus festis magis quam in aliis diebus: sic dyabolus mulieres in choreis et homines in tabernis.«[90]

»Der Spielmann bringt den Affen dazu, daß er tanzt und zwar sowohl an den hohen Festtagen als auch zu allen anderen Zeiten: Auf die gleiche Weise führt der Teufel die Weiber zum Tanz und die Mannsbilder in die Kneipen.«

Anläßlich der Wiedererrichtung eines Klosters wird ein Fest gefeiert. Die elegant und teuer gekleideten Ritter »sind Zuschauer bei den Vorführungen der Löwen und der Bären, Und lassen *Fabliaux* erzählen und *Chansons* erklingen.«[91]

Der Königliche Verwalter von Paris (*Prévôt*) Étienne de Boileau überliefert in seinem »Livre des Métiers« (um 1268), dem berühmten Rechtsbuch für die Berufsstände und Zünfte zu Paris,[92] eine merkwürdige Bestimmung, welche die Einfuhr von Affen in die Stadt Paris regelt: »Li singes au marchant doit IIII d., se il pour vendre le porte. Et se li singes est a home qui l'ait acheté por son deduit, si est quites. Et se li singes est au joueur, jouer en doit devant le paagier, et pour son jeu doit estre quites de toute la chose qu'il achete a son usage. Et ausi tot li jougleur sunt quite por I vers de chançon.«

»Die Affen eines Händlers kosten 4 Denier, wenn er sie zum Zwecke des Verkaufs mit sich führt. Wenn der Affe jedoch einem Mann gehört, der ihn zu seinem Vergnügen gekauft hat, ist er zollfrei. Und wenn der Affe einem Spielmann gehört, dann muß dieser vor dem Zöllner Kunststücke vorführen lassen. Dafür soll er dann für alles, was er zu seinem persönlichen Gebrauch kauft, von jeglichen Abgaben befreit sein. Auf diese Weise sollen die Spielleute auch durch den Vortrag eines Liedes von Abgaben befreit sein.«

Mit dieser Bestimmung wurden die Kriterien zur Unterscheidung von Affen als »persönliches Haustier«, als Ware oder als »Arbeitsmittel« der Spielleute für die Zolleinnehmer am Stadttor festgesetzt. Außerdem wird der Tatsache Rechnung getragen, daß die überwiegende Zahl der Spielleute gar nicht in der Lage gewesen wäre, beim Betreten der Stadt Geld für Zollgebühren zu bezahlen.

Den Zoll zu erlassen, wäre als ungerecht empfunden worden. Daher erbringt der Spielmann eine Ersatzleistung.

Eine der überlieferten Handschriften ist mit originellen Marginalien versehen, welche diesen Abschnitt illustrieren. Wir sehen Affen abgebildet, die mit »singes« überschrieben sind und daneben eine Gestalt, die wohl keinen Affen, sondern einen von ungelenker Hand gezeichneten Spielmann darstellen soll. Darunter sehen wir die Zeichnung einer Fiedel mit Bogen die mit »jongleur« beschriftet ist.[93]

Ein Kleriker des 13. Jahrhunderts brachte die Vorführung dressierter Affen mit dem Teufel in Verbindung. Denn wie der Spielmann seine Affen, so lasse der Teufel die Frauen auf Bällen und die Männer in den Wirtshäusern tanzen. Der Affe galt in der mittelalterlichen Bildbedeutung als Symbol für den Sünder und für das Laster sowie für den Teufel. Mit dieser Bedeutung ist ein Affe in der Versuchung Jesu auf einem Tympanon der Kathedrale von Santiago de Compostela aus der Zeit um 1100 abgebildet.[94]

Die Spielmannsbüchlein.
Von der Mündlichkeit zur Schriftlichkeit

Die musikalisch-dichterisch-schauspielerischen Darbietungen der Spielleute waren überwiegend Stegreifprodukte. Das heißt aber nicht, daß sie jeweils an Ort und Stelle der Aufführung, im Angesicht des Publikums, entstanden sind. Jeder Spielmann hatte mehr oder weniger eingeübte und eingefahrene, zeitgerechte, publikumswirksame und landschaftstypische Muster in seinem Repertoire. Er verstand es sehr wohl, sich nach seinem jeweiligen Publikum und dessen Stimmung zu richten. Den Mönchen im Kloster – denn auch diese waren höchst begierige Zuschauer und Hörer – wurde gewiß ein anders Programm geboten als dem bäuerlichen oder dem städtischen Publikum. Es ist jedoch nicht daraus zu schließen, daß die vorgetragenen Späße in jedem Falle weniger frivol gewesen wären. Sowohl die literarischen Texte als auch die historischen Quellen kennen auch den Spielmann, dem es gelungen ist, auf den Sprossen künstlerischen Ansehens weit nach oben zu klettern und zum höfischen Spielmann, zum »ménestrel« zu avancieren, wie die fiktive Figur des Tristan illustriert. Tristan hatte sich verkleidet und spielte als Tantris die Rolle eines Spielmannes:[95]

»Tristan sprach: ›Ich wills euch sagen.
Ich war ein höfischer Spielmann
und beherrschte ausgezeichnet
die Lebensformen und den Stil des Hofes.‹«

Wir könnten diese schönen Verse so interpretieren, daß der Spielmann bei Hofe seinen Darbietungen den dort erwarteten »haut goût« gab, seine Stoffe und Helden dem feinen Milieu anpaßte bzw. sie diesen Traditionen und Vorstellungswelten entnahm. Dem Publikum nach dem Munde zu reden, wird den Spielleuten wiederholt vorgeworfen. Auch im Mittelalter war das Sprichwort geläufig: »Cuius enim manduco panem, eius ludum canto«, »Wes Brot ich eß', des Lied ich sing'«.[96]

Die vorgetragenen Stoffe und Werke sind, je nach Publikum, Allgemeingut. Sie entsprechen hergebrachter Tradition und beruhen überwiegend auf mündlicher Überlieferung. Seit dem 13. Jahrhundert, als der Übergang von der Mündlichkeit zur Schriftlichkeit in der mittelalterlichen Laienkultur schon erhebliche Fortschritte gemacht hatte, erfahren wir von der Existenz schriftlicher Aufzeichnungen, Grundlage für das spielmännische Angebot.

In zahlreichen Textstellen finden wir die Behauptung, daß die aufgeführten Werke eigener Dichtung und Erfindung entstammten. Das ist nicht immer richtig. Manche Textstellen belegen, daß Dichter »ihre« Spielleute mit neuen Vortragsstoffen und Liedern ausgestattet haben und diese dadurch in einer gewissen Abhängigkeit standen. Der Provenzale Garin d'Apchier rieb dies seinem Spielmann unter die Nase:[97] »Ich könnte ihn leicht zugrunde richten: ich dürfte ihm nur meine Gedichte versagen, dann fände sich kein Mensch, der ihn speiste, oder nur eine Nacht beherbergte.«

Raymond von Miraval schilderte zynisch die Abhängigkeit »seines« Spielmannes Bayona sehr anschaulich und macht ihm klar, welchen Gewinn dieser aus seiner Dichtung gezogen habe:[98] »Ich weiß, Bayona, daß du um ein Serventes zu mir gekommen bist; dieses ist das dritte; zwei hast du bereits empfangen, mit welchen du Gold und Silber, und manches getragene Rüstzeug, und schlechte und gute Kleider erworben hast.«

»Um Gottes Willen, Bayona, wie unsäglich arm und elend gekleidet bist du; doch ich will dich mit einem Sirventes aus der Not ziehen.«

Tristan singt und spielt für Isolde. König Marke (hier nicht mit im Bilde) überrascht das Liebespaar und versetzt Tristan den Todesstoß (Tristan-Roman, frühes 15. Jh., Wien Österr. Nationalbibl. Cod. 2537).

Wir müssen einerseits damit rechnen, daß die Spielleute gegenseitig voneinander abgeschaut haben und fremde Werke oder Teile daraus als eigene ausgegeben haben. Andererseits haben sie sich gegenseitig – aus gutem Grund – auf die Finger gesehen. Mit der zunehmenden Zahl der Spielleute auf den Straßen, Plätzen, Höfen und Wirtshäusern Europas im 13. Jahrhundert sind Konkurrenz, Rivalität und Mißgunst erheblich gewachsen. Der Vorwurf des Stückeklaus ist allenthalben zu hören: »Huges de Penna, ein adliger Herr aus Monstiers, war ein guter komischer Dichter, obwohl der Mönch von Montmajour, bekannt als Geißel der provenzalischen Dichter, ihm fälschlich unterstellen wollte, daß er mehrere Lieder vom Lyrikdichter Guillaume de Sylvecane, seinem Weggefährten, gestohlen und als eigene vorgetragen habe.«[99]

Von Cadenet behauptet der »Mönch von Montmajour« gar, daß er nur deshalb bekannt geworden sei, weil er mehrere Dichter seiner Zeit ausgeplündert habe.[100]

Die Aneignung von reichhaltigen Vortragsstoffen und von umfangreichen Kenntnissen zu Themen, Mythen, historischen und fiktiven Helden und Heldinnen des Neuen und Alten Testamentes, der Antike und der jüngeren Vergangenheit (d. h. Chansons aus dem Karls- und Arthurkreis u. a.) waren Voraussetzungen für die erfolgreiche Suche nach einem Gönner. Meistens wurde das Repertoire von den Spielleuten im Kopf aufbewahrt und vom Vater während der gemeinsamen Wanderzeit auf den Sohn vererbt. Spielmannsbücher finden übrigens keine Erwähnung in Verbindung mit Frauen. Das quantitative Anwachsen und die umfangreichen Texte mit ihrem oftmals komplizierten und absichtlich verwirrend gestalteten Inhalt überstiegen jedoch zunehmend die Möglichkeiten der Abspeicherung im Gedächtnis. Wir können einen gewissen Trend zur Aufzeichnung und damit zur Verschriftlichung der Werke in den Spielmannsbüchern erkennen.[101]

Die Stücke des Vortrages, das persönliche Repertoire, bildeten neben dem Talent das Kapital der Spielleute. In den Spielmannsbüchern, die aus Frankreich und England überliefert sind, trugen manche von ihnen dieses Kapital mit sich herum. Wir erfahren davon, weil dafür verlockende Angebote gemacht worden seien. Huon von Villeneuve habe allen Versuchungen widerstanden, wie er in »La Destruction de Rome« behauptet:[102]

»Huon von Villeneuve hat sein Werk wohlverwahrt.
Weder Pferd noch Maultier wollte er dafür nehmen,
Keinen Umhang aus Eichhörnchenfell oder sogar Grauwerk,
Keinen Mantel und wäre er mit Pelz besetzt,
Nicht einmal einen Sack voll Pariser Heller.«

Der Spielmann als Dichter, Übersetzer und Entdecker
In zahlreichen Texten betonten Spielleute, daß sie das vorgetragene Werk selbst verfaßt hätten. Bedeutete doch die eigene Verfasserschaft, daß der Autor gebildet, schreib- und lesekundig sowie von hohem künstlerischem Rang sei und daß er in Stand und Ansehen dem Troubadour nicht nachstehe. In »Le prêtre teint« wirbt der Spielmann für seine Darbietung:[103]

»Dies vorgetragene Abenteuer ist gut und schön.
Und die Verse sind nagelneu.
Als ich mich in Orléans aufhielt,
habe ich sie gedichtet.«

Andere Spielleute wollen bekannte Stoffe bearbeitet, nachgedichtet und in eine dem Publikum angemessene Form gebracht haben. Wir müssen uns jedoch darüber im Klaren sein, daß es, nach Aussagen der Spielleute selbst, unter ihnen Schwarze Schafe gab, die logen, daß sich die Balken bogen. Der Autor des Romans »Dolopathos« namens Herbertz erklärt uns: »Ein weißer Mönch von hohem Alter aus dem Kloster Haute-Selve hat die Geschichte hervorgekramt und in schönes Latein übersetzt. Er, Herbertz, wollte sie in die Volkssprache, also in das Altfranzösische, übersetzen und ein Buch daraus machen im Namen und zur Ehre des Sohnes Philipp dem König von Frankreich, Ludwig, der so sehr zu loben ist.«[104]

»Weil ich es auf Lateinisch vorgefunden habe«, sagt ein Spielmann, will ich den Roman »Evangile de l'enfance« für mein Publikum »Wort für Wort in das Französische« übersetzen, »ohne das Geringste auszulassen«.[105] Die nach der Mitte des 11. Jahrhunderts provenzalisch geschriebene »Chanson de Sainte Foy d'Agen« ist von einem Spielmann vorgetragen worden.[106] Es beginnt mit den folgenden zwei Versen: »Ich habe, als ich unter einer Pinie lag, zugehört, als ein lateinisches Buch aus alter Zeit vorgelesen wurde.«

Wir werden hierbei zu Zeugen der angeblichen Übertragung eines religiösen Stoffes aus der schriftlichen Form der lateinisch sprechenden *litterati* in die mündliche Form des illiteraten, volkssprachlichen Spielmannes. Einige Verse weiter wirbt er für sein Werk, indem er betont: »Ich habe gehört, wie diese Chanson von Geistlichen und ausgezeichneten Wissenschaftlern entziffert wurde.«[107]

Die Behauptung der Spielleute, daß die von ihnen dargebotenen Vortragsstoffe, die Romane, Lieder, Erzählungen usw. gewissermaßen aus der gebildeten Sphäre der Schriftlichkeit stammen, aus berühmten Klöstern und ihren Bibliotheken, gehörte zum gewohnten Ritual, mit dem sie für ihre Rezitationen den Anspruch der Authentizität erhoben.

Auch den »Dares«, eine Troja-Dichtung, will Jean de Flixecourt 1262 in einem berühmten Kloster, nämlich in der Benediktinerabtei Corbie bei Amiens, gefunden und übersetzt haben: »Weil der Trojaroman in Versen viele Details enthält, die in der lateinischen Fassung nicht enthalten sind, was daran liegt, daß sein Verfasser anders seine Reime nicht gefunden hätte, habe ich, Jean de Flixecourt, die Geschichte der Trojaner und Trojanerinnen Wort für Wort aus dem Latein in die Volkssprache übertragen, so wie ich sie in einem der Bücher der Bücherei der Abtei von St. Peter in Corbie fand, und zwar im Jahr der Fleischwerdung Christi 1262 im Monat April auf Ersuchen von Herrn Pierron de Besons, Kaplan in St. Peter, damit diejenigen, die die Schlachten um Troja hören wollen und den Roman in Versen nicht bekommen können oder die, denen er zu groß oder auch zu klein ist, diese Version hier ohne Mühe erhalten können, denn sie ist kurz, und dadurch kann man genau die Wahrheit der Geschichte erfahren.«[108]

Herbert le Duc etwa verlieh seiner Chanson »Fouque de Candie« die Aura der in biblische Zeiten zurückreichenden Autorität. Ihm war offenbar besonders daran gelegen, daß die Authentizität seines Werkes anerkannt wird:

»Eine neue, sehr höfische Chanson habe ich geschaffen,
Denn ich war einst in der Abtei von Cluny
Und habe dort ein Buch von sehr hohem Alter gefunden,
Welches in der Zeit des Propheten Jeremias geschrieben
                                                      wurde.
So manche Geschichte und manche Prophetie fand ich darin.«

Zuvor schon betonte er: »Ceste chanson ne vient pas de mençonge« – »Diese Chanson entspringt keinesfalls einer Lüge«.[109]

In der Chanson »Le Moniage Guillaume«, »Das Mönchsleben Wilhelms«,[110] wird von einem Spielmann der Vortrag eines Heldenepos angeboten:

55

»Wollt ihr gerne ein gutes Lied
von schönen Heldentaten hören?
Das muß man genießen.
Wer davon nichts weiß, der ist kein Spielmann.
Die Geschichte ist auf einer Pergamentrolle
in St. Denis niedergeschrieben.
Vor langer Zeit ist sie jedoch in Vergessenheit geraten.
Es war ein wahrer Edelmann, der sie reimen ließ.«

Der anonyme Autor der »Enfances Guillaume« behauptet ebenfalls, daß sein Werk von bester »Abstammung« aus dem Kloster St. Denis vor dem Vergessen gerettet worden sei:

»Ein edler Mönch aus Saint Denis war der Meinung,
als er von Wilhelm sprechen hörte,
daß man ihn völlig vergessen würde,
wenn niemand die Verse erneuerte,
die schon mehr als hundert Jahre in einer Pergamentrolle
                                                waren.
Ich habe ihm so viel versprochen und auch gegeben,
daß er mir diese Verse übermittelt und gezeigt hat.
Wer sie jetzt hören will,
der soll zu mir kommen und alles Lärmen lassen.«[111]

Die gleiche Herkunftsangabe finden wir im Prolog von »La Destruction de Rome«:[112]

»Das Lied war verloren und die Verse verfälscht.
Aber Gautier de Douay hat das wieder in Erinnerung gebracht
Zusammen mit König Ludwig (möglicherweise ist ein
    Spielmann gemeint), der inzwischen verstorben ist,
Möge ihm die verehrte Heilige Jungfrau gnädig gestimmt sein.
Er und Gautier haben die Geschichte wieder zusammengestellt.
Und die Chanson wieder aufgebaut und entzündet,
Zu Saint Denis in Frankreich (oder Ile de France?) erstmals
                                                aufgefunden,
Von einer (Pergament-)Rolle der Kirche abgeschrieben und
                                                übersetzt;
Hundert Jahre ist es dort gewesen; das ist bestätigte Wahrheit.

Derjenige, der die Chanson gemacht hatte, hat es lange Zeit
bewahrt, ...«

Diese Übereinstimmungen zeigen, daß die Angaben zur Überlieferungsgeschichte lediglich als »Herkunftssagen« und Versuche der Mythisierung zu bewerten sind. Fragwürdig erscheint der Schluß: »Die Abtei St. Denis läßt sich die Pflege der französischen Vergangenheit besonders angedeihen.«[113] Wir sollten weder in den Glauben von alten noch von neuen nationalen Mythen zurückfallen. Mit dem Wahrheitspostulat unter Bezug auf das altehrwürdige Heiligtum der französischen Könige haben die mittelalterlichen Dichter vor allem werbewirksame Authentizität für ihr Werk ausgeliehen. Authentifizierungsklauseln finden wir in rund einem Fünftel der Prologe und Vorworte.[114] In Cligès, einem arthurischen Roman des Chrétien de Troyes um 1176, soll »das alte Buch« die Glaubwürdigkeit bezeugen.

»Diese Geschichte, die ich euch erzählen
und berichten will, finden wir
in einem Buch der Bibliothek
der Kathedrale St. Pierre zu Beauvais niedergeschrieben.
Ihm wurde die Erzählung entnommen,
aus der Chrétien diesen Roman gemacht hat.
Das Buch ist sehr alt
und bezeugt daher die Wahrheit der Geschichte;
deshalb ist es auch glaubwürdiger.«[115]

Um Ernsthaftigkeit, Authenzität und Wahrheit, aber auch um die Weckung von Neugier geht es im altfranzösischen »Roman de Troie«, im »Trojaroman« des Benoît von Sainte-Maure um 1165:[116]

»Diese Geschichte ist noch nicht verbraucht
und man findet sie nirgends:
Sie wurde noch nie erzählt,
doch Benoît de Sainte-Maure
hat sie erfunden und erzählt
und die Worte eigenhändig aufgeschrieben.
So ist sie zugeschnitten und gestutzt,
aufgebaut und angeordnet,

daß nicht mehr und nicht weniger nötig ist.
Hier will ich die Geschichte beginnen:
Ich folge dem lateinischen Text buchstabengetreu,
nichts will ich hinzufügen,
außer was ich geschrieben vorgefunden habe.
Und ich sage, daß ich kein Witzwort hinzufüge,
obwohl ich das könnte,
sondern nur dem Stoff folge.«

Auch in der deutschsprachigen Literatur finden wir derartige Authentifizierungsklauseln. Der Autor von »Diu alte Muoter« etwa behauptet, daß die dem Werk zugrunde liegende wahre Begebenheit von einem Ritter aus Nürnberg bestätigt worden sei. Damit sollte der Geschichte wohl Originalität und Autorität verliehen werden:[117] »Uns wurde eine sonderbare Geschichte berichtet. Man sagt, sie sei wahr und sie habe sich vor langer Zeit abgespielt. Das hat mir ein echter Ritter in der Stadt Nürnberg versichert.«
 Geradezu abenteuerlich mutet die Geschichte an, welche über das »Buch« mit der mittelhochdeutschen Heldendichtung »Wolfdietrich« aus der Zeit um 1230 konstruiert wurde:[118] Nach langer Reise langt es beim Bischof von Eichstätt und schließlich im Eichstätter Walburgastift an.

Der Spielmann als Alleskönner

Im okzitanischen höfischen Roman »Flamenca« wird um 1250 anläßlich einer prächtigen Hochzeit zu Bourbon den Zuschauern, Zuhörern oder Lesern in aller Breite das »Berufsspektrum der höfischen Spielleute« vorgeführt:[119]

»Nach dem Essen wäscht man sich ein zweites Mal,
aber so, wie sie saßen, blieben
sie an ihren Plätzen und tranken Wein,
denn das waren sie so gewohnt.

Dann nahm man die Tischtücher ab;
vor jeden legte man schöne Kissen
und aufklappbare Spiegel,
so daß niemand daran Mangel litt:

so konnte sich, wer wollte, zurechtmachen.
Sodann erhoben sich die Spielleute;
jeder wollte sich Gehör verschaffen.

Da hättet ihr Saiteninstrumente
verschiedener Beschaffenheit erklingen hören.
Wer eine neue Melodie auf der Drehleier kannte
oder ein Liebeslied, einen Descort oder ein Lai,
der andere das Lai von Tintagel;
ein dritter sang das Lai der vollkommenen Liebenden
und wieder einer das, das Tristan komponierte.

Man spielte Harfe, Drehleier, Flöte, Pfeife,
der eine Geige, der andere Rotte;
der eine sagte den Text, der andere sang die Melodie,
wieder einer spielte Dudelsack,
ein anderer Hirtenflöte oder Schalmei
oder Mandoline, dazu stimmt ein anderer das
Psalterion mit das Monocord ab;
einer führt Marionetten vor,
ein anderer Messerwerfen,
einer kriecht auf dem Boden, ein anderer macht Purzelbäume,
einer tanzt mit einem Glas in der Hand;
einer springt durch den Reif, ein anderer in die Höhe,
und keiner versagt in seinem Beruf.«

Im Anschluß an diese musikalischen und artistischen Darbietungen aus dem Berufsspektrum wird vor uns ein »Bildungspanorama der höfischen Spielleute« entwickelt:[120] »Wer Geschichten über Könige und Grafen (die Markgrafen hat der Übersetzer vergessen, W. H.) hören wollte, konnte auf seine Kosten kommen, jeder spitzte die Ohren. Denn einer erzählte über Priamos, der andere über Pyramos. Einer erzählte über die schöne Helena, die von Paris, nachdem er ihr seine Liebe erklärt hatte, entführt wurde; ein anderer über Odysseus, Hektor, Achilles; über Äneas und Dido, wie letztere unglücklich und um ihren Freund trauernd zurückblieb, und über Lavine, wie sie den am Pfeil angebundenen Brief aus einem höher gelegenen Winkel durch die Schildwache herabschießen ließ. Ein anderer erzählte über Polyneikes, über Tideus und über Eteokles.

Ein anderer erzählte über Apollonius. Der eine erzählte von König Alexander, ein anderer über Hero und Leander, einer über Kadmos, der, aus der Heimat geflohen, Theben gründete, ein anderer über Jason und über den Drachen, der nicht schlief, und wieder ein anderer schilderte die Kraft des Herkules. Wieder einer erzählte, wie sich Phyllis aus Liebe zu Demophonius das Leben nahm. Einer erzählte, wie der schöne Narkissos im Brunnen ertrank, in dem er sich spiegelte, andere erzählten über Pluton, wie Orpheus seine Frau entführte, und über den Philister Goliath, wie ihn David durch dreimaligen Steinwurf tötete. Einer erzählte über Samson, dessen Haare, während er schlief, von Delila abgeschoren wurden, der andere über Judas Makkabäus, wie er für seinen Gott kämpfte. Ein anderer erzählte, wie Julius Cäsar ganz allein das Meer überquerte, ohne die Hilfe des Herrn zu erflehen und, glaubt mir, ohne Angst zu haben! Einer erzählte von der Tafelrunde, wo niemand hinkam, ohne daß der König ihm nach bestem Wissen Bescheid gab, und wo Tapferkeit immer galt; der andere erzählte über Gawein und über den Löwen, der den Ritter (Iwein) begleitete, der Lunete befreite. Einer erzählte über die bretonische Jungfrau, die Lanzelot gefangenhielt, als er ihr seine Liebe versagt hatte. Ein anderer über Parzifal, wie er zu Pferd an den Hof kam. Der eine erzählte über Erec und Enite, der andere über Hugonet de Perida; der eine über Gurvenal, der durch Tristan viel auszustehen hatte, der andere über Fenice, die von ihrer Amme für tot ausgegeben wurde. Einer erzählte über den Bel Inconnu, ein anderer über den roten Schild, den der Herold vor der kleinen Tür fand, ein anderer über Guiflet und wieder ein anderer über Kalogrenant. Einer erzählte über Mordret. Einer berichtete, wie der Graf Divet von den Vandres ins Exil geschickt und vom Fischerkönig aufgenommen wurde, und ein anderer sprach vom Stern des Merlin. Der eine sagte, wie die Assassinen unter dem Einfluß des Alten vom Berge handelten, der andere, wie Karl der Große Deutschland in seiner Macht hielt, bis er es verteilte. Einer erzählte die ganze Geschichte von Chlodwig und Pippin, der andere, wie Luzifer wegen seines Hochmuts aus dem Himmel vertrieben wurde. Der eine erzählte über den jungen Mann von Nanteuil, der andere über Olivier von Verdun, der eine trug die Dichtung des Marcabru vor, der andere erzählte, wie Daidalos fliegen konnte, und, was Ikaros betraf, wie er durch seinen Leichtsinn ertrank. Jeder bot seine ganze Kunst auf. Durch das Gefiedel der Spielleute und durch das

Stimmengewirr der Vortragenden herrschte ein großer Trubel im Saal.«

Geschichten und Abenteuer zogen, sehr zum Leidwesen der Geistlichkeit, die Zuhörer mehr in ihren Bann als fromme, »biblische Geschichten«. Darüber beklagte sich Petrus von Blois (ca. 1130–1204) und gab die Schuld daran den Spielleuten, die auf das Mitleid des Publikums abzielten:[121] »Oft werden im Schauspiel (»*tragoediis*«) und anderen Liedern der Dichter sowie im Gesang der Spielleute (*in joculatorum cantilenis*) tapfere, glänzende, starke, liebenswerte und in jeder Beziehung herausragende Männer beschrieben. Es werden jedoch auch Geschichten von Bedrängnis und Unrecht, welches ihnen auf schreckliche Weise zugefügt wurde, erzählt, so etwa von Artur, Gangan und Tristan, Geschichten, welche die Spielleute anbieten, von denen die Zuhörer erschüttert und zum Mitleid und sogar zu Tränen gerührt werden.«

Etwa einhundert Jahre später, 1227, beschrieb Aubri des Trois Fontaines die Hochzeit von Robert, dem Bruder Ludwigs des Heiligen, mit folgenden Worten: »Dort (bei der Hochzeit) sind an die 140 Männer zu Rittern geschlagen worden. Und die Leute, die wir Spielleute (›ministelli‹) nennen, haben zu diesem Schauspiel der Eitelkeit viel beigetragen; so etwa jener, der auf einem durch die Lüfte gespannten Seil das Gleichgewicht hielt; und dann noch andere, die zwei scharlachrot bekleidete Stiere ritten und jedesmal auf Hörnern bliesen, wenn dem König serviert wurde.«[122]

Die Spielleute haben nicht nur bei der Verbreitung epischer Stoffe eine große Rolle gespielt, sondern auch Neuigkeiten und Klatsch von Adelshof zu Adelshof, von Stadt zu Stadt, von Dorf zu Dorf und von Haus zu Haus getragen. Die Schwankerzählung »Der arme Schüler« überliefert eine bildhafte Szene, in welcher ein Bauer einen fahrenden Studenten ausfragt:[123]

»Mich dünkt, Herr, Ihr erfuhrt und last,
Viel Schönes, das Ihr nicht vergaßt,
Und wißt von Wunderdingen
Zu sagen und zu singen.
Drum kürzt mit Mären uns die Frist,
Bis unser Nachtmahl fertig ist!«

Sie boten nicht nur ihre Künste und Fertigkeiten zur Unterhaltung an und übertrugen Bildungsstoffe in die Volkssprache und popularisierten sie. Auch als Träger der Kommunikation[124], bei der Verbreitung und beim Austausch von Nachrichten, nahmen sie eine wichtige Rolle ein. Die Reichweite der spielmännischen Wanderschaft war im Grunde unbegrenzt.

Neuigkeiten aus aller Herren Länder

In Nevers an der oberen Loire lernen wir 1397 eine Spielleutetruppe vom Rhein kennen: Jacques de Sauilliant, Christofle d'Alemaigne (Deutschland) und »Semul de Couloigne (Köln)«.[125] Der aus verarmtem Adel zum Spielmann ab- und später zum berühmten Trouvere aufgestiegene Raimbaut de Vaqueiras († 1226) reiste aus der Provence quer durch die Lombardei nach Montferrat im hochgelegenen Teil Piemonts. Dort hielt der berühmte, allen Künstlern und insbesondere den provenzalischen Dichtern aufgeschlossene Markgraf Bonifaz I. Hof. Als Bonifaz zum Anführer des 4. Kreuzzuges gewählt wurde, begleitete ihn Raimbaut, der von ihm zum Ritter geschlagen worden sein soll.[126]

Unter den Gründern der Pariser Spielleutezunft im Jahre 1321 stammte ein beachtlicher Teil aus Lothringen und Burgund. 1331 findet Jacques Grare aus Pistoia in der Lombardei als Mitglied der Bruderschaft beim Spital von Saint Julien Erwähnung. Neben einer Vielzahl von französischen Spielleuten am Hofe Edwards II. von England befanden sich auch »3 geige-players from Germany«[127]. In Canterbury trat John de Coton auf, ein Lombarde, der zu Canterbury vor dem König Darbietungen mit Schlangen zeigte.[128]

Diese wenigen Beispiele zeigen, wie weit sich die Fahrten der Spielleute erstreckten. Die einen hielten sich im näheren oder weiteren Umkreis einer Stadt auf, weil sie dort nur für die Zeit ihres Auftrittes gelitten waren, andere bedienten bestimmte Routen, etwa entlang der Flüsse, die ja für den Verkehr gut erschlossen waren. Der überwiegende Teil der Spielleute jedoch gab seinen Wegen überhaupt keine Richtung. Er zog von Burg zu Burg, von Marktplatz zu Marktplatz, ließ sich an Wegkreuzen »aufgabeln«, um hier bei einer Bauernhochzeit, dort bei einer Bürgertaufe oder bei Leichengang und Leichenschmaus aufzuspielen. Bei solchen kleinen Festen schöpfte der Spielmann aus seinem Alltagsrepertoire. An den meisten Adelshöfen dürfte das geforderte Niveau der Darbietungen kaum höher und nicht weniger derb gewesen sein.

Wo die Spielleute auch auftraten, die von ihnen kolportierten Neuigkeiten aus aller Welt nahm das Publikum mindestens ebenso begierig auf, wie die Tanzmusik. Die Spielleute taten sich wichtig mit dem, was ihnen auf dieser Burg, in jener Stadt, vor jenem Kloster zu Ohren gekommen ist: Liebeshändel auf dem Dorf oder im Kloster, zu Ostern ein Wunder in der Sakristei, in den Rauhnächten ein Werwolf im Schloßkamin, während der Fastenzeit eine Besessene im Nonnenkloster, zweiköpfige Kälber und immer wieder die wegen des bösen Blickes verkalbenden Kühe und unfruchtbar gemachten Frauen. Diese Neuigkeiten waren Anlaß genug für ein sensationshungriges Publikum, den Erzähler in Wirtshaus und Herberge dafür freizuhalten und diesem umgekehrt wieder den Sack mit Tratsch zu füllen. Die Spielleute übten die Funktion der personifizierten Zeitung und Illustrierten aus. Sie waren die Sensationspresse des Mittelalters und noch weit in die Neuzeit hinein. Mochte auch manche Nachricht den Zuhörer arg verstümmelt erreicht haben, mochte auch die Eigenwerbung übermächtig geworden sein, mochte das Publikum auch manchmal ungläubig dreingeschaut haben, – nicht nur die kleinen, ungebildeten Leute verdankten ihre Kenntnis von der Welt »da draußen« den Spielleuten.

Das ständige Herumreisen, die Existenz als »homo viator«, als zeitlebens Reisender auf Erden, stattete die Spielleute mit einer unvergleichlich reichhaltigen Welt- und Lebenserfahrung aus. Als wegkundige und gewandte, allen Situationen gewachsene Fahrende wurden ihnen gelegentlich Botendienste angetragen. Die Dichtung überliefert zahlreiche Beispiele dafür. Nicht alle Aufträge waren derart gefährlich und folgenreich, wie der des Werbel im »Nibelungenlied«. Er hatte zusammen mit Schwämmel die Burgunder im Auftrag des Hunnenkönigs Etzel an dessen Hof gelockt. Hagen befindet sich im Blutrausch:[129]

»Er sah vor Etzels Tisch den einen Spielmann.
Hagen in seinem Zorne schlug ihm blitzartig
die Schwurhand auf der Fidel ab.
›Das ist für deine Botschaft im Burgunderland!‹

›Weh mir, meine Hände!‹ sprach Werbel, der Spielmann.

Alexander »der wilde«. Dieser mittelhochdeutsche Dichter des späten 13. Jahrhunderts wird in der Manessischen Handschrift (um 1320, Heidelberg UB Cod. Pal. Germ. 848) als wilder und akrobatisch galoppierender Reiter im roten Spielmannsgewand und mit gestutztem Haar präsentiert.

›Herr Hagen von Tronje, was habe ich Euch denn getan?
Ich kam auf Treu und Glauben in das Land Eurer Herren.
Wie soll ich fortan Musik machen, nachdem ich die Hand
verloren habe?‹
Hagen war es völlig egal, daß dieser nie mehr fideln konnte ...«

Als Postillon d'amour – ein Spielmann trug, wie erwähnt, den Namen Pistoleta, »Brieflein« – als Spion und auch als Kuppler hat sich so mancher Spielmann ein Scherflein, vielleicht sogar einen Kuppelpelz dazuverdient. Im Epos »König Rother« findet eine solche schlaue, mit allen Wassern gewaschene Spielmannspersönlichkeit literarische Würdigung.[130] Der englische König Alfred verkleidete sich als Spielmann – »joculatoriae professor artis« – und spioniert das feindliche dänische Lager aus.[131] Ebenfalls als Spielmann trat der Wikingerkönig Anlaf auf, um vor der Schlacht von Brunanburh die Feinde auszuspähen: »Er legte die königlichen Insignien nieder und ergriff die Zither.« Er wurde für einen professionellen Spielmann gehalten und am Tor eingelassen.[132] Gottfried von Monmouth erzählt uns in der »Historia Britonum« zum Jahr 1135, daß sich der Sachse Baldulf Haupthaar und Bart habe scheren lassen und darauf zu seinem Bruder in das belagerte York geschlichen sei.[133] Auch die Sage von Blondel, dem treuen Spielmann des englischen Königs Richard Löwenherz, der ganz Europa nach seinem Herrn absuchte und ihn schließlich in einem Verlies des österreichischen Herzogs Leopold fand, illustriert die exotische Rolle, welche Spielleute gelegentlich eingenommen haben.

VIERTES KAPITEL
Die Kennzeichen: Haartracht, Kleidung und Name

Der kahle Sänger

»Er rasiert seinen Schädel kahl und schneidet den Bart ab und dann beginnt er die Laufbahn des Spielmannes ... Und von nun an zieht er von Burg zu Burg, singt, was er zur Lyra komponiert hat und gibt sich als *cytharista,* als Musikant, aus.«

So schreibt Gottfried von Monmouth in der ersten Hälfte des 12. Jahrhunderts in seiner »Geschichte der britischen Könige« über den Beginn einer, wie er meint, typischen Spielmannskarriere.[134] Immerhin scheint die auffällige oder fehlende Haar- und Barttracht einen Teil des spielmännischen Habitus' auszumachen. Über das sonderbare Verhalten Philipps des Guten (1396–1467) brauchen wir uns daher nicht zu wundern. Der Herzog des burgundischen Reiches, welches sich in seiner Zeit von der Bourgogne und dem französischen Jura bis zur holländischen Nordseeküste erstreckte, mußte sich auf den Rat seiner Ärzte hin den Kopf kahl scheren lassen. Er forderte daraufhin alle Adeligen seines Hofes dazu auf, sich ebenfalls den Schädel glatt zu rasieren. Der adelige Höfling Peter Hagenbach wurde beauftragt, diesen Befehl durchzusetzen. Jan Huizinga hat in »Herbst des Mittelalters« das Verhalten des Herzogs als »kalifenhaft« bezeichnet.[135] Das klingt zwar gut, aber erklärt nichts. Selbst der Herzog von Burgund, einer der mächtigsten Herrscher Europas, glaubte vielmehr, die Kahlköpfigkeit eines Spielmannes und die damit verbundene Schande nicht mit seiner Würde vereinbaren zu können. Oder anders ausgedrückt: der kahl geschorene Kopf stellte einen Bruch mit dem höfischen Normensystem seiner Zeit dar und rückte ihn optisch gar in die Nähe des Randseiters:

»Rosemund têt snîden unde maken
klêder fan menegerleie saken.
Nâch ênes singers wîse
lêt se sik scheren wol tô prîse …«

»Rosemund schneiderte und machte
Kleider aus vielerlei Sachen.
Nach Spielmannsart
läßt sie sich scheren sehr zum Ruhm …«[136]

Der geschorene Kopf assoziiert den gesellschaftlichen Abweichler. Zur Wahrung seiner Würde sah sich der Herzog gezwungen, die Norm zu ändern. Und dieser neuen Norm hatten sich die Höflinge zu beugen.

Kleiderordnung – soziale Ordnung – göttliche Ordnung

Der soziale Rang und der Berufsstand waren gewöhnlich an Kleidung und Habitus zu erkennen. Dies entsprach – ganz anders als es das seit Marcus Fabius Quintilianus (um 35–95 n. Chr.) geläufige Sprichwort »Vestis virum reddit«, »Kleider machen Leute« vermittelt – den Ordnungsvorstellungen der vorindustriellen Zeit.[137]

Die mittelalterliche Welt reagierte sehr sensibel, wenn Sein und Schein auseinanderklafften, wenn etwa der gesellschaftliche Rang einer Person nicht mit seinem äußeren Habitus übereinstimmte. Dies mußte der französische König Karl VI. am eigenen Leib erfahren. Jean Juvenal des Ursins, Bischof von Beauvais, überliefert uns, wie Karl verkleidet den Einzug seiner Braut, Isabella von Baiern, auf der Straße incognito beobachten wollte und dabei vom Wachpersonal verprügelt wurde.[138] Der königliche Habitus war ein konstituierendes Element des Königtums. Er rangierte unmittelbar nach den Insignien seiner Würde, nach Krone, Szepter, Lanze oder was auch immer den Rang eines Herrschaftszeichens einnahm.

Ordnungsverstöße in Kleiderfragen konnten als eschatologische Erscheinungen gedeutet werden, die das Weltenende ankündigen. Radulf Glaber, der burgundische Mönch und Geschichtsschreiber († um 1047), stellte sogar einen Zusammenhang zwischen dem Millennium als heilsgeschichtlichem Eckdatum und dem Verfall der Kleiderordnung in weiten Teilen Frankreichs her.[139]

»Um das Jahr 1000 seit der Fleischwerdung des Wortes, als König Robert die Königin Konstanze zur Frau nahm, wurden ihretwegen die Francia und Burgund von eitlen und prahlerischen, völlig charakterlosen Leuten überflutet. Ihre Sitten waren ebenso verdreht wie ihre Kleidung (»moribus et ueste distorti«), ihre Waffen und die Aufzäumung der Pferde ein Durcheinander. Diese Leute hatten eine Hälfte des Kopfes glattrasiert und waren bartlos wie Spielleute (»histrionum more barbis rasi«). Sie trugen schamlose Hosen und Schuhe und sie kümmerten sich einen Dreck um Treu und Glauben und den Gottesfrieden. Und, oh weh! ihr schlechtes Beispiel wurde vom ganzen Volk der Francia, einstmals das ehrbarste von allen Völkern, und ebenso von den Burgundern übernommen. Sie glichen sich beide diesen ehrlosen und sündigen Leuten an.«

Insbesondere Kleidung und Haartracht – nach Art von Spielleuten – sind für ihn ein untrügliches Zeichen für bevorstehende Katastrophen der Heilsgeschichte. Der fromme und standhafte Abt Wilhelm von Dijon jedoch übte heftige Kritik an König und Königin, weil sie zugelassen haben, daß das ehedem so tugendreiche, ehrbare und fromme Königreich derart heruntergekommen sei. Das beschriebene Äußere sei »als Brandmal des Teufels zu bewerten. Und jeder Mensch, der bei seinem Tod derartige Kennzeichen trägt, hat größte Schwierigkeiten, den Fesseln Satans zu entgehen.«

Radulf Glaber hat mit einem Gedicht seiner Abscheu Ausdruck verliehen:[140]

»Tausend Jahre nach der Geburt des Herrn durch eine Jungfrau
Wurden die Menschen zur Beute der schlimmsten Irrtümer.
Denn wir streben danach, auf die Vielfalt der Dinge zu achten
Und unsere Sitten an althergebrachten Beispielen auszurichten.
Unbekümmerte Neuerungen bringen sich selbst in Gefahr.
Seht! unser Volk macht sich heutzutage über die Vorfahren lustig,
Sie verbinden Schauspiel mit schändlichem Treiben und nennen
                                                                 das Brauch.
Sie fürchten die Schande nicht und verachten die ernsten Dinge,
Den Ansporn gerechter Männer und weisen das Ehrenhafte
                                                                 zurück.
Tyrannen mit sonderbaren Körpern erzeugt nun dieses Leben,
Männer mit viel zu kurzen Kleidern, ohne Glauben und nicht
                                                                 friedensfähig;

Der Staat stöhnt unter der verlotterten Weiberherrschaft.
Frevel, Raub und jegliches Unrecht beherrschen die Welt.«

Die Vorstellungen von der Welt und ihrer Ordnung wurden als altehrwürdig und gottgewollt angesehen. Seit der denkwürdigen Hochzeit von König Robert und Konstanze von Anjou jedoch zogen mit den neuen Sitten Unordnung und Perversion ein. Dies alles manifestiert und kristallisiert sich in Sittenlosigkeit, Ausrüstung, Haar- und Barttracht der Fremden. Der Vergleich mit den Spielleuten stuft diese in eine Kategorie ein, die nicht die geringste Hoffnung für ihr Seelenheil hat. Es folgen Beschimpfungen aus dem Vokabular der stereotypen Verdammungsurteile der Spielleute.

Die Menschen dieser Zeit dachten in Bildern und stellten einen direkten Zusammenhang zwischen Bild und Wirklichkeit her. Widersprüche erzeugen Unsicherheit und Ängste vor der Un-Ordnung. Die Kleidung war ein wesentlicher Bestandteil des Bildes von der sozialen Ordnung. Das Abirren von der Kleiderordnung bedeutete den Bruch nicht nur mit der sozialen, sondern auch mit der göttlichen Ordnung.

Im umgekehrten Sinne konnte ein überwältigender Eindruck geschaffen werden, wenn der Reiche und Mächtige sich mit der ärmlichsten Kleidung, der härenen Kutte oder gar mit dem Totenhemd und dem Sarg als Schlafstätte begnügte. Mit diesem Habitus als Ausdruck der Demut und der Zuwendung zum Jenseits vervollkommnete sich der Mensch in einer »Übernorm«. Er näherte sich damit bereits der Heiligkeit.

Die mittelalterlichen Städte haben in häufiger Folge regelrechte Kleiderordnungen erlassen. »Die außerordentlich detaillierten Kleiderordnungen untersagten die Verarbeitung und Verwendung bestimmter kostspieliger Stoffe, von Pelzen, Verbrämungen und von Schmuckbesatz, ferner das Tragen bestimmter Kleidungsstücke und Schmuckgegenstände; sie legten den Aufwand und die zu verarbeitenden Stoffmaße bei Kleidungsstücken nach oben hin fest. Aus Gründen der Sittenzucht wurde das weibliche Brust- und Rückendekolleté im 15. Jahrhundert auf züchtige Maße begrenzt. Hinsichtlich der männlichen Kleidung wurde gegen die ›unnötig‹ ausladend gestalteten und unbedeckt gelassenen Hosenlätze und die tiefen Dekolletés vorgegangen. Überhaupt wurden, mit zweifelhaftem Erfolg, neumodische Schnitte und insbesondere die langen Schnäbel an den Schuhen verboten. Das Straßburger Stadtregiment untersagte den Frauen das Schminken und das Tragen von fremden Haarteilen.[141]

Den Normgebern war vor allem an der angemessenen Bekleidung – ein jeder nach seinem Stand bzw. seiner Vermögensklasse – gelegen. So wurde der städtischen Gesellschaft – den Patriziern, den Kaufleuten, den Handwerksmeistern und den Handwerksgesellen, den Dienstboten und insbesondere auch ihren Frauen und Töchtern – vorgeschrieben, welche Stoffe und welche Felle sie für ihre Kleidung, insbesondere für das Festtagsgewand, verwenden durften. Auffällige, teure Kleidung, Pelze, Farben, Stoffe, extravagante Hauben der Damen und vieles mehr waren Gegenstand der städtischen Regulierungsmaßnahmen.

Nicht nur die Magistrate, auch die übrigen Mitglieder der Gesellschaft duldeten keinen Bruch oder Widerspruch zwischen dem sozialen Stand, den die einzelne Familie bekleidete, und ihrer äußeren Erscheinung. Wenn dann gar fanatische Volksprediger jeglicher Couleur in den Städten gegen Luxus und Sittenlosigkeit predigten, reagierte die Bevölkerung hysterisch auf die angeprangerten Abweichungen. »Au hennin, au hennin!« Mit diesen Ausrufen wurden im 15. Jahrhundert die Straßenjungen auf die Damen der Gesellschaft gehetzt, die mit dieser großformatigen Kopfbedeckung unterwegs waren.[142]

Auch in der ländlich-feudalen Gesellschaft galten Kleiderordnungen. Dort scheinen jedoch besondere Regelungen von geringerer Bedeutung gewesen zu sein. Denn in dieser tief archaisch geprägten Welt, in welcher jeder seinen eigenen Rang und den der anderen kannte, funktionierte die Selbstregulierung von Sein und Schein noch bis weit über das Mittelalter hinaus. Die ungeschriebenen Gesetze der bäuerlichen Lebenswelt und nicht zuletzt das geringere verfügbare Bareinkommen zogen engere Schranken, die in der Regel eingehalten wurden. Verstöße gegen die Standesordnung durch unstandesgemäße Selbstdarstellung erzeugten auch hier Mißbilligung und Mißtrauen. Eine solche Situation wird von dem bairisch-österreichischen Dichter Wernher dem Gärtner in der satirischen Verserzählung »Meier Helmbrecht« des ausgehenden 13. Jahrhunderts in dichterischen Form zugleich realitätsnah und parodistisch illustriert: Der Sohn eines reichen Bauern strebt nach ritterlichem Stand und Anerkennung. Hierbei kollidiert »die Unvereinbarkeit seiner Wunschvorstellung mit der Wirklichkeit des sozialen Standes, dem die Helmbrechte zugehören«.[143] Der junge Helmbrecht bricht, unterstützt vom Unverstand der Mutter, mit jeglicher Kleidungsnorm und begibt sich selbst in das soziale Abseits. Er wird zum Randseiter.

»Danach schenkte die treusorgende Mutter
ihrem lieben Jungen
eine Rüstung und ein Schwert:
die hatte der junge Herr gewiß verdient!
...
›Urteilt selbst, wie euch das gefällt:
Mit drei Knöpfen aus Kristall, keiner zu klein und keiner zu groß,
schloß er den Kittelschlitz vor der Brust,
dieser unglaubliche Tor und Narr.
Das Oberteil war ringsherum
von Knöpfen übersät;
die glitzerten weithin,
gelb, blau, grün, lila und rot,
schwarz und weiß, genauso, wie er es hatte haben wollen.‹
...
Als sie nun diesen eingebildeten Laffen
so eingekleidet hatte,
sagte er: ›Liebster Vater,
mich zieht's jetzt mit Gewalt an den Hof‹.«[144]

Unser Normbrecher Helmbrecht, der ausgezogen war, um gegen jegliches Herkommen seinen sozialen Stand zu verändern, wird schließlich zum skrupellose Aufsteiger und damit zum *out-law*. Nach einer turbulenten Räuberkarriere wird er geblendet und kommt endlich elend um. Gemäß der Logik der mittelalterlichen Ordnungsvorstellungen war dies nicht anders zu erwarten.

»Hin ging der blinde Räuber,
Überall, wo er über Land ging,
konnte kein Bauer an sich halten,
ihm und seinem Kind zuzurufen:
›Haha, Räuber Helmbrecht!
Hättest du wie ich das Feld bestellt,

Spielleute musizieren vor dem König in Spielmannstracht. Ihre Instrumente sind: kleine Trommeln, Fidel, Horn, Triangel, Laute und Dudelsack (Olmützer Bibel von 1417, Olmütz/Tschechien UB).

so brauchte man dich jetzt nicht blind herumzuführen!‹
So elend litt er ein ganzes Jahr,
bis er aufgehängt wurde.«[145]

Die unsinnig teuren und »protzigen« Kleidungsstücke und Accessoires des jungen Helmbrecht »vermitteln den desillusionierenden Eindruck eines Narrengewandes, welches das wahre Wesen von Helmbrechts Streben nach ritterlichem Aufputz als törichte Narretei entlarvt und zugleich moralisch verdammt wird.«[146]

Kult – Subkultur – Stigma

Bei Spielleuten hatten sich gewisse Formen einer eigenen »Kleiderordnung« als Element ihrer Subkultur entwickelt. Nach Johann de Segni († 1178) war die typische Kleidung der Spielleute »ab utroque latere divisis item mixtus coloribus«, also »zweifarbig in der Mitte geteilt.«[147] Seit dem 12. Jahrhundert ist die farblich geteilte, als »miparti« bezeichnete Kleidung bei Spielleuten am häufigsten in den Farbkombinationen rot-grün und rot-weiß belegt.[148]

Die Spielmannskluft scheint Wissenschaftler zum Einstieg in die Bütt zu inspirieren; denn nur dort gelingen Brückenschläge wie dieser: »Wer in der Frühzeit mit Zauber und Behexen sich beschäftigte, war bunt bekleidet. Buntheit ist auch z. B. das Symbol der babylonischen Liebesgöttin Innana.«[149]

Für die Geschichte der Kleidung erweisen sich die illustrierten Ausgaben des Sachsenspiegels, die Handschriften aus Wolfenbüttel, Dresden, Heidelberg und Oldenburg als wichtige Quellen.[150] Die in verschiedenen Rechtszusammenhängen behandelten Spielleute finden dort eine bildliche Darstellung. Deren Kleidung folgt zwar Stereotypen, beruht jedoch auf dem konkreten Erscheinungsbild von Spielleuten.

Mit roten, kurzen Mänteln, die mit gelben Kapuzen versehen waren, haben Tristrant und Kurvenal die äußere Gestalt von Spielleuten angenommen.[151] In »Eustache le Moine« verkleidet sich Eustache als Spielmann:[152]

»Er nahm einen Bogen zur Hand und die Leier,
verwandelte sich in einen Spielmann.
Und er bedeckte sich mit einem kurzen Mantel
und einem Hut, der mit Bändern umwunden war.«

Immer wieder werden der kurze Mantel und darüber hinaus auffällige Accessoirs als typische Spielmannsattribute hervorgehoben.

Unter den von Bischof Wolfger auf seiner Italienreise beschenkten Vortragskünstlern befand sich ein ohne Namen genannter alter Spielmann, der durch sein rotes Hemd gekennzeichnet ist.[153] Morolt wählte einen gelben Seidenrock, um zu signalisieren, daß er Spielmann sei.[154] In einer zeitgenössischen Buchillustration trägt der Spielmann Watriquet de Couvin, der insbesondere in den zwanziger Jahren des 14. Jahrhunderts am Hofe des Grafen von Blois wirkte, einen kuttenartigen, farblich geteilten Rock, dessen eine Hälfte grün und die andere rot ist.[155]

In einem anonym überlieferten altfranzösischen Chantefable, einer Liedgeschichte aus der Zeit um 1200, können wir ablesen, welcher Habitus den Spielmann zu erkennen gibt. Bevor Nicolette, die Tochter des Karthagerkönigs, sich jenseits des Meeres heimlich auf die Suche nach ihrem geliebten Aucassin machte, verwandelte sie sich in einen Spielmann. In dieser Rolle öffneten sich ihr alle Türen. Ihr gelangen daher – zumindest in der literarischen Fiktion dieser Zeit – zahlreiche Abenteuer, die ein Incognito verlangten. Das »Abbild« des maurischen Spielmannes erforderte für Nicolette folgende Maßnahmen: »Sie kaufte eine Leier und lernte auf ihr zu spielen ... Mit einem Kraut färbte sie sich Kopf und Gesicht, so daß sie gänzlich schwarz war. Sie ließ sich Kittel, Hemd und Hosen anfertigen und verkleidete sich damit als Spielmann. Sie nahm ihre Leier und machte sich auf den Weg.«[156]

Insbesondere die überlieferten Verkleidungsszenen, selbst und vor allem, wenn es sich um die Verwendung von Klischees handelt, illustrieren die äußere Erscheinung des Spielmannes. Denn der Sinn der beschriebenen Verkleidung liegt ja darin, mit der Kleidung die Vorstellung und die Identität »des Spielmannes« zu erzeugen. Im Versepos Salman und Morolf nimmt Morolf die Gestalt, gewissermaßen die Identität, eines am Adelshof auftretenden Spielmannes an:[157]

> »Ein rôten sîde roc leite er an,
> ein dûtsche harpfe er in die hant nam;
> hovelich stuonden im sîn cleider a:
> er ging in allen den gebêrden
> als ob er wêre ein Spilman.«

> »Einen roten, seidenen Rock legte er an,
> und nahm eine deutsche Harfe zur Hand;
> seine Kleider standen ihm nach höfischer Art:
> er bewegte sich in jeder Hinsicht,
> als ob er ein echter Spielmann wäre.«

Es sei an die Geschichte von den zwei wandernden Predigern der Franziskaner in der Gegend von Oxford erinnert: Sie klopften an der Pforte eines Benediktinerklosters an und baten um Herberge. Ihre

Kleidung war verstaubt, vernachlässigt und wurde als »exotisch« angesehen und sie selbst daher als Spielleute eingestuft. Als die Mönche schließlich erfuhren, daß es sich um Mitbrüder handelte, waren Enttäuschung und Wut der Benediktinermönche über die entgangenen Lustbarkeiten so groß, daß sie die beiden Franziskaner mit Schimpf und Schande davonjagten. Möglicherweise trifft die Franziskaner selbst die Schuld an dem Mißverständnis. Denn sie verstanden sich auch als »joculatores Domini«, als Spielleute des Herrn, und haben in dieser Rolle mit den Künsten und phantastischen Kleidern der Spielleute kokettiert und das Publikum angezogen.[158]

Während Spielleute einerseits an ihrer exotischen, farbigen und »verrückten« Kleidung zu erkennen waren, sehen wir sie zugleich auch als die Träger von Sachen aus zweiter Hand, von getragener Kleidung.[159]

»Eine Frau spielte mit einer Rotte vor der vornehmen Königin.
Alle Zuhörer haben sich daran sehr erfreut.
Der Markgraf trat zurück und entledigte sich seines
                                        Obergewandes
und überreichte es der Jongleresse mit nobler Geste.«

Mag dies auch ein »fürstliches« Geschenk gewesen sein – es handelte sich um ein getragenes Kleidungsstück. Mit der dem Mittelalter eigentümlichen Ordnungsdenken wurde beim Schenken zu öffentlichen Anlässen peinlich genau die soziale Rangfolge eingehalten; und zwar sowohl die Rangfolge der schenkenden Herren als auch die Rangfolge der Beschenkten. Das können wir bei Heinrich von Veldeke nachlesen. Das standesgemäße Schenken bedachte insbesondere auch die Qualität der Geschenke, so daß wir davon ausgehen können, daß sich an Wert und Qualität die unterschiedlichen Ränge der Beschenkten ablesen lassen. Im »Parzival« des Wolfram von Eschenbach gibt Feirefiz »ieslîchem man nâh mâze sîn«, »jedem Manne nach seinem Rang«.[160]

»Et li quens fist doner chascun, lonc son labor,
mantiaus, muls, palefrois, tant qu'il en a honor.«

»Und der Graf ließ einem jeden etwas geben, je nach Einsatz,
Mäntel, Maultiere, Zelter, jeder nach seiner Stellung.«

In Jan Enikels Weltchronik läßt der babylonische König Nabuchodonosor, den wir aus dem Alten Testament kennen, »den Spielleuten ausrichten, daß er neue Kleider tragen und seine alten verschenken wolle. Diese liefen alle zu ihm und wer alte Kleider haben wollte, konnte zufriedengestellt werden.«[161]

Sogenannte »getragene wât« von adeligen Schenkern zu empfangen, war für das Selbstverständnis des Minnesängers, der etwas auf sich hielt, »unerträglich«. Der Minnesänger von Buwenburg wertet diejenigen Kollegen ab, die getragene Kleidung als Belohnung annehmen:[162]

»swer getragener kleider gert,
der ist niht minnesanges wert.«

Für die Unterhaltungskünstler, d. h. im wesentlichen Minnesänger, Spruchdichter und Spielleute, scheint die Kleiderfrage ein entscheidendes Kriterium für ihren sozialen Status gebildet zu haben. Auch daraus wird deutlich, in welchem Maße sich berufsmäßige Minnesänger und Spruchdichter am Rande der sozialen Ausgrenzung bewegten, ständig in der Gefahr, mit den »unehrlichen« fahrenden Spielleuten verwechselt zu werden. Norbert Elias entblättert die »Lichtgestalt« des Minnesängers mit guten Gründen: »Mochte der höfische Sänger seiner Kunst und Person Achtung und Ansehen sichern, über den landfahrenden Spielmann erhob er sich dauernd nur dann, wenn er vom Fürsten oder der Fürstin in Dienst genommen wurde. Minnelieder, die er an eine noch nicht besuchte Herrin aus der Ferne richtet, hatten keinen andern Zweck, als die Bereitwilligkeit und den Wunsch auszudrücken, bei der Adressatin Hofdienst zu leisten. Das war und blieb nach der Lage der Dinge das reale Ziel für alle, die aus ihrer Kunst ihren Lebensunterhalt gewinnen mußten, für Männer geringer Herkunft ebenso, wie für die nachgeborenen und daher erblosen Söhne aus vornehmem Haus.«[163]

Getragene Kleider waren ein zweischneidiges Schwert. In manchen Fällen dürften auffällige Stücke den eingesessenen Bürgern und auch dem Klerus geradezu als Hohn und Spott erschienen sein. Zumindest lag darin ein Moment der Verunsicherung. Kleider besaßen relativ großen Wert. Ein solch teures Gewand, von einem Spielmann getragen, konnte die Geberlaune des Publikums mindern. Ein Verkauf war nicht immer möglich, weil es den Rahmen des Beutels und der Kleiderordnung dessen sprengte, der auf getragene Kleidung angewiesen war.

Die Träume und die vorgetragenen Texte der Spielleute kompensieren den Umstand, daß sie nur allzuoft mit abgelegtem Gewand abgegolten wurden. Nach Heinrich von Veldeke trugen die Spielleute nach der Hochzeit des Eneas folgende Kostbarkeiten als Gage davon:

> »Danach gaben die mächtigen Fürsten
> reichlich,
> jeder mit eigener Hand
> kostbares Seidengewand,
> Gold und alle möglichen Kostbarkeiten,
> Silber und Goldgefäße,
> Maultiere, Streitrösser,
> Samt und Seidenstoffe
> in ganzen, unverschnittenen Stücken,
> viele rotgoldene,
> getriebene Armreifen,
> Zobel und Hermelin
> gaben die Fürsten,
> denn sie konnten es sich leisten.
> Herzöge und Grafen
> gaben den Spielleuten
> in großzügiger Weise ...«[164]

Die in der Literatur entworfenen Bilder stimmen selbstverständlich nicht mit der alltäglichen Spielmannsexistenz überein. Um wieder in die Realität des Spielmannslebens zurückzukehren, lesen wir, wie in der Schwankerzählung »Sankt Peter und der Spielmann« letzterer als ein typischer Spielmann und armer Tropf beschrieben wird:[165]

> »Hört lust'ge Mär! Es war einmal
> Zu Sens ein Spielmann arm und kahl;
> Doch weiß ich nicht, wie er genannt.
> Er trug nicht oft ein ganz Gewand:
> Ihm klang zu hold der Würfel Laut;
> Die schälten ihn bis auf die Haut.
> Oft ward ihm Geig' und Fidelbogen

Und Hos' und Rock vom Leib gezogen,
Und so durch Wind und Wetterbraus
Kam er im bloßen Hemd nach Haus.
An sein Gewerbe ging er nun
Zerlumpt mit durchgetretnen Schuhn.«

Erinnern wir uns der im Spätmittelalter allenthalben verbreiteten Tendenz, die göttliche Ordnung auch auf Erden durch Kleiderordnungen spiegeln zu wollen. Dem entgingen auch die Spielleute nicht. Eine der ältesten erhaltenen Reichspolizeiordnungen enthält eine für Spielleute, Pfeifer, Schalksnarren und andere Fahrende verbindliche Kleidervorschrift. Sie verordnete den als »unehrlich« angesehenen Leuten auffällige, leicht erkennbare Kleider, »damit die ehrlichen Leute sich desto leichter vor Schaden hüten können.«[166] Die Kleidung wurde zum Stigma.

Etikett und Identität: Die Namen der Randseiter
Die Namengebungssitte des Hoch- und Spätmittelalters ist durch vier Grundtypen gekennzeichnet: Der Name als Herkunftsbezeichnung, Berufsdifferenzierung, Über- oder Spitznamen sowie Namenserweiterung um Vater- oder Mutternamen. Bis auf letzteren wirken diese Typen auch bei der Namenbildung der Spielleute. Es machte eben keinen Sinn, wenn sich ein Entwurzelter z. B. als Johannssohn (Sohn des Johann) über ein nicht existierendes familiäres Umfeld, wie es im Dorf oder in der Stadt bestand, identifizieren würde.

Wie im Rotwelschen, der Vagabunden- und Gaunersprache, läßt auch der Zugriff auf die sprachliche Welt Rückschlüsse auf die Lebenswelt zu.[167] Die Untersuchung von Randseitern zeigt, daß Namengebung und Namenbedeutung »Einblick in die geistig-kulturelle Infrastruktur gesellschaftlicher Randgruppen« erlauben, »die uns ansonsten mangels einschlägiger Quellenzeugnisse verschlossen bleibt«.[168] Insofern sind Namen als »outillage mental«, als Werkzeuge zur Erschließung von Mentalitäten zu bewerten. Namen sind für uns somit ein aussagefähiges und wertvolles Erkenntnismittel hinsichtlich der Vorstellungswelten und Verhaltensmuster sowohl der Randgruppen als auch ihres Publikums.

Die Frage nach den Namen bei Randseitern[169] stellt sich auch deshalb, weil es sich häufig um milieutypische Beinamen handelt, also um Übernamen, diffamierende, euphemistische oder verhüllende Namen. Solche Beinamen sind immer wieder auch zu »Familiennamen« geworden.

Die Namen, welche sich die Angehörigen der Randgruppen entweder selbst zulegten oder die ihnen gegeben wurden, erweisen, daß sie nicht etwa als Schall und Rauch, sondern als Erkennungsmerkmale für ihren sozialen und moralischen Status galten. Wir haben auch Belege dafür, daß die Gefahr der Abwertung, den der eigene Name in sich tragen kann, durchaus erkannt worden ist. So erläutert eine Chronik der Zeit um 1500:[170] »... sin etliche, die schamen sich irer namen umb irer elter oder broder, oder bewandter groisser ubeltait willen, kunnen den namen nit liden und nemen andere namen, die unbekant sin, vur sich.«

Und so kommt es auch, daß manche ihren Namen latinisierten, die einen, um sich im Geiste des Humanismus aufzuwerten, andere um eine als abwertend oder als entehrend empfundene Herkunft zu verschleiern. Auf diesem Wege wurde aus einem »Sauschneider« oder »Nonnenmacher« ein »Castritius«, aus einem »Schneider« ein »Sartori« usw.

Nicht nur der Spielmann, sondern auch der Scharfrichter betrat eine »Bühne« und bot eine »Performance«, eine Vorführung nach einem vorgeschriebenen dramaturgischen Muster. In seinen Namen wurde die Hoffnung gesetzt, daß er sein Werk nach den Gesetzen seiner Kunst vollzog. Diese Erwartung bekundet auch eine Glosse zum Sachsenspiegel: »Sihe nun wol zu, du fronbot oder scharfrichter, *das du den namen mit der that habest*, und sey gerecht, dann wirst du heilig genant.«[171]

Ein bekanntes Beispiel sind die »sprechenden« Namen aus dem »Meier Helmbrecht«, die der Autor, Werner der Gärtner, den Räuberkumpanen des jungen Helmbrecht gibt:[172] Je nach ihren Namen wurden ihnen »höfische Ämter« bei der Hochzeit von Helmbrechts Schwester Gotelind mit seinem Vize Lemberslint (Lämmerschling) verliehen. Die ganze Hochzeitsfeier travestiert das höfische Festzeremoniell:

»Nun steht das Hochzeitsmahl bereit.
doch wir dürfen nicht vergessen,
dem Bräutigam und der Braut

79

Hofbeamte zu bestellen.
Slintezgeu (Schlingsland) war Hofmarschall;
der hatte den Rossen den Wanst zu füllen.
Entsprechend war Slickenwider (Schluckenwidder)
                                        Mundschenk.
Hellesac (Höllensack) wies Fremden
wie Einheimischen die Plätze an:
zum Truchseß nämlich wurde er bestellt.
Der völlig unzuverlässige
Rütelschrîn (Rütteldenkasten) aber war Erzkämmerer.
Hofküchenmeister war Küefrâz (Kühefresser);
der teilte alles zu, was in der Küche
gebraten und gekocht worden war.
Müschenkelh (Zerschlagdenkelch) teilte das Brot aus.«

Wer keine »amtliche« Funktion ausübte, fand dennoch seine kennzeichnenden Eigenschaften im Namen charakterisiert:

»Wolvesguome (Wolfsrachen) und Wolvesdarm (Wolfsbauch)
und Wolvesdrüzzel (Wolfsschnauze)
fraßen viele Schüsseln spiegelblank
und leerten viele bauchige Humpen
auf dieser Festlichkeit.«

Namengebung bei Spielleuten

Der (Bei-)Name von Spielleuten hat überwiegend die Funktion eines Künstlernamens, ist Übername oder Spitzname. »... der Spitzname, der seit dem späten Mittelalter grassiert, (war) weit mehr als nur eine Form der Neckerei und (Selbst-)Ironie. Er erfüllt wichtige Informationsfunktionen in einer sozialen Ordnung ...«[173] Diese Namen sollten vor allem ein werbendes »Markenzeichen« sein, witzig, herausfordernd und provokativ; manchmal waren sie selbstironisch oder selbstmitleidig.

Mancher Name wurde vom Publikum gegeben. Trotz der oftmals etikettierenden oder sogar stigmatisierenden Absicht gibt er der persönlichen Beziehung zwischen Spielmann und Publikum Ausdruck. Der Spielmann gewinnt dadurch Identität und hebt sich aus der Namenlosigkeit der vagabundierenden Bevölkerung ab.[174] Der Spitzname »... bereitet den Auftritt der Hauptdarsteller vor, läßt ihnen ihren Ruf vorauseilen und umgibt sie mit dem Nimbus, den sie benötigen. Was in der besseren Gesellschaft als Schimpf- und Schandname gilt, verkehrt sich hier leicht in eine Ehrenbezeichnung, und manch einer wird seinen anrüchigen Namen wie einen Orden getragen haben.«[175]

Spielleute tragen Namen wie *Brisepot* (Topfbrecher), *Falconet* (Kleiner Falke), *Mal Quarrel* (Übler Streit) und *Reginald le Menteur*,[176] vielleicht ein Hinweis auf berufsbedingte Eigentümlichkeiten eines Lügners. Bei *Quatreoeufs* (lat. Quatuor ova, »Vierei«) ist es unklar, ob auf eine körperliche Besonderheit, auf akrobatische Fertigkeiten oder auf seine Eßgewohnheiten angespielt wird.[177] Cercamon, ein ganz früher provenzalischer Dichter und (nach der Überlieferung) ein armer Schlucker, wurde auch »Läuft-in-der-Welt-herum« genannt. Der schon öfter genannte Marcabru hatte den Übernamen *Panperdut* (neufrz. *pain perdu*), »Verlorenes Brot«.[178] Heimbaudus li Escoulliet (Heimbaud der Kastrat), Hugo Noant (Hugo der Schwimmer), Mouquez (das Brötchen, der Grimassenschneider, der Spaßvogel), Malappareillez (der Unvergleichliche), Baguas (der Liederjahn),[179] Guillaume Dent de Fer (Eisenzahn, Scharfzunge), Pistoleta (Brieflein), Mignoz (der Kleine), Eglenterius (Rosenstrauch), Guillelmus Mita[180] (Groschen), Simples d'amors (Biedere Liebe).

Namenszusätze wie bei Guillaume »sanz maniere« (eher Ohne Bleibe als Ohne Manieren zu übersetzen), heben die Unbehaustheit besonders hervor. In Frankreich finden wir bei Spielleuten häufig Beinamen oder Namenzusätze wie: *Sanshelme* (Ohnehelm), *Sanssurnom* (Ohnespitzname), *Sansgonele* (Ohnekleid), *Sansterre* (Ohneland). In England treten vergleichbare Namen auf wie *Hoodless* (Schutzlos), *Landless* (Ohneland), *Sorrowless* (Ohnesorge), *Bookless* (Bücherlos), *Lawless* (Ohnerecht), *Loveless* (Liebelos), *Faultless* (Fehlerlos), *Peerless* (Herrenlos) usw.[181]

Typische Namen für Fahrende betonen deren Fremdsein und die Suche nach Nahrung und Unterhalt – *Suchsbrot, Suchenwirt* – oder nach Anerkennung und Heimat – *Suchendank, Suchsland* usw.[182] Tiroler Akten vom Anfang des 14. Jahrhunderts überliefern uns eine bunte Vielfalt von sprechenden Namen, deren Bedeutung nicht immer leicht zu eruieren ist: *Schanprüllen, Nernsnabel* (Nähr den

Schnabel), *Cluchentot, Hoveleich, Hasensprunch, Ekstein, Nimmerselich, Vreudenrich* usw.[183]

Das künstlerische »Personal« Herzog Albrechts II. von Niederbaiern-Straubing trug um 1400 Namen wie *Wunnsam, Sorgnicht, Irrganckh* und *Lobdenfrummen*.[184]

Eine große Zahl von Spielleuten verknüpfte mit dem »Vornamen« lediglich eine Bezeichnung, welche die konkrete künstlerische Fähigkeit zum Ausdruck brachte und im Laufe der Zeit Bestandteil der Identität ihres Trägers und nach einigen Generationen möglicherweise zum künftigen Familiennamen wurde: Richard Le Harpour (der Harfner), Geffrai Le Estiuor (der Sackpfeifenspieler), Guillot Le Taborer (der Tamborinspieler) usw.[185]

Der französische Spitzname *Baisescu* hat ähnliche Bedeutung wie der englische *Lickpenny:* Küssdasgeld bzw. Leckdasgeld.[186] Die Anspielungen sind hier wie bei den meisten dieser Namen bildhaft und recht eindeutig. Er entwickelte sich dennoch zum heutigen englischen Familiennamen Besescu.[187]

Bezeichnungen als »König« in Namen wie Huon »le Roy« oder Adenet »le Roi« deuten auf einen besonderen Ehrenrang hin, auf einen vor anderen ausgezeichneten Künstler. Auf die regionale Herkunft verweisen Namen wie Bonacio Lombardo, Jacques de Sauilliant (Sauerland?), Christofle d'Alemaigne (Deutschland) und Semul de Couloigne (Köln).[188] Als Gründer der Spielmannsbruderschaft zu Arras werden wir den »*ménéstrel*« Norman kennenlernen. Er sagte von sich: »Mein Pate und meine Patin, die mich aus der Taufe hoben, nannten mich Pierre; aber man hat mir den Spitznamen Norman (d. h. Normanne) gegeben«.

Ob Bei-, Spitz- oder Künstlernamen, sie spiegeln die Besonderheit spielmännischer Existenz. In welchem Umfang die Selbstbezeichnung der Spielleute mit ihren Beinamen als subkulturelles Moment zu bewerten ist, ersehen wir aus den folgenden illustrierenden »Klatschgeschichten« aus dem beginnenden 13. Jahrhundert:[189] »Die Spielleute geben sich selbst spaßige Namen und zwar derart, damit sie durch deren Verschiedenheit zu ausgesuchter Berühmtheit gelangen oder sie verwenden für ihren Namen witzige Wortspiele, um die Zuhörer zum Lachen zu bringen. Daher machte sich Widoguerra, der Pfalzgraf der Toskana, wegen der Bedeutung solcher Namen über viele Spielleute lustig. Einer von ihnen hatte einen volkssprachlichen Namen, der auf lateinisch *pica* (Elster) bedeutet. Daher forderte ihn der Pfalzgraf auf, einen Baum zu besteigen und zu fliegen. Einmal kamen zwei Spielleute zugleich zu ihm. Der eine hieß Malanotte, der andere Maldecorpo – also ›Schlechte Nacht‹ und ›Körperliches Leiden‹. Daher hieß er den Malanotte nackt auf das Dach sitzen, als es schneite und der Nordwind ihm entgegenblies. Maldecorpo hingegen mußte sich nackt zwischen zwei Feuer auf den Boden legen und den Körper solange mit Schweinefett einreiben, bis er mit schriller Stimme schrie: *bene sum liberatus*! ich bin von meinem Übel befreit!«

Ein anderer Spielmann hieß *Abbas* (Abt). Daher ließ ihm der Pfalzgraf den Kopf kahlscheren, so daß lediglich ein kümmerlicher Haarkranz stehenblieb. Zum Osterfest engagierte er zahlreiche Spielleute. Als diese nach drei Tagen auf die Bezahlung ihres Lohnes drängten, wählte er ungefähr einhundert von ihnen aus, die etwas bäuerisch wirkten und befahl ihnen, auf einen hohen Haufen Streu zu steigen. Auf diesem mußten sie so lange stehen bleiben, bis das ringsum gelegte Feuer anfing, die Kleidung, die Bärte oder die Haare zu versengen.«

Der berühmte Spielmann und Dichter Adam de la Halle († ca. 1285) wurde auch Adam le Bossu genannt. Nach eigenem Bekunden im »Roi de Sicile« hatte Adam keinen Buckel. »On m'apèle Bochu, mais je ne le sui mie.« »Man nennt mich den Buckligen, dabei bin ich gar nicht bucklig.«[190] Le Bossu scheint ein Übername der Familie zu sein.[191]

Einen gewissen Höhepunkt in der Bewertung der Spielleute bietet der Franziskanermönch Berthold von Regensburg, ein gewaltiger Volksprediger, in der Mitte des 13. Jahrhunderts in einer Predigt zum Evangelium des Matthäus (13, 44). Er betrachtete die Christenheit als eine in zehn Chöre eingeteilte Gesellschaft mit jeweils besonderen Aufgaben, die ihnen von Gott zugeteilt wurden. An der Spitze stehen die drei Chöre der Geistlichkeit, der Ritter und der Richter. Der zehnte Chor sei jedoch »völlig abgefallen und abtrünnig geworden«: Die Possenreißer, Geiger und Trommler – die Spielleute insgesamt. Deren Namen geben nach Bertholds Ansicht die Verwandtschaft mit den Teufeln preis:[192]

»Wann du bist aptrunig worden mit schalkheit und mit leckerie, und do von solt du zu dinen genozen den aptrunigen tufeln. Wanne du heissest nach den tufeln und du bist halt nach in genennet. Du heissest lasterbalk; so heisset din geselle schandolf; so heisset der hagedorn; so heisset (der) hellefuwer; so heisset der hagelstein. also hast du manigen lasterben namen, als din gesellen die tufele, die abtrunig sind.«

»Denn du bist abgefallen aus Bosheit und aus Lüsternheit. Daher gehörst du zu deinen Genossen, den von Gott abgefallenen Teufeln. Denn du heißt, wie die Teufel heißen, und du bist nach den Teufeln benannt. Du heißt Lasterbalg und dein Kumpan Schandolf, andere heißen Hagedorn, Höllenfeuer oder Hagelstein. Somit trägst du die gleichen lasterhaften Namen wie deine Freunde, die abgefallenen Teufel.«

Diese Namen sind eine Anspielung auf die oft skurril erscheinenden Künstlernamen. Damit nicht Bertholds unnachsichtiges Verdammungsurteil das letzte Wort behält: In positiver Hinsicht setzt die 1296 und 1311 erwähnte englische »Saltatrix« (Tänzerin) als Matilda Makejoy, »Matilda die Freudenspenderin«, der Namengebungspraxis bei Spielleuten die Spitze auf. Sie tanzte vor englischen Königen und Prinzen.

FÜNFTES KAPITEL
»Vorfahren« der mittelalterlichen Spielleute?

Römische Schauspieler in Theater und Arena

Historiker stellen stets die Frage nach der Anfängen und nach den Ursprüngen eines Phänomens. Das gilt auch für das früheste Auftreten der Spielleute. Die Antworten lagen seit dem 19. Jahrhundert so weit auseinander wie die vielfältigen Erscheinungsformen dieser fahrenden Leute selbst. Den meisten Forschern war gemeinsam, daß sie die »Ursprünge« schon lange vor dem Mittelalter zu finden glaubten: bei »den alten Griechen« oder bei »den alten Römern«.[193] Diese Historiker, Literatur- und Musikwissenschaftler waren der Auffassung, daß ein Großteil der kulturellen Erscheinungen des mittelalterlichen Europa ihre Wurzeln in der Antike hätten. Und wenn diese Wurzeln nicht im griechischen oder römischen Altertum zu finden waren, wurde die Suche in der germanischen oder keltischen Kultur aufgenommen.

Gewiß liegt es scheinbar nahe, in der Reichhaltigkeit des antiken Musik- und Theaterlebens Unterhaltungskünstler zu suchen, die ähnliche Darbietungen wie die Spielleute des Mittelalters im Repertoire hatten. Daraus wurde in der Forschung eine »germanische« oder eine »römisch-griechisch-antike« Wurzel des Spielmannswesens rekonstruiert.[194] Die »Herkunft« der Spielleute wurde dabei stets unter »genetischer« Fragestellung untersucht, indem gewissermaßen davon ausgegangen wurde, daß jedes Kind einen Vater und einen Großvater hat und man in der Zeit lediglich weit genug zurückgehen müsse, um des »Urgroßvaters« habhaft zu werden.

In dieser Weise argumentiert noch der Literaturwissenschaftler Peter Dronke, der in romantisierender Weise etwa aus der Spätantike »die erotischen Lieder und Tänze der spanischen (sic!) Mädchen ins Mittelalter« überträgt.[195]

Er steht mit vielen anderen damit in einer langen wissenschaftlichen Tradition, die in Léon Gautier zwar nicht ihren Ausgang nahm, dafür aber nachhaltige Wirkung zeigte: »Die Spielleute sind römischen Ursprungs. Das ist ein offen zutage liegendes Vermächtnis dieses schrecklichen und großen Reiches, welches alle Völker versklavt hatte und sich selbst von allen Lastern versklaven ließ. Die römische Welt ist in der Tat die Beute der Schauspieler (»*histriones et mimes*«) geworden, und diese öffentlichen Unterhaltungskünstler wurden dort höher geachtet als die Cäsaren ... Sie sangen, und dadurch sind sie insbesondere die Wegbereiter, ... die Vorläufer unserer zukünftigen »jongleurs de geste.«[196]

Solche vom Zeitgeist diktierte Ressentiments galten im 19. und noch im 20. Jahrhundert als wissenschaftliche Standards der Volkskunde, der Musik- und der Literaturwissenschaften. Demnach zeigen uns die Quellen vom Ende des Römischen Reiches bis in das Mittelalter eine Schicht von Individuen, die die antiken Namen *scurrae, thymelici, histriones* und auch *ioculatores* trugen. Sie sollen das Elend der Merowinger- und Karolingerzeit überlebt haben und im 11. Jahrhundert in ganz Gallien, insbesondere im Süden, in voller Blüte gestanden haben. Gautier stimmt dem enthusiastisch zu: »Voilà bien l'origine, voilà la genèse de nos jongleurs.« Genau hier also soll »der Ursprung« liegen, soll »die Geburt unserer Spielleute« stattgefunden haben.[197] Gautier fügt unmittelbar mit seinen Beweisen die Ursache seines Fehlschlusses an: »Dieser Ursprung, diese Entstehung, sind vor allem durch die kirchlichen Texte und Dokumente bewiesen.«[198] Gautier geht vollständig in die Falle, welche die antiken lateinischen Begriffe stellen: »Die Namen, welche diese Unterhaltungskünstler über die Jahrhunderte hinweg – »*à travers les siècles*« – trugen, diese Namen allein würden schon genügen, den römischen Ursprung (der Unterhaltungskünstler) einmal mehr zu bescheinigen.«[199] Und damit sind wir wieder beim Zirkelschluß angelangt, den viele Autoren – mittelalterliche wie moderne – bis heute vollziehen, indem sie mit der Übertragung von Begriffen der Antike auch anachronistische Phänomene und (Vor-)Urteile in das Mittelalter übertragen. Das entspricht vorwissenschaftlichem Denken.

Das Fortleben der römischen *mimi* und *histriones* sei auf folgenden Wegen verlaufen: Die von der Kirche verfolgten und von den Barbaren ihrer Aufführungsorte beraubten Schauspieler sollen sich den Anforderungen teutonischer Sitten angepaßt haben – »*Teutonic manners*« – wie Chambers schreibt.[200] Denn deren »improvisierende Aufführungspraxis (»*irregular performances*«) bot einen Unterschlupf für die enteigneten *scenici*. Aus ihren Theatern vertrieben, blieben sie immer noch populär ...«[201] Und schließlich »wurden sie joculatores, jougleurs, minstrels.«[202] So einfach und unhistorisch werden komplizierte sozialgeschichtliche Prozesse bis heute dargestellt.

Auch der sehr verdienstvolle Edmond Faral unterlag solchen Vorstellungen. Er lehnte zwar die Ableitung des mittelalterlichen Spielmannes vom Skop oder Skalden ab. »Nichts erlaubt eine historische Herleitung des Spielmannes vom Skop.«[203] Er trat hingegen dafür ein, daß die römischen *mimi* in der ausgehenden Antike nach Norden, vor allem in die ehedem römischen Provinzen Galliens ausgewandert wären und im 11. Jahrhundert als »jongleurs« sich auch im übrigen Frankreich verbreitet hätten. Die Hochzeit König Roberts des Frommen mit Konstanze von Aquitanien um das Jahr 1000 – wir erinnern uns der Aufregung des Geschichtsschreibers Radulf Glaber[204] – habe jedoch den Durchbruch des aus dem römischen *mimus* entwickelten mittelalterlichen Spielmannes bedeutet: »In Frankreich sind also von diesem Zeitpunkt an die Spielleute in das sittliche Leben eingetreten.«[205] In England »kann man es für wahrscheinlich erachten, daß die Spielleute nicht bis zum 8. Jahrhundert gewartet haben, bis sie den Ärmelkanal überschritten.«[206] Die Entwicklung in Deutschland hinke jedoch hinterher. Erst im 11. und 12. Jahrhundert, nach der Verdrängung der germanischen Skope und Rhapsoden, hätten sich die Spielleute durchgesetzt: »Der antike Rhapsode wurde immer seltener ... Er verläßt die Königshöfe ... er nimmt Zuflucht beim Volk ... Er trifft die gefährliche Konkurrenz der *mimi*, der Spielleute aus dem Süden und aus dem Westen.«[207] Für derartige Spekulationen fehlt uns jeglicher Quellenbeleg. Dennoch finden sie bis heute Eingang in die Literatur über die Spielleute.

Wohl fand man in der griechischen und römischen Welt eine bunte Vielfalt von Musikanten, Schauspielern und Akrobaten, Tänzern und Tänzerinnen, Tierbändigern, Bauchrednern und Zauberkünstlern.[208] Die Aufführungen von Aulos- und Hornbläsern, von Harfenisten, Kithara- und Lyraspielern auf unterschiedlichstem Niveau und zu allen erdenklichen Anlässen waren beliebt und allenthalben verbreitet. Auch in der Welt der Antike sehen wir einen

Römische Akrobatinnen im »Bikini« (aus einem Mosaik der Piazza Armerina, 4. Jh. n. Chr.).

großen Teil dieser Künstler ihr ganzes Leben lang unterwegs, wobei jedoch, anders als im mittelalterlichen Europa, die zahlreichen großen Städte rund um das Mittelmeer auch seßhaften Darstellern ein Auskommen boten. Das bekannteste Beispiel für großstädtischen Unterhaltungsbetrieb bietet in der spätrömischen und frühbyzantinischen Zeit Konstantinopel mit seinem Hippodrom, aus dessen Milieu die Schauspielerin und Kurtisane Theodora, die spätere Kaiserin, stammte; der Zeitgenosse Prokop beschreibt im 9. Buch seiner »Anekdota« ihre skandalträchtige Karriere im »byzantinischen Schaugeschäft« (H.-G. Beck) sehr anschaulich, aber auch sehr negativ, denn Prokop will, ganz auf der Linie der Kirchenväter, die Schamlosigkeit ihrer erotischen Darbietungen anprangern.

Mimi und *histriones*, die Schauspieler und Musikanten, *pilarii* und *ventilatores*, welche mit Bällen, Ringen, Messern und Fackeln jonglierten, *derisores* und *scurrae*, die Spaßmacher, *praestigiatores*, die Zauberkünstler und viele andere mehr waren in manchen Eigenheiten und Erscheinungsformen den mittelalterlichen Spielleuten durchaus ähnlich, lebten als unstetes und umtriebiges Völkchen und waren aus der mittelmeerischen Fest- und Alltagskultur nicht wegzudenken. Die eine oder andere Ähnlichkeit mit dem mittelalterlichen »Kulturbetrieb« drängt sich – vordergründig – geradezu auf. Dazu verleitet die im Mittelalter geübte Praxis, mit den Begriffen der Kirchenväter auch die zugehörigen Erscheinungen der Spätantike auf das Mittelalter zu übertragen. Für eine derartige »genetische« Herleitung jedoch gibt es für uns keine vernünftigen Gründe.[209]

Keltische Barden, germanische Skope, römische Mimen

Im Gefolge der römischen Eroberungen, die sich über weite Teile Europas ausdehnten, zogen auch Unterhaltungskünstler vom Mittelmeer nach Gallien und Germanien. In öffentlichen Theatern und in den Bädern, in den Lagern der Legionen, auf den Foren und in den Weinhäusern der römischen Provinzstädte führten sie ihre Künste so auf wie in der Welt, aus der sie kamen.

Nicht nur die *mimi* und *histriones*, die Chorauten und Kitharoeden des um das Mittelmeer gelagerten Römischen Reiches, auch die Barden, die Dichter und Sänger der keltischen Völker im heutigen Frankreich, Süddeutschland, England und Irland, wurden als Vorfahren der Spielleute in Anspruch genommen. Diese Barden hatten jedoch eher kultische Funktionen inne und waren die Träger und Vermittler der Stammestradition und die Verkünder des Heroenkultes.[210]

Damit standen die Barden ganz in der Nähe des germanischen Skop und des Skalden, die als Hofdichter und -sänger in den Ländern Skandinaviens, dank der späten Christianisierung, bis in das Hochmittelalter überlebten.[211] Auf dem Feldzug und in der Halle zogen sie aus Götter- und Heldenmythen die Stoffe ihrer Darbietungen. Wir finden sie an allen Höfen, manche sind seßhaft, andere wanderten von Herrensitz zu Herrensitz, sammelten und verbreiteten die traditionale Dichtung. Der »Beowulf«, das altenglische Heldenepos, erwähnt am Hof König Hrodgars einen solchen Sänger von Mythos und Schöpfung mit folgenden Versen:[212]

»Dort erklang von allen Seiten Gesang und Saitenspiel
Vor Healfdenes großem Heerführer.
Die Harfe wurde geholt, manches Heldenlied angestimmt.
Dann sollte Hrothgars Hofsänger zur Hallenunterhaltung
Auf der Metbank den Männern ein Lied vortragen.«

Neben diesen »edlen« Hofsängern und -dichtern finden wir in der germanischen Kultur Begriffe für weitere Unterhaltungskünstler, die sich kaum in ihren Tätigkeiten unterscheiden lassen: den *liodslaho*, den *liudari*, den *thulir* und den *file*.

Barde, Skop und Skalde, sofern sie überhaupt jemals neben ihren rituellen Funktionen Unterhaltungskünstler gewesen sind, wurden von der römischen Kultur und den sich intensivierenden Maßnahmen der Christianisierung unterdrückt, verdrängt und schließlich vergessen, nur in den großen keltischsprachigen Ländern des Mittelalters, Irland und Wales, wurden die einheimischen Dichtungstraditionen der Barden fortgeführt, aber als gelehrte Dichtung in den Klöstern und an den Höfen, nicht durch Spielleute. Somit besitzen wir überhaupt keinen Anhaltspunkt für die »Fortpflanzung« von *mimus* oder Skop oder Barde in das Mittelalter hinein. Es wurde behauptet, sie paßten sich »dem roheren Geschmacke an und bevorzugten wieder mehr ihre alte Gaukelkunst«.[213] Für solche phantasievolle Theorien gibt es keine Grundlage.

Wieviel von der Substanz und welche Erscheinungsformen des antik-mittelmeerischen *mimus*, des keltisch-gallischen Barden oder dem germanischen Skop haben das Ende der jeweiligen Kultur überlebt? Der Untergang des Römischen Reiches hat vor allem nördlich der Alpen zu einem Abbruch geführt, der einem Weiterleben der antiken Unterhaltungskultur den Boden entzog. Mit dem Abzug der Legionen, die in den spätrömischen Provinzen ohnehin beinahe ausschließlich aus »Barbaren« bestanden hatten, mit der Flucht, Vertreibung, Versklavung oder Ermordung der Provinzbewohner wurden viele Städte verlassen und zerfielen. Nur langsam und zögerlich vollzog sich seit dem 6. Jahrhundert die Wiederbesiedlung und der Wiederaufstieg einst blühender römischer Gemeinwesen (civitates) wie Köln und Trier, Tours und Lyon, die als Bischofssitze und Standorte neugegründeter Klöster, als weltliche Machtzentren (Pfalzen), befestigte Plätze und Marktorte in der entstehenden frühmittelalterlichen Welt Bedeutung gewinnen sollten.

Die neuen germanischen Herren des Landes waren, außer beim Beutemachen, lange Zeit ausgesprochen stadtscheu. Sie sollen die Städte, wie der Geschichtsschreiber Ammianus Marcellinus im 4. Jahrhundert es ihnen nachsagte, als »mit Netzen umspannte Gräber« gemieden haben.[214] Was immer das bedeuten mag, es war nichts Gutes. Die Theater vor allem waren verödet oder wie etwa das großartige Amphitheater in Arles zur Fluchtburg der Bevölkerung von Stadt und Umland vor barbarischen Angreifern, vor Alamannen, Westgoten, Franken, Ostgoten, Sarazenen, Ungarn, geworden. Dennoch hat nach 536 ein fränkischer König, ein Merowinger, Gladiatorenspiele in der Arena abgehalten.

Eine Theorie besagt, daß die Verchristlichung der germanischen Könige erst den hochangesehenen, mythisch umworbenen Skop oder Skalden von den Höfen verdrängt und ihn gewissermaßen auf die Straße gesetzt habe. Dort sei er in Konkurrenz zu *mimus* und *histrio* getreten und sowohl künstlerisch als auch hinsichtlich des Prestiges abgestiegen. Für derart kitschige und dennoch geläufige Vorstellungen gibt es keinerlei Hinweise in den Quellen.[215]

Viele Forscher sind der Versuchung erlegen, den römischen *mimus, histrio, scurra* usw. mit dem Spielmann des Mittelalters gleichzusetzen, weil die mittelalterlichen Quellen dieselben Begriffe benutzten. Sie haben jedoch nicht gesehen oder nicht sehen wollen, daß der im Mittelalter verwendeten Schriftsprache des Lateinischen eben keine anderen Begriffe zur Verfügung standen. Somit wurden die zu beschreibenden Gegenstände und Erscheinungen mit solchen lateinischen Namen bezeichnet, die ihnen nahe kamen. Daran war der Enzyklopädist der ausgehenden Antike, Bischof Isidor von Sevilla (ca. 570–636), im westgotischen Reich nicht ganz unschuldig. In seiner im Mittelalter weit verbreiteten und genutzten Sammlung römischer Bildung, den *Etymologiarum libri*, legte er für künftige Zeiten fest, daß das Lateinische die Sprache der »wahren und natürlichen Begriffe« sei:

»Latein spricht aber, wer wahre und natürliche Begriffe verwendet und nicht von der Redeweise und der Bildung der Gegenwart abweicht.«[216]

Jede Abweichung beinhaltet demnach Unwahrheit. Die »Gegenwart« umfaßt die gesamte Dauer des Römischen Reiches, welchem auch das Mittelalter zugerechnet wurde, und am Ende des Römischen Reiches steht das Jüngste Gericht. So behauptet es die Weltreichslehre, die berühmte »translatio imperii«, gewissermaßen der Fahrplan der Heilsgeschichte. Für die Theologen des Mittelalters waren Sprache und Begriffe der Kirchenväter daher der Quell »wahrer und natürlicher Begriffe«.

Diese heilsgeschichtlich begründete Sprachregelung hatte für die Spielleute des Mittelalters schlimme Folgen. Alles, was mit Schauspiel und Theater auch nur in geringster Berührung stand, wurde von den *auctoritates*, den Kirchenvätern, mit unflätigen Worten und unnachgiebigem Haß verfolgt und mündete in gnadenlose Verdammung. Sie machten die Begriffe für die Spielleute gewissermaßen zu »Unworten«.

Wie die Theologen des Mittelalters, so haben sich auch viele Forscher der Neuzeit von den ausgeliehenen lateinischen bzw. griechischen Begriffen täuschen lassen und mit erlaubten und unerlaubten Mitteln versucht, einen Zusammenhang zwischen den Spielleuten und den *mimi* der Antike herbeizureden. »… und die Spaßmacher, die Pantomimen und Schauspieler treten weiter im Festsaal und auf der Kirmeswiese auf, auf Marktplatz und Dorfanger, auch als es keine Theater mehr gibt in Rom.«[217] Weder vom antiken *mimus* noch vom keltischen Barden, germanischen Skop oder Skalden führt jedoch ein Weg zu den Spielleuten des Mittelalters.

SECHSTES KAPITEL
Die soziale Herkunft der Spielleute

Die Ehre der Sänger
In Deutschland waren im Mittelalter relativ deutliche Grenzen zwischen den »unehrlichen« Spielleuten und denjenigen Dichtern und Sängern, die dem niederen Adel entstammten und als Minnesänger bezeichnet werden, gezogen. Die Herkunft aus dem Niederadel schützte den Künstler weitgehend vor der gesellschaftlichen, der rechtlichen und letztlich auch vor der kirchlich-theologischen Diskriminierung, weil ihm von Geburt an ein Platz in der Sozialordnung zugewiesen war.

In Frankreich hingegen lagen die Verhältnisse nach Aussagen der historischen Quellen und der literarischen Texte anders. Obwohl wir den Norden des heutigen Frankreichs mit der *langue d'oui* und den Süden und Südwesten mit der *langue d'oc* in vielerlei Hinsicht unterscheiden müssen, erweisen sich die Übergänge zwischen den *trouvères* des französischsprachigen Nordens bzw. den *troubadours* des provenzalischen Südens auf der »höheren« künstlerischen Stufe und den *jongleurs* bzw. *joglars* auf der »niedrigeren« als fließend.[218] Dies gilt sowohl in fachlicher als auch in sozialer Hinsicht.

Die städtische Welt
Nach den Aussagen der Quellen zu urteilen, stammte die überwiegende Zahl der mittelalterlichen Spielleute aus der städtischen Bevölkerung, soweit und seit es denn Städte gab. Die römerzeitlichen Städte in Italien, Okzitanien und Katalonien haben die Stürme der Völkerwanderungszeit, wenn auch in geminderter Form und Ausdehnung, überlebt. Gewiß sind erhebliche Bevölkerungsverluste, Seuchen, wirtschaftliche und soziale Krisen zu verzeichnen. Da-

zu kamen Verluste der Bausubstanz durch fortlaufende Zerstörungen von Gebäuden, Straßen, Brücken und vieler anderer Einrichtungen der Infrastruktur. All das konnte diese Städte als Mittelpunkte der weltlichen und der geistlichen Lebens, insbesondere der Herrschaft des Gewerbes und des Handels, nicht völlig zugrunde richten.

Nördlich der Alpen hingegen und selbst an Rhein und Donau, Maas und Mosel, wo einstmals römische Städte inmitten provinzialrömischer Kultur »blühten«, ist von diesen wenig mehr übriggeblieben, als das eine oder andere Märtyrergrab und ungenutzte Ruinen, wenn wir von armseligen Kirchengebäuden und ein paar geistlichen Bewohnern, darunter gegebenenfalls sogar ein Bischof, absehen. Dazu kam eine Handvoll Händler, die lediglich während der Winterzeit hier wohnten, und leibeigene Bauern, die mit der Versorgung von Siedlung und Herrschaftssitz befaßt waren. Selbst Köln, Mainz oder Regensburg boten nur im Ansatz das Bild und die Substanz von Urbanität. Für die neuen barbarischen Herren im Land freilich war dies zusammen mit den verlotterten Resten der Infrastruktur staunenswert. Wurden doch etwa die traurigen steinernen Überreste von Regensburg im 8. Jahrhundert als Stadt angesehen.[219] Ein um diese Zeit aus den noch unkultivierten Wäldern Thüringens zurückkehrender Kriegsgefangener sah die »Stadt« mit verklärtem Blick. Von einer Anhöhe zwischen Regen und Donau schaut er bewundernd auf Regensburg herunter: »Von diesem Gipfel erblickte er die Kirche von Gottes heiligem Märtyrer und die weit ausgedehnte, mit Mauern und Turmbauten bewehrte Stadt (urbem avidam, moeniis et turrium constructione munitam).«[220]

Auch viele alte Römerstraßen, selbst wenn sie den Namen »Straße« in ihrem heruntergekommenen Zustand eigentlich nicht mehr verdienten, blieben dennoch über das Mittelalter hinaus das Rückgrat der Verkehrswege zu Land.

Die Epoche der mittelalterlichen Städtegründungen setzte erst mit dem 11. Jahrhundert in Nordfrankreich, Flandern, West- und Süddeutschland sowie in England ein.[221] Im christlichen Mittelmeergebiet existierten derweil schon Städtelandschaften in Ober- und Mittelitalien, in Okzitanien und Katalonien, vom Byzantinischen Reich und den islamischen Kulturlandschaften in Süditalien und Sizilien, von Andalusien ganz zu schweigen.

Wenn wir von Köln absehen, verdient keine einzige Siedlung in

Deutschland vor dem 12. Jahrhundert, als Stadt bezeichnet zu werden, auch wenn viele Historiker offenbar noch nicht begriffen haben, daß die Siedlungsreste, welche frühmittelalterliche Bischofsstädte umgaben, lediglich mehr schlecht als recht genutzte Überreste im Umkreis einer bischöflichen Residenz oder eines Stammesherzogs darstellten. Das gilt für Mainz und Straßburg, Basel und Passau, Neuß und Chur, Augsburg und Regensburg. Selbst wenn die baierischen Urkunden seit dem 8. Jahrhundert von »*Radasponensis urbs*«[222] oder der spätere Bischof Arbeo von Freising Regensburg – »*Castra Regina*« der Römer, Ratisbona der Kelten – als weithin sichtbare, türmereiche und große Stadt bezeichnet hatte,[223] so wirft das ein bezeichnendes Licht auf die Maßstäbe eines immerhin gebildeten Mannes, der aus der dünn besiedelten, ländlichen Welt stammte und staunend die aufragenden, sogar noch als Ruinen beeindruckenden Steinbauten, etwa das Prätorianertor, bewunderte. In der »*civitas qui vulgo nominatur Reganespurc*«[224] haben zwar zeitweise die baierischen Herzöge oder karolingische Unterkönige wie Arnulf am Ende des 9. Jahrhunderts regiert. Dennoch ist Regensburg bei weitem nicht mit den *civitates* der romanischen Landschaften, die ebenfalls zugleich weltlicher und kirchlicher Mittelpunkt und Grafen- und Bischofssitze waren, zu vergleichen. Dort nämlich hat ein wesentliches Element das Ende des Römischen Reiches überlebt, was unsere Vorstellungen von Stadt und Urbanität grundsätzlich prägt: eine städtische Gesellschaft.

In den neu entstehenden Städten nördlich der Alpen entwickelten sich neue Existenzformen und damit auch neue Strukturen und Gruppen der Gesellschaft. Das dort entstehende Bürgertum übernahm zusehends die künftige Gestaltung des urbanen Lebens in politischer, rechtlicher, wirtschaftlicher, religiöser und kultureller Hinsicht. Daraus entwickelten sich bis dahin unbekannte Lebensformen. Sie hatten ihre Wurzeln somit nicht in der Antike.

Die Bewohner der Städte, die das volle Bürgerrechte besaßen, waren prinzipiell nicht an Grund und Boden gebunden und in viel geringerem Maße in persönlicher Abhängigkeit verhaftet, als die in adelsherrschaftlichen Zusammenhängen lebenden Landbewohner. Hinsichtlich ihrer Verfügungsrechte über Grund und Boden besaßen sie weitaus mehr Freiheiten, in mancher Beziehung sogar mehr als der Adel. Denn dieser sah sich bis in das 12. Jahrhundert etwa durch Ansprüche der Verwandten und Erbteilung nach altem

Volksrecht erheblich beschränkt und gefährdet. Die Einbindung der bäuerlichen Landbevölkerung in Grundherrschaft und Hörigkeit, in die Zwänge des bäuerlichen Wirtschaftens, der dorfgenossenschaftlichen Beschlüsse und der eingeschränkten Denkkategorien ließen kaum abweichende Formen der Lebensgestaltung zu.

Das Leben in der Stadt hat die Zahl der Bindungen und Zwänge sowie deren umfassenden Anspruch erheblich reduziert. Gewiß traten an deren Stelle andere Verpflichtungen gesellschaftlicher und obrigkeitlicher Natur, aber die gewonnene Freizügigkeit öffnete neue Wege der persönlichen, sozialen, rechtlichen und wirtschaftlichen Lebensgestaltung. Im Gegensatz zu den überwiegend schollegebundenen Angehörigen der Agrargesellschaft standen den Stadtbewohnern neue Wege offen. Ihre verbriefte Freizügigkeit erlaubte ihnen, den Wohnsitz zu verändern und Bürger anderer Städte zu werden. Sie konnten ihren Geschäften nachgehen sowie über Einsatz und Ertrag ihrer Arbeitskraft verfügen. Sie durften, anders als der Adel, sowohl als Mann als auch als Frau, frei über ihr Erbe, über Grund und Boden und über bewegliche Habe verfügen. Wer die Stadt aus welchen Gründen auch immer verließ, sei es, um andernorts eine neue Existenz zu gründen, sei es um auf Wanderschaft zu gehen oder eben um als Spielmann sein Glück zu suchen, er konnte das tun, ohne daß die bewaffneten Knechte eines Leibherrn ihm nachgejagt wären. Denn »Stadtluft macht frei«.

Ein unbekannter Autor aus Troyes in der Champagne malte in der ersten Hälfte des 14. Jahrhunderts ein Bild von seiner Stadt und ihrer Gesellschaft und von den Perspektiven, welche sie ihm und seinen Zeitgenossen bot:[225]

»Mais les francs bourgois seulement
Ilz se vivent tres noblement ...«

»Denn nur die freien Bürger
leben sehr vornehm.
Von allen Ständen ist ihrer der höchste,
sie leben in größtem Ansehen.
Sie können sich ihres Körpers erfreuen,
alle königlichen Kleider tragen
oder Kleider großer Prälaten
zu ihrem Vergnügen und ihrer Erbauung.

und zwar grün, bunt, grau und dunkelblau
(vair et gris, auch: Stoff und Pelze),
offene und geschlossene Kleider;
sie besitzen Falken und Sperber,
prächtige Zelter und herrliche Schlachtrosse.
Sie können gestreifte Kleider tragen
oder geschlitzte, wenn sie wollen.
Sie können Kaufmann oder Bürger sein,
gerade, wie es ihnen beliebt.
Wenn ein Bürger will, kann er Kleriker oder Landbesitzer
werden,
oder wenn er will, das Land pflügen.
Er kann zuhören, wem er will,
und niemand kann ihm Vorwürfe machen.«

Der Dichter demonstriert nicht nur ein exzessives Selbstbewußtsein. Er entwirft auf der Basis städtischer Errungenschaften seiner Zeit und seiner Stadt gewissermaßen ein Idealbild städtischer bürgerlicher Freiheiten, die konkret erst nach der Französischen Revolution ihre Umsetzung fanden.

Städtische Lebensläufe

In der Stadt ließ sich manches erlernen, was die Künste und Einkünfte eines Spielmannes förderte. Hier war es relativ leicht möglich, namentlich in Italien, Okzitanien und Katalonien, später, seit etwa dem 12./13. Jahrhundert, auch in den Städten des Nordens, lesen, schreiben und Fremdsprachen, gar Latein, zu erlernen. In der Stadt vor allem konnte das Tun und Treiben der Spielleute beobachtet und genossen werden und zur Nachahmung verleitet haben. Die Faszination, welche die Fahrenden auf junge Leute ausgeübt haben, ist leicht nachzuvollziehen.

Wir dürfen jedoch keinen unangebrachten romantischen Vorstellungen unterliegen. Denn vor allem die Schattenseiten des Lebens haben aus Bürgern und Bürgerkindern Spielleute werden lassen. Bankrott des Geschäftes, Armut der Eltern, frühe Berufstätigkeit schon im Kindesalter, die entsprechende Unterbringung in fremden Häusern und alle die damit verbundenen Unverträglichkeiten boten Anlaß genug, der Straße als neuer Heimat zu verfallen. Die Entwurzelung durch verheerende Kriege, insbesondere auch innerstädtische, bürgerkriegsähnliche Auseinandersetzungen, haben überall Existenzen vernichtet und zahlreiche Menschen zu Flüchtlingen gemacht. Manche Städte und Herrschaften entledigten sich jährlich Dutzender von gerichtlich Verurteilten, die in die Verbannung geschickt wurden. Für Menschen aus den Unterschichten bedeutete dies zwangsläufig den Abstieg in das Leben auf der Straße.

Wenn wir nach Lebensläufen der Spielleute suchen, werden wir vor allem in den Quellen aus dem Süden Frankreichs fündig. Denn dort hatte sich das Schreib- und Lesevermögen im Mittelalter sehr viel früher und breiter ausgebildet und eine breitere Überlieferung hinterlassen.

Das Who is Who der Spielleute

Im Jahre 1575 ging in Lyon das für unsere Fragen nützliche Werk von Jehan de Nostredame in Druck: »*Les vies des plus célèbres et anciens poètes provensaux, qui ont floury du temps des Comtes de Provence*« – »Die Lebensgeschichten der berühmtesten und ältesten provenzalischen Dichter, die in der Zeit der Grafen der Provence geblüht (d. h. gelebt und geschrieben) haben.« Es handelt sich bei dieser Sammlung also um Kurzbiographien von 1162 – »*commenceant depuis l'an 1162*« bis 1382, dem Ende der Regierungszeit von Johanna I. von Anjou, Königin von Neapel.[226] Diese Kurzbiographien seien, wie der Untertitel verkündet, »gesammelt aus Werken verschiedener Autoren, welche auf den folgenden Seiten genannt werden, die diese geschrieben haben. Ursprünglich auf provenzalisch veröffentlicht und später in die französische Sprache übersetzt von Jehan de Nostredame, Prokurator am Cour de Parlement der Provence«. In diesem 1575 schließlich im Druck erschienenen »Who is Who« der Spielleute des okzitanischen Mittelalters, das sich maßgeblich auf die »Vidas« und »Razos«, die mittelalterlichen Erzählungen über das Leben und die Abenteuer der Troubadoure, stützt, finden wir zahlreiche einschlägige Belege für die Beweggründe, die Männer aus dem Niederadel »*joglars*« und »*poëtes*«, Spielleute und Dichter, werden ließen.[227]

Von Gaucelme Faydit (Gaucelm Faidit), der ungefähr zwischen 1150 und 1220 lebte und wie die nachfolgenden Dichter zu den größten Troubadouren gezählt wird, berichtet Nostredame, daß er zwar der Sohn eines angesehenen Bürgers aus Avignon gewesen sei, aber sein ganzes Vermögen »au ieu des dez«, beim Würfelspiel, verloren habe. Seine Spielmannskarriere soll zur Illustration nach dem Werk des Jehan de Nostredame ausführlich in Übersetzung wiedergegeben werden: »Gaucelme Faydit war der Sohn eines Bürgers aus Avignon. Er war der beste Sänger der Welt und ein guter provenzalischer Dichter. Er war ein Künstler des Wortes und der von ihm komponierten Lieder... Er war ein Genußmensch, lebte leichtsinnig und verlor deshalb alles beim Würfelspiel. Anschließend wurde er zum Stückeschreiber. Er verkaufte die Komödien und Tragödien, die er schrieb, ... gerade, wie es ihm einfiel. Er selbst organisierte die Auftritte und damit heimste er den ganzen Profit von den Zuschauern und Zuhörern dieser Aufführungen ein. Er war so verschwenderisch und zugleich ein Vielfraß beim Essen und Trinken, daß er alles, was er an seiner dichterischen Tätigkeit verdiente, wieder ausgab. Auf diese Weise wurde er über die Maßen dick. Lange Zeit lebte er dann sehr ärmlich in schlechten Umständen, weil ihm weder Einkünfte noch künstlerische Ehren zuteil wurden. Nur König Richard (Löwenherz) von England, in dessen Diensten er bis zu seinem Tode im Jahre 1189 stand, verlieh ihm schöne Geschenke.

Mehr als zwanzig Jahre lang zog Gaucelme zu Fuß durch die Welt. Er heiratete eine Dame namens Guilhaumone de Soliers, die aus edlem provenzalischem Hause stammte. Er hatte sie mit schönen Worten aus einem Nonnenkloster zu Aix-en-Provence gelockt. Guilhaumone war sehr schön, gebildet und in allen guten Tugenden belehrt. Sie hat alle von Gaucelme geschaffenen Lieder wunderbar interpretiert.

Aber durch das ausschweifende Leben, das die beiden führten, wurde sie genauso dick wie Gaucelme und schließlich von einer Krankheit ereilt, worauf sie starb. Als Gaucelme nun alleine dastand, zog er sich zu Markgraf Bonifaz auf das Schloß Montferrat zurück. Der Marquis war als freigebiger Gönner und als Liebhaber gebildeter Menschen bekannt. Gaucelme liebte und schätzte ihn in besonderem Maße.

Und als er in seinen Diensten stand, brachte er eine Komödie heraus mit dem Titel ›L'heregia dels Preyres‹ (L'hérésie des prêtres/ Die Ketzerei der Priester). Das Werk hatte er lange Zeit geheimgehalten ohne es jemand anderem zu zeigen als dem Markgrafen. Dieser stand zu der Zeit auf Seiten des Grafen Raimond von Toulouse, dessen Ruhm er auf seinem Gebiet verkünden ließ.[228] Der Marquis hielt Gaucelme lange Zeit bei sich und reichte ihm schöne und teure Geschenke: Gewänder, Harnische und Pferde; er belohnte seine schönen und erfindungsreichen Werke. Schließlich zog Gaucelme zu Agoult, dem Herrn von Sault. Dieser hielt ihn lange Zeit in großen Ehren und belohnte ihn reichlich mit Gut und Ehre. In seinen Diensten schließlich verschied Gaucelme Faydit im Jahre 1220.«

Wir sehen in dieser Kurzbiographie einen Dichter und Spielmann auf der historischen Bühne der Geschichte, auf der die Dramen »Ketzerverfolgung« und »Kreuzzugswahn« gegeben wurden. Die Übersiedlung zum Herrn von Sault hatte einen historisch greifbaren Anlaß. Im Jahre 1202 nämlich war Bonifaz von Montferrat als Anführer zum Vierten Kreuzzug aufgebrochen, der mit der Eroberung und Plünderung Konstantinopels endete. Gaucelme dürfte im Gegensatz zu Raimbaut de Vaqueiras, von dem wir oben hörten, wohl zu beleibt für die Unternehmung gewesen sein.

Der ebenso bedeutende Dichter Guillem Figueiras (Guilhem Figuera) war möglicherweise ein Katharer, der sich dem Zugriff der Inquisition entzog, indem er wie viele andere auch nach Oberitalien auswich.

»Guillem Figueiras war der Sohn eines Schneiders aus Toulouse und wurde selbst auch Schneider. Und als die Franzosen Toulouse eroberten,[229] zog er in die Lombardei. Er konnte gut dichten und singen und wurde Spielmann (›joglar‹)«.

Er sei kein höfischer Dichter geworden, aber er habe im Dirnenmilieu und in den Wirtshäusern viel Zulauf gefunden.[230]

Bernart de Ventadour (Bernart de Ventadorn) »fo de paubra generatio«, war also »von armer Herkunft«. Er tauschte das Leben einer armen Burgknechtsfamilie zu Ventadour im Limousin mit dem eines Spielmannes.[231] Der berühmte Marcabru wurde an der Türe eines reichen Mannes niedergelegt und niemals hat man erfahren, wer er war, noch woher er kam.[232]

Pierre aus der Auvergne, der den Beinamen »der Alte« trug, war der Sohn eines Bürgers aus Clermont. Er habe sich durch Klugheit, Schönheit und Grazie ausgezeichnet sowie durch große literarische Qualität, durch rhetorische Brillanz. Er soll bald nach der Sizilianischen Vesper des Jahres 1282, dem Aufstand gegen die Herrschaft der Anjou, gestorben sein, denn er soll ein Sirventes gegen die »Sizilianer« geschrieben haben.[233]

Hier sei noch an eine weitere Spielmannsexistenz erinnert, diesmal an einen deutschen Sänger, dessen Lebensdaten sich uns ebenfalls nur bruchstückhaft erschließen lassen. In einer Urkunde des Herzogs Ludwig von Baiern aus dem Jahr 1302 finden wir einen »cantor Regenpogen«. In einer Miniatur der Manessischen oder auch Heidelberger Liederhandschrift (C), die »kurz nach 1300 bis ca. 1340« entstanden ist, finden wir denselben Regenbogen als Schmied im Streitgespräch mit dem Dichter Frauenlob abgebildet. Von den späteren Meistersingern wurde ihm trotz seines schmalen Oeuvres große Achtung entgegengebracht. Sie ahmten ihn nach und gaben ›Barthel Regenboge(n)‹ einen Rang unter den »Zwölf Meistern«.[234] Es ist jedoch keineswegs sicher, daß Regenbogen unter die zünftischen städtischen Handwerker oder unter die ländlichen Schmiede einzuordnen ist. Wir haben ihn oben kennengelernt als Autor der Ständedichtung »Ir Pfaffen und ir Ritter«.

Geistliche und Scholaren als Spielleute

Auch niedere Kleriker oder solche, die es erst noch werden sollten, schlugen die Wege der Spielleute ein. Seit dem 13. Jahrhundert zogen Studenten, überwiegend Theologiestudenten, von Universität zu Universität; sie folgten den Professoren an die Orte ihres Wirkens, nach Salerno, Paris, Bologna, Oxford, Salamanca, Avignon, Montpellier, Prag ... Dort wurde manches gelehrt, was nicht nur auf der Kanzel, in der Kanzlei und vor Gericht Verwendung finden konnte. Die Bibliotheken eröffneten die Zugänge zu Geschichte und Geschichten, zu Vers- und Prosaliteratur, zu Motiven und zu Mythen. Man übte sich in Rhetorik und Reimen, in Gesang und Saitenspiel. Und wenn der Scholar auf Fahrt ging, so hat es nur wenig gebraucht, die in Studium und »Freizeit« erlernten Künste publikumsgerecht unter das Volk zu bringen und somit den Beutel oder zumindest den Magen aufzufüllen. Denn arm waren die meisten von ihnen:

»Povrement vivent escolier,
Il ont plus peine que colier.«

»Arm leben die Studenten.
Sie schleppen mehr Mühe mit sich als Halsketten.«

Damit weist François Villon im 15. Jahrhundert auf die Diskrepanz zwischen Bildungsaufwand und künftigen Würden hin.

Schnell wurde aus einem frommen Lied ein frivoles, aus einer historischen Begebenheit ein wundersames Abenteuer. Dem gebildeten Publikum, den »litterati«, überwiegend Geistliche, hatten sie lateinische Texte zu bieten. Die Leute auf den Straßen, den Marktplätzen und im Wirtshaus wollten italienisch, französisch, provenzalisch, deutsch oder englisch unterhalten werden. In diesen »Vulgärsprachen« waren nicht nur die ungebildeten Leute, sondern, was zuwenig beachtet wird, selbstverständlich auch Adel und Geistlichkeit zu Hause.

Der 1263 verstorbene Albert de Puycybot ist nach einer nützlichen Ausbildung im Kloster dem Mönchsleben entronnen.

Er »war ein Adeliger aus Limoges und wurde als Kind von seinem Vater in ein Kloster des Landes gegeben. Dort wurde er in der Literatur und in der Musik unterwiesen sowie im Spiel mit allen Blas- und Saiteninstrumenten. Er konnte schöne provenzalische Poesie dichten, denn er war ein guter Troubadour. Wegen einer mit ihm verwandten Dame, die ihn oft unter dem Deckmäntelchen der Frömmigkeit im genannten Kloster besucht und ihn immer wieder vorgehalten hatte, daß es schade und eine Schande für ihn wäre, seine beste Zeit in einem solchen Gefängnis zu verbringen, daß es besser wäre, in die Welt zurückzukehren als sich hier unnütz einzukerkern, entwich er schließlich zu Savaric de Mauleon« und wurde anschließend berühmt.

Der um 1330 ermordete »Pierre Rogier war Kanoniker zu Clermont in Stift St. Caesarius« oder »in Arles oder Nîmes« – genau wußte es der mittelalterliche Autor auch nicht. »Pierre Rogier hatte das Kanonikat aufgegeben, weil er jung, gutaussehend und mit einigen anderen Vorzügen ausgestattet war. Er war sich gewiß, daß er mehr von der Welt zu erwarten hatte, als von der Religion, in welcher er nur Abgründe und Bosheit sowie Streit unter den Geistlichen sah. Er verließ das Stift und widmete sich der Dichtung in unserer provenzalischen Sprache.«[235]

Auch hinsichtlich der Vortragsstoffe erwies sich umfassende Bildung und Flexibilität als opportun und einträglich. Die Frechheit von Parodie und Satire römischer Autoren, der derbe Spaß von Volksmund und Schwank und der getragene Ernst des Ritterromans ließen sich beliebig variieren und den Erwartungen des Publikums anpassen: Terenz und Caesarius von Heisterbach, die Geschichte vom Schneekind oder die aus den *Carmina Burana* heimlich mitgeschriebenen Lieder. Manch ein Student fand nicht mehr den Weg zurück zu Universität und Studium. Dem einen wurde die von der Familie aufgelastete Bürde des Priesterberufes zu schwer, dem anderen schienen die Klostermauern zu eng, wieder andere verzehrte die Sehnsucht nach der Welt, die sich gar trügerisch in den Augen eines schönen Mädchens spiegeln mochte. Manch einer suchte nach dem Examen vergebens nach einer Anstellung, einer Pfründe. Wenn er dann als junger Priester die erste Pfarrerstelle antrat, mußte er zunächst mit der ärmsten Pfarrei im Sprengel vorlieb nehmen, es sei denn, er hatte einflußreiche Verwandte oder Gönner. Frauengeschichten und die Lust am Wanderleben waren ebenso wie die Not gute Gründe, wenn nicht sogar die besseren, ein Leben zu führen als »Lotterpfaffen mit den langen Haaren« und (als) »Spielleute, die sich mit Frauenzimmern außerhalb ihrer Pfarrei herumtreiben«, wie sich der Baierische Landfrieden 1256 ausdrückte.[236] Die Kirche hielt Geistlichen immer wieder vor, daß sie ihren geistlichen Stand in den Schmutz zögen, indem sie als Spielleute, Possenreißer und Spaßmacher herumliefen.[237]

Auch von Aimeri de Bellinoi († ca. 1264) wissen wir, daß er »clers fo, mas pois si fez joglars; e trobet bonas cansos«, daß er also »Geistlicher war, aber dann wurde er Spielmann; und er dichtete gute Lieder.«[238]

Der Provenzale Hugues Brunet († 1222) etwa »fo clerques ... e fes se joglars ...« Er war also Kleriker, bevor er als Spielmann eine Vielzahl schöner Liedern gedichtet hat.[239] Hugues von St. Cyr war eigentlich zum Priester bestimmt. In der Klosterschule zu Montpellier in Okzitanien hat er alles gelernt, was auch ein Spielmann können muß: »El amparet cansos e vers e sirventes e tensos e coblas ... e com aquel sabers s'ajoglari« – »er erlernte Lieder und Reime und Sirventes und Streitgesang und Coblas ... und damit verstand er sich auf die Künste des Spielmannes«.

Zahlreiche Kleriker zogen als Spielleute durch das Land und zu den Orten ihrer Auftritte, darunter manchmal auch Klöster und Bischofssitze, sofern sie dies ungefährdet tun konnten. Wir erfahren dies aus den ständig wiederkehrenden Verboten durch Synoden und Konzilien. In einem Northumbrischen Priestergesetz des 10. Jahrhunderts finden wir einen frühen Beleg: »Wenn ein Priester den

Trunk liebt oder aber *gîman oððe ealuscop* (Spielmann oder Biersänger) wird, macht er sich strafbar«.[240] Mißtrauisch und mit moralischem Eifer versuchte die Kirche dieser »Seuche« beizukommen. Auch im kanonischen Recht, nach welchem Kirche und Klerus lebten, fand das Problem seinen Niederschlag. So stellten Dekretalen um 1300 die Forderung auf: »Geistliche, die ihren geistlichen Stand in den Schmutz ziehen, indem sie als Spielleute, Possenreißer und Spaßmacher herumlaufen, sollen ihrer Eigenschaft und ihrer Privilegien als Kleriker verlustig gehen; und zwar automatisch dann, wenn sie ein Jahr lang dieses schändliche Gewerbe ausgeübt haben oder aber schon nach kürzerer Zeit, wenn sie trotz ihrer Ermahnung vor Zeugen nicht damit aufgehört haben.«[241]

Mittelalterliche Synoden und Konzilien haben diese Bestimmung fast wörtlich in ihre Beschlüsse aufgenommen. Die Kirche wurde dieses geistlichen Wanderproletariates nicht mehr Herr.

Vaganten und Goliarden

Akademische Herumtreiber dieser Art wurden oftmals auch als »Vaganten« oder als »Goliarden« bezeichnet. Der Unterschied zwischen dem Spielmann und dem Vaganten läßt sich weder von der Art der dargebotenen Künste noch hinsichtlich des äußeren Habitus in jedem Fall eindeutig bestimmen. Vaganten und Goliarden sind gebildete Fahrende, Studenten mit und ohne Examen. Ihr Repertoire umfaßte kaum die akrobatisch-tänzerische Sparte. Ihre Werke besaßen – wenn gewünscht – im allgemeinen ein hohes sprachliches und auch inhaltliches Niveau. Die Liedersammlung der Carmina Burana bietet hierfür ein herausragendes Beispiel. Ein Auszug aus der »Vagantenbeichte« mag eine Kostprobe zumindest von der Selbstdarstellung der Scholaren geben:

»Feror ego veluti	»Wie ein meisterloses Schiff
sine nauta navis,	fahr' ich fern dem Strande,
ut per vias aëris	wie der Vogel durch die Luft
vaga fertur avis,	streif' ich durch die Lande.
non me tenent vincula,	hüten mag kein Schlüssel mich,
non me tenent clavis,	halten keine Bande.
quaero mei similes	mit Gesellen geh' ich um –
et adiungor pravis.«	oh, s' ist eine Schande!«[242]

Und noch ein Merkmal ist diesen gebildeten und gut ausgebildeten Vaganten und Goliarden, im Unterschied zu den Spielleuten eigen: Sie sahen ihre Situation als fahrende Vortragskünstler nur als einen Übergang zu einer gesicherten Pfründe, wenn es auch oft genug anders gekommen ist als gewünscht.

Einmal Spielmann, immer Spielmann

Seit die Zahl der Spielleute, wie die der unbehausten Menschen überhaupt, mit dem 12. und 13. Jahrhundert unübersehbar zunahm, hat sich der Nachwuchs überwiegend aus der Schar der Spielleute selbst rekrutiert. Das nimmt nicht wunder. Während der Scholar oder Nachwuchskleriker sein eigentliches Ziel, eine Anstellung oder eine ausreichende Pfründe, anstrebt und dafür meist recht gerne sein unstetes Wanderleben – »wie ein meisterloses Schiff« – aufgab, blieb den Kindern von Spielleuten kaum eine andere Wahl, als in die Fußstapfen der Eltern zu treten.

Diesem Mechanismus waren nicht nur die Spielleute ausgesetzt. Die Gesellschaft des Mittelalters bleibt, obwohl sie seit dem 11. Jahrhundert in sozialer und in geistiger Hinsicht beweglicher geworden ist, in alten Positionen und Vorstellungen verhaftet. Das galt selbst für die anfangs von einer beinahe revolutionären Entwicklung erfaßten Stadtgesellschaft. Diese hatte in ihrem schwierigen Auseinandersetzung mit den überkommenen Gesellschaftstheorien von den Drei Ständen mühsam ihren Platz im christlichen Ordo erkämpfen müssen. Die begehrte Anerkennung durch die Kirche wurde auch in der Stadt insbesondere durch demonstratives Wohlverhalten erlangt, ferner durch üppige Spenden für Kirchenbau und -ausstattung sowie durch reiche Almosen für die Armen. Seit dem 14. Jahrhundert beobachten wir die rückhaltlose gegenseitige Überwachung der »bürgerlichen« Moral, die selbst vor den intimsten Bereichen nicht haltmacht. Dieser christlich-bürgerliche Opportunismus verband sich mit pharisäerhafter Selbstgerechtigkeit.

Der konjunkturelle Druck einer Stadtwirtschaft, die zunehmend auch den Erfordernissen der überregionalen Märkte ausgesetzt war, trug dazu bei, daß im Spätmittelalter eine Stadtgesellschaft mit ausgesprochen restriktivem Charakter entstand. Diese fühlte sich von innen durch Unmoral, Konkurrenz und Armut sowie von Rechts- und Friedensbrechern gestört und gefährdet.

Von außen sahen sich die Bürger von der kriegerischen, feudalen Welt mit ihrem fremdgewordenen und für die Stadt schädlichen Rechtssystem ebenfalls bedroht und in die Defensive gedrängt. Es sei lediglich an die Versuche der Landesherren erinnert, Reichsstädte zu Landstädten herabzudrücken oder an die Übergriffe der Ritterschaft, die vorgab, das »gute alte Recht« wahrzunehmen und dabei als »Raubritter« den Warenverkehr abschöpfte.

Zugespitzt könnten wir formulieren, daß sich Stadt und Bürgertum im späten Mittelalter in einem zweifachen, von innen und außen bewirkten Belagerungszustand sahen. Dies äußerte sich z. B. in völlig überzogenen, oftmals hysterischen Reaktionen auf Individuen und Gruppen, die von den eng gesetzten Normen abwichen. Für die von Amts wegen bestallten ebenso wie für die unberufenen Hüter der bürgerlichen Werte war es gleichgültig, ob ihre Opfer die Erwartungen nicht erfüllen konnten oder nicht erfüllen wollten. Auf diesem Wege entwickelte die spätmittelalterliche Stadt ein System der Diskriminierung, der Abweisung, der Ghettoisierung und sogar der Eliminierung. Davon waren keineswegs nur Juden, sondern alle diejenigen betroffen, die gegen Normen des bürgerlichen Wertesystems verstießen.

Die Stadt und ihre Gesellschaft ist im Spätmittelalter auch für die »tragenden« Gruppen und Schichten zu einem Ort der Auseinandersetzung geworden. Kämpfe mit dem weltlichen oder geistlichen Stadtherrrn, Emanzipation der Zünfte von der patrizischen Führungsschicht der Großkaufleute und auch die Konkurrenzkämpfe der Zünfte untereinander um Ehre und Prestige führten immer wieder zu schweren Krisen. In einem uns heute unvorstellbaren Eifer wurde die Abschließung der Zünfte gegen die Anwärter aus anderen Zünften, also die Monopolisierung der Handwerkerausbildung, betrieben. Der Bewerber um eine Lehrstelle mußte über immer mehr Generationen zurück nachweisen, daß keiner seiner Vorfahren Jude, Henker, Abdecker oder Spielmann, daß er selbst nicht unehelich geboren war usw.[243]

Der Ausstieg aus dem Beruf, aus der sozialen Gruppe, aus dem Stand, in welchen man hineingeboren war, und mehr noch der Aufstieg auf der sozialen Stufenleiter wurden durch massive Hindernisse erschwert. Was blieb unter diesen Umständen den Angehörigen der sozialen Randgruppen anderes übrig, als bei Leier und Rotte, Schönheitstanz, Fidel und dressierten Affen und Bären zu bleiben und landauf, landab zu ziehen? Denn die Zünfte verboten Spielmannskindern, -enkeln und selbst -urenkeln ausdrücklich den Zugang. So sehr man sich an ihren Künsten und allen anderen Aufführungen ergötzte, so wenig war die »ehrbare« Gesellschaft bereit, diesen Aufnahme zu gewähren.

Die Kinder der Rechtlosen

So hatten die Söhne und Töchter der fahrenden Leute keine andere Wahl, als den Eltern nachzueifern. Und das taten sie auch von klein auf. Schon als Kinder erlernten sie von ihren Eltern – im gleichen Alter wie die Kinder von Handwerkern die beruflichen Grundlagen – die spielmännischen Kunststücke, Musik und Musikinstrumente, Lieder und Texte und vor allem die zum Überleben auf der »Bühne« und auf der Straße notwendigen Verhaltensweisen. Früh wurden sie in das Programm eingebaut und sei es nur, daß sie mit dem Hut beim Publikum herumgingen, um die Münzen einzusammeln. Denn nur selten schenkte das adelige Publikum – und das bürgerliche schon gar nicht – »Kleider und rotes Gold, Pferde und dazu noch Silber den vielen Fahrenden.« Und nicht »ein jeder, der um ein Geschenk bat, zog fröhlich von dannen«.[244] Die besonderen Bedingungen der marginalen Lebensform fahrender Spielleute wurden ihnen schon mit der Muttermilch eingeflößt. Um als Erwachsene überleben zu können, mußten sie sich vor allem über ihre Distanz zur seßhaften Bevölkerung und über die Gefahren klar werden, die von der städtischen Obrigkeit und von den kirchlichen Eiferern ausgingen. Die den Eltern auferlegten Schranken galten nicht minder für die Kinder.

Der Provenzale Albertetz aus Gap war der Sohn eines Spielmannes namens Asar. Er folgte den Fußstapfen seines Vaters und wurde ein weitum bekannter »trobaire« oder »joglar«:[245] »Albertezt si fo de Gapenses, fils d'un joglar que ac nom n'Asar, que fo trobaire e fetz de bonas cansos.«

Der Sachsenspiegel äußerst sich kurz und bündig: »Kempen (Lohnkämpfer) unde er Kinder, Spellude, unde alle, de unecht (unehelich) geboren sin, de sin alle rechtelos«. Auch Gesetze und Verordnungen verwehren dem Spielleuten die Aufnahme in Handwerk und Gewerbe sowie in jegliche Gemeinschaft in Stadt und Land. Dieser Zustand wird sich erst in der Mitte des 18. Jahrhunderts ändern. So lange wurde insbesondere den fahrenden Leuten und den einheimischen »Unehrlichen« der Zugang zu den bürgerlichen Berufen und zur seßhaften Lebensweise verwehrt.

Die Zwänge des rechtlichen, sozialen und mentalen Systems haben sich auch in den Quellen des Mittelalters niedergeschlagen, obgleich es schwierig ist, sie aufzufinden.

Vom armen Ritter zum armen Spielmann

Nicht nur aus Geistlichen und Studenten, Städtern und Spielmannskindern, sondern auch aus Abkömmlingen des niederen Adels haben sich die Spielleute rekrutiert. Für diese letztere Gruppe jedoch finden wir Quellenbelege lediglich aus Frankreich und der Provence. Auch in anderen Zusammenhängen erscheinen dort die Grenzen zwischen den sozialen Schichten durchlässiger.

Bei den »Adelssprößlingen« unter den Spielleuten sind überwiegend wirtschaftliche Gründe für den Übergang bzw. den Abstieg in die Reihen der *joculatores, mimi und histriones, giullari, minstrels* und *buffoni* des europäischen Mittelalters zu erkennen. Im Leben des niederen Adels nahm die Sorge um würdigen Nachwuchs einen erheblichen Raum ein. Die Familientradition sowie Rang, Name, Ansehen und Besitz sollten angemessen vererbt werden. Im Vordergrund stand die Sorge, daß der oftmals nur beschränkte, kleine Besitz an Grund und Boden, Leibeigenen, Abgaben, Zöllen, Frondiensten, Gerichtsgebühren und vielem mehr durch Erbteilung und Mitgift für die heiratswilligen Töchter weiter aufgesplittert wird. Nicht wenige dieser kleinen Adeligen, die in Frankreich und Okzitanien in ihrem Rechtsstand frei, in Deutschland hingegen unfrei und als Ministeriale (ritterliche Dienstmannen) an König, Herzog, Bischof oder Abt gebunden waren, lebten mehr schlecht als recht von mageren Einkünften eines kleinen Lehens, über welches sie ohne Lehens- und Dienstherrn, die auch ihre Leibherren waren, nicht verfügen konnten. Ihre »feudale« Burg bestand oftmals lediglich aus einem kargen, feuchten und zugigen Turm; Lebensstandard und Kultiviertheit der höfischen Welt war dort bestenfalls vom Hörensagen bekannt. Nur wenige große Höfe sind für den dauernden Unterhalt von Hofgesellschaften mit Spielleuten und Gesinde gerüstet.

Damit Besitz und Herrschaft nicht in kleinste Anteile zersplittert wurden, war der Adel gezwungen, das frühmittelalterliche Volksrecht hinsichtlich seiner erbrechtlichen Bestimmungen zu umgehen bzw. zu ersetzen. Denn die Lex Salica, die Lex Bajuwariorum, die Lex Alamannorum – das salisch-fränkische, das baierische, das alamannische Recht – usw. sahen zwingend die Aufteilung von Grund und Boden unter allen männlichen – nicht weiblichen – Mitgliedern eines Familienverbandes vor. So wurden neue Formen des Erbrechtes eingeführt, die das Anerbenrecht, d. h., die Erbfolge nur eines einzigen Erben, in der Regel des ältesten Sohnes, zur Regel machten. Den übrigen Söhnen verblieben wenig mehr als Wohnrechte und Anteile an den beweglichen Gütern, an der Fahrhabe. Davon ließ sich kaum standesgemäß leben. In den Landschaften südlich der Loire hat sich bereits im hohen Mittelalter, anders als in den Gebieten nördlich der Loire oder im Deutschen Reich, das römische Recht, das von den Rechtslehrern in Bologna im 12. Jahrhundert aufgrund des »Corpus iuris civilis« des Kaisers Justinian entwickelt worden war, durchgesetzt. Dieses sah eine weitgehend freie, individuelle Verfügung über Grundbesitz vor und bewirkte daher über die Generationen hinweg ebenfalls eine Zertrümmerung adeligen Besitzes. Dieser Prozeß nahm einen solchen Umfang an, daß Besitz und Nutzung vieler Adelsherrschaften unter den Erben in immer kleinere und kleinste Stücke aufgeteilt wurden. Dieses System der »fréréche« – frei übersetzt: brüderliche Erbengemeinschaft – stellte einerseits den Versuch dar, die materielle Basis der Herrschaft zusammenzuhalten.[246] Auch bei einer großen Zahl der Familienmitglieder sollten auf diesem Wege die Güter unter gemeinsamer Verwaltung und Nutznießung zusammengehalten werden. Daraus haben sich beinahe lächerliche Situationen ergaben. Denn auch die Burgen wurden aufgeteilt, so daß in manch einer Burg mehrere Familien auf engstem Raum und unter Verhältnissen zusammenlebten, die denen der Mietkasernen späterer Jahrhunderte vergleichbar waren.

Kein Wunder, daß schon am Ende des 11. Jahrhunderts der französische Kleinadel sein Heil auf dem Kreuzzug, um nicht zu sagen auf der Flucht vor dem endgültigen sozialen Abstieg, suchte. Andere wurden Troubadoure oder Spielleute, wenn sich keine Alternative in einer kirchlichen Karriere mit ausreichender Pfründe bot.

Im 12./13. Jahrhundert wurde das Prinzip der »indivision«, der Unteilbarkeit, zusehends aufgegeben. Damit setzte eine neue Phase der Besitzauflösung beim Kleinadel und eine Besitzkonzentration beim immer mächtiger werdenden Hochadel ein. Der Hochadel nämlich hielt neben dem Allod, dem adeligen Eigengut, auch die großen Lehen in Händen. Diese waren eben kein Eigentum und unterlagen daher nicht der Erbteilung. Diese Prozesse setzten eine Unzahl von niederen Adeligen frei, die nicht nur ihre Landgier auf dem Kreuzzug zu befriedigen suchten, sondern auch als »*jongleurs*«, »*juglars*« und »*ménestrels*« Städte und Adelshöfe aufsuchten. Sozialer und wirtschaftlicher Abstieg, das sind die stereotypen Erklärungen, die uns die altfranzösischen und die provenzalischen Quellen zu diesen Spielleuten vermitteln. Es ist geradezu auffällig, daß die mittelhochdeutschen Texte, soweit ich feststellen konnte, kaum etwas berichten. Die Sammlung des Jehan de Nostredame gibt uns auch Einblicke in Biographien von Spielleuten, die aus dem Adel hervorgegangen sind.

»Peirols war ein armer Ritter ... und als er sah, daß er sein ritterliches Leben nicht mehr aufrechterhalten konnte, wurde er *joglar* und zog von Hof zu Hof.«

Ganz ähnlich war der Anlaß für Guillem Azemar und für Edmond de Myrevaux. Dieser war ein Edelmann, der sich nicht mehr als Ritter halten konnte: »... gentils hom ... non poc mantener cavalairia e fes se joglars«,[247] jener ein armer Ritter aus Carcassonne, dem lediglich ein Viertelanteil der Burg Myrevaux gehörte. Dort lebten damals sechzig Menschen zusammen ...«[248]

Der biographische Eintrag fährt fort: »... mittels seiner schönen und vielfältigen Dichtung jedoch vergrößerte er seinen Besitz und kaufte schließlich die ganze Burg.«

Er immerhin hatte um 1200 Karriere an den Höfen Graf Raimunds IV. von Toulouse und König Peters II. von Aragón gemacht. Diesen haben wir schon oben als Mäzen und als Freund der Katharer kennengelernt. Ein anderer, »Pierre Cardenal ist zwar auf der Burg Argence in der Nähe von Beaucaire an der Rhône aufgewachsen. Aber seine Eltern waren arm.«[249]

Aber immerhin war er in den »sieben freien Künsten«, den »sieben artes liberales«, ausgebildet, was auf ein Universitätsstudium hinweist.

Sozialer Rang und künstlerisches Prestige scheinen in der provenzalischen Kultur weniger von der sozialen Herkunft und von der Rechtsstellung abzuhängen, sondern vielmehr von den Formen und der Qualität der Darbietungen und des Auftretens. Die »*uomini di corte*«, die »höfischen Spielleute«[250] sind nicht aufgrund ihres Geburtsstandes so bezeichnet, sondern wegen ihres Aufstieges zum »*ménéstrel de cour*« am adeligen Hof. Die Unterscheidung zwischen denjenigen, die als Dichter und Komponisten kreativ tätig waren, und denen, die lediglich angeeignete Werke vortrugen, gehörte zur Auseinandersetzung der Konkurrenten auf dem Markt der Unterhaltung und der Eitelkeiten. Im übrigen dürfte das Publikum selbst über »Hitliste« und künstlerischen Rang entschieden haben. »In der Provence wurden begabte *joglars* niederer Herkunft – das Findelkind Marcabru, ferner Bernart de Ventadorn, Guiraut de Borneil – große *trobadors*, die in den höchsten Kreisen Aufnahme fanden. Arnaut Daniel und Raimbaut de Vaqueiras wurden trotz ihrer adeligen Geburt in Armut zum berufsmäßigen *joglar*.«[251]

»Cadenet stammt aus der Provence, von einer Burg mit dem Namen Cadenet an der Durance, in der Grafschaft Forcalquier. Er war der Sohn eines armen Ritters. Als er noch ein Kind war, wurde die Burg Cadenet von den Truppen des Grafen von Toulouse zerstört und ausgeraubt, die Untertanen getötet oder gefangen. Cadenet wurde in der Nähe von Toulouse von einem Ritter namens Wilhelm del Lantar aufgegriffen. Dieser ernährte ihn und nahm ihn in sein Haus auf. Er wuchs zu einem ordentlichen höfischen Mann heran. Er konnte schön singen und vortragen und dann auch noch *coblas* und *sirventes* dichten. Er verließ schließlich seinen Herrn, der ihn aufgezogen hatte, und zog von Hof zu Hof und wurde auf diese Weise Spielmann (*joglars*) und gab sich den Namen Baguas.

Lange Zeit zog er zu Fuß herum und gelangte so in die Provence, wo ihn niemand kannte. Er nannte sich nun Cadenet. Er begann, gute und schöne Chansons zu schreiben. Raimond Leugiers von Dosfraires im Bistum Nizza ließ ihn in Waffen gehen und verlieh ihm ritterlichen Rang und in Blacaz bedeutende Güter und große weltliche Ehren. Dann schließlich begab er sich in das Spital und starb dort.«[252]

Der provenzalische Spielmann Giraut de Bornelh († um 1200) war »... der Sohn armer Edelleute aus Limoges, aber gebildet und mit natürlicher Begabung ausgestattet. Im Winter lebte er in der Studierstube, im Sommer zog er mit zwei Sängern, die die von ihm gedichteten Lieder vortrugen, an die Höfe des Adels.«[253]

Bei aller Verschiedenheit der Karrieren und der sozialen Her-

Walther von der Vogelweide (Codex Manesse).

kunft von Spielleuten sei festgehalten, daß ihre überwiegende Mehrzahl von Spielleuten selbst abstammte. Dies trifft insbesondere in Deutschland mit seinen vergleichsweise undurchlässigen rechtlichen und sozialen Strukturen zu. Die soziale Herkunft derer, die einen Umweg über geistliche Ausbildung genommen haben, fällt auch den Zeitgenossen ins Auge, nicht zuletzt deshalb, weil sie des Lesens und Schreibens kundig waren. Viele von ihnen hinterließen persönliche und vor allem auch namentliche Hinweise in ihren Werken und hoben sich dadurch von der Masse der als »illiterat« angesehenen Spielmannskollegen ab. Diese blieben oft ebenso anonym wie ihre soziale Herkunft und persönliche Existenz. Sie waren eben Spielmannskinder.

Damit ist auch deutlich geworden, warum Walther von der Vogelweide († ca. 1230) nicht unter die Spielleute einzureihen ist. Die Tatsache, daß er ein Lehen erhalten hat, weist ihm eindeutig den Status des Niederadels, der Ministerialität, zu. »Ich habe mein Lehen, hört es, ihr Leute alle, ich hab' mein Lehen!«²⁵⁴ Es gibt keinen von den Quellen gestützten Grund, Walther nicht dem Niederadel zuzuordnen.²⁵⁵

Beim vergleichenden Studium der Quellen gewinnen wir den Eindruck, daß Gesellschaft und Obrigkeit in Frankreich und Okzitanien von einer viel größeren sozialen Durchlässigkeit und Toleranz geprägt waren. Die fahrenden Spielleute erfuhren dort weitaus weniger Diskriminierung. In Deutschland schiebt sich – grob gesagt – der Ausdruck »*guot umb êre nemen*« zwischen Minnesänger und Spielleute.

»guot umb êre« oder: Der kleine Unterschied

Der Ausdruck »guot umb êre« ist ein Reizthema in der Literaturwissenschaft des Mittelalters.²⁵⁶ Die Autoren verlieren in ihren Ausführungen meistens den historischen Boden unter den Füßen.²⁵⁷

Der Versroman Erec des Hartmann von Aue hebt hervor, »*swaz der diete dar kam, diu guot umbe êre nam*«.²⁵⁸ Zum Fest ist demnach eine Menge Volkes erschienen, welches »*guot umbe êre nam*«. Damit liegt uns ein Ausdruck vor, der unstreitig Spielleute bezeichnet. In den mittelhochdeutschen Texten ist er häufig zu finden. So auch im Eneasroman:

»Enêas der mâre	»Der berühmte Eneas
enbôt offenbâre,	verkündete öffentlich,
daz her brûten solde,	daß er heiraten werde;
swer gût umb êre wolde,	wer *gût umb êre wolde*,
daz her frôlich quâme.«²⁵⁹	sollte fröhlich kommen.«

Offenbar weiß sowohl der Dichter als auch sein Publikum, wer damit gemeint ist. Diese Stelle enthält keinerlei Kritik oder Tadel an den Eingeladenen. Wir haben oben schon gesehen, wie Berthold von Regensburg mit den gleichen Worten die von ihm verdammten Spielleute gekennzeichnet:²⁶⁰ »Daz sint die gumpelliute, giger und tamburer, swie die geheizen sin, alle die guot umbe ere nement.«

»Das sind die Spielleute, Geiger und Trommler, wie sie auch alle heißen mögen, alle die *guot umbe êre nemen*.« Der Schwabenspiegel enthält die Bestimmung, daß der Sohn eines Spielmannes vom Vater enterbt werden kann: »*ob ein sun ze einem spilmanne wirt, daz er guot vür êre nimt.*«[261] Der Verfasser hat ähnlich wie Berthold von Regensburg dem Begriff »Spielmann« das Synonym hinzugefügt: der »*guot vür êre nimt*«.

Uns interessiert jedoch, welche Bedeutung diesem formelhaften Ausdruck zugrunde liegt.[262] Darüber ist schon viel gestritten worden. »Lohn statt Achtung« war damit keinesfalls gemeint. Und bestimmt wurde damit auch nicht zum »Ausdruck gebracht, daß die, die für Bezahlung sangen, dafür ihr gesellschaftliches Ansehen hingaben.«[263] »guot« muß nicht mit »Geld« oder »Lohn« übersetzt werden. Wir kommen der Bedeutung und der Sache näher, wenn wir »guot« mit materiellen Gütern schlechthin gleichsetzen.[264] Unter »guot« sind Geld und Sachen, also lediglich materielle Entlohnung zu verstehen. Die erwiesene »êre« hingegen behinhaltet Ehrengeschenke und Ehrerweisung. Die so beschriebenen Personen, die fahrenden Spielleute, sind dadurch gekennzeichnet, daß sie für ihre Darbietungen materielle Güter, konkret Geld, Kleidung, Nahrung, Logis usw. empfangen und nicht »Ehre«, konkretisiert in einem »Ehrengeschenk«, wie z. B. in einem neuen Pelz, oder einem Dichterpreis mit Dichterkrone. Wir haben ja gehört, daß Walther von der Vogelweide und seinesgleichen getragene Kleidung für unvereinbar mit ihrem Stand halten. Das darf uns jedoch nicht darüber hinwegtäuschen, daß auch der Bauch des Minnesängers gefüllt sein wollte und er wie der Spielmann Colin Muset träumte von:

»... tausend Mark feinen Silbers
Und genausoviel guten roten Goldes dazu,
Und außerdem von einer Menge Hafer und Weizen,
Von Ochsen und Kühen und Schafen und Hammeln,
Und davon, jeden Tag hundert Pfund zum Ausgeben zu
haben.«[265]

Vereinfacht, dafür aber verständlich dargestellt, unterscheiden sich »guot« und »êre« wie die Begriffe Lohn und Honorar (honor = die Ehre). Entsprechend unterscheiden sich – auch heute – die Empfänger. Die Spielleute erhalten Lohn, die höfischen Dichter und

Minnesänger, welche dem niederen Adel zuzurechnen sind, empfangen Honorar. Bei Berthold von Regensburg erfüllt der Nachsatz »guot umbe êre nemen« lediglich die Aufgabe, die schillernden Spielmannsbezeichnungen zu präzisieren. Selbst er kommentiert den Ausdruck nicht negativ. Wie wir ihn kennen, hätte er die Gelegenheit, den Spielleuten eins auszuwischen, gewiß nicht ausgelassen. »Guot umbe êre nemen« ist auch nicht der Vorwurf der Theologen.[266] Soweit ich sehe, wird dieser Ausdruck weder bei Johannes von Salesbury, noch bei Thomas Capham und erst recht nicht bei Thomas von Aquin thematisiert oder mit einer Ablehnung der Spielleute verknüpft. Er beinhaltet jedoch mehr als lediglich »eine Art Berufsbezeichnung für den Fahrenden«.[267] Das Gegensatzpaar »guot« und »êre« hat seine inhaltliche und ideelle Prägung wahrscheinlich in der höfischen Welt erfahren. »Guot umbe êre nemen« dient nicht als theologisches oder moralisches Etikett, sondern lediglich als soziale Kategorie. Das ist eine »Bezeichnung für eine Menge von Personen, die durch eine oder mehrere gleiche sozial relevante ... Merkmale gekennzeichnet« sind[268] – eben die Kategorie, die Leute, die im Erec gekennzeichnet werden:[269] »*swaz der diete dar kam, diu guot umbe êre nam, ...*«

SIEBTES KAPITEL
Die Spielleute und die Kirche

Ein tiefer Widerspruch

Gesang und Saitenspiel, akrobatischer oder erotischer Tanz oder beides, Tanzmusik und Marionettentheater, Clownerie, Zauberstückchen, Tierdressur und darüber hinaus ein Bündel an Neuigkeiten, Nachrichten und Tratsch, Wundergeschichten und Sensationsberichten – das alles hatten die Spielleute zu bieten, das alles wurde vom Publikum dankbar und sogar begierig aufgenommen. Gesellschaftliche Ablehnung und diskriminierende Stellung im weltlichen und im kirchlichen Recht stehen dazu in eklatantem Widerspruch. Um diesen Sachverhalt zu klären, sind wir gezwungen, weit in die abendländische Geschichte, vor allem in die Geschichte des Christentums zurückzugreifen.

Seit das Christentum in Europa Fuß gefaßt hatte und zur vorherrschenden, ja sogar zur Staatsreligion im Römischen Reich und auch in den germanischen Nachfolgereichen geworden war, gestalteten sich die Lehren der Theologen und der Kirchenoberen zunehmend zu verbindlichem Recht, das in fast jeder Beziehung in das Alltagsleben eingriff. Zugleich bildete sich eine kirchliche Sozial- und Morallehre aus. Deren Wertesystem führte zu endlosen Auseinandersetzungen mit der spätrömischen Gesellschaft und ihrer »Sittenlosigkeit«, der die Zügel der christlichen Lebensführung angelegt werden sollten. Die Kirche, die Theologen und die Gläubigen der ersten christlichen Jahrhunderte standen in der Erwartung, daß sich die Weissagungen des jüdischen Propheten Daniel vom Weltenende und vom Jüngsten Gericht sehr bald, gar zu ihren Lebzeiten, erfüllen werden. Daniel war nämlich befohlen worden, einen Alptraum des babylonischen Königs Nebukadnezar zu deuten:[270]

»Du König, hattest eine Vision: Du sahest ein gewaltiges Standbild. Es war groß und von außergewöhnlichem Glanz; es stand vor dir und war furchtbar anzusehen. An diesem Standbild war das Haupt aus reinem Gold; Brust und Arme waren aus Eisen, zum Teil aus Ton. Du sahst, wie ohne Zutun von Menschenhand sich ein Stein von einem Berg löste, gegen die eisernen und tönernen Beine des Standbildes schlug und sie zermalmte. Da wurden Eisen und Ton, Bronze, Silber und Gold mit einemmal zu Staub.«

Dieser Traum des Nebukadnezar wurde von Daniel als künftige Abfolge von vier Weltreichen, und von den Christen als heilsgeschichtliches Gliederungsschema bis zum Jüngsten Gericht interpretiert. Auf das babylonische Weltreich des Nebukadnezar folgten demnach die vier Reiche der Assyrer, der Perser, der Makedonier und der Römer. Die Christen selbst sahen sich dem letzten der vier Weltreiche, dem römischen Weltreich, zugehörig und erwarteten den Fels, der dieses Reich und damit die materielle Welt zermalmen sollte. Das Jüngste Gericht und das Ende aller irdischer Nichtigkeit standen nach Ansicht der Schriftkenner unmittelbar bevor. Unter diesen Umständen ist zumindest nachvollziehbar, daß angesichts des bevorstehenden Weltenendes die kirchlichen Autoritäten für eine würdige Präsentation der Christen am Jüngsten Tag sorgen wollten – mit allen zur Verfügung stehenden geistlichen, politischen und militärischen Mitteln.

Die Feindschaft der Kirchenväter

Septimius Florens Tertullianus (ca. 160 – 220), der römische Kirchenschriftsteller aus Karthago, der fanatische Propagandist des Christentums gegen das Heidentum, hat die »Gewißheit« der Christen vom nahenden Jüngsten Gericht in seinem Buch »De spectaculis«, »Über die Spiele« in Kontrast zum römischen Schauspiel gestellt:[271]

»Was für ein Schauspiel steht uns demnächst bevor – die Wiederkehr des nunmehr nicht mehr in Frage gestellten, des nunmehr stolzen, nunmehr triumphierenden Herrn! Was wird das für ein Jubilieren der Engel, was für ein Ruhm der wiederauferstehenden Heiligen sein! Was für eine darauf folgende Herrschaft der Gerechten! Was für eine Stadt, das Neue Jerusalem! Aber es kommen gewiß noch andere Schauspiele, jener letzte und endgültige Tag des Gerichts, ... Was für ein umfassendes Schauspiel wird das dann sein?«

Die aus solchen Vorstellungen hervorgehende Haltung erklärt die Panik, die sich in der christlichen Moraltheologie niederschlug, bis zu einem gewissen Grad. Angesichts dieses finalen Schauspiel-Events war jeder Gedanke an irdische Darbietungen zu verbannen.

Maßgeblich als Morallehrer und Tugendwächter waren die Kirchenmänner, die als »patres«, als Kirchenväter, heute noch hohes Ansehen und theologische Autorität besitzen, ja überwiegend als Heilige verehrt werden. In ihrer Auslegung der Heiligen Schrift forderten sie die Abkehr vom »Sündenbabel« dieser Welt, der Hure Babylon, die im spätantiken Rom gewissermaßen wiedererstanden sei. Sie geißelten mit der ihnen eigenen Gewalt in Wort und Schrift die Zügellosigkeit, die Schamlosigkeit und überhaupt die Dekadenz der spätantiken römischen Unkultur.

Ein besonders spitzer Dorn im Auge der Kirchenväter waren Theater und Schauspiel und alles das, was damit in Verbindung stand: »Unsere Frevel machen es Gott unmöglich, uns zu beschützen.« So nennt Salvianus von Marseille ein Kapitel seines nach 450 entstandenen Werkes »De gubernatione Dei«, »Von der Weltregierung Gottes«. Er hebt im Folgenden insbesondere hervor, daß alles, was mit Schauspiel und Theater verbunden sei, eine Barriere zwischen Gott und den Gläubigen errichte:[272]

»Wir sagen, Gott verlasse uns, während doch wir Gott verlassen ... Zahllose Tausende von Christen weilen heutzutage bei Vorführungen von schändlichen Dingen. Kann Gott nun auf solche Menschen Rücksicht nehmen? Kann er sich um die kümmern, die im Zirkus toben, die in den Theatern ehebrechen? Oder wünschen wir vielleicht oder halten wir es für würdig, daß Gott, wenn er uns im Zirkus und im Theater sieht, auch das mit uns anblickt, was wir sehen, und mit uns die gleichen Schändlichkeiten wahrnimmt, die wir wahrnehmen? Oder glauben wir vielleicht nach Art der alten Heiden, wir hätten einen eigenen Gott für Theater und Zirkus?«

Schauspieler, Tänzer und Tänzerinnen, Musikanten jeder Art und frivole Dichter, Gladiatoren und Wagenlenker und vor allem auch die christlichen Zuschauer werden verurteilt und der ewigen Verdammnis anheimgegeben. Der Fluch traf auch Arena und Theater, die Orte der Sünde und der teuflischen Versuchung. Selbst Dante Alighieri diente im beginnenden 14. Jahrhundert, am Übergang vom Mittelalter zum Humanismus Italiens, in der Göttlichen Komödie die guterhaltene Arena von Verona als Symbol für die Hölle.

»Mimus« und »histrio«, die römischen Schauspieler und ihre Namen, wurden gleichsam zu Sinnbildern aller Künstler, die auf den Bühnen und Foren oder wo auch immer ihre Darbietungen zeigten. Nach Ausweis der Kirchenväter wurde dort nicht nur mit Bällen, Ringen, Fackeln und Messern jongliert, traten nicht nur Bauchredner, Marionettenspieler, Spaßmacher und Akrobaten auf, sondern auch Wahrsager und Traumdeuter, die als »Chaldäer« (für Babylonier bzw. Sterndeuter) bezeichnet wurden. Am schlimmsten würden es jedoch die Schauspieler treiben, welche die frivolen Stücke gotteslästerlicher Autoren in schamlosester Weise dem begierigen Publikum darboten. Ehebruch und Unzucht, Perversion, Lüge und Betrug wurden nach Ansicht der Kirchenväter als gängige Moral und sogar als Vorbild propagiert. Der eine oder andere der Kirchenväter war in diesem Milieu wohlbewandert und wußte, wovon er schrieb. So wissen wir vom heiligen Augustinus, daß er vor seiner »conversio«, seiner Bekehrung zum Christentum und seiner moralischen Umkehr ein eifriger Besucher der nunmehr von ihm angeprangerten Schauspiele gewesen ist, daß er wie tausend andere mit Lust die Tänzer und Tänzerinnen bewunderte und auch den obszönen Programmen nicht aus dem Wege ging. Zum Christentum bekehrt und schließlich zum Bischof von Hippo in Nordafrika avanciert, wußte er sehr wohl, was und wen er brandmarkte.

Schon zweihundert Jahre früher hat Tertullian diejenigen wortgewaltig verdammt, die dem Ideal der christlichen Morallehre entgegenstanden. Im Umkreis von Schauspiel und sonstigen vergleichbaren Aufführungen seien Exzesse der Schamlosigkeit und der Unzucht gang und gäbe. Das nehme nicht wunder; verbinde sich doch Unzucht und Heidentum auf das Engste.

Tertullian sieht die heidnischen Götter Bacchus (Liber) und Venus sowie andere »Götzen« als Patrone von Schauspiel und Musik: »Was besonders charakteristisch für die Bühne ist, die Weichheit von Gestik und geschmeidiger Körperbewegung, das opfern sie der Venus und dem Bacchus, Gottheiten, die beide liederlich-ausgelassen sind, die eine in geschlechtlicher Hinsicht, der andere durch seine Schwelgerei. Was sich aber (bei den Schauspielen) mit Stimme und Melodie, Instrumenten und Texten vollzieht, das hat solche Götzen wie Apollo und die Musen, Minerva und Merkur als Schutzpatrone.«

Und er fügt diesen Sätzen gewissermaßen die Handlungsanweisung für echte Christen an, die für die kirchliche Haltung zu Schauspiel und weltlicher Musik verbindlich werden sollte: »Hasse Dinge, o Christ, deren Urheber du haßt.«[273]

Es ging Tertullian vor allem darum, zu beweisen, »auf wie vielfältige und welche Weise die Schauspiele Götzendienst begehen: von den Ursprüngen, den Titeln, dem äußeren Aufwand, den Örtlichkeiten und den Kunstfertigkeiten her.«[274]

Der wahre Christ sei daran zu erkennen, daß er solche Orte und Gelegenheiten meide. Denn dort seien teuflische Dämonen zu Hause, die den Menschen verführen und in das Verderben leiten wollen. Mit Hilfe der Schauspiele und der darin agierenden *mimi* und *histriones* hielten sie die Menschen von Gott fern und machten sie dem Bösen zur leichten Beute.

Das Schauspiel wurde von Tertullian geradezu als eine Hauptursache vieler weiterer Laster wie Ehebruch, Unkeuschheit, Neid und Eifersucht gebrandmarkt. Allein schon die leidenschaftliche Erregung, die das Schauspiel erzeuge, sei ein Tor zur Sünde.

»So wird die außerordentliche Beliebtheit des Theaters vor allem durch eine Unflätigkeit erzielt, die der Atellanen-Schauspieler in seiner Gestik zum Ausdruck bringt, da der Mimen-Schauspieler sogar durch Frauenkleider darstellt – und womit er das Gefühl für Geschlecht und Scham völlig aufhebt ...«[275]

Sollten die Christen auf jeglichen Genuß verzichten müssen? Nein! sagt Tertullian:[276] »Welcher Genuß kann größer sein als die Geringschätzung gerade des Genusses, als die Verachtung der ganzen heidnischen Welt, als die wahre Freiheit, als ein reines Gewissen, als ausreichendes Leben, als die Abwesenheit von Todesfurcht, als daß du die Götter der Heiden mit Füßen trittst, daß du die Dämonen vertreibst, daß du Heilungen bewirkst, daß du dich um Erleuchtungen bemühst und daß du für Gott lebst? Das sind die Genüsse, das sind die Schauspiele der Christen: sie sind heilig, ewig und unentgeltlich. In ihnen findest du deine Circusspiele.«

Wie konnten in dieser Situation des zu erwartenden Weltunterganges die wahren Christen das drohende Jüngste Gericht und die Rettung ihres Seelenheiles vergessen? Unter diesem Gesichtspunkt mögen die Befürchtungen, die strengen Maßstäbe und die harten Drohungen der Kirchenväter verständlich wirken. Zugleich dürfen wir nicht vergessen, daß das Christentum und damit die christlichen Gemeinden über drei Jahrhunderte hinweg eine immer wieder verfolgte Minderheit im Römischen Reich bildeten. Erst mit dem Toleranzedikt von Mailand im Jahre 313, erlassen vom römischen Kaiser Konstantin, erlangten sie die religiöse und kultische Gleichstellung.

Die Gefährdungen, denen sich das Christentum ausgesetzt sah, lagen weniger in den zwar grausamen, jedoch zeitlich begrenzten Verfolgungen durch den römischen Staat. Viel gefährlicher für den Bestand der christlichen Religion waren die konkurrierenden, ebenfalls aus dem Orient in das Römische Reich importierten Religionen und deren Kulte. Diese stellten nicht so sehr wegen ihrer Verschiedenheit, sondern wegen ihrer Ähnlichkeit mit den Erlösungsvorstellungen und -verheißungen der christlichen Lehren eine Bedrohung dar. Von der Fülle dieser spätantiken Kulte – es seien lediglich Mithras-, Isis- und Serapiskult erwähnt – galt es sich abzusetzen und die Exklusivität von Glaube, Lehre und sittlich moralischem Verhalten zu demonstrieren. Der Verzicht auf Schauspiel, Gladiatorenkämpfe, Tanz, Mummenschanz und leichte Muse sollten geradezu Prüfsteine echten Christentums sein. So wie den Besuchern von Schauspielen, so sei erst recht den *mimi* und *histriones* jeglicher Art die Mitgliedschaft in der christlichen Gemeinde und die heiligen Sakramente für das Seelenheil zu verweigern.

In Theater und Schauspiel und insbesondere im »Personal« dieser Etablissements sahen die Kirchenväter und Generationen von Theologen eine Hauptursache für die Todsünden dieser Welt. Jaques Le Goff bringt das auf den Punkt: »Die Sünden des Fleisches nehmen in den Vorstellungen von den idealen Zuständen und in den Wahnvorstellungen der klösterlichen Streiter einen hervorragenden Platz ein. Mißachtung der Welt, Demut im Fleische: dieses monastische Vorbild hat mit entscheidendem Gewicht auf den Sitten und Mentalitäten des Westens gelastet. Der benediktinische Entwurf des klösterlichen Lebens suchte einen gewissen Ausgleich, hat aber dennoch die asketische Praxis der Wüste, der Wälder oder der Inseln im Westen nicht verdrängen können.«[277]

Tertullian hat im Grunde alles gesagt und schriftlich festgehalten, was künftig die Kirchenväter und die frühchristliche Theologie zu Schauspiel, zu *mimi* und *histriones* noch äußern werden. Damit sind auch die Spielleute des Mittelalters an den Pranger des christlichen Wertesystems gestellt.

Der heilige Augustinus verweigerte in seinem Werk »*De fide et operibus*«, »Vom Glauben und den guten Werken«, in einem Atemzug den »*meretrices et histriones*«, den Huren und den Schauspielern, die Spende der Sakramente, solange sie der Fesseln ihrer schändlichen Verstrickung nicht ledig seien.[278] In seinem anderen bedeutenden Werk, »*De civitate Dei*«, »Vom Gottesstaat«, appelliert Augustinus an die altrömischen Tugenden und zitiert Cicero und durch Cicero Scipio, indem er sagt, daß die alten Römer die Schauspieler keineswegs, wie die Griechen, ehrten, sondern, »da sie die Schauspielkunst und das ganze Bühnenwesen für schimpflich hielten, dieser Klasse von Menschen nicht nur an der Ehre der übrigen Bürger keinen Anteil gewährten, sondern sie aus ihrer Zunft ... ausgestoßen wissen wollten.«[279]

Im Urteil aller frühchristlicher Autoren, die sich zu diesem Thema äußerten, sind *mimus* und *histrio* Werkzeuge des Teufels. Darin stimmen Tertullian Augustinus, Arnobius Afer, Lactantius, Hieronymus, Salvian von Marseille usf. überein. Alles, was nicht der Erlangung des Seelenheiles diente und gar vom christlichen Heilsweg, den die Kirche wies, abwich, war Teufelswerk. Daher wird selbst Dichtern, Rednern und Schriftstellern die Daseinsberechtigung abgesprochen, wenn sie sich mit weltlichen Dingen beschäftigen. Der »Laientheologe« Arnobius Afer aus Sicca in Nordafrika schreibt um 300 im heiligen Zorn gegen die Heiden: »Was nützen der Welt die Redner, die Gelehrten, die Dichter? Was nützen die Schreiberlinge, die Disputierer, die Musikanten? Oder gar die Pantomimen, die Schmierenkomödianten, die Schauspieler oder aber die Trompeten-, Flöten- und sonstigen Rohrbläser? Wozu brauchen wir Wettläufer, Faustkämpfer, Wagenlenker, Kunstreiter, Stelzenläufer, Seiltänzer und Gaukler?«[280]

Christliche Körper- und Lustfeindschaft als Erbe der Gnosis

Die Feindschaft der frühchristlichen Kirchenväter gegenüber Vergnügungen und Lustbarkeiten aller Art ist weniger in der Heiligen Schrift begründet, sondern ist vielmehr auf die dualistischen Strömungen in den spätantiken Religionen und Kulten, auch in Judentum und Christentum, zurückzuführen. Die aus dem Orient eingeführten dualistisch-gnostischen Lehren erklärten die Schöpfung und den Lauf der Welt als einen Existenzkampf zwischen einem guten und einem bösen Prinzip, zwischen einem guten und in einem bösen Gott; in der jüdischen bzw. christlichen Welt schlug sich diese Vorstellung nieder als Kampf zwischen Gott und dem Teufel. Damit sollte eine Antwort auf die den Menschen bewegende Frage gegeben werden, wie das Böse in die Welt gelangt, bzw. warum Gott das Böse in der Welt zuläßt. Als Verursacher wurde der Gott des Bösen und die von ihm geschaffene Materie – nach jüdisch-christlicher Lehre der Satan – definiert. Der in diesem Sinn als böse Materie vorgestellte menschliche Körper sah sich demnach zum Gefängnis herabgewürdigt, zum Gefängnis des von seinem geistigen Kosmos entfernten Lichtfunkens bzw. der erlösungsbedürftigen Seele. Die konsequente Befolgung dieser dualistischen, gnostischen Lehre forderte die Auflösung des menschlichen Körpers als Voraussetzung für die Erlösung der in ihm gefangenen Seele. Die Körper- und Menschenfeindlichkeit des Christentums hat hier ihre entscheidende, aber nicht die einzige Wurzel.[281]

In der aus diesen Glaubensvorstellungen begründeten Haltung zum Körper liegt eine Gemeinsamkeit der spätantiken Erlösungsreligionen. Die christlichen Theologen und die Kirche taten sich somit schwer damit, die Bedeutung des menschlichen Körpers zu bewerten. Denn einerseits war die Auferstehung des Körpers unabdingbarer Bestandteil des Glaubens, andererseits wurde er zum Hinderungsgrund für die Erlösung stilisiert. Die Leibfeindlichkeit des Christentums ließ denn auch seit seinen Anfängen Menschen in die Wüsten und Wälder ziehen, wo sie als Anachoreten, als Einsiedler, ihre Körper bis zur Selbstzerstörung mißhandelten.[282]

Die Lustverweigerung, – »le refus du plaisir«, wie der französische Historiker Jean-Louis Flandrin formuliert hat[283] – der Kampf gegen die eigene Sexualität und zugleich gegen die der übrigen Gläubigen führte zu Exzessen. Manche Extremisten der Reinheit griffen zur Selbstkastration wie der Kirchenlehrer Origenes († um 254).[284] Diese »Problemlösung« gab schon das Evangelium des Matthäus (19, 12) vor: »Manche sind von Geburt an zur Ehe unfähig, manche sind von den Menschen dazu gemacht, und manche haben sich selbst dazu gemacht – um des Himmelreiches willen.«

Die Kirche schwankte in ihrem Urteil gegenüber diesen Fanatikern zwischen Heiligsprechung und Ablehnung. Ihre Lehre entwickelte sich jedoch im Mittelalter zur Verteufelung des Fleisches und des Körpers. Sie seien Anlaß für Ausschweifung und Sünde. Damit wurde dem menschlichen Körper jegliche Würde genommen: »La diabolisation, au Moyen Age, de la chair et du corps, assimilés à un lieu de débauche, au centre de production du péché, enlèvera ... toute dignité du corps«.[285] Die Phänomene körperlicher Selbstzerstörung verbanden sich im allgemeinen mit religiösem Schwärmertum und Intoleranz und zogen sich über Einsiedlerwesen, Kasteiung von Mönchen und Laien bis zum Geißlerunwesen hin, welches sich im 14. Jahrhundert zu einer europaweiten Landplage entwickelte.

Die ganz erheblichen dualistischen Elemente im Christentum wurden jedoch von der Kirche stets vehement bestritten. Seit der Zeit des Augustinus zu Beginn des 5. Jahrhunderts und durch sein besonderes Zutun wurden dualistische Abweichler – die Donatisten in Nordafrika – zu Ketzern erklärt und radikal verfolgt und vernichtet. Dieser Umgang mit abweichenden Glaubensvorstellungen wurde zum Vorbild für den Umgang mit religiösen Bewegungen des Mittelalters, insbesondere mit den Bogumilen auf der Balkanhalbinsel und den Katharern in Deutschland, Frankreich und Italien. Von 1178 bis nach 1300 wurden die Katharer in Okzitanien, das damals noch nicht zu Frankreich gehörte, denn auch skrupellos eliminiert – durch Eroberungskriege im Gewand von Kreuzzügen. Der Norden Frankreichs, an der Spitze das französische Königtum, unterwarf in zwei Kreuzzügen den als katharisch erklärten okzitanischen Süden mit geradezu neuzeitlicher Brutalität. Höhepunkte dieses weltanschaulichen Vernichtungskrieges bildeten Massenmord und -selbsttötung auf dem Montségur 1244. Die Scheiterhaufen der Inquisition entfalteten noch Jahrhunderte länger ihre Wirkung. Wir sehen die okzitanischen Dichter in ihren Werken und in ihren Lebensläufen immer wieder in diese religiösen und politischen Auseinandersetzungen verwickelt.

Vererbte Feindschaft: Theologen gegen Spielleute

Schon seit der Frühzeit des Christentums ist das gesamte Spektrum der Jahrhunderte später auftretenden mittelalterlichen Unterhaltungskünstler, der Spielleute, verurteilt. Die Verdikte der Kirchenväter, von denen die wenigen zitierten Beispiele für viele stehen, füllen Bücher. Darin spiegeln sich die Auseinandersetzungen des frühen Christentums mit Religionen, Mythen und Kulten der römischen, griechischen und selbst der orientalischen Welt. Sie alle standen im römischen Reich rund um das Mittelmeer bis tief in die

Provinzen Afrikas, Europas und Asiens hinein miteinander in Wettbewerb und vermengten sich zugleich. Um den Äußerungen der Kirchenväter über das Schauspiel gerecht zu werden, müssen wir bedenken, daß sie im Zusammenhang mit einer tiefreichenden massiven und umfassenden Kritik an der Gesellschaft und an den Denk- und Lebensformen der Spätantike stehen. Insbesondere waren sie von der Vorstellung geleitet, daß das Weltenende unmittelbar bevorstehe und gewissermaßen von den Lebenden noch geschaut werden würde.

Das geschriebene Wort und die zugrundeliegende Einstellung wirkten fort. Sowohl quantitativ als auch hinsichtlich ihrer Verbreitung verdrängten diese christlichen Kampfschriften das heidnische Erbe der Antike. Ihre Inhalte wurden zum verbindlichen Gedankengut und verdichteten sich zum christlichen Wertesystem, dessen Normen sich zum kirchliches Gesetz gestalteten. Auch die Begriffe – *mimus*, *histrio* und *citharoedus* – wurden in das Mittelalter übertragen, weil die geschriebene Sprache, welche die Vermittlung zwischen Antike und Mittelalter übernommen hat, weiterhin das Lateinische blieb. *Mimus* und *histrio* findet nun, im Mittelalter, Anwendung auf Menschen, die zwar mit Schauspiel, Musik, Dichtung und Gauklerkünsten zu tun haben, denen jedoch jegliche Beziehung zum antiken Theater fehlt. Hier liegt der Ausgangspunkt für die negative Beurteilung der mittelalterlichen Spielleute. Die weltverachtende Haltung des frühen Christentums hat den Ausschluß der fahrenden Spielleute aus der Gesellschaft erheblich mitbewirkt, indem es die theoretische Grundlage dafür schuf und ihnen das Brandmal der »Unehrlichkeit« für Jahrhunderte aufdrückte.

Auf die Verdammungsurteile der frühchristlichen Autoren haben sich die Moralisten des Mittelalters blind gestützt, ohne zu wissen und vor allem, ohne wissen zu wollen, was die Kultur der Antike war, was antikes Theater und Schauspiel bedeutet.

Als frühchristlicher »maître-penseur« hat sich neben Tertullian, Hieronymus, Salvianus von Marseille und vielen anderen vor allem der heilige Augustinus hervorgetan. Die Ergüsse dieses fundamentalistischen und fanatischen Überläufers zum Christentum, der nicht einmal davor zurückschreckte, die Vernichtungsmacht des römischen Staates auf religiöse Abweichler zu hetzen, lassen auch in unseren Zusammenhängen nichts Gutes erwarten.

Selbst Petrarca gibt um die Mitte des 14. Jahrhunderts als Bewunderer von Augustinus und Hieronymus deren Haß auf das Schauspiel wieder. Auf dem Gipfel des Mont Ventoux angelangt, zitierte er die beiden Vertreter der Lustfeindlichkeit. Er dachte »darüber nach, wie groß bei den Menschen der Mangel an Einsicht sei, so daß sie sich unter Vernachlässigung des edelsten Teils ihres Selbst in vielerlei Dingen verzetteln, sich in nichtigen Schauspielen – *inanibus spectaculis* – verlieren und außerhalb suchen, was drinnen zu finden gewesen wäre.«[286]

Obwohl Petrarca in der Kultur und Kunst Okzitaniens seine zweite Heimat gefunden hatte, verbreitet er das Gift der menschen- und kunstfeindlichen *auctoritates*. Schon in den Zeiten der Kirchenväter fand die Verurteilung dessen von Theater- und Musikvorführungen, von Tanz und vielen anderen künstlerischen Darbietungen, ihre Erörterung bei Konzilien und Synoden. Die Beschlüsse der sog. Synode von Laodikeia, die in einer aus der Zeit zwischen 343 und 381 entstandenen Kanonessammlung vorliegen, haben entsprechende Gebote und Verbote für künftige Kirchenversammlungen vorbildlich formuliert.[287] Besonderes Augenmerk galt dem Umgang der Geistlichen, der Mönche und Nonnen, ja selbst der Bischöfe und Äbte, mit künstlerischen Darbietungen, Musik und Tanz. Immer wieder wurden sie – offenbar vergebens – ermahnt, sich von solchen Darbietungen fernzuhalten. In monotoner Regelmäßigkeit wiederholen die Synodalakten die Verdikte gegen das geistliche Publikum von *joculatores, mimi, histriones, saltatores, thymelici, scurri* usw., wie die Spielleute des Mittelalters auf altertümliche Weise bezeichnet werden. In regelmäßiger Folge, in Karthago 419, Tours, Reims und Mainz 813, in Aachen 816, wird in Anlehnung an das frühchristliche Konzil von Laodikäa die Forderung wiederholt, »daß Priester bei Festmählern und Hochzeiten Schauspielen nicht beiwohnen, sondern vor dem Auftritt der Spielleute, der *thymelici*, sich erheben und das Weite suchen sollen.«[288]

Allein schon die Verwendung der Begriffe zeigt, daß die Theologen des Mittelalters die Schriften der Kirchenväter zur Formulierung benutzt haben. Denn das Phänomen der *thymelici* ist der frühmittelalterlichen Realität ebenso fremd wie das der Jazztrompeter. Ein Konzil zu Reims verabschiedete folgenden Beschluß:[289]

»Bischöfe und Äbte sollen es sich ja nicht erlauben, schamlosen Schauspielen beizuwohnen. Vielmehr sollen sie Arme und Bedürftige speisen und fromme Lesungen bei Tisch abhalten.«

Die kirchenrechtlichen Sätze des Gratian, zusammengefaßt im 12. Jahrhundert, ziehen ausdrücklich das Zeugnis der Kirchenväter für die Disziplinierung der Mönche heran:[290] »Nach dem Gesetz der Kirchenväter («lege patrum«) ist es Gebot, daß die abgeschlossen lebenden Mönche sich von den Lustbarkeiten der Welt fernhalten. Sie dürfen keinen Schauspielen oder Festzügen beiwohnen.«

Das Laterankonzil ordnet 1215 an, daß »Kleriker ... den *mimi*, *joculatores* und den *histriones* keine Aufmerksamkeit schenken dürfen.«[291]

Mit besonderem Unmut beobachtete die Kirche solche Kleriker, die, obwohl sie Geistliche sind, durch die Lande ziehen und als Spielleute oder als Vaganten und Goliarden ihren Lebensunterhalt verdienen. Der Angelsachse Alkuin, ein führender Berater Karls des Großen in Sachen Bildung und Erziehung, bemühte ebenfalls die Autorität aller »heiliger Schriften« und insbesondere die des heiligen Augustinus, als er in einem Brief vor dem teuflischen Schauspiel, vor *mimi* und *histriones und saltatores* warnte: »Das alles verbieten die heiligen Schriften und, wie ich gelesen habe, Augustinus in besonderem Maße: ›Weiß denn der Mensch, der den Spielleuten Eingang in sein Haus gewährt, nicht, welche sündigen geistigen Wirrungen hinter ihnen hereindringen?‹ Aber gerade dies soll er vermeiden, damit der Teufel im christlichen Hause keine Macht finde.«[292]

Es komme vor allem darauf an, daß die Priester und insbesondere die Mönche sich dem nicht aussetzten. Wir sehen, daß in der Karolingerzeit die Worte der Kirchenväter selbst (*sermones patrum*) und ihre Begriffe (*citharista*) die Normen vorgeben:[293] »Sie sollen vielmehr in ihren geistlichen Gemeinschaften das Wort Gottes lesen. Es gehört sich, dem Lektoren zu lauschen und nicht dem Musikanten (*citharista*), den Worten der Kirchenväter und nicht den heidnischen Gesängen.«

»Es ist besser, die Armen an seinem Tische zu speisen, als Spielleute und sonstige lasterhafte Personen«, empfahl Alkuin dem Bischof Higbald von Lindisfarne.[294] Einer seiner geistigen Schüler in Italien wurde von ihm ermahnt: »Gott zu gefallen und für die Armen zu sorgen ist ein höheres Bestreben als um die Gunst der Spielleute zu buhlen und diese auszuhalten.«[295]

Das entspricht ganz dem Geist des Augustinus, der für die künftigen Generationen von Theologen vorformuliert hatte: »Den Spielleuten etwas zu geben, ist eine große Sünde und keinesfalls eine Tu-

Jonglierender Spielmann mit Bällen als Initiale einer geistlichen Handschrift (Legendarium Austriacum, 12. Jh., Heiligenkreuz/Niederösterreich, Stiftsbibliothek Cod. 11).

gend«.[296] Jede Gabe an Spielleute wurde von den Theologen des Mittelalters daher als Versündigung an Gott und den Armen bewertet. Allerdings erwuchs ihnen daraus auch ein Dilemma. Denn einerseits galt der Spielmann als nichtsnutziges Wesen (*inutilis*), gar als Diener des Teufels (*servus diaboli*), welches die Christen vom Weg des Seelenheiles abzulenken bestrebt ist. Andererseits war er jedoch auch den Armen und Bedürftigen zuzurechnen. Damit, so meinten seit dem Hochmittelalter einige kirchliche Lehrer, allen voran der heilige Thomas von Aquin, hätten sie vielleicht doch Anrecht auf milde Gaben. Deshalb sollten sie, wenn sie Not leiden sollten, zu essen und zu trinken bekommen. Diese Almosen dürften jedoch nicht als Entlohnung für ihre Darbietungen, sondern allein aus Christenpflicht gereicht werden.

Möglicherweise verdeckt die Lebensbeschreibung des heiligen Bardo, von 1031–1051 Erzbischof von Mainz, daß er, als Gönner der Spielleute, die Voraussetzungen für einen makellosen Heiligen so recht eigentlich nicht erfüllte: »Er war überaus gütig zu den Spielleuten (*joculatores*)«, und damit niemand glaube, er sei frivol gewesen, fügt der Vitenschreiber beflissen hinzu: »Er war dazu keineswegs vom Possenreißen angeleitet; es ging ihm lediglich darum, auf die Armut der Bedürftigen bedacht zu sein.«[297]

Die Tradition der Verdammung von *mimus* und *histrio* läßt sich also anhand vieler Beispiele aus dem frühen Mittelalter eindeutig auf die Lehre der frühchristlichen Kirchenväter zurückführen. Deren Haltung zu Spiel und Schauspiel, zu Theater und Arena waren aus eigener Erfahrung genährt.[298]

Die Theologen des Mittelalters beriefen sich auf diese Autoritäten der kirchlichen Lehre sogar in einer Epoche, als Arena und Theater, Bühnen, ja nicht einmal mehr die einstmals dort aufgeführten Stücke bekannt sind. Salvian von Marseille unterzog im 5. Jahrhundert die Moral der christlichen Mitbrüder einem vernichtenden Urteil. Die sündhaften Aufführungen von Schauspiel und Theater in den Städten fänden lediglich deshalb nicht mehr statt, weil die Aufführungsstätten inzwischen von den Barbaren zerstört worden seien: »Es geschieht nicht mehr in der Stadt Mainz; aber nur weil sie zerstört und vernichtet ist. Es geschieht nicht mehr zu Köln; aber nur, weil es von Feinden voll ist. Nicht mehr geschieht es in der glänzenden Stadt Trier; aber nur, weil sie durch viermalige Zerstörung zu Boden liegt. Es geschieht endlich nicht in sehr vielen gallischen und spanischen Städten ... Es ist also kein Grund vorhanden, daß wir uns irgendwie schmeicheln könnten, indem wir sagen, nicht in allen Städten geschehe das, was früher geschehen ist. Deswegen nämlich geschieht das nicht mehr überall, weil manche Städte, wo es geschah, nicht mehr sind.«[299]

Auch Gaudentius von Brescia in Oberitalien räsonniert am Ende des 4. Jahrhunderts:[300] »Wo Lyra und Pfeife erklingen, wo schließlich alle Arten von Musikanten zwischen Zimbeln der Tanzenden dröhnen, dort sind Häuser des Unglücks, die sich in nichts von den Theatern unterscheiden.«

Mimus und *histrio* des Augustinus, des Tertullianus, des Ambrosius und des Hieronymus sind mit dem römischen Reich zu Staub und Asche zerfallen, die wenigen erhaltenen Auftrittsorte wurden in mittelalterlichen Bauten verwertet oder zweckentfremdet: als Kirchen und Festungswälle, als Fluchtburgen und Viehställe. Sie dienten als Steinbrüche für die neuen Kulturen, die die alte nicht mehr verstanden. Auch Köln, Mainz und Trier haben nur in dieser Form weiterexistiert. Die Bischofssitze und christlichen Kultstätten standen in einer Ruinenlandschaft, die den seit dem 11. Jahrhundert entstehenden mittelalterlichen Städten als Steinbruch diente.

Die Weichen für die negative Einschätzung der Spielleute und ihres Umfeldes im kirchlichen Wertesystem des Mittelalters waren gestellt. Noch weit über die Anfänge der Germanistik als Wissenschaft, etwa im »Deutschen Wörterbuch« von Jacob und Wilhelm Grimm[301] sehen wir den Ungeist der Kirchenväter kritiklos übernommen: »spilman bezeichnet zunächst die mittelalterlichen Nachfolger der römischen joculatores, mimi ...«[302] Die Namen und die Begriffe einer vergangenen Epoche wurden zum Stigma – nennen wir es undramatisch das »Kainszeichen« für diejenigen, die damit Jahrhunderte später in Verbindung gebracht wurden: *nomen est omen.*

ACHTES KAPITEL
Die Haltung der Theologen und Seelsorger

Wider Spielleute und lüsterne Weiber

Wenn wir wissen wollen, was von den frühchristlichen theologischen Schriften über die Unterhaltungskünstler der Spätantike im Mittelalter angekommen ist, werfen wir einen Blick auf einen heute wieder prominenten mittelalterlichen Autor: »Warum rufen die Mächtigen und die Kirchenlehrer zu den höchsten Feiertagen, die eigentlich dem Lobe Gottes geweiht sein sollen, Spielleute, Tänzer, Taschenspieler und obszöne Sänger an ihre Tafel und veranstalten mit diesen tagaus, tagein teuflische Feste und belohnen diese auch noch anschließend mit Geschenken, welche sie aus dem Kirchenbesitz und aus den Spenden für die Armen unterschlagen haben und opfern somit auf dem Altar des Dämons?«[303]

Das sind die Worte des Philosophen, Theologen, Dichters und Musikers Petrus Abaelard (1079–1142), der im Übrigen als Musiker auch geistliche und weltliche Kompositionen schuf. Er war einer der bedeutendsten und zugleich umstrittensten Denker des Mittelalters.[304] Wir sehen, welchen Widerständen, beinahe möchte man sagen, welchem Haß die Spielleute ausgesetzt waren.

Gewähren wir auch seinen Zeitgenossen Gehör: Ähnlich rigoros urteilt der bedeutende Kirchenlehrer des 12. Jahrhunderts, Hugo von St. Viktor (um 1096–1141). Er schuf in seinen Hauptwerken einen Grundriß der katholischen Glaubenslehre. Nach ihm zählten die Spielleute zu denen, die kaum innerhalb der religiösen Ordnung zu halten seien. Das gelte auch für die Maler und die Quacksalber (»*medici*«), und weitere Leute, welche die Gewohnheit hätten, im Lande herumzulaufen (»*regiones discurrere*«).[305]

Honorius Augustodunensis (ca. 1080–1137), ein Zeitgenosse des Hugo von St. Victor, vielleicht nicht aus Autun, sondern aus Augsburg stammend, stellte Anfangs des 12. Jahrhunderts die rhetorische Frage: »Haben Spielleute eine Hoffnung auf das Ewige Leben?« Und wie so oft, wenn ein Fragesteller die Frage nur stellt, um sie anschließend selbst zu beantworten, führt er nichts Gutes im Schilde. So ist es auch in diesem Fall, wie wir der Antwort entnehmen können: »Nein, nicht die geringste. Denn sie sind voll und ganz Diener des Teufels, von denen gesagt wird: Sie glauben nicht an Gott und deshalb wird sie Gott verachten und der Herr wird sie verhöhnen, weil Spötter verlacht werden«.[306]

Bonaventura, französischer Ordensgeneral und Kardinal in der zweiten Hälfte des 13. Jahrhunderts, nimmt den heiligen Nikolaus von Myra zum Gegenstand einer Sittenpredigt: »... beatus Nicolaus qui mulieres quasi pestem fugiebat.«[307] Der sehr populäre heilige Nikolaus von Myra habe die Frauen gewissermaßen wie die Pest gemieden. Seine Haltung zu den Frauen sei Vorbild für alle, insbesondere für die Jugend: »So sollen es auch unsere jungen Leute von heute machen. Sie sollen nicht zu Schauspielen oder durch die Stadt ziehen, um schöne und herausgeputzte Frauen anzusehen! Es muß jemand schon verrückt sein, wenn er Körper und Sinne preisgibt, um Frauen und Schauspiele anzuschauen, damit irgendeine schöne Frau sein Herz ergreift und auf diese Weise begierig ist, es zu begehren, zu zerbrechen und den darin befindlichen Balsam der Gnade auszuschütten ... Und dann prüfe, ob du dann noch sorglos zu den Schauspielen gehen und dort Frauen anschauen kannst! Deshalb hat der heilige Nikolaus die Schauspiele vermieden und statt dessen häufig die Kirche besucht ...«

Das frühchristliche Erbe mit seinen pathologischen, frauenfeindlichen Einstellungen ist unübersehbar. Bonaventura erzeugt mit beredten Worten Angst vor den Verführungskünsten der Frau, vor ihren niedrigen Absichten und schließlich mit dem Verlust der göttlichen Gnade.

Seine Vorstellungen von den Spielleuten und ihre theologische Bewertung steht im Einklang mit der in der Seelsorge angewandten Praxis. Diese spiegelt sich in den Bußbüchern.

Das Verdikt der Bußbücher
Die Theologie des Mittelalters hat für die praktische christliche Unterweisung eine Art Handbücher der Seelsorge und der Bußformen,

die »libri poenitentiales«, hervorgebracht. »Zur Ahndung der Sünden verfaßten Kirchenmänner, oftmals Iren, die Extremisten der Askese, Bußbücher, also eine Auflistung von Sünden und ihren Strafen. Darin spiegelt sich der Geist des barbarischen Gesetzes.«[308] Diese Bußbücher bestanden in ihrem Kern aus einer Auflistung von allen möglichen Sündenfällen, einem Strafenkatalog und festgelegten »Bußtarifen«. Darin wurden die Versuchungen des Christen, die Vergehen und die Sünden, die in seinem irdischen Dasein den Weg zur Erlösung versperren könnten, beschrieben. Und weil die kirchlichen Vordenker die Welt und die irdische Ordnung in einer gottgewollten Standeshierarchie sahen, waren die Bußbücher diesen Vorstellungen und Lehren entsprechend gegliedert: So wie jeder Stand – Geistlichkeit, Adel, Bauern, Kaufleute, Handwerker, Verheiratete und Unverheiratete, Witwen, Jungfrauen, Bettler – durch Gott festgelegte, unterschiedliche Rollen und Aufgaben zu erfüllen hatte, so war er auch in unterschiedlichem Ausmaß durch seine jeweiligen Lebensumstände gefährdet.

Die weit verbreiteten Bußbücher waren keine offiziellen kirchlichen Werke. Wir können sie als Handreichungen für die seelsorgerische Praxis bezeichnen.[309] Sie geben uns intime Einblicke in die Lebenswirklichkeit des christlichen Mittelalters. Um die Absolution zu erlangen, wurde dem reuigen Sünder auferlegt, tage-, wochen- oder gar jahrelang zu fasten und nur von Wasser und Brot zu leben.

Das Pönitentiale des Robert von Flamborough aus dem 13. Jahrhundert versieht die Spielleute mit einem einfachen Etikett: »Igitur histriones, qui ipso iure sunt infames«; frei übersetzt: »Die Spielleute also, die von Rechts wegen ehrlos sind.«[310]

Ein besonders ausführliches Bußbuch hat Thomas von Chobham, der in Salisbury und zeitweilig in Paris tätig war, um 1215 verfaßt.[311] Es fand Verbreitung weit über England hinaus, auch auf dem Kontinent, und wurde in vielen Exemplaren abgeschrieben. Thomas von Chobham ging besonders ausführlich auf die Spielleute ein und widmete ihnen und ihrem Lebenswandel, den Versuchungen und den Sünden, denen sie ausgesetzt waren, ein eigenes Kapitel.

Thomas versuchte, die breite Palette der Unterhaltungskünstler, die wir unter Spielleuten zusammengefaßt haben, nicht nur hinsichtlich ihrer darbebotenen Künste und ihrem moralischen Stand, sondern auch in begrifflicher Hinsicht zu unterscheiden. Die »bösen« Spielleute versah er mit den Begriffen der Antike: *histriones, scurrae, mimi*; die »guten« bezeichnete er mit dem mittelalterlichen Begriff *joculatores*.

»Tria sunt histrionum genera – es gibt drei Arten von *histriones*: Die erste treibt mit ihrem Körper Mißbrauch, indem sie sich verdreht und biegt und dabei schandbare Sprünge und unanständige Gebärden vorführt, sich schamlos entblößt und schreckliche Larven aufsetzt. Solche Spielleute sollen alle der ewigen Verdammnis anheimfallen, wenn sie ihr Tun und Treiben nicht aufgeben wollen.

Die zweite Art bringt nicht den Körper ins Spiel, sondern betreibt Verleumdung und üble Nachrede. Diese Spielleute haben keinen festen Wohnsitz, sondern laufen von einem Adelshof zum anderen und beschimpfen Abwesende, um sich bei den Anwesenden lieb Kind zu machen. Auch sie werden der ewigen Verdammnis anheimfallen. Denn schon der Apostel hat verboten, mit diesen das Mahl zu teilen. Und sie werden als herumziehende Possenreißer (›*scurrae vagi*‹) bezeichnet, weil sie zu nichts nütze sind (›*ad nihil utiles*‹) außer zum Fressen und zum Schmähen.

Es gibt noch eine dritte Art von Spielleuten. Sie erfreut die Menschen mit Musikinstrumenten. Diese läßt sich wiederum in drei Gruppen einteilen: die eine nämlich ist bei öffentlichen Saufgelagen und unzüchtigen Zusammenkünften zu finden, wo sie diese und jene Lieder vorträgt, um die Menschen zur Unzucht zu verleiten. Diese kommen genauso in die Hölle wie die oben genannten.

Schließlich gibt es noch andere, die ›joculatores‹ genannt werden. Diese tragen Heldentaten und Heiligenlegenden vor. Sie trösten die Menschen in Kummer und Not und unterlassen die zahllosen Schändlichkeiten der ›saltatores‹ und ›saltatrices‹, der Tänzer und Tänzerinnen, die unanständige Vorführungen und Trugbilder durch Hexerei und andere schwarze Künste darbieten.

Wenn sie aber solches unterlassen und statt dessen auf ihren Instrumenten Heldenepen und andere nützliche Dinge vorführen und die Menschen trösten, wie oben erwähnt, dann können sie das sehr wohl weiterhin tun. Das hat schon Papst Alexander gesagt. Als dieser einst von einem Spielmann gefragt wurde, ob er trotz seiner Tätigkeit seine Seele retten könne, hat der Papst zurückgefragt, ob er seinen Lebensunterhalt auf eine andere Weise verdienen könne. Der Spielmann verneinte. Daher hat ihm Papst Alexander gestattet, weiterhin seinen Spielmannskünsten nachzugehen, so lange er sich unzüchtiger und schamloser Aufführungen enthalte. Festzuhalten bleibt, daß alle, die den bösartigen Spielleuten und Leckern (›scurris vel leccatoribus‹) etwas geben, sich mit einer Todsünde beflecken. Den *histriones* etwas zu überlassen, ist Vergeudung.«

Thomas von Chobham griff besonders diejenigen Spielleute an, die keinen festen Wohnsitz haben – »non habentes certum domicilium«. Damit wird ein wesentlicher Aspekt hervorgehoben, der in den Abläufen der Marginalisierung eine große Rolle spielt: die Unbehaustheit. Die Situation des Unbehausten und die Zugehörigkeit zu den mobilen Gruppen der Gesellschaft stellten für sich allein schon eine besonders schwere Normabweichung dar. Wie hatte schon Tertullian gegen die Fahrenden polemisiert: »Wir haben die Füße nicht für ein unstetes Leben bekommen«.[312] Das kennzeichnende Merkmal der Unbehaustheit stempelte die Spielleute zu Menschen, die keiner dörflichen Gemeinschaft, keiner Stadtgemeinde und keiner Pfarrgemeinde angehörten und auch nicht unter der Kontrolle einer zuständigen Herrschaft oder Obrigkeit standen.

Die Feststellung des Thomas von Chobham, daß die Spielleute zu nichts nütze seien – »ad nihil utiles« – bereitete künftige Verdammungsurteile vor, die sie und andere Fahrende als »unnütz für Gott und die Welt« abstempeln sollten. Dies werden die Ausführungen des Matthias von Kemnat in seiner Chronik vom Jahre 1475 zeigen.[313]

Ein weiterer Autor des ausgehenden 12. Jahrhunderts, Petrus Cantor (ca. 1125–1197), beeinflußte maßgeblich künftige Vorstellungen und Werturteile. Petrus, Theologe und Kantor zu Paris, widmete in seinem Werk »Verbum abbreviatum« den Spielleuten einen ganzen Abschnitt: »Contra dantes histrionibus«, »Gegen das Beschenken von Spielleuten«: Er verurteilte im Unterschied zu Thomas von Chobham alle Spielleute pauschal und sprach ihnen sogar die Qualität als menschliche Gattung ab. Jeder andere Mensch nehme eine angemessene Rolle im irdischen Dasein ein. Lediglich die Spielleute, die *histriones*, seien wahre Ungeheuer, besäßen keinen Nutzen für die Menschen und überhaupt keine Tugenden, um ihre Sünden auszugleichen. Es sei im übrigen verwerflich und sündhaft, von sittenlosem Gesindel, das die Spielleute nun einmal seien, gelobt zu werden. Das sei, wie wenn man wegen seiner eigenen Verkommenheit gepriesen würde. Die Spielleute seien derart verstockte

Sünder, daß man mit ihnen keinesfalls Speis und Trank teilen dürfe. Das hieße, sich an den Armen Christi zu vergehen.[314]

Petrus Cantor warf alle Spielleute in einen Topf mit denen, die sich unter raffinierter Vortäuschung falscher Tatsachen Almosen erbetteln und damit die »echten« Bedürftigen bestehlen: nämlich falsche Arme, Simulanten und falsche Prediger mit gefälschten Reliquien.[315] Diese Vorwürfe wurden seit dem 13. Jahrhundert zur Litanei und es führt eine breite Spur der verbalen Vernichtung von Petrus Cantor zur Chronik des Matthias von Kemnat 1475, zum Narrenschiff im ausgehenden 15. Jahrhundert und zu Martin Luther im 16. Jahrhundert.[316]

Selbst der weltläufige, in Salerno zum Arzt ausgebildete und in Paris und Montpellier als Lehrer tätige Gilles de Corbeil († um 1224), der sogar zum Leibarzt des französischen Königs Philippe II Auguste aufgestiegen war, verurteilte die Spielleute gnadenlos. Sie seien gar nicht den Menschen zuzurechnen: »nullum hominum genus est«. Sie seien Ungeheuer ohne jegliche Tugend: »histrio sit monstrum sine ulla virtute redemptum«.[317]

Guillaume Perraut († vor 1270), der Verfasser eines Moralkodex und Sündenkataloges, »Summa de vitiis«, sah durch die zersetzende Musik, das hemmungslose Gelächter, welches die Spielleute entfachen, durch obszönes Geschwätz, Gebärden und ebensolche Schautänze Verweichlichung und Willenlosigkeit einziehen. Dies alles sei in den Augen rechtschaffener und gläubiger Menschen verdammungswürdig. Die Geistlichen sollen ebenso wie die klugen Gläubigen alle diese Anfechtungen meiden. Geschenke an die Spielleute seien in Wahrheit Geschenke an den Teufel.[318]

Der Haß der radikalen Prediger

Einen Höhepunkt der kirchlichen Verdammung erfuhren die Spielleute in den Predigten des populären und radikalen Franziskaners Berthold von Regensburg († 1272). Er war der bedeutenste franziskanische Prediger in deutscher Sprache. In seiner Predigt von den zehn Chören, dem Sinnbild einer auf Gott bezogenen, abgestuften Standesordnung (nach der dem heiligen Dionysius Areopagites zugeschriebenen Lehre von den Engelschören), wurden die Spielleute nicht den gottgefälligen neun Chören, sondern dem zehnten Chor zugeteilt, nämlich dem, der von Gott abgefallen und abtrünnig geworden ist: »… wan der zehende kor ist eht gar von uns gevallen und aptrünnic worden. Daz sint die gumpelliute, giger und tamburer, swie die geheizen sin, alle die guot für ere nement. Sie solten den zehenden kor geordent haben: nu sint sie uns aptrünnig worden mit ir trügenheit. Wan er ret eime daz beste daz er kan die wile daz erz hoeret, und als er im den rücken keret, so ret er im daz boeste, daz er iemer me kan oder mac, unde schilet manigen, der gote ein gerechter Mann ist und ouch der werlte, unde lobet einen, der gote unde der werlte schedelichen lebet. Wan allez ir leben habent sie niwan nach sünden und nach schaden gerihtet unde schament sich deheiner sünden noch schanden. Unde daz den tiuvel versmahet ze reden daz redest du, und allez daz der tiuvel in dich geschütten mac, daz laezest du allez vallen uz dinem munde. Owe, daz ie dehein touf uf dich quam! wie du des toufes unde des kristentoumes verloukent hast! Und allez daz man dir git, daz git man dir mit sünden; wan sie müezent gote dar umbe antwürten an dem jungesten tage die dir gebent. Also, git man dirz mit sünden, und also emphaehest du ez mit sünden und ouch mit schanden. Wol hin, ob du iendert hie bist! Wan du bist uns abtrünnic worden mit schalkheit unde mit leckerie, und da von solt du ze dinen genozen den abtrünnigen tiuveln, …«[319]

Die Auflistung der Teufelsnamen, die Berthold den Spielleuten anhängt, wird uns noch beschäftigen. Es folgt, dem Strafprozeß vergleichbar, die Anklage, an deren Ende die Verurteilung der Spielleute zu ewigen Höllenstrafe stehen wird: »Denn der zehnte Chor ist völlig von uns abgefallen und abtrünnig geworden: die Possenreißer, Geiger, Trommler und wie sie sonst noch alle heißen, die ›guot für ere nement‹. Eigentlich sollten sie zum zehnten Chor gehören, sind jedoch durch ihre Hinterhältigkeit abtrünnig geworden. Denn er redet gut über einen anderen, wenn es dieser hört, wenn ihm dieser jedoch den Rücken zuwendet, dann macht er ihn so schlecht wie er kann. Er schmäht auch manchen, der vor Gott und den Menschen wohl angesehen ist. Andererseits lobt er diejenigen, die an Gott und den Menschen freveln. Denn ihr ganzes Leben haben sie nach sündigen und schandbaren Dingen ausgerichtet und schämen sich daher weder der Sünde noch der schändlichen Tat. Das, was nicht einmal der Teufel in den Mund nimmt, das sprichst du aus, und alles was der Teufel in dich hineinschüttet, das speist du aus deinem Mund heraus. Weh dir, daß du je getauft worden bist! Wie sehr hast du die Taufe und das Christentum verleugnet! Was man dir auch gibt, ist mit Sünde besudelt. Ein jeder, der dir etwas gibt, muß sich dereinst vor Gott verantworten. Und daher empfängst du die Gaben in Sünde und in Schande. Verschwinde, wo immer du auch bist!«

Berthold diskriminiert die Spielleute und gibt sie der ewigen Verdammnis preis. Sie seien nämlich nach den Teufeln benannt: »Lasterbalg« und »Hagedorn«, »Schandolf«, »Hellefuwer« und »Hagelstein«. Der Bußprediger macht gar nicht erst den Versuch, die Tätigkeit der Spielleute und ihr moralisches Verhalten zu differenzieren. Er zeigt nicht die geringste Möglichkeit zur Heilserlangung für die Spielleute auf. Lediglich die Sünder aus den anderen Chören haben durch reuige Bußfertigkeit noch eine Chance auf das Himmelreich: »All ihr anderen Chöre jedoch, seid reuig, falls ihr abtrünnig geworden seid, beichtet und tut Buße in Gottes Gnade ...«

Diese pauschale Verurteilung entspricht der Intention der Volkspredigt. Der rhetorische und propagandistische Wutausbruch schiebt sogar die christlichen Grundprinzipien der *misericordia* beiseite.

Wenn wir nun meinen, daß der Haß und der Fanatismus der Theologen und Prediger nicht mehr überboten werden könnten, dann lassen wir uns von einem altfranzösischen Moralgedicht – »Poème moral« – des 13. Jahrhunderts eines Schlechteren belehren.[320] Der Untertitel klingt noch gemäßigt: »Ke granz pechiez est de donneir as juglars et as lecheors et ke grande almone est de bien faire as povres«, d. h., »Was es doch für eine große Sünde ist, den Spielleuten und den Leckern etwas zu geben und was für eine große Almosenleistung es ist, den Armen Wohltaten zu erweisen.«

In diesem Gedicht wird der Apostel Paulus herangezogen, der gesagt habe, die Menschen sollen arbeiten und dafür auch entsprechend belohnt werden. Den unschuldig Not Leidenden solle der Christ helfen. Die Frage sei nur: Wem solle geholfen werden? Wem könne man milde Gaben reichen? Etwa denjenigen, die ständig dem Brettspiel frönten? Oder denen, die das Geld ins Wirtshaus trügen, wo sie sich über uns lustig machten? Denen, die ihre Beine durch die Luft wirbelten, die nächtelang schlimme Lieder sängen, die ihr übles Publikum springen und tanzen ließen? Alles, was die Spielleute tun und von sich geben, gerate zur Speichelleckerei (*lecherie*). Sie seien schlechter, als der Autor überhaupt sagen könne, sie seien Leute, die Gott verfluche und verdamme. Sie gingen und lachten nicht wie andere, sondern sie hüpften, leierten, grölten und schrien herum. Sie seien in jeder Beziehung zerstörerisch und töteten das Seelenleben ab. Und – der Autor bittet sein Publikum um Nachsicht für das, was er nun aussprechen müsse – die Spielleute glichen einer schmutztriefenden Sau. Alle Menschen, an denen sie sich reibe, bekämen etwas von ihrem Schmutze ab. Wer solchen Leuten etwas zukommen lasse, habe keinen Verstand, mache sich zu ihrem Helfershelfer und habe sich vor Gott dereinst zu verantworten.

Im 19. Jahrhundert fanden diese menschenfeindlichen Verse nicht nur hinsichtlich ihrer dichterischen Qualität, sondern auch hinsichtlich ihres Inhaltes den Beifall des renommierten französischen Literaturwissenschaftlers Léon Gautier: »Ich glaube nicht, daß jemals etwas derartig Wütendes, derart Wortgewandtes und derart Wahres gegen die Spielleute geschrieben worden ist und daß sie noch niemals derart ausgepeitscht worden sind. Das ist große Satire; das könnte beinahe von Juvenal sein.«[321]

NEUNTES KAPITEL
Lichter am Horizont: Thomas von Aquin und Franziskus von Assisi

Die neuen Theologen
Während in den Volkspredigten und einem großen Teil der geistlichen Literatur alles vehement bekämpft wurde, was der Erlangung des ewigen Seelenheiles im Wege zu stehen schien, begann im 13. Jahrhundert eine gewandelte, rational ausgerichtete Denkrichtung die Vorstellungen der Theologen von der Welt und von der Gestaltung des Lebens in ihr zu verändern. Zu dieser Zeit, als immer mehr Christen sich nicht mehr in das starre theologische Gesellschaftsmodell einfügen ließen, wurden neue Entwürfe von der Kirche erwartet. Denn das gottgegebene Schema der Dreiteilung von *oratores – pugnatores – laboratores*, der Geistlichen – Adeligen – Bauern, drängte immer mehr soziale Gruppen an den Rand der christlichen Gemeinschaft und der weltlichen Gesellschaft. Die Schreibfeder des Scholastikers war nun im Begriff, einer erweiterten Vielfalt der Erscheinungen des Lebens einen Platz im göttlichen *ordo* zuzuweisen.

Die Scholastik erwirkte auch für die Spielleute eine gewisse Liberalisierung in der theologischen Literatur. Unter diesen Autoren befanden sich theologisch und philosophisch geschulte Kleriker. Eiferer und intolerante Wanderprediger wie ein Berthold von Regensburg blieben jedoch noch auf lange Zeit von dieser »neuen« Theologie und dem von ihr entworfenen reformierten Menschenbild unberührt. Die Stimmen der Scholastik wirkten im Gegensatz zu diesen eingleisigen und fanatischen Wanderpredigern geradezu aufklärerisch und von Vernunft geleitet. Dennoch blieben sie der frühchristlich-spätantiken lustfeindlichen Tradition verpflichtet. Das gilt selbst für Albertus Magnus (ca. 1193 – 1280) und seinen Schüler Thomas von Aquin (ca. 1225–1274), die bedeutendsten Kirchenlehrer des Mittelalters. In seinem Kommentar zum Lukasevangelium teilt Albertus Magnus die Spiele in drei Kategorien ein:[322]

- »*Ludus liberalis*«, das freie oder besser zweckfreie Spiel. »Es macht die Seele frei und gibt ihr Stärke, führt zu Tugend, Sanftmut und Milde.« Zum *ludus liberalis* zählt Albertus Magnus Musik und Gesang.
- »*Ludus utilis, tamen mechanicus*«, das nützliche, körperlich-kriegerische Spiel. Reiterspiele – Pferderennen, Turniere, Buhurte werden gerechtfertigt, weil sie der Verteidigung des Landes dienen.
- »*Ludus obscoenus et turpis*«, das unkeusche und schändliche Spiel. Damit wird das »Treiben der Schauspieler« angesprochen, »die nackt herumlaufen, ihre Scham schändlich entblößen und zu schandbarem Tun herausfordern« – »qui nudi discurrunt, turpia tecta denudant, et ad turpia provocant.« Hat Albertus Magnus solche Spielleute selbst gesehen? Die moraltheologischen Verdammungsurteile und exzeßhaften Haßtiraden seiner Kollegen – Albertus Magnus wurde ebenso wie Augustinus, Petrus Chrysologus, Johannes Chrysostomus, Basilius, Bischof von Caesarea und andere Fanatiker in Sachen Theater und Schauspieler offiziell zum »Kirchenlehrer« erhoben (16. 12. 1931) – waren auch für ihn verbindliche Vorgaben.
- »*Ludus taxillorum*«, das Würfelspiel ist gewissermaßen mit Nummer 3a als unzulässige »Spielart« angehängt. Damit wird eine Unsitte gegeißelt, die vor allem bei Spielleuten viele Anhänger gefunden hat, und in einer Vielzahl von Quellen und Texten belegt ist, die nicht von kirchlichen Ressentiments geprägt sind.

Thomas von Aquin (1224–1274), der bedeutendste Scholastiker mit scharfsinniger Sicht der Probleme und der Fähigkeit zur einfachen Vermittlung, stand ebenfalls nicht nur auf dem Boden der christlichen Tradition, sondern bezog auch das Denken und die Vorstellungen des Aristoteles sowie jüdischer und arabischer Philosophen in seine Lehre und in sein Weltbild mit ein. Er vertrat in Ansätzen eine liberale und tolerante Haltung gegenüber den Spielleuten und ihrer Welt. In seinem Hauptwerk, der »Summa totius Theologiae«, dem »Handbuch der gesamten Theologie« und bis heute eine Grundlage der katholischen Theologie,[323] gab Thomas auch Raum für die kleinen und großen Freuden des Alltags. Spiel und Muße bewertete er gar als berechtigtes menschliches Bedürfnis, welches sehr wohl mit Arbeit und gottesfürchtigem Leben zu vereinbaren sei. Im dritten Artikel der Quaestio 168 behandelt er dieses Problem ausführlich und gibt konkrete Antworten und Handlungsanweisungen: Spiel und Schauspiel seien für das Zusammenleben der Menschen, für die menschliche Existenz schlechthin, notwendig. Ihre Künste seien nicht verwerflich und verboten, wenn sie sich mit ihren Darbietungen an sittliche und religiöse Maßstäbe sowie an die gebotenen bzw. verbotenen Tage hielten. Damit gewinne ihr Handeln einen höheren Sinn.

Den Spielleuten wurde von Thomas von Aquin also – bedingt – ein Platz im göttlichen Ordo und in der irdischen Gesellschaft zugewiesen, der ihnen bisher und auch lange Zeit danach noch bestritten wurde. Thomas stellte sich auch einem Thema, welches seither bis in unsere Gegenwart heftig umstrittenen blieb, nämlich der Frage nach dem »gerechten Lohn«. Im Widerspruch gegen die Normgeber des frühchristlichen und mittelalterlichen Christentums forderte er, was den Spielleuten seither verweigert worden war: das Recht auf Entlohnung für ihre Arbeit: »mercedem ministerii eorum eis tribuendo«, »für ihre Dienste müssen sie entlohnt werden«.

Die Spielleute sollen also legitimen Anteil haben an den Berufen, die außerhalb des überkommenen dreigegliederten Schemas stehen. Die Scholastik dezimierte die Zahl der verbotenen und verfemten Berufe entscheidend und wies nach, daß ihre Tätigkeiten im legitimen Rahmen menschlicher Bedürfnisse liegen. Zwischen der theologischen Theorie und dem Wandel der Haltungen in der Praxis lagen jedoch Welten und lange Zeiträume. Immerhin haben wir schon bei Thomas von Chobham erste Ansätze einer differenzierten Umganges mit den Spielleuten erkennen können. Johannes von Freiburg, Prior und Lektor im Dominikanerkonvent zu Freiburg i. Br., übernahm in seinem um 1280–1298 niedergeschriebenen Bußhandbuch »Summa confessorum« ebenfalls die Einstellung und Lehre des Thomas von Aquin.[324] Er ging der Frage nach, ob sich das Publikum allein schon durch seine Anwesenheit bei den Darbietungen der Spielleute versündige oder erst durch ihre Entlohnung. Er fragte ferner, ob diese schon durch ihren Beruf »in statu damnandorum«, im Stande der Sünder, seien. Er verneinte dies grundsätzlich. Selbst wenn man schlechten bösartigen Spielleuten die lebensnotwendige Nahrung gäbe, begehe man keine Todsünde, wenn dadurch – man beachte die Nützlichkeitserwägung – die üble Nachrede durch die Spielleute vermieden werde.

Die Wirkung des Thomas von Aquin bestand letztlich nur in einem langsamen Wandel der Einstellung von Theologen, Seelsorgern, Obrigkeit und Öffentlichkeit. Das schwere Erbe der Kirchenväter und seine Austrahlung in die christliche Lehre hat die Spielleute weit über das Mittelalter hinaus belastet. Unabhängig von den theologischen Schriften hat die Gesellschaft selbst einen entscheidenden Anteil an der Marginalisierung der Spielleute und der anderen Randseiter.

Die Geistlichkeit zwischen Rigorismus und Realität

Kirchenväter und Konzilien, theologische Traktate und seelsorgerische Moralpredigten beschäftigten sich seit den ersten christlichen Jahrhunderten mit der in ihren Augen verderblichen Wirkung der leichten Muse und ihren Künstlern: mit Theater, Spiel, Musik, Tanz und Gesang, mit *histrio* und *mimus*, *saltatores*, *joculatores* und mit allem, was damit zusammenhing.

An den Klerus ergingen ganz besonders dringliche Ermahnungen, Verbote und schwerwiegende Drohungen. Die ständige und unentwegte Wiederholung, die »Aufklärung« über den verborgenen, wahren Charakter der Spielleute und ihrer »Machenschaften« zeigen in aller Deutlichkeit, daß die offizielle Lehrmeinung der Kirche und ihr Normensystem einerseits und die Verhaltensweisen der Priester, Mönche und Nonnen in der Praxis des Alltages andererseits weit auseinanderklaffen konnten. Wo Rauch ist, da ist auch Feuer, können wir angesichts der pauschalen Verdächtigungen von Theologen vermuten. Die zahlreichen Verbote allein sind Beweis genug, daß selbst Bischöfe und Äbte sich den Darbietungen der Spielleute hingaben. Nicht nur weite Kreise des Klerus haben die Spielleute stillschweigend geduldet. Denn diese durften bei Hochzeiten, Taufen und vielen anderen kirchlichen Feiern nicht fehlen. Sie wurden sogar gefördert durch Einladung, Gewährung von Herberge, Speis und Trank und auch durch Entlohnung mit Sachen oder Geld, in seltenen Fällen mit fürstlichen Gewändern oder »rotem Gold«. Wie sonst wären denn die wiederholten Verbote zu deuten? An den Bischofssitzen und auch in den Klöstern, wo Hof gehalten wurde wie bei adeligen

Herren, konnten Spielleute immer offene Türen erwarten. Der fromme und zugleich sinnenfrohe Bischof oder der epikuräische Prälat empfing sie mit offenen Armen und gefülltem Geldbeutel.

In der Provence des 13. Jahrhunderts erfahren wir von der Zulassung von Spielleuten und fahrenden Frauen zu Weinversteigerungen im Kloster. Dort wurden Feste gefeiert, die zum Rhythmus des Jahresablaufs gehörten und ohne zahlreiche Vergnügungen nicht denkbar waren. Das Kloster erhob sogar eine Gebühr für die Genehmigung des Auftrittes der Spielleute.[325] Schon um 1100 öffneten sich ihnen auch die Zugänge zu Bruderschaften unter kirchlicher Obhut, wie die Gründung der Spielmannsbruderschaften bezeugen wird.

In Frankreich soll das eine oder andere Kloster die Pilger zu Wallfahrt und Kirchenfesten angelockt haben, indem mit den Aufführungen von Spielleuten und der Anwesenheit von leichten Mädchen geworben wurde.[326] Der Archipoeta, ein anonym gebliebener, hochgebildeter Dichter, »Vagant« im Umkreis des Kölner Erzbischofs Rainald von Dassel, beklagte sich im 12. Jahrhundert darüber, daß »niedere« *mimi* vor den geistlichen Herren auftreten dürften, während Dichter gehobener Bildung draußen vor der Türe bleiben müßten.

Ebenfalls zu dieser Zeit, etwa um 1180, wurde der in Frankreich weitum berühmte Spielmann Troussebeuf vom Erzbischof Roland von Dol-de-Bretagne mit einem Lehen in der Bretagne belohnt – wohl die höchste Auszeichnung für die geschätzten Dienste eines Vortragskünstlers. Das Benediktinerkloster in Winchester gewährte dem Harfenspieler Jeffrey eine Rente, also die lebenslängliche Nutznießung von Gütern und Abgaben.[327]

Der heilige Franziskus als »Spielmann Gottes«

Den Zulauf und das Interesse, welche die Spielleute in Stadt und Land bewirkten, machten sich die Bettelorden, die Franziskaner und die Dominikaner zunutze.[328] In Italien und Okzitanien wurde den Spielleuten eine wohlwollende Haltung entgegengebracht. Wir können uns kaum einen größeren Gegensatz zu dem deutschen Franziskaner Berthold von Regensburg und seinen Haßtiraden vorstellen. Die dort landauf, landab wandernden und predigenden Armen in Christo machten seit dem beginnenden 13. Jahrhundert

Der heilige Franziskus und die Spielleute. Sie handhaben Doppelflöte und Mandola (Fresko von Simone Martini in der Unterkirche von San Francesco in Assisi, um 1322/26).

Ernst mit der oft beschworenen apostolischen Armut und Seelsorge. Nach kirchlicher Tradition hätten auch ihnen die Spielleute und ihre Lebensformen verdächtig und zuwider sein müssen. Allen seinen Ordensbrüdern voran soll sich jedoch der heilige Franziskus, der Ordensgründer selbst als »joculator Dei«, als »Spielmann Gottes« bezeichnet haben.

»Wir sind Spielleute Gottes (»joculatores Domini«). Denn was stellen die Diener Gottes anderes dar als seine Spielleute, die die Menschen seelisch aufrichten und sie zum Frohsinn im Geiste hinführen?«[329]

Franziskus stellte sich also nicht wie die offizielle Theologie seiner Zeit grundsätzlich gegen die fahrenden Künstler, sondern machte sich deren Anziehungskraft auf das Publikum bzw. die Gläubigen zunutze. Und somit finden wir besonders auf den Marktplätzen der italienischen Städte – wie die Prediger der Armutsorden überhaupt ihre Schäflein in den Städten suchten und seelsorgerisch betreuten – Franziskaner, die mit Gesang und Saitenspiel in »Konkurrenz« zu den Spielleuten traten. Franziskus soll sogar in mehreren Sprachen gesungen und Gestik, Mimik und Kleidung bei den Spielleuten abgeguckt haben: Er sang »nicht nur auf Französisch und er hat das Lied auch begleitet mit Gesten und Tönen im Gewand eines Spielmannes«.[330] Die Werbung der volkstümlichen Seelsorge um die Gläubigen verband sich eng mit dem spielmännischen Auftreten des Franziskus und seiner Jünger.

Der englische Franziskanermönch, Philosoph und Naturforscher Roger Bacon, als »Doctor mirabilis«, als bewundernswerter Gelehrter geehrt, hat dieses Phänomen in den sechziger Jahren des 13. Jahrhunderts analysiert:[331] »Die rhetorische Wirkung der neuen Art zu predigen wird nicht nur von der Schönheit der Rede bewirkt oder von der Tiefgründigkeit und der Wahrheit einer enthüllten Gegebenheit, sondern auch von Emotionen, Gebärden, von rhythmischen Bewegungen des Körpers, die geeignet sind, das Ziel der heiligen Lehre zu erreichen. Die Emotionen, Gebärden und Bewegungen erlauben dem Prediger, die Gnade des heiligen Geistes herabzurufen und sich selbst ebenso wie sein Publikum zu Tränen zu rühren.«

Kein Wunder, daß solche Vorstellungen von guter Seelsorge ebenso die kirchliche Obrigkeit und konservative Theologen wie Bonaventura auf den Plan riefen. Der Franziskanerorden war in viele Gruppen aufgesplittert, die sich zum Teil fanatisch bekämpften. So wurde auch Roger Bacon von seinen Ordensbrüdern zensiert und zeitweilig gefangen gesetzt.[332]

Die selbstgewählte Bezeichnung »joculator Domini« ist auch als Demutsgeste zu sehen. Nach franziskanischem Selbstverständnis sollte die wahre Nachfolge Jesu in Armut angetreten werden. Als *joculator* stellte sich der Wanderprediger als jemand dar, der am unteren Rand der sozialen Rangliste lebt und in der kirchlichen Rangliste sogar noch unter dem Bettler steht.

Die Minoriten, die sehr viel näher »am Puls der Zeit« standen und an den Alltagsnöten der kleinen Leute Anteil nahmen, haben ihre Beziehungen zu den Bewohnern der Städte, zu den Armen und auch zu den Randgruppen anders gestaltet, als die lebensferne Herrschaftskirche. Sie reagierten auf die Probleme der seelsorgerischen Betreuung einer Gesellschaft im Wandel und begegneten dabei den Menschen, die nicht im »Dreiklassensystem« der konservativen und überholten Sozialtheologie einzuordnen waren. Bleibt die Frage, wie die weltlichen Obrigkeiten, die im Mittelalter mit der kirchlichen Welt schier untrennbar verknüpft waren, ihre Beziehungen zu den gesellschaftlichen Randgruppen, insbesondere zu den Spielleuten, gestaltet haben.

ZEHNTES KAPITEL
Der Spielmann und die Normen des weltlichen Rechts

Normen und Widersprüche

Mit den Spielleuten und ihrer Lebensführung befaßten sich nicht nur die Geistlichen, sondern auch die weltlichen Herren, die imstande waren, Gesetze zu erlassen und ihre Übertretung zu strafen. Allen voran traten hier der König und die Landesfürsten in Erscheinung. Auch die Städte schufen als legitime Gesetzgeber rechtliche Ordnungen, denen nicht nur die seßhafte Bevölkerung unterworfen war, die herkömmlichen Gewerben in Handwerk und Kaufmannschaft oder in der Landwirtschaft nachging, sondern auch die mobilen, unbehausten Individuen und Gruppen. Die weltlichen Herren orientierten sich ebenfalls an den Normen, welche von den Theologen und ihrer Kirche vorgegeben waren. Daher können wir erwarten, daß das weltliche Recht die theologischen und moralischen Vorgaben der Kirche widerspiegelt. Wir wollen vor allem überprüfen, ob die theoretische und die praktische Spiegelung das gleiche Bild ergeben.

Die Haltungen, welche Kirche und Welt, Theologen und Herrscher, Geistliche wie Laien den Spielleuten gegenüber einnahmen, sind so vielfältig und widersprüchlich, daß unmöglich ist, sie auf einen Nenner zu bringen. Die breite Palette von Einstellungen und Erwartungen trug dazu bei, daß den Spielmann die Aura der schillernden Existenz umgab.

Sowohl das Publikum als auch die Spielleute waren verunsichert und wußten daher in manchen Situationen nicht, wie sie miteinander umgehen sollten. Einerseits unterlagen die Spielleute und ihr Auftreten den härtesten Verboten und Strafen mit schlimmsten Konsequenzen für das Leben und sogar für die Ewigkeit. Andererseits lief alles Volk zusammen, sobald ein Spielmann im weiteren

Umkreis auftauchte. Hohe wie Niedrige, geistliche Damen und Herren, Bischöfe und Äbte, Äbtissinnen und Pfarrer holten sich die bunten Gesellen als Musikanten und Spaßmacher, als Geschichtenerzähler und Klatschtanten, als Tänzer und Tänzerinnen in Pfarrhaus, Kloster und Bischofspalast. Und wie wir den königlichen Erlassen und kirchlichen Synodenbeschlüssen entnehmen können, mußten Bischöfe, Äbte und Äbtissinnen nicht nur von der Falkenjagd, sondern sogar auch davon abgehalten werden, bei jeder Gelegenheit die Musikanten aufspielen zu lassen.[333] Dementsprechend war auch das Laienvolk wenig beeindruckt von dem, was in den gelehrten Büchern stand; anders sind die ständig erneuerten und wiederholten Verbote nicht zu erklären. Und das, was die Theologen über die Spielleute stereotyp wiederholten bzw. sich ausdachten, blieb den Laien ohnehin verborgen. Denn diese schrieben ausschließlich für Theologen und wenige gebildete, schreib-, lese- und lateinfähige Geistliche.

Der Buchstabe des Gesetzes: zwischen Friedlosigkeit und Schutz

Die Rechtsstellung der »*scenici*«, der »Theaterleute«, war schon in römischer Zeit prekär. In mehreren Bereichen hatte ihnen die Gesetzgebung wiederholt eine rechtliche Minderstellung zugewiesen. Schon ihr sozialer Rang – ein erheblicher Anteil von ihnen bestand aus Sklaven oder Freigelassenen – wies sie den gesellschaftlichen Unterschichten zu. Ferner sahen sie sich in verschiedener Hinsicht durch den gesetzlich auferlegten Makel der »*infamia*« diskriminiert und gebrandmarkt. *Infamia* bedeutet eine mit Rechtsnachteilen verbundene Minderung der Ehrenstellung. Der Eintritt der *infamia* ist geknüpft an die Ausübung bestimmter Berufe (z. B. Tierkämpfer, Schauspieler, Dirne).[334] Weiter erhebliche rechtliche, politische und soziale Einschränkungen waren daran geknüpft. In der späten Republik und im frühen Kaiserreich werden den *scenici* gewisse Erleichterungen gewährt, und einzelne von ihnen machen als kaiserliche Günstlinge Karriere. Ein *pantomimus* erlangte von Kaiser Caracalla ein militärisches Grenzkommando, ein anderer wurde von Kaiser Heliogabalus sogar zum *praefectus urbi* in Rom ernannt.[335]

Unter Kaiser Konstantin setzte wieder eine Wende ein. So wurde um 315 die alte Rechtsvorschrift wieder hervorgeholt und neu formuliert, wonach der Adel keine Ehe eingehen dürfe mit *scenicae* oder anderen *infames* bzw. mit deren Töchtern.[336] Die Tendenz der diskriminierenden Gesetzgebung und der daraus hervorgehenden Rechtsstellung hielt bis zum Ende des Römischen Reiches im Westen an.

Auch im Corpus Iuris Civilis, dem Gesetzeswerk, welches Kaiser Justinian um 500 nach einer tausendjährigen römischen Rechtsgeschichte zu einem der bedeutendsten Gesetzbücher der Rechtsgeschichte kodifizieren ließ, besaß der *mimus*, der Schauspieler, eine geminderte Rechtsstellung. Er konnte von den Eltern vom Erbe ausgeschlossen werden.[337]

Die schwere Last, womit die römische Rechtstradition ebenso wie die Kirchenväter, Konzilien und Synoden die Musikanten, Sänger, Schauspieler und Tänzer diskriminierten, sollte auch noch die Spielleute das ganze Mittelalter hindurch bedrücken. So schloß Kaiser Ludwig der Fromme am Beginn des 9. Jahrhunderts alle übel beleumundeten Personen – dazu sollten auch die Spielleute gerechnet werden – vom kaiserlichen Gericht aus: »Wir verfügen, daß sich folgende Personen nicht herausnehmen sollen, in unserer Pfalz Anklage zu erheben, Recht zu sprechen oder als Zeuge aufzutreten: übel beleumundete Personen, darunter insbesondere Spielleute, Possenreißer, Hanswurste, Beischläfer, ferner auch keine Abkömmlinge schandbarer Frauen, Leibeigene und Verbrecher.«[338]

Er verweigerte ihnen damit das Recht, als Kläger oder als Zeugen aufzutreten. Seither sahen sich die Spielleute mit allen denen, für die auf der Erde kein Platz sein soll, in einen Topf geworfen. Die Zahl derer, die der ewigen Verdammnis anheimfallen sollten und auch in ihrer menschlichen und sozialen Existenz an den Rand der Gesellschaft gestellt wurden, war groß.

Der Ausschluß der Spielleute vom rechtlichen Schutz hielt das ganze Mittelalter über an. Sie blieben recht-, fried- und ehrlos. Damit blieb ihnen verwehrt, Gerichte aufzusuchen. Wie hätten sie dort auch bestehen können, wenn sie etwa als Beklagte keine Zeugen benennen konnten? Als »Zeugen« galten bis in das späte Mittelalter nicht Augen- und Ohrenzeugen, wie wir sie heute kennen. Vielmehr haben wir darunter Bürgen zu verstehen, die meistens zu siebt als »Eideshelfer« lediglich eine Garantieerklärung für den Angeklagten abgaben und für ihn hafteten. Diese »Zeugen« wurden aus dem

Kreis der Verwandtschaft, der Sippe, gestellt. Im germanischen ebenso wie im römischen Recht galt der Grundsatz: »Bürgen soll man würgen!« Der Sachsenspiegel machte das um 1225 unmißverständlich klar: »Wer sich für einen anderen verbürgt hat, ihn vor Gericht zu bringen, und kann er seiner nicht habhaft werden, ... so muß er für ihn die Buße zahlen«.

Wehe dem Beklagten, wenn das Gericht auf den Bürgen zurückgreifen mußte. Das geltende Recht bot lediglich den Menschen mit Haus und Herd und verwandtschaftlicher Bindung Schonung und Frist.

»Wer keinen Bürgen stellen kann und dort (am Gerichtsort) auch kein Erbe hat, den soll der Gerichtsbote einbehalten, wenn ... die Klage deswegen gegen ihn geht.«[339]

Woher sollte ein unbehauster Spielmann fernab seines Heimatortes – wenn er den überhaupt kannte – einen Bürgen oder gar sieben Eideshelfer nehmen?

Das Recht vor Gericht auftreten zu dürfen, war ein besonders kennzeichnendes soziales Merkmal. Dadurch wurden die Rechtsfähigkeit und die Rechtsqualität der Person ganz wesentlich bestimmt und zum Ausdruck gebracht. Sie waren jedoch an die Zugehörigkeit zu einer fest umrissenen, im allgemeinen seßhaften Gruppe, gebunden. Nur diese – die »familia«, die Dorfgemeinschaft, die Sippe, der Konvent, die Bürgergemeinschaft usw. – galt als Garant für die Rechtsfähigkeit der Person, für die Rechtmäßigkeit des Auftrittes vor Gericht. Die Fahrenden und damit auch die unbehausten Spielleute sind als »Rechtsperson« ausgeschlossen. Denn sie stehen nicht einmal unter der »Muntgewalt« eines Schutzherrn, der seine Leibeigenen rechtlich vertritt.

Der Sachsenspiegel sieht Spielleute nicht als »Friedlose«, sondern als vom Landfrieden geschützte Personen. Das ist immerhin schon ein Fortschritt. Wer rechtsunfähige Personen »... verwundet oder ausraubt oder tötet und den Frieden an ihnen bricht, über den soll man nach Friedensrecht urteilen.«[340]

Die bairische Gesetzgebung hingegen erklärte zu dieser Zeit lakonisch zu den Spielleuten: »die sint uz dem fride.«[341] Damit liegen erheblich verschiedene Rechtspositionen vor, die über Leben und Tod eines Spielmannes entscheiden konnten.

Seit dem 11. Jahrhundert nämlich fanden regionale Friedensbündnisse zwischen den weltlichen und den geistlichen Herren in

Okzitanien und Frankreich Verbreitung. In diesen Gottesfrieden, »pax Dei« oder »treuga Dei« genannt, verpflichteten sich die fehdegewohnten Kriegsherren, künftig nicht mehr auf alles, was ihnen beliebte, einzuhauen und einzustechen. Sie schworen, nicht mehr mit ihren Rossen niederzuwalzen wer und was sich in den Weg stellte und das, was übrigblieb, in Feuer und Rauch aufgehen zu lassen. Mit dieser Selbstverpflichtung sollten ihren politischen, dynastischen und besitzrechtlichen Interessen und Launen sowie möglichen Friedensbrechern Grenzen gesetzt werden. An bestimmten Tagen der Woche, von Donnerstagabend bis Sonntag, den Leidenstagen des Herrn, sowie an den christlichen Feiertagen sollten die kriegerischen Handlungen verboten sein. Auch räumlich wurde der Krieg von den bebauten Feldern, von den Wohnstätten und den Kirchen verbannt. Die Schwachen in der Gesellschaft, die »pauperes«, die selbst das Schwert nicht führen konnten, sollten überhaupt vor allen Gewalthandlungen sicher sein, ebenso die Geistlichen, die Bauern und die Kaufleute, die Frauen, Kinder und Alten. Denn die unaufhörlichen Fehden wurden von jeher auf ihrem Rücken und über ihre Leichen geführt. Obwohl die Friedenswahrung und die Erlasse von Landfrieden seither zu den Hauptaufgaben der Könige und Fürsten zählten, so wissen wir doch, wie geduldig Papier und – auf das Mittelalter bezogen – Pergament sein können.[342]

Von diesen Segnungen eines sich langsam entwickelnden staatlichen Rechtsschutzes blieben die Spielleute also ausgenommen, wenn man sie wie im Baiern des 13. Jahrhunderts »uz dem friede« stellte. Gerade sie hätten eines besonderen Schutzes bedurft; wie alle diejenigen, die keinen festen Wohnsitz besaßen und nicht einer adeligen oder geistlichen Herrschaft unterstanden, wie z. B. Kaufleute und Händler.

Das bairische Landfriedensgesetz, die »Pax Bawarica«, vom Jahre 1244 also erklärte alle Vaganten, die herrenlosen, herumziehenden Geistlichen, ebenso wie die Spielleute für friedlos.[343] Der Artikel bezieht sich ausdrücklich auf sie: die »vages et hystriones«. Vor allem, wenn sie mit »Weibern« im Lande herumzögen, sollten sie außerhalb der Friedens- und Rechtsordnung gestellt sein – »ponimus extra pacem«, ließ der bayerische Herzog Otto der Erlauchte als Gesetzgeber verkünden. Wenige Jahre später, im Jahre 1256, wurde die »Pax Bawarica« von Herzog Ludwig dem Strengen in mittelhochdeutscher Sprache mit bayerischem Zungenschlag erneuert.

Auch er machte nicht viel Federlesens mit denen, die wie die Spielleute auf der Straße und von der Straße lebten:[344]

»Langhaarige Lotterpfaffen und Spielleute, die auch mit Weibern im Land herumziehen, wenn sie sich außerhalb ihres Pfarrsprengels herumtreiben, »die sint uz dem fride.«

Sie genossen somit nicht den Schutz des Landesfürsten und galten als vogelfrei. Auch die Städte in Bayern, etwa Ingolstadt 1312 oder Passau 1300, machten nicht viel Aufhebens mit den Fahrenden. Ihre Rechtsverordnungen stellten Beleidigung und Schlagen von Fahrenden straffrei: »wer farund volk ... schilt oder slecht, der ist dem richter nichts darumbe schuldich«, befindet das Passauer Stadtrecht.[345] Solche Regelungen zeigen, wie dünn das Eis war, auf dem sich das Spielmannsleben abspielte. Diesen Eindruck gewinnen wir auch, wenn wir den Sachsenspiegel auf seine Gebote und Verbote hinsichtlich der Spielleute untersuchen.

Der Spielmann im Sachsenspiegel.
»Nach altem Recht und Gewohnheit«

Der »Sachsenspiegel«[346] war das berühmteste und einflußreichste Rechtsbuch im deutschen Mittelalter. Sein Verfasser, Eike von Repgow, schrieb es um 1225 nieder und hielt darin das mündlich überlieferte Gewohnheitsrecht aus der Gerichts- und Rechtspraxis Sachsens (d. h. des nördlichen Deutschlands) fest. Dieses Rechtsbuch fand weite Verbreitung und Nachahmung und erlangte die Autorität eines Gesetzeswerkes. Daher gibt uns der Sachsenspiegel sachkundig Auskunft über die Rechtslage der Spielleute im Mittelalter.

Wie schon in der Zeit Karls des Großen sahen sich Spielleute vom Gericht ausgeschlossen. Ihnen blieb die Möglichkeit verwehrt, an einem Urteil mitzuwirken oder Gerichtsurteile anzufechten. Ebensowenig war ihnen die Möglichkeit gegeben, eine Schuldklage durch einen Leugnungseid oder einen gerichtlichen Zweikampf zurückzuweisen. Dieser war ansonsten ein ganz selbstverständlich benutztes Mittel, um Schuld oder Unschuld zu beweisen. Der Beklagte selbst oder ein Vertreter, oft ein durch das Land ziehender Lohnkämpfer (Kämpe), trat in die Schranken und führte durch Sieg oder Niederlage ein Gottesurteil herbei. Es ist keineswegs ein Widerspruch, daß die Lohnkämpfer selbst ebenfalls den Randgruppen, den »Unehrlichen«, zugerechnet wurden. Denn Kult und Blutvergießen sind, ähnlich wie beim Henker, mit einer erheblichen Tabulast verbunden: »Lohnkämpfer und ihre Kinder, Spielleute und alle, die unehelich geboren sind, die sind alle rechtlos.«[347]

»Lohnkämpfern und ihren Kindern gibt man als Buße das Blinken von einem Kampfschild gegen die Sonne.«

Auch den Lohnkämpfern wird der Spiegel ihrer fehlenden Rechtsqualität entgegengehalten:[348] Wir meinen, indirekt auch zynischen Spott heraushören zu können. In jedem Falle wird damit symbolisiert, daß ihnen konkretes Recht verweigert wird. Im Gegensatz zur schimmernden Wehr des ehrenhaften Ritters stellten die Waffen des Kämpen, der in uralter Zeit als kultischer Vollstrecker auftrat, nun aber lediglich um schnödes Geld focht, nichts anderes dar als blutiges Gerät oder profane Werkzeuge.

Für den Fall, daß Priesterkinder oder unehelich Geborene mit einer Klage oder Forderung vor Gericht treten wollten, wurde nach folgendem Paragraphen verfahren: »Kindern von Geistlichen und solchen, die unehelich geboren sind, gibt man als Buße ein Fuder Heu, wie es zwei Ochsen von einem Jahr ziehen können.«[349]

Das Fuder Heu besaß einen geringen Wert für denjenigen, der weder Hof noch Vieh besitzt, und überdies wird mit dem Heu eine anzügliche Bewertung vorgenommen und der Makel der unehelichen Geburt bezeichnet.

Im gleichen Artikel des Sachsenspiegels wird solchen Personen, »die ihr Recht mit Diebstahl und Raub oder auf andere Weise verwirkt haben« die ihnen zustehende Buße in Form von zwei Besen und einer Schere übergeben.[350] Das sind zweifellos die Symbole der schandbaren Ausstäupens mit der Rute und des unehrenhaften Scherens.

»Spielleuten und allen denjenigen, die sich in Leibeigenschaft begeben haben, denen gibt man als Buße den Schatten eines Mannes.«

Was es mit dieser im Sachsenspiegel vorgesehenen Bußleistung auf sich hat, beschreibt der »Schwabenspiegel« näher. Dieses auf schwäbische Verhältnisse bezogene Rechtsbuch ist um 1275 wohl in Augsburg geschrieben worden und lehnte sich in Absicht und Inhalt an den Sachsenspiegel an.

»Wer solchen Leuten etwas antut, wofür eine Buße fällig wird, der soll sich vor eine Wand stellen, auf welche die Sonne scheint.

Nun soll der Spielmann auf den Hals des Schattens an der Wand schlagen. Mit dieser Rache sei die Tat gebüßt.«[351]

Dem Spielmann steht also keine materielle Bußleistung zu. Auch ihm scheint, oberflächlich betrachtet, wie den anderen Randseitern eher Spott als Genugtuung zuteil zu werden. Das Wiener Stadtrecht aus dem Jahre 1244 trifft hinsichtlich unehrenhafter Personen folgende Anordnung: »Wenn jemand eine unehrenhafte Person schlägt, sei es Gesinde oder ein schlüpfriger Spielmann, und wenn dieser es nachweislich wegen seiner Worte oder seiner Zuchtlosigkeit verdient hat, dann soll er keine Strafe an das Gericht bezahlen. Lediglich dem Opfer sollen – drei Schläge verabreicht werden, aber nur zum Spaß (*hilariter*).«[352]

Diese Rechtssätze erscheinen uns sonderbar und sogar lächerlich. Der Schlag nach dem Schatten und andere Kompensationen mögen jedoch, altem Mythos folgend, als immaterielle Genugtuung für den Spielmann und als immaterielle Bestrafung des Rechtsverletzers gegolten haben. Auf diese Weise blieb Recht Recht und Unrecht Unrecht. Diese Bestimmungen geben ferner auch ein Prinzip mittelalterlichen Rechtsdenkens zu erkennen: Jedes einseitige Handeln, insbesondere jedes Vergehen und Verbrechen, bringt eine imaginäre Waage von Norm und Recht aus dem Gleichgewicht. Es herrschte die Vorstellung, daß die Himmel und Erde umfassende Schöpfungsordnung in sich eng verwoben ist und selbst die kleinste Störung der Balance schlimme Auswirkungen, ja sogar Gottes Strafe nach sich ziehe. Die schwere, aber gesühnte Untat wog nach den Prinzipien dieser Welt möglicherweise leichter als das kleine, ungesühnt gebliebene Vergehen. Insofern geben diese heute lächerlich und ehrabschneidend vorkommenden Bußleistungen ein uraltes Rechtsprinzip wieder, welches selbst der Autor des Sachsenspiegels, Eike von Repgow, im 13. Jahrhundert nicht mehr verstanden hat. Er sieht nicht, daß selbst die geringste Buße für den Rechtsbruch die Rechtspersönlichkeit des Opfers stärkt und das Gleichgewicht wahrt. Gerade in diesem Punkt wird ein wesentliches Element der mittelalterlichen Rechtsvorstellungen gespiegelt. Statt dessen bietet er eine »bürokratische« Erklärung, die nichts für sich hat:

»Die Bußen, welche rechtsunfähigen Leuten zustehen, sind nur von geringem Nutzen. Sie werden deshalb festgelegt, damit sich an ihnen das dem Richter zustehende Strafgeld orientieren kann.«[353]

Aus all dem dürfen wir gewiß nicht mit dem Literaturwissenschaftler Piet Waremann den Schluß ziehen, daß »dieses Rechtsverfahren ... bezeichnend für die Auffassung der mittelalterlichen Gesellschaft von den Spielleuten« sei. Ferner ist es ebensowenig begründet, zu behaupten, daß die Spielleute in juristischer Beziehung einfach nicht da seien und »an Rechtlosen begangenes Unrecht kann mithin nur eine formale Angelegenheit sein« und daher »auch nur formell gesühnt werden.«[354]

Der Sachsenspiegel überliefert uns ein weiteres Moment der Benachteiligung von Spielleuten. In den vorausgehenden Artikeln des Landrechtes werden den Mitgliedern der Gesellschaft – Fürsten und Freiherren, Bauern und anderen – die standesgemäßen Wergeldsätze zugeschrieben. Das »Wergeld« (germ. wer = Mann), im Schsenspiegel als »Manngeld« bezeichnet, ist der Betrag, der zur Sühne für die Tötung oder Verletzung einer Person, vom Täter oder Verantwortlichen und seiner Sippe aufgebracht werden mußte. Die Höhe des Wergeldes hing insbesondere vom sozialen Stand, aber auch vom Geschlecht des Geschädigten ab. Hinsichtlich der Spielleute und anderer für unehrlich erklärter Leute heißt es lakonisch: »Rechtsunfähige Leute sind ohne Manngeld.«[355]

Kennzeichnend für die Rechtsstellung der »unehrlichen« und damit auch der Spielleute sind nicht nur die »Scheinbußen« und das Absprechen des Wergeldes, sondern auch der Ausschluß von der Erbfähigkeit. Der Schwabenspiegel etwa führt vierzehn Gründe an, die den Ausschluß von der Erbschaft nach sich ziehen können: »Ein Kind kann durch 14 Vergehen das Erbe des Vaters und seiner Mutter verwirken... (IX) das neunte ist: Wenn der Sohn gegen des Vaters Willen ein Spielmann wird und Gut für Ehre nimmt, wogegen der Vater nie Gut für Ehre nahm.«[356]

Der Ausschluß vom Erbe dürfte seine Wurzel nicht zuletzt im römischen Recht haben, das im *Corpus Iuris Civilis* des Kaisers Justinian kodifiziert worden ist.[357]

»Ehr- und rechtlos, doch keine Räuber oder Diebe«

Wir dürfen aus dieser geminderten Rechtsstellung der Spielleute nicht schließen, daß im mittelalterlichen Recht Willkür und Beliebigkeit geherrscht hätten. Leib und Leben der Spielleute war trotz ihrer – in unseren Augen – rechtlichen Diskriminierung durch andere Rechtsgrundsätze gesichert. Nämlich zum einen durch die kirchlichen Gesetze, deren Bruch mit Kirchenstrafen belegt werden konnte, und zum anderen durch die vom König oder den Landesherren erlassenen Landfrieden. Damit in dieser Hinsicht kein Mißverständnis entsteht, fügte Eike von Repgow der Bestimmung, daß Rechtsunfähigen kein Manngeld zusteht, eilig hinzu:

»Doch wer einen von ihnen verwundet oder ausraubt oder tötet oder eine rechtsunfähige Frau vergewaltigt und den Frieden an ihnen bricht, über den soll man nach Friedensrecht urteilen.«[358]

Landfriedensbruch, so würden wir heute sagen, war ein Offizialdelikt, für dessen Verfolgung es der privaten Klage nicht bedurfte. Zumindest in der Theorie wurden die als »rechtlos« und »unehrlich« bezeichneten Leute durch König oder Landesherr geschützt. Es braucht nicht hervorgehoben zu werden, daß der Unterschied zwischen der Theorie des Rechtes und der Rechtspraxis auch im Mittelalter ganz erheblich war. Bei strikter Anwendung kanonischer Rechtssätze, königlicher und landesherrlicher Gesetze oder der Rechtsspiegel wäre den Spielleuten des Mittelalters wenig mehr als die Luft zum Atmen geblieben.

Immerhin hält der Sachsenspiegel fest: »Wenn auch ein Mann Spielmann ist oder unehelich geboren ist, dann ist er damit noch nicht der Standesgenosse eines Diebes oder eines Räubers, ...«[359]

Auch eine spätere Glosse zu einer Handschrift des Sachsenspiegels stellt klar, daß Spielleute nicht mit Kriminellen gleichzusetzen sind: »Wenn es auch eine Tatsache ist, daß die Spielleute ehr- und rechtlos sind, so sind sie doch keine Diebe oder Räuber. Dieses Recht soll gelten für Fidler, Pfeifer, Lautenschlager und Leute dieser Art ...«[360]

Die seit der Karolingerzeit deutlich spürbaren Maßnahmen der weltlichen Herrschaft gegen die Spielleute zeigen eine deutliche Beeinflussung durch die von den Kirchenvätern des frühen Christentums geschürten Vorurteile. Wie schon im antiken, römischen Theater die *mimi* und *histriones*, so galten die Spielleute als die wirklichen Ableger des Teufels. Und weil die Theologen und auch die weltliche Herrschaft in ihren Schriften bis in das Spätmittelalter die lateinische Sprache benutzten, haben sie auch die Begriffe, die seit der Spätantike für die Verdammten des Theaters gebraucht wurden, angewandt.

ELFTES KAPITEL
Weltliche Herrschaft und Spielleute

An den Höfen der Könige
Vor allem im deutschen Raum scheint den Spielleuten in höherem Maße Vorurteil und Ablehnung entgegenzuschlagen als in anderen Ländern Europas. So hat es im englischen Recht des Mittelalters kaum Gesetze und Verordnungen gegeben, in denen die Spielleute benachteiligt oder gar verfolgt werden, nur weil sie Spielleute sind. Die englischen Quellen berichten uns ebenso wie die okzitanischen und französischen vielmehr von ihrem Auftreten bei Hofe, ja sie scheinen oftmals, zumindest zeitlich begrenzt, in den Hofstaat eingegliedert gewesen zu sein. Hier haben sie, wenn auch nur für bestimmte Zeiten und Gelegenheiten, ein Unterkommen und Einkünfte gefunden. Wir sehen sie längere oder kürzere Zeit, manche nur einmalig auf königlichen »Lohnlisten«, den »payrolls«, wie etwa der »Solutio facta diversis menestrallis die Pentecostes anno XXIIII«, »Ausgaben für verschiedene Spielleute am Pfingsttag des Jahres 1334«.[361] Das Ansehen der Spielleute ist durch das Engagement bei Hofe gewiß gewachsen, und sie konnten durchaus ein hohes Prestige gewinnen. Auch in den Städten wurden die fahrenden Spielleute akzeptiert und von der Stadtobrigkeit wohl gelitten. Dies zeigen die überlieferten Löhnungen, welche aus dem Stadtsäckel nach bestimmten Festen ausgeschüttet wurden.

Die Einkünfte der Spielleute an den Höfen scheinen beachtlich gewesen zu sein. Das zeigen zumindest Stichproben aus dem Haushalt der französischen Könige im 14. Jahrhundert.[362] Es ist jedoch zu bedenken, daß die Aufenthalte der Spielleute zeitlich beschränkt waren und die im Folgenden aufgeführten Zahlungen darauf hindeuten, daß sie nur von Fall zu Fall erfolgten. 1359 erhielt »le roy des menestereulx« auf Rechnung von König Jean (Johann dem

Guten) 14 Sous und 10 Deniers. Er hatte Musikinstrumente in Augenschein zu nehmen, von denen der König gehört hatte. Er kaufte im Auftrag des Königs eine Harfe.[363]

Die schwere und lange Geisteskrankheit des französischen Königs Karl VI. (1380–1422) erforderte aus therapeutischen Gründen den Einsatz von musizierenden Spielleuten, wie weiland David durch sein Harfenspiel den depressiven König Saul aufgeheitert hatte. Dies spiegelt sich auch in den Rechnungsbüchern des Palastes.

»Jehan le Sage und Guillemin, Spielleute, sind am Donnerstag, dem 6. Dezember im Bois de Vincennes (dort befand sich ein wichtiges Königsschloß, Anm.) vor dem König aufgetreten. Sie erhalten als Gabe 4 Pariser Livres und 16 Sous.[364]

Hennequin Callemoedin, *menestrel*, erhält für seinen Versvortrag 8 Pariser Livres.

Brizcion, der vor dem König sein Saitenspiel aufgeführt hat, erhält 32 Pariser Sous.

An Pfingsten erhielten die Spielleute, die dem König aufspielten, aus dessen Schatulle 80 Pariser Livres. Colinet Parent, Germain Gasteblé, Jehan und Symonnet le prevost, die Spielleute des Connestable von Frankreich, die an vier Tagen im Juni vor dem König spielten, erhalten 16 Pariser Livres.[365]

Es gibt Beispiele dafür, daß ver-

König David mit vier musizierenden Spielleuten (Miniatur aus einer Bibel, 3. Viertel des 12. Jh., London Brit. Libr. Harley 2804).

diente ältere Spielleute, auf Veranlassung des Königs etwa, in Klöstern versorgt wurden oder daß ihnen in Einzelfällen sogar ein Stück Land zur Nutzung überlassen worden war.

Der Annalista Saxo überliefert hingegen, daß der deutsche König und römische Kaiser Heinrich III., einer der mächtigsten Monarchen des Mittelalters, die nach dem Hochzeitsfest mit Agnes von Poitou angereiste »unendlich große Menge von Spielleuten ohne Speise und Geschenke habe abreisen lassen.«[366] Wir können davon ausgehen, daß dies nicht der Wahrheit entspricht. Denn allein schon das unabdingbare Erfordernis der Repräsentation und Freigebigkeit des kaiserlichen Paares und der gesamten Festgesellschaft verlangte die musikalische Untermalung und die Entlohnung der Spielleute. Der Annalist hat lediglich versucht, den Kaiser heiligmäßig zu verklären.

Die weltlichen Gesetze des Mittelalters stehen im Prinzip immer im Einklang mit denen der Kirche. Kirche und Staat, Glaube und politisches Handeln schlossen sich nicht aus. Sie waren als Einheit und in der Metapher als Teile eines Körpers gedacht. Das heißt selbstverständlich nicht, daß die Kaiser und Könige, die adeligen Herren und die geistlichen Würdenträger immer nur fromm und kirchentreu in Glauben und Moral gesesen wären. Aber immerhin ist das, was die Kirche und ihre Theologen als Norm verlangt oder als Sünde verboten haben, grundsätzlich als von Gott gegebenes Gesetz anerkannt worden. Die ständigen Verstöße gegen diese Normen und die schweren Sünden wurden nicht begangen, weil die »Vollstrecker« und ihr Publikum die Gesetze nicht anerkannten, sondern weil sie Menschen waren.

Die offizielle Haltung der Kirche, d.h. der Theologen, der Konzilien, Synoden und der geistlichen Geschichtsschreiber gegenüber den Spielleuten ist seit dem Frühchristentum im Prinzip die gleiche geblieben. Die Spielleute, im sprachlichen Gewand der *mimi, histriones, joculatores, scurrae* usw. waren die erklärten Diener des Teufels, die *»ministri satani«*. Wir müssen uns nun fragen, ob die weltliche Gesetzgebung lediglich die von der Kirche eingeforderten Normen in Gesetze und Verordnungen gefaßt hat oder ob ihr noch andere Ursachen und Haltungen zugrunde lagen.

Der Fremde, die Angst und das ungeschriebene Gesetz

Die Gesetze, welchen die Spielleute unterworfen waren und die Rechtsmittel, die gegen sie angewandt wurden, sind nicht nur als Instrumente der Reglementierung oder der Verfolgung zu sehen. Manche besaßen in ihrem Kern lange Zeit vor ihrer Niederschrift als ungeschriebenes Gesetz Gültigkeit. Darin und in den Rechtsvorstellungen der archaischen Welt des Mittelalters wurden die wandernden Spielleute insbesondere als Fremde, als Unbehauste, angesehen und behandelt. Fremdenfeindlichkeit ist ein wesentliches Merkmal für primitive Gesellschaften.

Jacques Le Goff umreißt die Situation des Unbehausten: »Der Ausgestoßene schlechthin jedoch ist für die mittelalterliche Gesellschaft der Fremde. Als primitive geschlossene Gesellschaft stößt die mittelalterliche Christenheit diesen Eindringling, der keiner der bekannten Gemeinschaften angehört, von sich, nimmt den beunruhigenden, von Unbekanntem umwitterten Fremdling nicht auf ... Der Fremde ist einer, der zu keinem Menschen in einem Treueverhältnis steht, der niemandes Untertan ist, niemand Gehorsam geschworen hat. Er ist in den Augen der Feudalgesellschaft ein Vagabund.«[367]

Die Fremdenfeindlichkeit entspringt vor allem der Angst. Diese Angst hat einen durchaus rationalen Hintergrund. Denn der Fremde ist der unbekannte, unberechenbare Mensch, der keine Gewähr bietet, daß er die bei den Einheimischen geltenden Regeln befolgt. Möglicherweise kennt er sie nicht einmal. Die zu erwartenden Folgen werden in jedem Fall als Bedrohung der Existenz gefürchtet. Der Fremde wird überwiegend so behandelt, als wäre er von der eigenen Gruppe wegen eines schwerwiegenden Vergehens ausgeschlossen worden. Je einfacher Gesellschaften strukturiert sind und je gefährdeter sich Einzelne oder ganze Gruppen oder Nationen fühlen, desto ängstlicher reagieren sie auf alle Erschütterungen und möglichen Veränderungen ihrer »heiligen Ordnung«.

Damit berühren wir eine irrationale Sphäre, die vor einem rationalen Hintergrund konkrete und handfeste Wirkungen nach sich zieht oder erwarten läßt. Die negative Reaktion auf den Fremden spiegelt sich in zahlreichen Phänomenen des Aberglaubens, in denen der Fremde überwiegend als Gefahr für die Gemeinschaft, für Mensch und Tier gesehen wird. Auch der Tod, in personifizierter Gestalt gedacht, wird überwiegend als Fremder gesehen. Die Bezeichnungen »Gevatter Tod« oder »Freund Hein« dienen lediglich dazu, diesen Fremden versöhnlich zu stimmen. Es bedarf besonderer Mittel und aufwendiger kultischer Handlungen, damit selbst die kurzfristige Begegnung mit dem Fremden oder gar seine Aufnahme in eine Gemeinschaft »geheilt« werden kann. Vor dem Fremden, selbst wenn er befristetes Gastrecht genießt, sind Kleinkinder, schwangere Frauen und trächtiges Vieh zu verbergen; der »Böse Blick« als Auslöser von Unheil war gefürchtet. Das Gastrecht für den Fremden kann sich nur soweit entwickeln, wie der Gastgeber sicher sein kann, daß der Gast die ihm auferlegten Regeln strikt befolgt und die Heiligkeit des Gastrechtes anerkennt – einschließlich aller Konsequenzen für den Bruch der Regeln – und daß er nach angemessener Frist wieder geht. Solche Haltungen finden wir im Grunde in allen Kulturen und nicht zuletzt in unserer Gegenwart.

Zu diesen Vorstellungen können sich jedoch auch umgekehrte Aspekte gesellen. An den Fremden, dem man mit Mißtrauen begegnet, knüpfen sich Erwartungen, die auf den Fremden als Gottheit oder als Heiligen zielen. Die Martinslegende lehrt, daß sich hinter dem armseligen, fremden Bettler sogar Jesus Christus verbirgt. Eine Vielzahl von weiteren Legenden beschreibt den incognito auf Erden wandelnden Jesus, meistens von St. Peter begleitet, der die Gastfreundlichen belohnt, die Geizhälse aber bestraft und der Lächerlichkeit preisgibt. Die Armen des Mittelalters, insbesondere die Bettler und darüber hinaus alle »*gehrenden diet*«, um Almosen bittenden Leute, und damit auch die Spielleute, haben zugleich von diesen Erwartungen und Ängsten und vom Mitleid gezehrt.

Ordnung, Herrschaft und Schriftlichkeit des Rechts

Eine staatliche Ordnung nach unserem neuzeitlichen Verständnis bildete sich im Mittelalter in einem langen Prozeß aus, der sich über Jahrhunderte hinzog. Erst mit dem 13. und 14. Jahrhundert begannen die Herrschaftsstrukturen, die bisher auf personalen Beziehungen beruht hatten, von dauerhaften Institutionen abgelöst zu werden. Je intensiver sich im Mittelalter eine staatliche Ordnung ausbildete, desto mehr Aufgaben zog die Obrigkeit in den Städten oder in den neuen Gebilden, die wir »Territorialstaat« nennen, an sich und machte sie zu ihrem Monopol. Dieser Trend ging mit der Einführung und der langsam aber stetig zunehmenden Verschriftlichung von Verwaltung und Rechtswesen einher. Auch der Sachsenspiegel ist eine kennzeichnende Erscheinung im Übergang von der Mündlichkeit des Rechtswesens zur Schriftlichkeit. In der Kirche ist die Schriftlichkeit, also das Schreiben und der praktische Umgang mit dem geschriebenen Wort, nie außer Gebrauch gekommen. Das Christentum ist eine »Buchreligion«, und die Schreibkunst war, wie wir alle wissen, ein Erbe der antiken christlichen und nichtchristlichen Kultur. Die im Hochmittelalter einsetzende »Verdichtung« herrschaftlicher und staatlicher Strukturen sowie der Gebrauch der Schrift zur Dokumentation obrigkeitlichen Handelns hat die Überlieferung, aus der wir heute schöpfen, erheblich anwachsen lassen.

Der Siegeszug der Schriftlichkeit eroberte nicht nur die Amtsstuben. Auch die bisher weit überwiegend mündlich tradierte Kultur begann in dieser Zeit eine umfangreiche schriftliche Überlieferung zu hinterlassen. Schon in der Anfangsphase dieser Entwicklung wurden die Kunstwerke der höfischen und ritterlichen Welt geschaffen, der ersten Laienkultur in Europa.

Königtum und Friedensordnung

Zu den Hauptaufgaben des mittelalterlichen Herrschers im Rahmen der göttlichen Ordnung, die er vertrat, gehörte die Erhaltung der Friedensordnung (*pax*) sowie die Gewährung von Recht (*ius*) und Gesetz (*lex*). Diese Aufgaben waren mit Maß und Ziel zu bewältigen. Es galt die Auffassung: »Justitia sine misericordia tyrannis«; d. h. der maßlose Herrscher, der eine blindwütige Justiz anwendet und kein menschliches Mitleid in Form herrschaftlicher Gnade kennt, ist ein Tyrann, der selbst keine Gnade finden soll. Der herausragende Dominikaner Humbert von Romans belehrt uns in der zweiten Hälfte des 14. Jahrhunderts mit folgenden Worten:[368] »Die höchste Form königlicher Justiz – und du wirst sehen, auch jedes Fürsten – besteht darin, daß sie niemand mittels ungerechter Gewalt unterdrückt. Ohne Ansehen der Person, seien es Freunde oder Verwandte, soll unparteiisch Recht gesprochen und die Witwen und Waisen sollen beschützt werden. Diebstahl soll verhindert, Unzucht bestraft, der böse Feind an der Erhebung gehindert, schamlose Spielleute sollen nicht ernährt, die Ungerechten von der Erde gefegt, … werden.«

Ein Fundament der Friedensordnung war die Vorstellung von einem überschaubaren Zusammenleben der Menschen. Im Diesseits sollte ein jeder an dem Platz verbleiben, wo ihn Gottes Schöpfungsplan hingestellt hatte. Dort war der soziale, politische und rechtliche Rahmen festgelegt, in welchem sich für die Menschen die Heilsgeschichte erfüllen sollte.

Die Vorstellungswelten und die Normen der weltlichen und erst recht der geistlichen Obrigkeit waren, wie nicht anders zu erwarten, tiefgreifend von der christlichen Moral in ihrer theologischen Ausformung bestimmt. Dies gilt auch für das Interesse, die Menschen in ihren angestammten, weit überwiegend bäuerlichen Existenzen zu belassen. Diese bäuerliche Welt war von Leibeigenschaft gekennzeichnet, die in verschiedenen Abstufungen persönliche, rechtliche und wirtschaftliche Abhängigkeiten beinhaltete. Die nichtbäuerliche Bevölkerung dürfte etwa um das Jahr Tausend kaum fünf Prozent der Gesellschaft ausgemacht haben. Letztere verteilte sich auf den Adel, die Geistlichkeit, auf kleine, zunehmend handwerklich arbeitende Gruppen und auf Händler und Kaufleute. Städte größeren Ausmaßes gab es bis in das 11. Jahrhundert nördlich der Alpen noch nicht. Selbst Köln und Regensburg waren nur bischöfliche bzw. herzogliche Residenzen, die zwar einige Handwerker, Kaufleute und Krämer, sonst aber überwiegend Geistliche in ihren seit der Römerzeit zerfallenden Mauern beherbergten.[369] Der König und sein Hof zogen während des Mittelalters unentwegt wie Nomadenfürsten ohne feste Residenz durch das Reich.

Andere Verhältnisse als die bestehenden, gottgegebenen, waren den Menschen dieser Zeit gar nicht vorstellbar. Sie konnten daher auch keine Alternativen zu diesen Zuständen entwickeln. Im Grunde wurde ihnen lediglich eine einzige Perspektive geboten: die eines rückwärtsgewandten Idealzustandes paradiesischer Art, der – für die Guten – nach dem Jüngsten Tag eintreten sollte. Erst mit dem 11. Jahrhundert setzten sich soziale, politische und wirtschaftliche Veränderungen ebenso wie ein grundlegender Wandel der Vorstellungswelten in Gang.[370]

Die Herausforderung: Herrschaft über fahrendes Volk
Die adeligen, geistlichen und städtischen Obrigkeiten sahen sich seit dem Beginn des Mittelalters ständig mit den Problemen einer effek-

tiven Herrschaftsausübung konfrontiert. Der Besitz an Grund und Boden und an den darauf wirtschaftenden Menschen war in der Regel weit verstreut und veränderte sich durch die ständigen Erbteilungen, Tauschaktionen, Neuerwerbungen und Rodungen. Die weitgehend noch fehlende Schriftlichkeit machte die Verwaltung der Güter ineffektiv und verlustreich. Die damit verbundene Ausübung der Gerichte über die Hörigen und auch der Schutz von Mensch und Gut gegen auswärtige Feinde ebenso wie gegen einheimische fehdegewaltige Herren gestalteten das adelige Leben aufreibend und zehrten sowohl an der wirtschaftlichen als auch an der biologischen Substanz der Adelsgeschlechter.

Mittelalterliche Herrschaftsmethoden setzten eine homogene und persönlich überschaubare soziale Ordnung voraus, wenn sie auch nur in Ansätzen wirksam sein sollten. Die über die Jahrhunderte des frühen Mittelalters hinweg eingeübte, mehr schlecht als recht funktionierende Grundherrschaft umfaßte tatsächlich seßhafte Menschen, von denen der größte Teil rechtlich an die Scholle festgeschrieben war, »ad glebas adscriptas«, wie es in den Urkunden heißt. Der schollegebundene Bauer ist der Typus des Beherrschten schlechthin. Seine unmittelbare Bindung an den Boden, den er bewirtschafte und an seinen Herrn, dem Mensch und Boden gehörten, ermöglichte die Existenz des Adeligen – aber auch die des Beherrschten. Denn der unfreie, leibeigene Bauer hatte Anspruch auf vielfältigen Schutz und Hilfe von seinem Herrn. In der patriarchalisch geordneten Welt des frühen Mittelalters ist der Leibeigene eben nicht Sklave, sondern Mitglied der »familia«. Dieser steht der »*pater familias*« vor, den wir auch in der römischen Welt kennen. Er ist der Herr über seine Familie im engeren Sinn und über seine Familie im weiteren Sinn: das unfreie Gesinde und die ebenfalls unfreien hörigen Bauern seiner Herrschaft. Der weiträumige Streubesitz und die fehlende Schriftlichkeit gestalteten die Ausübung der Herrschaft ineffektiv und verlustreich.

Die Herrschaft über mobile, unbehauste Menschen, die nicht an einen Ort gebunden waren, war von jeher noch viel schwieriger, wenn nicht gar unmöglich. Dies ist selbst in neuzeitlichen und modernen politischen Systemen ein kaum zu lösendes Problem. Lediglich bei wenigen Gruppen und Individuen in der mittelalterlichen Gesellschaft gelang das im Ansatz, so z. B. bei den Kaufleuten. Diese waren mit typischen sozialen, beruflichen und mentalen Merkmalen ausgestattet und forderten bestimmte Existenzbedingungen für ihre nichtagrarische, hochspezialisierte Tätigkeit. Der weiträumige Handel führte die Kaufleute naturgemäß aus den persönlichen und rechtlichen Bindungen sowie den wirtschaftlichen Beschränkungen der Grundherrschaft heraus. Ohne eine entsprechende Privilegierung und ohne besonderen Schutz, der ihm einen Sonderstatus gewährte, ist der Kaufmann nicht denkbar. Für die Bedürfnisse der weltlichen und geistlichen Höfe und ihrer Herren war die allein aus dem Fernhandel zu befriedigende Versorgung Grund genug, die Kaufleute durch Schutz und Förderung an sich zu ziehen. Wegen der hohen Autorität und der notwendigen großräumigen Wirkung steht dem Schutz durch Adelige, Bischöfe und Äbte der Schutz durch den König vorne an. Die Fernhändler wurden durch Privilegien zu »königlichen Kaufleuten«.

Der unbehauste Mensch – der gefährdete Mensch

Der herumziehende Fahrende mußte diesen Schutz entbehren und trug deshalb schwer an seiner Unbehaustheit und an seiner »Freiheit«. Sich selbst zu schützen oder ein Beschützter zu sein, war die grundsätzliche Bedingung für die Existenz. Kein Mensch und keine soziale Gruppe war ohne Schutz überlebensfähig. Lediglich ein sehr kleiner Anteil in der Gesellschaft war jedoch in der Lage, sich und seine Hörigen selbst zu schützen: der Adel. Fahrende und somit auch die Spielleute, waren allein durch ihre Mobilität geschützt. Dies war ein sehr fragwürdiger Vorteil, denn Unbehaustheit und Wanderleben führten selbst wieder zur Bedrohung. Die Verstoßung oder Flucht eines leibeigenen Bauern aus der »familia«, aus dem grundherrschaftlichen Verband, kam dem Ausschluß aus dem existenziellen Umfeld und damit aus der Gesellschaft gleich. Weil er herrenlos war, wurde er schutzlos und »ellende«, das heißt im Mittelhochdeutschen und über das Mittelalter hinaus: »fremd, heimatlos; fern, verlassen, einsam, öde; hilflos; vergänglich; elend, unglücklich.«[371]

Während sich in den Städten des Mittelalters eine neue Gesellschaft mit einem neuen Wertesystem herausbildete, erwuchs »Arbeit« zu einem seiner nachhaltigen, Identität stiftenden Element.[372] Nach der monastischen Ethisierung des Arbeitsbegriffes durch Benedikt von Nursia um 500 entstand seit dem Hochmittelalter erstmals ein Arbeitsideal, das nicht vom klösterlichen Lebenskreis, nicht von den Theologen, sondern von Laien – den Bürgern der Städte – ethisiert und zunehmend verinnerlicht wurde. Diesem städtischen Arbeitsethos stand die unbehauste, mobile Existenz, die daran keinen Anteil hatte, diametral gegenüber. Die bürgerliche Welt und ihre Obrigkeiten sollten vom Spätmittelalter bis zur Industrialisierung zu unnachsichtigen Gegnern der Fahrenden werden. Im spätmittelalterlichen Europa entstand in dieser Zeit eine breite, mobile unbehauste soziale Schicht, die Vagabondage. Im Jahre 1330 hat der französische Jurist Guillaume de Breuil in seinem Buch »*Stilus curie Parlamenti*« den Begriff »*vagabundus*« definiert und einer Person zugeordnet, von der man nicht weiß, wo sie ihren Wohnsitz habe: »*nesciretur ubi haberet domicilium suum*«.[373] Diese hat in manchen Regionen zu Notzeiten schätzungsweise fünf Prozent der Bevölkerungszahl weit überschritten. Erst die Ausbildung moderner Staaten mit einer effektiven Bürokratie, welche alle Untertanen in den Griff aber auch in ihre Obhut nahm sowie die fortschreitende Industrialisierung, welche unabhängig von irrationalen Reglementierungen auch den Nichtzunftfähigen Arbeit bot, haben diese Erscheinung des sozialen Elends im 19. Jahrhundert erheblich eingedämmt. Ein Umstand, der, so weit ich sehe, bisher kaum gewürdigt wurde.

Auch die Spielleute zählten zu diesen gefährdeten Menschen. Manch einer mag um 1200 den »Ulricus ioculator«, den Spielmann Ulrich, beneidet haben:[374]

»Notum sit omnibus Christi fidelibus tam presentibus quam futuris quod Ulricus ioculator tradidit liberum caput suum super altare sancti Stephani.«

»Allen getreuen Christen, den gegenwärtigen wie den künftigen, sei hiermit bekanntgemacht, daß der Spielmann Ulrich seinen freien Kopf auf dem Altar des heiligen Stephan dargebracht hat.«

Seine Selbstübergabe bedeutete, daß er seine Person dem Eigentum des Heiligen übertrug und sich damit in die Hörigkeit der Kirche begab. Damit hatte er einen zwar niedrigen, aber immerhin anerkannten sozialen Status erlangt. Künftig konnte er immerhin konkreten Schutz und Fürsorge des heiligen Stephan, vertreten durch die Kirche, erwarten.

Wiederholt ist schon in den Kapitularien, den königlichen Gesetzeserlassen der Merowinger- und Karolingerzeit des 7. bis 9. Jahrhunderts, die Rede von umherziehenden Leuten.[375] Darin wurden Zwangsmaßnahmen gegen sie angekündigt. Die Kapitularien haben nicht nur den Vagabunden Strafen angedroht, sondern auch denjenigen, die den Fahrenden Unterkunft boten. Diese sollten nach ihrer Festnahme einem Verhör unterzogen und an den Ort ihrer Herkunft deportiert werden. Bis in das 19. Jahrhundert wird sich an dieser Vorgehensweise nicht viel ändern.

Dieser mobile Anteil der Bevölkerung hat sich immer wieder ergänzt und neu gebildet. Vor allem im 9. und 10. Jahrhundert wurden vielerorts ganze Landschaften in saisonaler Regelmäßigkeit von verheerenden Raubzügen heimgesucht und ihre Bevölkerung vertrieben. Davon waren nicht nur die Küsten- oder die Grenzgebiete betroffen. Die Wikinger (Normannen) etwa drangen mit ihren Schiffen auch flußaufwärts über Seine und Rhein, Loire und Garonne tief in das Binnenland ein. Die Magyaren (Ungarn) streiften bei ihren Raubzügen zu Pferd bis nach Italien, nach Süddeutschland bis zum Bodensee und nordwärts bis nach Thüringen und Sachsen. Muslimische Invasoren, die sogenannten Sarazenen, setzten sich im ausgehenden 9. und im 10. Jahrhundert in Felsennestern der provenzalischen Küste, im sog. *Massif des Maures*, fest. Von *Fraxinetum* aus, heute wohl La Garde Freinet bei St. Tropez, veranstalteten sie ihre »Razzien« (arab. ghâzjia, Kriegszug) und zogen die ligurische Küste entlang sowie rhôneaufwärts, ja selbst über die Alpen, wo sie Rätien mit Chur und – wie die Ungarn – im Jahre 939 sogar St. Gallen bedrohten. Die Mönche des Klosters St. Gallen haben in Zeiten der Bedrohung sich und die Hörigen des Klosters, insbesondere Alte, Frauen und Kinder, auf Bodenseeschiffen in Sicherheit gebracht, weil selbst die umliegenden Berge und Waldgebiete nicht sicher schienen. Reliquien und Kirchenschätze vertrauten sie der St. Georgskirche auf der Insel Wasserburg im Bodensee an. Nach dem Abzug der Feinde kehrten die Mönche und ihre Hörigen zurück in eine verwüstete Landschaft und zu den rauchenden Trümmern ihres Konventes.

»Wenn ich alles Unglück, welches die Unseren durch die Sarazenen erleiden mußten, einzeln aufführen würde, so würde ich ein Buch damit füllen«, schreibt der St. Galler Mönch Ekkehard im 11. Jahrhundert.[376]

Andernortes waren die Menschen nicht so glimpflich davongekommen. Sie sahen sich gezwungen, mit oder ohne Habseligkeiten, vielleicht nur mit den geretteten Reliquien ihres Klosterpatrons, das Weite zu suchen und sich auf eine unabsehbar lange und ziellose Irrfahrt zu begeben. Dabei sind viele Mönche auch vom Weg der Tugend abgekommen, haben liturgische Handlungen für den Broterwerb in theatralische, musikalische, tänzerische und akrobatische Repertoires umgestaltet. Aus diesen Entwurzelten dürfte sich ein Teil der »clerici vagi, ioculatores, mimi, histriones« rekrutiert haben, gegen welche die Kapitularien angingen.

Ganz ähnliche Erscheinungen konnten Naturkatastrophen wie Überschwemmung oder Verlagerung von Flußläufen bewirken, wodurch nicht nur Kloster oder Haus und Hof, sondern vor allem auch die mühsam der Wildnis abgerungene Anbaufläche zerstört und jeder späteren Rekultivierung entzogen wurde.[377]

Die Nichtseßhaftigkeit wurde nur im überschaubaren Rahmen und bei bestimmten Gruppen akzeptiert. Die Wanderungsbewegungen etwa, welche der sogenannte Landesausbau des 12. und 13. Jahrhunderts mit sich brachte, hatte eine beachtliche Zahl von Menschen erfaßt. Es handelte sich hierbei jedoch um Vorgänge unter herrschaftlicher Aufsicht und Regie.

Viele Landschaften in Europa, die bisher wegen ihrer Bewaldung, ihres sumpfigen Bodens, ihrer Höhenlage oder des ungünstigen Klimas nicht genutzt worden waren, wurden nun unter den Pflug genommen und dauerhaft besiedelt. Bedeutende Klimaverbesserungen in Verbindung mit einer zyklischen Erderwärmung seit der Zeit um 1000 haben diese Entwicklung möglich gemacht, die Bevölkerungszunahme machte sie notwendig. Diese Binnenkolonisation des Hochmittelalters war ein europaweites Phänomen, welches auch in Frankreich und Italien zu beobachten ist. In Deutschland etwa erfaßte sie Gebiete der Schwäbischen Alb, des bairischen Mittelschwabens, der Nordostpfalz und des hessischen Berglandes. Auch der Nordsee wurde vermehrt durch niederländische und friesische Bauern Boden abgerungen und durch Deichbau gesichert. Im Alpengebiet vom Wallis über Graubünden, Montafon bis zum östlichen Bodensee im heutigen Vorarlberg eroberten die auf alpine Hochlagen spezialisierten Walser ihre neuen Siedlungsgebiete und schufen eine eigene Kultur.

Die Epoche der Städtegründungen und der Urbanisierung, die im 11. Jahrhundert nördlich der Alpen einsetzte, führte zu einer über die folgenden Jahrhunderte anhaltenden Landflucht. Mit der Aufnahme in die Stadt sind diese Menschen wieder seßhaft geworden und haben damit die Zone der existenziellen Gefährdung durchschritten. Schutz und Schirm gewährte ihnen von nun an nicht mehr der Grund- und Leibherr, sondern der Stadtherr oder die Kommune, deren Mitglied sie geworden sind. Viele, die sich den leib- und grundherrschaftlichen Zwängen entzogen und dem Rechtsgrundsatz »Stadtluft macht frei« folgten, gelangten jedoch gar nicht erst an ihr Ziel. Andere wurden von den Städtern abgewiesen, die immer höhere Anforderungen an die Aufnahme neuer Mitglieder stellten. Eine Rückkehr unter die alte Herrschaft war ihnen verwehrt. Ihr künftiges Zuhause wurden Straßen und Wälder, wo sie als Fahrende, als Bettler, Vagabunden oder gar als Räuber ihr Auskommen und ihre soziale Stellung finden mußten. Als *outlaws*, als Gesetzlose, führten sie eine kümmerliche Existenz außerhalb der Gesellschaft und mußten stets des Galgens gewärtig sein.

Fest und Alltag. Gemeinschaft, Kirche, Obrigkeit

Die Klagen der städtischen Magistrate und der Geistlichkeit, daß die zahlreichen Feste bei Geburt, Taufe, Heirat und Leichenbegängnis mit hohen Ausgaben und Ausschweifungen aller Art verbunden waren, dürften nicht übertrieben sein. Alle familiären Ereignisse, vor allem solche, die wie Taufe, Hochzeit und Begräbnis den Charakter von Übergangsriten trugen, waren mit reichlichen und freigebigen Mählern und üppigen Feiern verbunden. Der Zusammenhalt der Familie, der Dorf- oder Stadtgemeinschaft oder der Pfarrei, bedurfte der ständigen Bestätigung und Erneuerung von Gemeinschafts- und Zusammengehörigkeitsbewußtsein.

Seit dem Spätmittelalter hatte sich vor allem in den Städten, aber auch in den Dörfern eine vielfältige und kaum zu kontrollierende Festkultur ausgebildet. Diese umfaßte spontane Feiern, Taufen, Hochzeiten, Beerdigungen, Straßen- und Stadtteilfeste, Gilden-, Zunft- und Bruderschaftsfeste. Prozessionen und Bittgänge wurden ebenfalls wie Feste aufgefaßt und gestaltet. Zu Görlitz sah man 1392 Spielleute, »dy vor dem heiligen lichnam hofierten«. Bei einem »Ommegang«, also bei einer Prozession zu Dendermonde (Termonde) in Flandern wurden 1477 sogar 71 Bläser gezählt.[378] Abt Heinrich von Fécamp in der Normandie gestattete den Spielleuten, die sich dort zu einer Bruderschaft zusammengeschlossen hatten, die »Teilnahme an den Messen, an den Vigilien, an den Riten der Fastenzeit, an den Gebeten, und an allem, was Gott gefällig ist. Auf

Vermummte und maskierte Spielleute. Älteste Darstellung eines »Charivari« (aus dem altfranzösischen »Roman de Fauvel«, 14. Jahrhundert, Paris Bibl. Nat. fr. 146).

daß, den Geboten der Nächstenliebe folgend, diese mit uns und wir mit ihnen, mit Frohsinn und Jubel, mit Konzert und Chor, mit Tympano und Psalterium, Seitenspiel und Orgel, mit Chitara und mit Räucherwerk gefüllten Gefäßen in den Händen im Anblick des Allerhöchsten Königs würdig sind, zu dienen.«[379]

Am Tag der Unschuldigen Kinder (28. Dezember) fanden ebenso ausgelassene Feiern statt wie beim Fest der Narren oder der Esel, zu Karneval ebenso wie in der Fastenzeit, in der Maienzeit ebenso wie an Kirchweih.[380]

Das religiöse Leben der Zeit stand mit dem Privatleben untrennbar verknüpft im Lichte der Öffentlichkeit. Die recht verstandene Seelsorge umfaßte die Betreuung der Gläubigen in allen Lebenssituationen. Ihre Gegenwart beim Meßopfer an den Sonntagen und den zahlreichen Feiertagen war eine ständig wiederholte Forderung der Kirche. Die Sonntagsheiligung und das biblisch begründete Arbeitsverbot an diesen Tagen muß jedoch auch als eine soziale Errungenschaft gewertet werden. Kirchgang und Friedhofsbesuch sowie die vielfältigen Festbräuche führten überdies die oftmals in extremer Streulage siedelnden Menschen zusammen und begründeten und festigten die Gemeinschaft. Der erzwungene Kirchenbesuch diente jedoch auch der Indoktrinierung und Kontrolle durch den Pfarrherren. Dieser verlangte die Gegenwart des Gläubigen im Jahresablauf, die Teilnahme an Gebet und Liturgie sowie am Unterhalt der Kirche. Das Leben jedes Einzelnen, welchen sozialen Standes auch immer, war »von der Wiege bis zur Bahre« von der Kirche und der religiösen Gemeinschaft bestimmt und gestaltet: Geburt und Taufe, seit dem 12. Jahrhundert zunehmend auch Heirat und Ehesakrament, Sterben und Sterbesakrament. Soziale Herkunft und Stellung, die moralische Haltung eines jeden Mitgliedes dieser Gesellschaft war öffentlich, überschaubar und jedem gewärtig; ein Phänomen, welches noch heute dörfliche Gesellschaften kennzeichnet.

Der seit dem 11. Jahrhundert eingetretene soziale Wandel, die Neugruppierung von Individuen, Familien und Gewerben im Prozeß der Stadtbildung und der Urbanisierung erforderte neue Ordnungen und damit ein den Gegebenheiten angepaßtes Recht. Denn die alte Rechtsordnung ist mit dem Verlassen des ländlichen Rechtskreises hinfällig geworden. An seine Stelle trat nun positives, gesetztes Recht, eine der städtischen Gesellschaftsordnung und ihren Bedürfnissen adäquate »Verfassung«. Diese Prozesse entfalteten nun ihre Wirksamkeit und wurden wenigstens einem Teil der Gruppen und Individuen, die aus den alten Strukturen herausgetreten sind, gerecht.

Während diese Vorgänge durch gesetzgeberisches und politisches Handeln von der Herrschaft bewältigt worden sind, ist es dieser nicht gelungen, andere Erscheinungen gesellschaftlicher Mobilität durch ordnende Maßnahmen in den Griff zu bekommen. Das gilt insbesondere für die seit dem 11. Jahrhundert weit ausgreifenden Ketzer und religiösen Schwärmer – schier unmöglich sie auseinanderzuhalten – ebenso wie für hysterische Pilger und die Exzesse der Volks- und Kinderkreuzzüge. Dies gilt auch für das bunte Volk der Vaganten und Goliarden. Sie verstanden es, ihre Fähigkeiten und Kenntnisse populär umzusetzen. Auch den Spielleuten gelang es, sich auf mannigfache Weise dem Zugriff der Obrigkeit zu entziehen. Ihre Beliebtheit, ja ihre Unabdingbarkeit bei Hofe erscheint uns als Widerspruch sowohl zu den theologischen Schriften als auch zur weltlichen Gesetzgebung.

ZWÖLFTES KAPITEL

König, Adel, Kirchenfürsten: Herrschaftsideal und Wirklichkeit

Das Vorbild der Könige

Das Verhältnis von König und Adel gegenüber den Spielleuten war zumindest formal von den kirchlich gesetzten Normen der christlichen Morallehre geprägt. Königtum, Adel und Geistlichkeit forderten oder verboten in ihrer Eigenschaft als Herrscher und Landesherren bestimmte Handlungen und Verhaltensweisen. Die Herrschaft, die nach den Vorstellungen der Zeit von Gott herrührte, war in die Pflicht genommen, ihren weltlichen Arm Gott und der Kirche zu leihen. In gegenseitigem Einklang sollten die von Kirchenversammlungen, Konzilien und Synoden beschlossenen Gebote erfüllt und die Verbote durchgesetzt werden. Dies galt zumindest für die Theorie des Verhältnisses von Kirche und weltlicher Herrschaft.

Den Aufgaben der Rechts- und Friedenswahrung sowie der Durchsetzung kirchlicher Gebote hatte sich zuvorderst der König in seiner Eigenschaft als *vicarius Christi* zu widmen. Blicken wir in die Übergangszeit vom Römischen Reich zum frühen Mittelalter zurück, so finden wir mit der *Constitutio Childeberti* aus dem Jahre 554 ein eindrucksvolles Beispiel dafür, wie der merowingische Frankenkönig Childebert mit gesetzlichen Maßnahmen geheiligte Zeiten des christlichen Kirchenjahres unter seinen Schutz und die Gesetzesbrecher ins Visier nimmt: »In den Nächten vor den Feiertagen sind Trunkenheit, Narrenauftritte und weltliche Lieder ebenso wie an den Feiertagen selbst, an Ostern, zur Geburt des Herrn sowie an den übrigen Feiertagen verboten. Auch dürfen sich am Samstag keine Tänzerinnen auf den Höfen herumtreiben. Wir erlauben dies nicht, weil Gott dadurch beleidigt wird.«[381]

Vor allem Tänzerinnen scheinen nach getaner Wochenarbeit für

Kurzweil auf den Dörfern gesorgt zu haben. Wie in vielen anderen Angelegenheiten des kirchlichen und klösterlichen Lebens griffen die Könige auch in das Alltagsleben und die Mußestunden der hohen und niederen Geistlichkeit ein. Ausdrücklich wandten sie sich auch an die Mönche und Äbte, denen das weltliche Treiben noch viel ferner hätte stehen müssen als den Weltgeistlichen. In einem Kapitulare von 787, im langobardischen Mantua in Oberitalien erlassen, sprach Karl der Große folgendes Verbot aus: »Bischöfe, Priester und Diakone, Äbte und Mönche dürfen selbst nicht jagen, auch wenn sie bei der Jagdveranstaltung anwesend sind. Sie sollen in ihrer Gegenwart auch keinen spaßigen Zeitvertreib (›ioci‹) dulden, der mit dem kirchlichen Recht unvereinbar ist.«[382]

Etwa zur gleichen Zeit untersagte Karl »daß Bischöfe, Äbte und Äbtissinnen, Hundemeuten und Jagdfalken sowie joculatores, Spielleute halten.«[383] Mittels solcher gesetzgeberischer Maßnahmen, die teilweise wörtlich den Erlassen von Synoden und Konzilien entnommen waren, versuchten die Könige den hohen Erwartungen nachzukommen, welche die Kirche an sie stellten. Ganz ähnlich wird noch das 4. Laterankonzil im Jahre 1215 die Forderung aufstellen: »Geistliche dürfen weder weltliche Tätigkeiten noch Handelsgeschäfte betreiben. Das ist in höchstem Maße unehrenhaft. Ferner dürfen sie Spielleute (›mimi, joculatores, histriones‹) nicht beachten und müssen Wirtshäuser (›taberna‹) strikt meiden, es sei denn in dringenden Fällen auf der Reise. Sie sollen weder Würfel spielen noch bei irgendwelchen Spielen mitwirken.«[384]

Das Herrscherideal selbst, welches seit der Karolingerzeit zunehmend von den Theologen mit christlichen und alttestamentarischen Zügen gezeichnet wurde, sieht sich der strengen kirchlichen Zucht unterworfen. Der Trierer Chorbischof Thegan, seit 842 auch Propst von St. Cassius und St. Florentinus in Bonn und Biograph Kaiser Ludwigs des Frommen, stellte den Sohn Karls des Großen in der »Vita Hludowici« als vorbildlichen König dar. Die folgenden Passagen stehen im Rahmen einer Gesamtwürdigung des glücklosen Herrschers. Sie idealisierten den verstorbenen König: »Die heidnischen Dichtungen und Lieder, welche er in der Jugend gelernt hatte, verschmähte er und wollte sie weder lesen noch hören noch lehren.«[385]

Nicht nur, daß er die alten, von der Kirche als »heidnisch« und »dämonisch« gebrandmarkten Lieder verbot, er soll sich auch darin hervorgetan haben, daß er sich jegliches Vergnügen versagte: »Niemals erhob er seine Stimme zum Gelächter, und selbst wenn bei den höchsten Festen, zur Freude des Volks, Schauspieler, Possenreißer und Mimen mit Flötenbläsern und Zitherspielern bei Tisch vor ihm erschienen, und das Volk in seiner Gegenwart maßvoll lachte, zeigte er nicht einmal seine weißen Zähne zum Lachen.«[386]

Auch Kaiser Heinrich III. soll, wie oben gesagt, die »unendlich große Zahl der Spielleute ohne Verköstigung, ohne Geschenke und ohne Applaus entlassen haben.«[387]

Diese dem Spiel und dem Spaß abgewandte Haltung entsprach zwar dem Idealbild vom christlichen Herrscher, welches die Theologen verbreiteten, aber gewiß nicht der Realität. Selbst die Duldung der leichten Muse erschien den strengen, freudlosen Theologen zu weitreichend. Der gelehrte Abt Abbo von Fleury war um das Jahr 1000 der Auffassung, daß der Herrscher den Spielleuten nicht einmal Unterhalt gewähren dürfe. Er stützte sich dabei auf ein Pariser Konzil im 10. Jahrhundert: »Königliche Justiz bedeutet, Raub zu verhindern, Unzucht zu bestrafen und den Schamlosen und Spielleuten nichts zu geben.«[388] »Impudicus« und »histrio«, der Schamlose und der Spielmann, werden hier, wie in theologischen Traktaten üblich, einander gleichgesetzt. Der König soll ein Vorbild mit nahezu mönchischem Charakter sein. In dieser Absicht verherrlicht auch Rigord, der Geschichtsschreiber des französischen Königs Philippe II Auguste, im Jahre 1187 seinen Herrscher, nachdem er ausgiebig herbe Kritik am adeligen Schenkungswesen geübt hat:[389] »Wenn an den Höfen von Königen oder von Fürsten die zahlreiche Menge von Spielleuten (»histrionum«) sich zu versammeln pflegt, und zwar zu dem Zwecke, damit diesen Gold, Silber, Pferde und auch Kleidung, welche Fürsten häufig weggaben, von diesen abgepreßt werde, wird mit aller Kraft danach getrachtet, Spielmannssprüche mit allerlei Zoten vorzutragen ...

Wir haben Fürsten gesehen, die, nachdem sie vielleicht 20 und 30 Mark Silber für wunderbare, künstlerische und mit Blumen bestickte Gewänder ausgegeben hatten, diese, kaum daß sieben Tage vorbei waren, Spielleuten, diesen Teufelsdienern, überließen, sobald sie das Maul aufmachten ...

Der allerchristlichste König Philippus Augustus sah jedoch, daß das alles sinnlos und für das Seelenheil schädlich war. Die Eingebung des Heiligen Geistes brachte ihm in Erinnerung, daß er von

Elefant Kaiser Friedrichs II. mit Spielleuten (Miniatur aus der Chronica majora des Matthaeus Paris, 13. Jh., Oxford Corpus Christ College).

heiligen und frommen Männern gelernt habe, daß den Spielleuten etwas zu geben bedeute, den Dämonen zu opfern. Und in plötzlicher Eingabe von seiten des Herrgotts versprach er, alle seine Kleider den Armen zu spenden.«[390]

Philippe II. Auguste soll sogar, wenn wir Vincent von Beauvais glauben dürfen, die Spielleute vom königlichen Hofe verjagt haben, wo sie bis dahin in großer Zahl ein Unterkommen gefunden haben sollen.[391] Gerade in der Glaubwürdigkeit liegt jedoch der wunde Punkt dieser Berichte. Die Geschichtsschreiber dürften die Passagen über die strengen und enthaltsamen »Spielverderber« weitgehend erfunden haben. Denn sie erweisen sich als sehr widersprüchlich. An überzeugend vielen Stellen lesen wir, daß die Spielleute Adels- und Königshöfe in Massen bevölkert haben.

Die überlieferte ablehnende Haltung des Königs ist ein Zugeständnis an Gebot und Moral der Theologen sowie an kirchliche Normen. Die königliche Zurückhaltung und Ablehnung war, wenn sich dahinter überhaupt ein Körnchen Wahrheit verbirgt, gewiß die Ausnahme. Wir erkennen in den Darstellungen die Fiktion. Sie entstand aus der Spannung, in welcher der Autor lebt, dem Wider-

Musikant und Tänzerin. Miniatur des 14. Jahrhunderts aus dem Chorherrenstift Seckau (Steiermark). Graz, Universitätsbibliothek, ms. 287, fol. 163r.

Spielmann und Frauen beim Tanz. Flämische Miniatur des 14. Jahrhunderts. Oxford Bodleian Libr., ms. Bodley 264, fol. 97r.

Die Rechte der Spielleute im Sachsenspiegel, Heidelberger Hs. (14. Jahrhundert). Heidelberg, Universitätsbibliothek, ms. Cod. Pal. Germ. 164, fol. 20r.

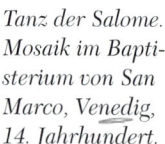

Tanz der Salome. Mosaik im Baptisterium von San Marco, Venedig, 14. Jahrhundert.

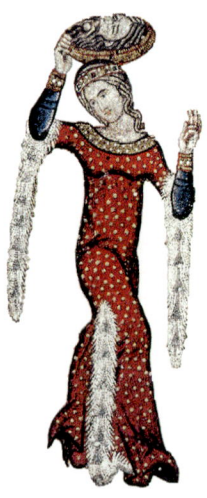

Ensemble reich gekleideter Spielleute am Hof des wegen seiner Feste berühmten Königs René II. von Anjou. Die Gruppen der Blas- und Saiteninstrumente sind getrennt voneinander aufgestellt. Breviarium des René von Anjou, Mitte des 15. Jahrhunderts. Paris, Bibl. de l'Arsenal ms. 601, fol. 44.

König David am Glockenspiel und drei Spielleute mit Plater, Drehleier und Harfe. Initiale »E« eines Psalters (um 1270; aus dem Dominikanerkloster in Bozen?). Wien, Österr. Nat. Bibl. Wien, Cod. 1898.

Schwertleite (Wappnung) eines Ritters. Die Würde und Feierlichkeit der Zeremonie wird durch die Musik von Spielleuten gesteigert. Miniatur des 14. Jahrhunderts. Paris, Bibl. Nat. ms. fr. 782, fol. 161r.

Turnierszene. Dramatischer Höhepunkt eines Tjosts. Auf der Tribüne durch das Kampfgeschehen erregte Damen und musizierende Spielleute. Miniatur aus der Manessischen Handschrift, frühes 14. Jahrhundert. Heidelberg, Universitätsbibliothek, ms. Cod. Pal. Germ. 848, fol. 146r.

Ein Spielmann sucht um Dienst an der Tafel des Herzogs nach. Flämische Miniatur von Loyset Liédet, Mitte des 15. Jahrhunderts. Paris, Bibl. Nat. ms. fr. 24378, fol. 78r.

spruch zwischen dem idealisierten Herrscherbild eines »rex christianus« der theologischen Lehrmeinung und der Realität. Die Annalen von St. Pantaleon in Köln etwa berichten von der Hochzeit Kaiser Friedrichs II. im Jahre 1235 mit Isabella von England. Dabei soll »der Kaiser die Fürsten aufgefordert haben, keine Geschenke nach gewohntem Brauch an die Spielleute zu verschwenden, weil er es für den größten Schwachsinn halte, diesen seinen Besitz zu überlassen.«[392]

Auf der anderen Seite müssen wir die Realität eines diesseitsbezogenen Herrscherlebens mit all seinen menschlichen Bedürfnissen und Verhaltensweisen geradezu voraussetzen. Dies bestätigen die Quellen. Ein italienischer Autor beschrieb das Verhältnis Friedrichs zu den Künstlern und Spielleuten in einem ganz anderen Sinne: »Lo 'mperatore Federigo fue nobilissimo signore ... A llui venivano sonatori, trovatori e belli favellatori, uomini d'arti, giostratori, schermitori, e d'ogni maniera gente.«[393]

»Kaiser Friedrich war ein edler Herr ... Zu ihm kamen Musikanten, Troubadoure und Fabeldichter, Künstler, Turnierkämpfer, Fechter und Leute jeglicher Art.«

Salimbene von Parma geiferte geradezu wie ein Todfeind gegen Friedrich II. Dieser war seiner Auffassung nach ein blutrünstiger, ketzerischer Tyrann und der Antichrist. Salimbene beschuldigte ihn auch hinsichtlich der Spielleute bei Hofe: »Dieser Kaiser unterstützte ständig das Gelächter, die Schmähreden und die Vergnügungen, welche die Spielleute darboten und er hörte ihnen zu, ohne sich zu schämen und verleugnete oft, dies zu tun.«[394]

Welche Absichten er und andere Autoren auch gehegt haben mögen, die reiche Beschenkung von Spielleuten durch Kaiser und Könige bei Festen aller Art war – »nach gewohntem Brauch« – ganz selbstverständlich. Auch angesichts der bekannten Vorliebe Friedrichs für »Sarazenenmädchen von schönem Wuchs« und der »Mannigfaltigkeit an fremdartigen Spielen und an Musikinstrumenten ..., die zur Ergötzung der Kaiserin bestimmt waren«,[395] wird ersichtlich, daß das in den Annalen beschriebene schlechte Verhältnis Friedrichs II. gewiß erfunden ist. Das christliche Wertesystem wurde von den Theologen als Schablone über die Wirklichkeit gelegt. Damit waren auch die Vorgaben für die Bewertung von Königen durch die Geschichtsschreiber festgelegt. Alkuin aus dem engsten Umkreis Karls des Großen verkündete im Jahre 793: »Es ist verdienstvoller,

Gott zu gefallen als den Spielleuten, den ›mimi‹, und sich um die Armen zu kümmern«.[396]

In einem anderen Brief aus dem Jahre 797 formulierte Alkuin einfach und deutlich: »Es ist besser, die Armen an deiner Tafel zu speisen als Spielleute und irgendwelches schändliches Gesindel.«[397]

Die Biographen, die Geschichtsschreiber, die offiziellen Äußerungen und Gesetzeserlasse stellten die Könige im Einklang mit dem kirchlichen Wertesystem dar. Dies gilt insoweit, als sie den Monarchen in positivem Licht zeigen wollten. Im anderen Falle wurde ihm der Bruch aller nur denkbarer Gesetze, Regeln und Sitten unterschoben, wofür die Chronik des Salimbene von Parma reich illustrierte Beispiele liefert.

Spielleute und Kirchenfürsten

Auch von den großen Kirchenfürsten, wie etwa von Erzbischof Adalbert von Hamburg-Bremen, wird im ausgehenden 11. Jahrhundert erwartet, daß sie sich an die kirchlichen Vorschriften halten. Der Geschichtsschreiber Adam von Bremen erzählt in sehr verhaltenen Worten von der Zerstreuung, die der Erzbischof durch weltliche Freuden gesucht habe: »... er fand beim Mahle weniger Geschmack an Speis und Trank als an geistlichen Dingen, an der Königsgeschichte oder bemerkenswerten Aussprüchen der Weisen. Wenn keine Freunde da waren – und es kam selten vor, daß er allein war, ohne Gäste oder Gesandte des Königs –, dann verbrachte er seine Zeit mit Erzählungen oder Traumdeutungen, immer aber mit nachdenklichen Gesprächen. Selten ließ er Spielleute (›*fidicines*‹ ist hier richtiger mit ›Musikanten‹ oder ›Fidlern‹ zu übersetzen; W. H.) kommen, aber zur Ablenkung von Sorgen und Nöten brauchte er sie zuweilen. Gaukler (für ›*pantomimi*‹ wäre eher ›Spielleute‹ oder ›Possenreißer‹ zu übersetzen; W. H.) jedoch, wie sie das Volk gewöhnlich mit unflätigen Gebärden vergnügen, verwies er ganz aus seiner Gegenwart.«[398]

Der Chronist legte großen Wert darauf, daß sein »Held« mehr den geistigen, als den körperlichen Bedürfnissen gehuldigt und daß er Musik nur von seriösen Lautenspielern, gewissermaßen aus therapeutischen Gründen, angehört habe, Spielleuten hingegen abgeneigt gewesen sei. Das »Lob des Pythagoras« oder die »Geschichte

Die Musik heilt die Depressionen der Seele, sie lenkt von Sorgen und Nöten ab (Psalterillustration zu Psalm 42, 4–5, um 830, wohl aus Saint-Germain-des-Prés, Stuttgart Landesbibl. Cod. Bibl. 223).

von der Nachtigall« mochten den strengsten moralischen Standards noch genügen. Der Schwank vom »Schneekind« und dem pfiffigen Kaufmann jedoch, dem zuerst seine Gattin, danach umgekehrt er seiner Gattin übel mitgespielt hatte, dürfte schon am Rande des moralisch Zulässigen gelegen haben. In dieser Geschichte gerät die Gattin eines Fernkaufmannes auf Abwege und präsentiert ihrem von der jahrelangen Reise heimkehrenden Gatten ihr kleines Kind, das durch Schnee gezeugt worden sein soll. Als es herangewachsen war, verkaufte es der wackere Schwabe in die Sklaverei und erklärte seiner Gattin, das »Schneekind« sei unter der heißen Sonne des Mittelmeeres geschmolzen – wie gewonnen so zerronnen.

Wir sehen an vielen Quellenbelegen, die sowohl von Dichtern als auch von Geschichtsschreibern herrühren, daß sich die Wirklichkeit sowohl an den weltlichen wie auch an den geistlichen Höfen anders gestaltete, als die ständig wiederholten Ablehnungen und Schmähungen von seiten der Moraltheologen und die Verbote der weltlichen Gesetzgebung vorspiegelten. Daß auch die Geistlichkeit an den weltlichen Genüssen ihren Anteil hatte, verwundert kaum und findet in zahlreichen Texten Bestätigung: »»Schafft für den Mund mir ein leckeres Essen herbei und den Ohren einen melodischen Schmaus, wir wollen ein Weilchen hier rasten. Soll ich denn jammern ›o weh!‹, wenn nichts mir fehlt und mich weder irgendein hitziger Ausschlag peinigt noch quälender Husten? So ist mir gar nicht zumute. Bursche, komm her, aber schleunigst! Weißt du mir einen Spielmann oder auch Meister der Zither oder ein Tamburin zur Begleitung der bauchigen Laute? Aber merke dir das: wenn der Sänger den Ohren nicht schmeichelt, dann – auf lauf! es glüht mir das Herz vor Verlangen nach Liedern, wie das Scheit auf dem Herd und der Kesselhaken im Feuer.‹

Als nun der Spielmann gekommen und als die Entlohnung besprochen, und er die Leier bedächtig der ledernen Hülle entnommen, kamen aus allen Winkeln und Gassen die Leute gelaufen, zuzusehen mit großen Augen und unter Getuschel, wie die gespreizten Finger des Spielers die Saiten durchliefen, die er sich selber gedreht aus den frischen Gedärmen des Schafes, wie er auf ihnen bald hohes, bald tiefes Gesumme erzeugte.«[399]

Mit diesem Gedicht tritt unter dem Pseudonym Sextus Amarcius im 11. Jahrhundert ein Dichter auf, der das pralle Gemälde eines epikuräischen Prälaten malt. Möglicherweise kommt die satirische Darstellung eines geistlichen Lebemannes der Realität näher als die unerbittlichen Verbote und die verkrampfte Heuchelei der Chronisten und Vitenschreiber.

Die Spielleute in der höfischen Welt

Fest, Musik, Tanz und Unterhaltung waren bei höfischen Festen ohne Mitwirkung der Spielleute nicht denkbar. Für Heinrich von Veldeke, den Autor des Eneasromans aus dem 12. Jahrhundert, sind sie, ebenso wie die Gäste, eine selbstverständliche Voraussetzung für das Fest überhaupt.

»Aus allen Himmelsrichtungen kamen
die Fürsten von weither
in Schiffen und auf der Straße
und dazu unzählige Ritter.
Spielleute und Bettelvolk
blieben nicht aus, diese Weltkinder.
Das täten sie auch heute (nicht),

wo ein solches Fest stattfände.
Erführen sie davon,
kämen sie von allen Seiten herzu.
So machten es damals auch die,
die davon gehört hatten.
Sie konnten auch gern und fröhlich hinkommen,
denn dort wurden sie reich, wie es recht und billig war.«[400]

Die Abwertung und Verdammung der Spielleute durch die Theologen stand also in Widerspruch zur Darstellung der höfischen Welt, die sich selbst im Fest und als Festgesellschaft präsentierte. Spielleute, die am Hof Karriere machten, nannten sich selbst »uomini di corte«, »höfische Spielleute«.[401] In der höfischen Welt kristallisierten sich ihre Wünsche und Träume.

Nicht nur die Königshöfe, sondern auch geistliche wie weltliche Fürsten- und Adelshöfe waren seit dem 12. Jahrhundert Zentren einer neu entstandenen Kultur geworden, die erstmals im Mittelalter nicht von Weltgeistlichen oder Mönchen, sondern von Laien getragen wurde. Bis dahin waren Bildung und Wissen, Kunst und Medizin eine ausschließliche Domäne vor allem der Klöster und manchmal auch der Bischofssitze. Hier wurde das antike Erbe, wenn auch oft nur in kläglichen Resten, bewahrt, allzuhäufig jedoch lediglich verwahrt, weggeschlossen und nicht mehr verstanden. Unter eintausend Menschen fanden sich zu dieser Zeit nur wenige, die lesen und schreiben konnten. Die Teilhabe an der Schriftkultur war in den Landschaften nördlich der Alpen einer geistlichen Elite der »literati« vorbehalten und hob sich von den übrigen Geistlichen und vor allem von den Laien, den »illiterati«, ab. Dieses Bildungsgefälle verringerte sich seit dem 11./12. Jahrhundert langsam aber stetig. Auch Angehörige des schwertgewohnten Adels lernten lesen und schreiben und eigneten sich eine gewisse Bildung an. Mit der nun entstehenden adeligen, höfischen Laienkultur begann für die europäische Geschichte eine neue Kulturepoche, die insbesondere vom Rittertum getragen wurde. Wie kaum anders zu erwarten, entstanden in den literarischen Äußerungen dieser Kultur, die sich in einem langsamen Prozeß der Umorientierung befand, auch neue Werthaltungen und vom Alten abweichende Normen.

In den Werken dieser Laiendichtung werden die Höfe der Könige, der Fürsten und des Adels als Orte der spielmännischen Darbie-

Der Liebesgarten. Die paradiesischen Badespiele schöner und sinnenfroher Damen werden von den Spielleuten mit Musik und Gesang begleitet (aus dem Codex De Sphaera, Italien, 15. Jh.).

tung, ja als Hochburgen ihres Auftretens beschrieben. Wenn wir jedoch diesen literarischen Texten, die oftmals von den Spielleuten selbst vorgetragen wurden, in vollem Umfang Glauben schenken dürften, hätten sie selbst höchste gesellschaftliche, religiöse, künstlerische und menschliche Anerkennung gefunden. Bleiben wir jedoch nüchtern.

In »Aucassin und Nicolette«, einem außergewöhnlichen Versroman des 13. Jahrhunderts, vom Autor als »chantefable« bezeichnet,[402] verliebt sich der Held Aucassin, der Sohn des Grafen Garin von Beaucaire (bei Nîmes), in das schöne Sarazenenmädchen Nicolette, die als Gefangene des Vicomte von Beaucaire in dessen Schloß lebt. Aucassin will sie befreien. Der Vicomte hält ihm jedoch vor, daß er das Paradies verscherzen würde, wenn er sie »zur Geliebten macht und in sein Bett holt.« Aucassin antwortet darauf: »Was soll ich im Paradies?« Dort seien nur alte Pfaffen, Betschwestern und erbärmliche Bettler, mit denen er nichts zu tun haben wolle.

»Ich möchte viel lieber zur Hölle fahren. Denn dorthin gehen auch die ansehnlichen Geistlichen und die ordentlichen Ritter, die im Turnier oder in glorreichen Schlachten gefallen sind, tapfere Krieger und adelige Herren. Denen möchte ich mich anschließen. Dorthin gehen auch die höfischen Damen, weil sie zwei oder drei Liebhaber besitzen, ebenso wie ihre Ehemänner Geliebte. Gold und Silber fährt zur Hölle und all die schönen Pelze und mit ihnen die Harfenspieler und die anderen Spielleute und die der Welt zugetanen Könige. Mit denen will ich ziehen, Hauptsache, ich habe meine heißgeliebte Nicolette bei mir.«[403]

Musikanten und Spielleute stellt Aucassin – ebenso wie seine Geliebte Nicolette – über alles und meint, für diese Genüsse auf die ewige Seligkeit verzichten zu können. Obgleich die ganze Geschichte von romantischer Übertreibung und ironischem Unterton getragen ist, so sehen wir doch, daß das höfische und fröhliche Treiben mit den Spielleuten einen verführerisch hohen Stellenwert bei jungen adeligen Herren einnehmen konnte. Nach diesem geradezu blasphemischen und ketzerischen Aufbegehren des verliebten Aucassin – möglicherweise verbergen sich dahinter katharische Momente – soll auch ein Rondeau, ein Tanzlied aus dem 13. Jahrhundert, bezeugen, wo die tiefe und »wahnsinnige« Liebe das Paradies zu finden glaubt:[404]

»Gibt es ein Paradies, Geliebte,
Ein andres als die Liebe?
Gewiß nicht, meine Liebe.
Gibt es ein Paradies, Geliebte?
Wer einschläft in den Armen der Geliebten,
Der hat das Paradies gefunden,

Gibt es ein Paradies, Geliebte,
Ein andres als die Liebe?«

Auch der eine oder andere Geschichtsschreiber versäumte es nicht, den Spielleuten einen gehörigen Anteil am höfischen Leben zuzumessen. Der aus altem Adel stammende Seneschall der Champagne, Jean de Joinville (ca. 1224–1317), kein Geistlicher, sondern Laie, hat eine Biographie des französischen Königs Ludwigs des Heiligen (1226–1270) verfaßt und zeichnete folgendes Bild vom höfischen Treiben: »Der König reichte den frommen Armen und den armen Spielleuten, die wegen Alter oder Krankheit nicht mehr arbeiten und ihren Beruf (›mestier‹) nicht mehr ausüben konnten, täglich bedeutende Almosen; und zwar so vielen, daß sie kaum mehr zu zählen waren.«[405]

Auch wenn diese Stelle vor allem die Wohltätigkeit des Königs hervorheben sollte, wird doch auch die Alltäglichkeit der Anwesenheit von Spielleuten am Königshof bestätigt. Joinville ist einer der wißbegierigsten Autoren des Mittelalters. Sein jahrelanger Aufenthalt in der unmittelbaren Umgebung von König Ludwig dem Heiligen und die mit ihm geführten Gespräche vermittelten ihm so umfangreiche Kenntnisse über die Politik und über das höfische Leben im Umkreis des französischen Königtums, daß ihm darin kaum ein anderer gleichkommen dürfte.[406] Er war 1282, beim Prozeß der Heiligsprechung König Ludwigs, ein wichtiger Gewährsmann und somit verdient seine Schilderung von den Spielleuten am königlichen Hof volle Glaubwürdigkeit. Denn es hätte nahegelegen, unter dem Druck frömmelnder Heiligenverehrung jegliche Verbindung mit Spielleuten zu leugnen, ähnlich wie der Annalista Saxo bei Heinrich III.

Die königlichen Rechnungsbücher bestätigen die Ausführungen von Joinville. Sie weisen z. B. für die Zeit vom 2. Februar (Mariä Lichtmeß) bis Christi Himmelfahrt im Jahre 1234 die Belohnung von acht ungenannten Spielleuten aus sowie weiteren, deren Namen aufgeführt werden: Aenvistevoi, Clarinus, Guillelmus, Malapareilliez, Pelez und Quatuor Ova.[407]

Wir sollten jedoch der Dichtung gegenüber kritisch und mißtrauisch sein, wenn es um die Rekonstruktion historischer Sachverhalte geht. Es ist gar nicht selten, daß Spielleute in ihrem Vortrag behaupten, daß sie in einer engen, vertrauten Verbindung zu ihrem

Mäzen, ja sogar mit dem Kaiser stünden. Wir haben gesehen, wie Guiraut Riquier vorgab, den König von Kastilien in Rechtsdingen zu beraten und zu beeinflussen und sogar eine fiktive Königsurkunde über die Klassifizierung der Unterhaltungskünstler anfertigte. Der Roman »Guillaume de Dole« von Jean Renart aus dem ersten Drittel des 13. Jahrhunderts handelt von einem Jongleur namens Jouglet, der dem jungen deutschen Kaiser Konrad die schöne Liénor als Braut zuführen möchte. Jouglet steht in dieser Geschichte möglicherweise mit dem Kaiser auf vertrautem Fuß, wie mehrfach betont und in der Aufzählung von Diensten bestätigt wird. Diesen fiktiven Text darf man jedoch keinesfalls wörtlich nehmen. Die Spielleute »rücken die Vertreter ihres sozial gewiß nicht angesehenen Standes in den Mittelpunkt des Geschehens, lassen hellstes Licht auf sie fallen und messen ihnen größte Wichtigkeit zu, kurz, verherrlichen sie in ungeniertester Weise.«[408] Jouglet gibt lediglich einen »Spielmannstraum« wieder und keineswegs ein »Bild davon, welche Vorzugsstellung ein Spielmann erreichen konnte, wenn er das Vertrauen seines Herrn besaß«.[409]

Die »fürstliche Belohnung« bei Hofe

Jakob II., der König von Mallorca, hat am Ende des 13. Jahrhunderts in seiner Palastordnung den Spielleuten einen privilegierten Platz zugewiesen: »An den Höfen des Fürsten dürfen die Spielleute – *mimi seu joculatores* – sehr wohl verweilen. Denn ihr Tun trägt zur Fröhlichkeit bei, welche die Fürsten eifrig anstreben und ehrenhaft erhalten sollen. Denn durch sie können sie Trauer und Zorn ablegen und sich allen gnädig erweisen.«[410]

Das befolgte auch König Edward II. von England. Sein oberster Spielmann, der auch Aufgaben als Herold, Haushofmeister und »maître de plaisir« wahrnahm, wurde zusammen mit den anderen Spielleuten reich entlohnt und erhielt die immense Summe von 20 Pfund überreicht, nachdem er zu Amiens in Nordfrankreich ein königliches Fest organisiert hatte: »To Robert King of Heralds and of Royal functions and to other minstrels at the banquet of the lord King held at Amiens, by gift of the same lord King into his own hands, at Amiens, 8th July ... L 20.«[411]

Auch im mittelalterlichen Italien sind die Spielleute aus dem gesellschaftlichen Leben des Adels nicht wegzudenken. Die Adelshöfe der Montferrat, der Malaspina, der Grafen von San Bonifacio, der Markgrafen von Este zu Ferrara, der Traversari etc. erschienen gar als »angesagte« Hochburgen spielmännischen Treibens.[412] Ihre Gastfreundschaft gegenüber den Spielleuten steht in besonders gutem Ruf.

Am Hofe der Gonzaga zu Mantua ging es wohl nicht nur im Jahre 1340 hoch her. Bei den berühmten Hoffesten wurde eine Unmenge von Kleidern unter den Spielleuten verteilt, überliefert der Chronist von Mantua, Benvenuto Aliprando:[413]

> »Tutte le Robe sopra nominate
> Furon' in tutto trent' otto e trecento,
> A' Buffoni e Sonatori donate.«
> »Alle die oben genannten Gewänder
> Wurden, insgesamt dreihundertachtunddreißig,
> An die Spielleute und Musikanten verschenkt.«

Er fährt fort:
> »Acht Tage hat das Hoffest gedauert,
> Man unternahm Turnier, Tjost und Buhurt,
> Sowie Tanz, Gesang und Musik.
> Von vierhundert Musikanten wurde gesprochen,
> Die mit Spielleuten bei Hofe sich trafen.
> Gewänder und Geld ward ihnen geschenkt
> Und jeder zeigte sich sehr zufrieden.«

Selbst aus der Provence eilten die Künstler, Troubadoure und Spielleute herbei, angezogen von den märchenhaft hohen Gagen. Der berühmte Raimbaut de Vaqueiras hat sich, im Glauben an diese Nachrichten aus Okzitanien, quer durch die Lombardei auf die Reise begeben. Am Hofe des Bonifaz, Marchese von Montferrat, ist es ihm dann auch gelungen, auf der Rangleiter der Künstler hoch aufzusteigen.[414] Amelric de Peguilhan hebt die Familie der Malaspina als freigebige Förderer besonders hervor. Alberich und Ezzelino da Romano, die als dämonenhafte Bösewichte schlimmer als Nero dargestellt wurden, Diokletian und Herodes, und »die schrecklichsten unter den Tyrannen«, gewesen sein sollen, haben sich, so schreibt der empörte Chronist Salimbene von Parma,[415] an Dichtung und Musik zutiefst ergötzt.

»Sonare et balare«. Musik und Tanz dienen der gesunden Lebensführung! Miniatur des 14. Jh. aus dem im mittelalterlichen Europa weit verbreiteten Handbuch »Tacuinum sanitatis« (Almanach der Gesundheit), das auf ein Werk des arabischen Heilkundigen Ibn Butlan (gest. 1063) zurückgeht (Wien Österr. Nationalbibl. Cod. Ser. Nov. 2644).

Am Hofe des Grafen von Nevers an der oberen Loire trat 1397 eine Spielleutetruppe auf, die mit 20 Goldfranc geradezu fürstlich entlohnt worden ist. Ihre Anführer waren Jacques de Sauilliant, Christofle d'Alemaigne und »Semul de Couloigne, leur compaignon«.[416] Christofle, Semul (Semmel/Weißbrot) und Jacques »Sauerland« sind unschwer als von weither angereiste deutsche Spielleute zu erkennen, die rheinischen Frohsinn nach Frankreich exportierten. Wir werden zu Rocamadour in Südwestfrankreich den frommen Spielmann »Petrus Iverni de Sigelar« (Peter Winter aus Sieglar) kennenlernen.

Wie Kaiser, König und Adel standen auch die Städte nicht abseits, wenn es um die Förderung der Spielleute ging. Um 1283 sei der Ruf vom Reichtum des Stadtstaates Florenz allen anderen vorausgeeilt.

»Sie kamen aus der Lombardei und aus vielen anderen Gegenden und aus ganz Italien, die genannten ›buffoni‹, die Schauspieler und Spielleute, zu den genannten Festlichkeiten und viele waren gerne gesehen.«

So schrieb Giacchetto Malespini in seiner Geschichte von Florenz.[417] 1217 wurde in Genua der Sieg über Rebellen mit großartigen Festlichkeiten gefeiert, zu denen Spielleute aus der Lombardei, der Provence, aus der Toskana und allen beachbarten Landstrichen beitrugen. Es wurde gar herrlich Hof gehalten und den Spielleuten wurde nach Macht und Vermögen der Gäste eine Menge an Kleidung geschenkt.[418]

Für Feste jeglicher Art, zu politischen und zu gesellschaftlichen Ereignissen, schufen die Spielleute den Rahmen von Kunst und Unterhaltung. Auch als 1223 Ludwig VIII. von Frankreich den Thron bestieg, hielt Nicolas de Braye in einem Epos auf den König fest, daß bei Tisch die Spielleute mit Musik und Schauspiel die Fürsten ergötzten.[419]

Thronerhebung und Hochzeit, Ritterschlag, Heimkehr von Reise und Kriegszug, das waren allesamt gesellschaftliche Höhepunkte im höfischen Leben. Die Schwertleite und die mit dem Ritterschlag verbundenen Rituale, Festlichkeiten und Kampfspiele – Turnier und Buhurt – boten alle Möglichkeiten für den Auftritt von Spielleuten und deren großzügige Entlohnung. Giselbert von Mons, Kaplan und Kanzler des Grafen Balduin V. von Hennegau, der in seiner Chronik des Hennegaus vor allem die Größe des gräflichen Hauses

König Wenzel II. (1283–1305) als Gönner der Spielleute (Miniatur aus der Manessischen Handschrift, um 1320, Heidelberg UB Cod. Pal. Germ. 848).

darstellte, illustrierte die feierliche Erhebung des Grafensohnes durch König Heinrich VI. im Jahre 1190 zum Ritter: »Beim Pfingstfest schlug der Römische König bei Speyer den Balduin, den Sohn des Grafen von Hennegau mit Erlaubnis des Vaters zum Ritter ... Die Männer und die Frauen unter den Spielleuten hat der König dabei großzügig und gütig beschenkt.«[420]

Ganz selbstverständlich erwähnt Giselbert, daß sich nicht nur Männer, sondern auch Frauen unter den beschenkten Spielleuten befanden. Ihm kam es ganz besonders darauf an, den Glanz des Festes durch die anwesenden Spielleute und den großzügigen König hervorzuheben.

Auch die Schwertleite Prinz Eduards von England im Jahre 1306 wird von zeitgenössischen Autoren als erinnerungswürdiges Fest beschrieben und erfährt literarische und historische Würdigung.

Allenthalben wird die herausragende Bedeutung der Spielleute als unverzichtbare Mitgestalter der Festlichkeiten – noch dazu in möglichst großer Zahl – ausdrücklich betont. Der Dichter von »Morant und Galie« legte großen Wert auf die Feststellung, daß zu einem Hoffest über vierhundert Spielleute gekommen seien:

»Ouch quamen dare me dan viere
hundert ministriere,
die wir nennen speleman ...«[421]

Demnach haben die erwähnten Herrscher selbst allergrößten Wert auf deren Anwesenheit und Darbietungen gelegt. Die zahlreiche Präsenz sowie die reichen Geschenke gereichten dem Gastgeber zur Ehre.

König Wenzel II. von Böhmen (1283–1300) war nicht nur ein erfolgreicher Monarch, er hat auch als Schirmherr der Spielleute Berühmtheit erlangt. In der reich illustrierten Heidelberger Liederhandschrift, bekannter als Manessische Handschrift, finden wir Wenzel als Mäzen der Spielleute dargestellt. Einem Sänger wird auf diesem Bild ein Trinkhorn gereicht, einem anderen gibt der König eigenhändig einen goldenen Becher; ein dritter bewundert einen ihm als Geschenk zuteil gewordenen goldenen Gegenstand. Am Fuße von König Wenzels Thron sehen wir zwei Musikanten, der eine mit einer Flöte, der andere mit einer Geige versehen, die ihre Hände zu Wenzel erheben.

Nach dem Kodex höfischer Verhaltensvorschriften, wie ihn Baudouin de Condé am Beginn des 14. Jahrhunderts versteht, scheint es geradezu ein Gebot für den Herrscher oder den adeligen Herrn gewesen zu sein, dem kundigen Spielmann einem Auftritt zu gewähren, seine Kunstfertigkeit zu genießen und ihn entsprechend zu belohnen.

»Er soll unverwandt an seiner Tafel verweilen
Und ein liebenswürdiges Gesicht zeigen
Und den Spielleuten sein Ohr leihen.«[422]

Die Geschichtsschreiber und die Dichter berichten über vor Lebensfreude überschäumenden Veranstaltungen. Selbst Donizo von Canossa schwelgt von der Hochzeit des mächtigen Markgrafen und Herrn der Burg Canossa, Bonifaz von Tuszien, mit Beatrix von Lothringen um 1036. In seiner »Vita Mathildis«, der Lebensbeschreibung der durch ihre Frömmigkeit und enge Freundschaft mit Papst Gregor VII. berühmten Markgräfin von Tuszien, hielt er die Vielzahl der Spielleute und ihre fürstliche Belohnung fest:[423]

»Timpana cum citharis, stivisque, lyrisque, sonant hic.
Ac dedit insignis dux prima maxima mimis.«

»Trommel und Zither, Sackpfeife und Lyra erklingen hier.
Und der Herzog reichte den Spielleuten großartige Honorare.«

Zur Hochzeit Kaiser Heinrichs V. im Jahre 1114 fand sich in der Chronik des Ekkehard von Aura die Nachricht von einer unübersehbaren Zahl von Spielleuten: »Die Geschenke aber, welche verschiedene Könige und unzählbare Adelige dem Kaiser zu seiner Hochzeit verehrten, und umgekehrt die Gaben, die der Kaiser an die zahllose Menge der Spielleute und an die Angehörigen ganz verschiedener Völker austeilen ließ, konnte kein Kämmerer, weder der, der sie entgegennahm noch der, der sie austeilte, zählen. Auch keiner der Geschichtsschreiber des Kaisers konnte sie schriftlich festhalten.«[424]

Am prächtigsten gestalten sich jedoch die Feste in der zwar fiktiven, dafür aber aus der Realität schöpfenden Dichtung. Im einem der wohl berühmtesten provenzalischen Romane des Mittelalters, »Flamenca«, veranstaltete Graf Archambaut ein Riesenfest, als ihm der französische König die Braut Flamenca zuführte.

»Nach dem Essen wuschen sich die Gäste noch einmal die Hände, blieben aber an ihren Plätzen und tranken Wein, wie es Brauch war. Dann wurden die Tischtücher abgedeckt, man brachte Kissen und Fächer für jedermann, und die *joglars* erhoben sich. Ein jeder versuchte, sich Gehör zu verschaffen. Da hörte man vieltönige Akkorde erklingen. Wer eine neue Melodie auf der Viole vortragen konnte, eine neue *canzone*[425] einen *descort*[426] oder *lai*,[427] der trat mit großem Eifer vor. Einer fidelte den Geißblatt-Lai, ein anderer den Lai von Tintagel (zwei Lieder aus dem Tristan-Zyklus), einer sang den Lai vom Edlen Liebespaar, ein anderer, was Yvain einst gedichtet hatte.«[428]

Die üppige Belohnung, die den Spielleuten für ihre Darbietungen bei der Hochzeit Galeazzos von Mailand mit Beatrice von Este überreicht wurde, hebt Guillielmo Ventura in seiner Chronik hervor: »In Mailand wurde eine wunderbare Hochzeit ausgerichtet. Dazu waren alle Lombarden eingeladen. Und den Spielleuten wurden hierbei über siebentausend wertvolle Kleider geschenkt.«[429]

Als im Jahre 1290 die englische Königin Eleanor starb, hinterließ sie ihrem Lieblingsspielmann einen wertvollen Kelch. Aus den königlichen Rechnungen erfahren wir den hohen Preis: »Für einen leeren Kelch mit Fuß aus Gold für die Bediensteten der Königin, für den Spielmannskönig der Champagne, der mit Botschaften aus Frankreich hierherkam ... 39 Schillinge.«

Großzügigkeit und Verschwendung gaben den wahren Adel zu erkennen und galten als höfische Qualität.

Freigebigkeit und Selbstdarstellung: Die adeligen Gönner

Spielleute und ihre Lieder, Musik und Tanz sind offenbar seit dem 11. Jahrhundert, seit die Kultur der Laien auf den Burgen des Adels und der Könige im Entstehen begriffen ist, selbstverständliche Begleiterscheinungen des höfischen Lebens, auf die niemand verzichten wollte. Im adeligen, ritterlichen Selbstverständnis sind sie zu unabkömmlichen Personen geworden, an welchen die edlen Damen und Herren ihre Verschwendung ausüben konnten. Denn der gesellschaftliche Rang und das »höfliche« Verhalten, die »hövescheit«, wurden nicht zuletzt auch vom öffentlich gezeigten Überfluß bestimmt. Von der Freigebigkeit des Adels sollte noch nach Jahrhunderten gesungen werden. Darin haben sich die edlen Verschwender nicht geirrt.

>»Ich bin fröhlich und sehe es als meine Aufgabe,
>tüchtige Leute zu fördern,
>Spielleute zu ehren, die Jugend zu lieben
>Und zu schenken, bevor man mich danach fragt.«

Damit stellte sich Daude de Prades als höfisches Vorbild dar.[430] Den Spielleuten waren solche freigebige Herren wohlbekannt. Mundpropaganda und dichterische Werbung wiesen auf sie hin und schmeichelten ihnen zugleich. In »Le Châtelain de Coucy« aus der Zeit um 1300 streift der Autor eine Episode aus dem Alltag:

»Ein Spielmann aus dem Vermandois
der gerade von einer Krankheit genas,
gelangte geradewegs nach Faiel.
Vom Herrn von Faiel,
der den Spielleuten sehr zugetan war,
und sie oft beschenkte,
wurde er wohl aufgenommen.«[431]

Die viel beschriebene und abgehobene höfische Welt und ihre »sagenhafte« Freigebigkeit hatte auch ihre Schattenseiten. Petrus Cantor, Kanoniker und Theologe († 1197), bringt seine Abscheu über das Volk, welches die Fürstenhöfe in der Hoffnung um Entlohnung und Almosen belagert, in einem farbigen Bild zum Ausdruck: »Ferner versammelt sich alles, was an Völkern, Berufen und Ständen unter der Sonne zu finden ist, an den Höfen der Fürsten wie die Geier beim Aas, und wie die Fliegen folgen sie dem Duft des Salböls; nämlich die Armen, die Kranken, die Blinden, die Tauben, die Verstümmelten, die Humpelnden, und andere Versehrte, ferner Troßknechte, Spielleute, Tänzer, Lautenspieler, Flötenspieler, Lyraspieler, Trompeter, Hornisten, Schauspieler, Hampelmänner, Taugenichtse, Schmarotzer, Betrüger (umbre), Possenreißer, Landstreicher, Hanswurste, Speichellecker, entlaufene Knechte und Mägde, Wahrsager, Verräter, Verleumder, Klatschtanten, Glaubensabtrünnige, Wäscherinnen, professionelle Huren, Sirenen gewissermaßen, süß bis in den Tod. Diese alle und darüber hinaus noch andere Arten üblen Volkes, die langwierig aufzuzählen wären, bilden gewissermaßen ein alltägliches Bordell, sie sind gewissermaßen wie Blutsauger, die sich gesättigt haben, kaum daß die Haut geritzt ist.«[432]

Wenn hier der Theologe die Sittenlosigkeit und insbesondere die Spielleute geißelt, schlägt der theologische Eifer in Dramatisierung um. Unzweifelhaft illustriert Petrus Cantor dennoch eine konkrete Kehrseite des höfischen Glanzes, die ansonsten in den historischen Quellen und literarischen Texten verschwiegen wird.

Den Spielleuten waren besondere Aufgaben als Künder höfischen Ruhmes zugeteilt. Mit ihren Werken und Darbietungen trugen sie ganz entscheidend zu Selbstdarstellung und Selbstbewußtsein des Adels bei und begehrten dafür hohen Lohn. Sie boten der Aristokratie, die sich im auch christlich definierten Ritterstand wiederfinden wollte, Spiegel und Ansporn zugleich. Wie die Troubadoure und Minnesänger, die vor allem dem Niederadel entstammten, machten sie mittels ihrer Werke und ihrer Aufführungen die Rolle und die »höfischen Verhaltensweisen« des Rittertums zu Maßstäben, zu Normen des höfischen Lebens.

Spielleute genossen zunehmend die Protektion des Adels und des Königtums, weil sie wesentliche Funktionen für die höfische Selbstdarstellung ausfüllten. Allein 70 000 Ritter sollen beim Mainzer Hoftag des Jahres 1184, den Kaiser Friedrich Barbarossa zusammengerufen hatte, zugegen gewesen sein. Bei einer – trotz maßloser Übertreibung – derart prächtigen Veranstaltung und Zurschaustellung herrschaftlicher Macht und Größe waren die Spielleute unentbehrlich. Der Gastgeber wie auch die Gäste übertreffen sich darin, die Spielleute für deren Beitrag »fürstlich« zu belohnen. Sie demonstrieren ihre »milte«, ihre Wohltätigkeit, eine von der höfischen Norm geforderte Tugend des Adels. Giselbert von Mons macht das deutlich: »Am Pfingstmontag wurden Heinrich, der König der Römer, und Friedrich, der Herzog der Schwaben, die Söhne von Friedrich, dem Kaiser der Römer, zu Rittern geweiht. Zu ihren Ehren überreichten sie und alle Fürsten und andere Adelige eine Menge Geschenke an Ritter, Gefangene, Kreuzfahrer, an männliche und weibliche Spielleute, nämlich Pferde, kostbare Kleidung, Gold und Silber. Denn die Fürsten und anderen Adeligen nahmen die freigebige Verteilung der Geschenke nicht nur zu Ehren des Kaisers und seiner Söhne vor, sondern auch um eigenen Ruhm und Ansehen zu verbreiten.«[433]

Die Gunstbeweise, die Menge und die Qualität der Geschenke sollen in den historischen Quellen und in den literarischen Texten nicht nur den höfischen Rang des Gönners, sondern auch die Bedeutung des Festes spiegeln.[434] Der Spielmann wiederum zeigte seine Geschenke überall herum und pries den Schenker in höchsten Tönen. Somit beruhte der Nutzen auf Gegenseitigkeit. Ja, es schien sogar schädlich, wenn die Spielleute, wichtige Meinungsmacher des Mittelalters, ungerecht oder knauserig abgespeist wurden:

»den gelimph varndes volc hât,
swâ man einem vil gît

und dem andern niht, des hât er nît
und vluochet der hôchzît«
»Das fahrende Volk hat die Eigenart,
Daß, wenn man den einen viel gibt
Und den anderen nicht
Dann werfen die einen Fluch auf die Hochzeit.«

Die bedeutendsten Heldentaten der adeligen Herren konnten der Vergessenheit anheimfallen, wenn Spielleute nachtragend und boshaft waren. Richard der Pilgrim etwa unterließ es, Graf Arnold von Guines als Eroberer Antiochias im Jahre 1096 überhaupt nur zu erwähnen, weil ihm dieser scharlachrote Strümpfe verweigert hatte.[435]

Hartmann von Aue wollte mit seinem Rat verhindert wissen, daß ein Makel oder gar der Fluch des Spielmannes auf das Hochzeitsfest fällt.[436] Der »milte« der Herren folgten Segen und Lobpreis durch die Beschenkten und somit Steigerung des gesellschaftlichen Prestiges und sogar des politischen Einflusses des Schenkers. »Dem Machtkampf zwischen den großen Feudalherren korrespondierte ein ständiger Prestigekampf. Der Dichter ebenso wie der Geschichtsschreiber gehörten zu dessen Instrumenten.«[437] Daß diese Vorstellung keineswegs abwegig ist, lernen wir bei Adam von Bremen, der den Erzbischof Adalbert († 1073) in seiner »Geschichte der Erzbischöfe von Hamburg« kritisiert:[438] »Das Geld jedoch, das er von den Seinen, von Freunden aber auch von Besuchern der Pfalz oder Schuldnern der königlichen Majestät erhielt, ich sage: all dieses Geld, es konnte noch so viel sein, vergeudete er sofort an unwürdige Leute, Gaukler, Heilkundige (richtig: Quacksalber; W. H.), Schauspieler und ihresgleichen (›infamibus personis et ypocritis, medicis et histrionibus et id genus aliis‹). Meinte er doch unklugerweise, er könne sich mit dem Beifall solcher Leute die unbestrittene Gunst bei Hofe gewinnen …«

Gar so unklug war der Erzbischof jedoch nicht. Denn die Spielleute und Dichter erwiesen sich für die Patronage der hohen Herren und Damen als sehr dankbar und waren bereit, diese in ihren Werken zu verewigen. So auch Adenet le Roi, der dem Grafen des Artois, Heinrich III., ein literarisches Denkmal setzte:[439]

»Dem edlen, tapferen und weisen
Grafen von Artois, der seit jeher

> Gott ehrt und ihm dient,
> Schicke ich mein Buch, damit er hört,
> Wie es gemacht und ausgearbeitet ist.
> Gott gebe, daß es derart ist,
> Daß der Graf es wohlwollend aufnimmt
> Und ihm aufgrund seiner großen Güte
> Die Ehre seiner Waffen und die Freude seiner Liebe gewährt.«

In diesen Zeilen wurde der Mäzen, der dem Autor die Abfassung seines Werkes durch seine Zuwendungen oder durch die Aufnahme am Hofe ermöglichte, geehrt und für seine »milte« gepriesen. Er sah damit Ruhm und Sozialprestige erhöht. Nebenbei sei darauf hingewiesen, daß der Dichter gar nicht erwartete, daß der Graf das Buch lese, sondern daß der Inhalt, wohl von einem Spielmann, vorgetragen werde.

Marie de France, die bedeutendste Dichterin des Mittelalters, lebte in England und schrieb französische Lais, die sie dem englischen König Heinrich II. zueignete. Sie rühmte diesen Mäzen als »Edlen, tapferen und höfischen König, in dessen Herz die Wurzeln alles Guten liegen.«[440]

Die Rolle von weiblichen Gönnern würdigte Chrétien de Troyes.[441] Im Roman »Lancelot« verewigte er mit Marie de la Champagne (1145–1198), der Tochter der Eleonore von Aquitanien, eine der bedeutendsten Mäzeninnen der mittelalterlichen Dichtung:[442]

> »Weil ›ma dame de Champeigne‹
> Wünscht, daß ich einen Roman schreibe,
> Werde ich damit sehr gerne beginnen,
> Als der ihr völlig Ergebene
> In allem, was in dieser Welt machbar ist
> Ohne ihr irgendwie schönzutun.«

Die reichen Geschenke, welche die Spielleute von den Gästen empfingen, sollten dem Gastgeber ebenso zur Ehre gereichen wie die Qualität der Gäste. Auch das Nibelungenlied steht nicht darin zurück, die Freigebigkeit der Gäste gegenüber der adeligen Verwandtschaft beim Hochzeitsfest von König Gunther und Brunhild hervorzuheben:

»Des edelen wirtes mâge, als ez der künec gebôt,
Die gâben durch sine êre kléider und gòlt viel rôt,
Ross unt dar zuo silber, vil manegem varnden man,
Die dâ gâbe gerten, die schieden vroelichen dan.«[443]

»Des Königs Verwandte befolgten seinen Wunsch,
Und schenkten zu seiner Ehre Kleider und rotes Gold,
Pferde und dazu noch Silber den vielen Fahrenden.
Ein jeder, der um ein Geschenk bat, zog fröhlich von dannen.«

Die Großzügigkeit oder besser, die Verschwendung von Reichtümern an die Fahrenden ist ein demonstrativer Akt. »Si begunden mit der milte strîten.«[444] Im »Überbieten in der Freigebigkeit« und in der Fähigkeit zur Verschwendung erweist sich die wahre Größe dessen, der nicht zu rechnen braucht und der auch nicht den »Mammon« anhäuft.

»Die Dichtung hat einen wesentlichen Anteil an der Entstehung der neuen Laienkultur und der höfischen Welt. Sie diente auch als Leitfaden für Fragen der höfischen Etikette und setzte so Maßstäbe für adelige Werte und für das richtige Verhalten der Aristokratie. In ihren Dichtungen möchte sich die höfische Gesellschaft des Mittelalters gerne wiederfinden – idealisiert, verfeinert und mit allen Tugenden ausgestattet. Freigebigkeit jedoch war eine der vornehmsten Tugenden dieser Gesellschaft.«[445]

Heinrich von dem Türlin zeigt einen vorbildlichen König Artus, dem die adelige Hofgesellschaft nachstrebt und ihm zu Ehren die Spielleute beschenkt:

»Dâ was manic gebende hant
Dem künege zuo êren.«[446]

Selbst im religiösen Sinn erwarb der adelige Gönner, der »milte« zeigt, großes Verdienst und göttlichen Lohn. Er soll daher, wie Spielleute und Spruchdichter fordern, gegenüber den Armen freigebig sein. Sie selbst rechneten sich ebenfalls den Armen zu.[447] Robert de Blois stellt kopfschüttelnd den höfischen Fauxpas eines adeligen Herrn bloß. Was für ein erbärmlicher und unhöfischer Typ mag dieser Fürst wohl gewesen sein, der die Spielleute abweisen ließ, weil er gerade bei Tische saß:[448]

»Wer könnte dies von einem Fürsten glauben,
Wenn er nicht die Wahrheit hörte oder sähe,
Daß er beim Essen die Haustüre verschließen ließ?
Bei Gott, ich kann darüber nicht schweigen,
Wenn die Türhüter sagen: »Fort hier, mein Herr möchte in
                              Ruhe essen!«

Wie ein Abgesang auf die »gute alte Zeit« klingen die Verse des Spielmannes Wace im »Roman de Rou« etwa um 1170.[449]

»Die Verfasser der Chansons de Geste
Wie auch von Geschichten wurden hochgeehrt,
Hoch gelobt und sehr geliebt.
Oft bekamen sie von den Herren
Wie den Edelfrauen schöne Geschenke,
Weil sie deren Namen in Geschichten erwähnten,
So daß man sich immer an sie erinnerte.
Aber jetzt kann ich lange nachdenken,
Bücher schreiben oder übersetzen,
Romane oder Streitgedichte (Sirventese) verfassen,
Nur sehr spät werde ich jemanden finden, und sei er noch so
                              höfisch,
Der mir so viel gibt oder schenkt,
Daß ich auch nur einen Monat einen Schreiber bezahlen
                              könnte,
Oder der mir eine andere Ehre außer dem folgenden (Lob)
                              erweist:
Meister Wace erzählt sehr gut;
Ihr sollt immer nur schreiben,
Die Ihr so schön und gut erzählen könnt.«

Wir dürfen den hier geäußerten Pessimismus jedoch nicht an der Realität messen. Es ist ein weit verbreitetes Phänomen nicht nur der mittelalterlichen Dichtung, die triste Gegenwart gegen das Licht einer glorreichen Vergangenheit zu halten. Demnach sei der Glanz der Feste, die Festigkeit der Sitten, die Freigebigkeit der Fürsten und die Tapferkeit der Ritter usw. inzwischen längst dahingeschwunden. »Ein derart schönes Gefolge hat heute jedoch kein Königsgeschlecht mehr«, meint der Dichter des Nibelungenliedes zu wissen.[450]

Wo sind sie geblieben, die Gönner und Freunde der Kunst, der Dichter und Spielleute? Das ist auch die Klage von entwurzelten Spielleuten und Dichtern der Provence, die im Verlauf der Albigenserkreuzzüge ihre Mäzene verloren. »Die literarischen Milieus sind dadurch zerstört worden.«[451] Hier sind die Klagen konkret begründet. Die nordfranzösischen Eroberungszüge – die Bezeichnung »Kreuzzug« verschleiert lediglich die Barbarei, mit der die christlichen Heere Okzitanien heimsuchten – haben tiefe Spuren der Zerstörung hinterlassen. Bernard Sicard de Marvéjols widmete mit seinem *sirventes* dem »von den arroganten und habgierigen Franzosen verwüsteten und gedemütigten *Midi*« gewissermaßen eine Grabinschrift:[452]

»Ai! Tolosa e Proença	»Oh weh! Toulouse und Provence,
E la terra d'Argença	Und auch ihr, Land an der Argens,
Besers et Carcassei:	Béziers und Carcassonne:
Com vos vi et c'us vei!«	Wie habe ich euch gesehen,
	wie muß ich euch jetzt sehen!«

Peire Vidal, Sohn eines Kürschners, nach anderer Überlieferung eines Gerbers,[453] kleidete das Thema seiner Trauer und Nostalgie in die Erzählung von einen Spielmann, der sich an den Hof des Dauphins der Auvergne begibt. Der Spielmann schwärmt dem Dauphin von den Tagen vor, als sein Vater ebenfalls als Spielmann unterwegs war: »Durch diesen erfuhr ich, wie Heinrich, König von England, freigebig war mit Pferden und Maultieren. Er erzählte mir seine Reise in die Lombardei zu dem glorreichen Markgrafen (Bonifaz I. von Montferrat; W. H.) und ich hörte, daß viele Katalanen, Provenzalen und Gascogner ihrer Höflichkeit wegen erwähnt wurden. Das bewog mich, Spielmann zu werden. Und so habe ich viele Länder und Meere gesehen und Städte und Schlösser besucht. Jedoch, bei den meisten adeligen Herren habe ich nichts gefunden, das an die Lebensart der Alten erinnert. Sie leben abgeschlossen auf ihren Höfen mit den Ihrigen.«

Peire Vidal läßt den Dauphin im Sinne seines Anliegens antworten und bringt damit sein Anliegen auf den Punkt: »Freund, Ihr beklagt Euch über eine große Veränderung, indem Ihr Euch der guten alten Zeit erinnert, wie sie Euer Vater geschildert hat. Auch ich habe den Hof des König Alfons kennengelernt; er war der Vater des

Auftritt von Spielleuten bei einer Hochzeitsfeier (aus Heinrich von Veldeke, Äneis, Schwaben, 1474).

jetzigen Königs, der aller Welt so viel Ehre und Gutes erwies. Hättet Ihr damals gelebt, so hättet auch Ihr das glückliche Zeitalter gesehen, das Euer Vater vor euch rühmte. Ihr hättet aus dem Munde der Dichter gehört, wie sie lebten, um zu wandern und Länder und Städte zu besuchen. Ihr hättet ihre weichen Sättel, die prächtige Anschirrung, ihre vergoldeten Zäume und ihre Zelter gesehen. Da hättet Ihr Euch verwundert. Manche kamen ›vom Passe‹ (wohl über die Pyrenäen; W. H.), andre von Spanien nach Katalonien. Hier hatten sie in König Alfons einen gefälligen und freigebigen Gönner, und ebenso in dem wackeren Diego und dem liebenswürdigen Grafen Fernando und seinem verständigen Bruder. In der Lombardei fand man den trefflichen Markgrafen Bonifaz von Montferrat. Auch in der Provence gab es freigebige Herren, so zum Beispiel die Herren Blacatz und Guillem den Blonden von Les Baux, den edlen Dauphin und den Herrn Gaston ... Diejenigen, die nach Foix kamen, fanden in ihm einen milden Schirmherrn. Eben so edel und aufrichtig würdet Ihr allezeit den Herrn Arnaut von Castelnou gefunden haben. Zu Castelvielh aber wohnte ein Herr Albert, ein hochherziger Ritter, und in der Gegend manche Barone, stets bereit, sich edel zun zeigen. Um es kurz zu machen, will ich noch des Herrn Miquel in Aragón gedenken, und Gracias und des Grafen Pons von Castillon und seines Sohnes Ugo, denen Ruhm und Ehre am Herzen lagen, und Jaufres, den man in vielen Städten und Reichen hochschätzte. Gebe Gott, daß wieder ein König Friedrich (I.) nach Deutschland komme, und ein König Heinrich (II.) nach England und ein anderer Heinrich, ein Richard und Gottfried (seine drei Söhne) und nach Toulouse ein so milder Graf wie Raimund (V.), den man so sehr verehrte. Zu ihren Zeiten blühten Dichter, Söldner und Erzähler. Sie waren es, die bedürftigen Sängern und Rittern aufhalfen und jeden Rechtschaffenen unterstützten.«

Wir müssen uns darüber im Klaren sein, daß der Inhalt des Gespräches Fiktion ist. Wir wissen nicht, ob Peire Vidal konkrete Zustände oder lediglich subjektive Empfindungen beschreibt oder aber vorgegebenen Mustern der Zeitklage folgt wie über 100 Jahre später der berühmte François Villon (1431 – ca. 1463). In seiner Ballade von den »Dames du temps jadis«, von den »Damen vergangener Zeiten«, trägt er diese Stimmung vor. Im Refrain »mais òu sont les neiges d'antan?« – »Wo ist der Schnee vom vergangenen Jahr?« liegt eine Metapher für die Vergänglichkeit.[454]

Fiktion und Realität
Manche mittelalterliche Mäzene hatten selbst einen Hang zur aktiven Ausübung dichterischer Künste: Thibaut de Champagne (1201–1253), der spätere König von Navarra, König René von Anjou (1409–1480), Guy de Thourotte als Châtelain de Coucy (um 1200), Heinrich II. von Brabant (Anfang 13. Jh.).

Die Liebe zu Dichtung und Musik und vor allem die Möglichkeiten der Selbststilisierung des Adels und des Königtums finden die Höhepunkte ihrer Umsetzung in den höfischen Festen. Selbst wenn diese in den literarischen Texten aufwendig beschrieben wurden und als phantasievoll überhöhte dichterische Produkte zu werten sind, drückt sich darin auch der Wunsch nach Darstellung und dichterischer Vorwegnahme einer gewünschten Wirklichkeit aus. Wir wissen recht gut, wie konkret sich Fiktionen und Bilder in der Realität auswirken. Im Grunde beruhen viele unserer Kenntnisse über die höfische Kultur, ja weite Teile der höfischen Kultur selbst auf Darstellungen der mittelalterlichen Literatur. Zugleich sind Fiktionen auch Spiegel, manchmal Zerrspiegel der Realität. Ihre Entzerrung kann uns jedoch die Realität entschlüsseln helfen.

Im Eneasroman des Heinrich von Veldeke findet das großartige Fest, welches anläßlich der Hochzeit des Eneas und der Lavinia sowie ihrer beider Königskrönung gefeiert wird, eine umfangreiche Würdigung.[455] Wir sehen alle Festteilnehmer, die Schenker und die Beschenkten, darunter vor allem die Spielleute, in einer Belohnungsszene vereint:[456]

»Da waren Spiel und Lied,
Turnier und Trubel,
Pfeifenspiel und Tanz,
Fiedelklang und Gesang,
Orgelmusik und Saitenspiel
und vielerlei sonstige Unterhaltung.
Der neue König Eneas, der der Bräutigam war,
beschenkte die Spielleute.
Er selbst begann damit, Geschenke auszuteilen,
denn er war der Allervornehmste;
deshalb begann er damit,
wie es einem König zukommt.
…

Danach gaben die mächtigen Fürsten
reichlich,
jeder mit eigener Hand
kostbares Seidengewand,
Gold und alle möglichen Kostbarkeiten,
Silber und Goldgefäße,
Maultiere, Streitrösser,
Samt und Seidenstoffe
in ganzen, unverschnittenen Stücken,
viele rotgoldene,
getriebene Armreifen,
Zobel und Hermelin
gaben die Fürsten,
denn sie konnten es sich leisten.
Herzöge und Grafen
gaben den Spielleuten
großzügig und so,
daß sie froh abzogen
und Preislieder auf den König sangen,
ein jeder in seiner Sprache.«

Das hier beschriebene Fest ist als Fiktion zu bewerten. Heinrich von Veldeke ist jedoch beim Mainzer Hoffest, welches Friedrich Barbarossa 1184 veranstaltete, zugegen gewesen. Es stand gewissermaßen Modell für die Hochzeit des Eneas mit Lavinia. Darauf weist der Autor ausdrücklich hin:

»Ich habe von keinem Fest
je erzählen hören,
das ebenso groß gewesen wäre
wie das, das Eneas veranstaltete –
außer dem, das zu Mainz stattfand,
das wir selbst gesehen haben.«[457]

Zum Beweis der Wahrheit seiner Festschilderung ruft er die noch lebenden Teilnehmer des Festes als Zeugen auf: »Noch heute leben viele, die es genau wissen.«[458] Der Autor führt uns »Bilder« von einem Fest vor, wie er es sich nicht schöner vorstellen kann: »Ich glaube, daß alle Lebenden kein größeres gesehen haben.«[459] Im Bild von den freigebigen, weitgereisten, adeligen Herrschaften, von den überreich fließenden Geschenken an die Spielleute vereinigt Heinrich von Veldeke alles das, was seiner Erfahrung und seinen Wünschen nach zu einem Fest gehört.

Die Beschenkung der Spielleute folgte demnach einem festgelegten, eine bestimmte Reihenfolge einhaltenden Ritual. Dabei kam es darauf an, daß, nach der Vorgabe des Königs, die nachgeordneten Herren ihre abgestuften Geschenke übergaben und – ohne daß es gesagt zu werden brauchte – diesen auf keinen Fall überbieten durften. Damit wurde ein Bild von der gesellschaftlichen Ordnung gezeichnet, nämlich die Äquivalenz von Rang und Geschenk als Gebot der herrschaftlichen Repräsentation. Die Spielleute dienten insofern als Mittel zum Zweck der Selbstdarstellung. Sogar die dichterische Überhöhung einer Szene enthält also konkrete historische Sachverhalte.[460] Watriquet de Couvins, Spielmann des Grafen von Blois, hat zwischen 1319 und 1329 über dreißig *dits* – im Gegensatz zum *chant* nicht gesungene, sondern rezitierte Poesie – gedichtet.[461] In seinem »Dit von den drei Tugenden«, »Li dis des trois vertus« nennt er, mit einem Augenzwinkern, eine Hauptaufgabe des Spielmannes: »Denn Gott gibt ihnen Verstand und Wissen, wie man adeligen Herren Erleichterung verschafft: indem sie ihre Laster vertuschen, und indem sie deren guten Ruf verbreiten. Dafür sind die Spielleute geschaffen: daß sie überall Freude und Unterhaltung verbreiten.«[462]

Königs-, Fürsten- und Adelshöfe waren für Spielleute und ihre Darbietungen wohl die ergiebigsten Auftrittsorte. Die Hofhaltungen der geistlichen Fürsten dürften kaum dahinter zurückgestanden haben. Hohe Entlohnung und möglicherweise eine dauerhafte Stellung bedeutete zwar ein vorrangiges materielles Motiv für den Auftritt bei Hofe; dazu trat jedoch auch ein nichtmaterielles Motiv von erheblicher Bedeutung: der Gewinn von künstlerischem und sozialem Prestige. Wir haben schon zwei Mal die Textstelle angesprochen, in welcher Gottfried von Straßburg Tristan als Spielmann Tantris genau dieses Prestigemoment zum Ausdruck bringen läßt:[463]

»Tristan sprach: ›Ich wills euch sagen.
Ich war ein höfischer Spielmann
und beherrschte ausgezeichnet
die Lebensformen und den Stil des Hofes.«

DREIZEHNTES KAPITEL
Spielleute und Publikum in den Städten

Die Städte
Die Städte, insbesondere die wenigen Großstädte des späten Mittelalters, in Deutschland etwa Köln, waren Anziehungspunkte für Fahrende jeglicher Art und Absicht. Hier fanden Spielleute ihr großes Publikum und schier unbeschränkte Möglichkeiten für Darbietung und Verdienst. Köln zählte um 1340 etwa 50000 Einwohner. Dahinter fielen selbst Nürnberg und Straßburg mit ca. 20000 und erst recht Regensburg mit ca. 15000 Einwohnern weit zurück. Diese Zahlen müssen wir jedoch im Vergleich zur Gesamtbevölkerung in Deutschland betrachten. Im römisch-deutschen Reich des Mittelalters lebten zur gleichen Zeit, vor der Großen Pest, insgesamt nur etwa 10 Millionen Menschen. Städte Okzitaniens, wie Toulouse und Montpellier, umfaßten ebenfalls bis zu 50000 Einwohner. Für Städte wie Paris, Córdoba, Venedig, Florenz und Genua mit 100000 Einwohnern galten ganz andere Maßstäbe.[464]

Die florierende Wirtschaft mit ihren vielfältigen Gewerben und Handwerken, der Nah- und Fernhandel und die Menge umlaufenden Geldes versprachen im Alltag und an Festtagen ein ausreichendes Einkommen. Aus Gründen der Sicherheit ebenso wie der Moral und wegen der zunehmenden Konkurrenz der ansässigen Spielleute wurden den fremden Spielleuten zunehmend Beschränkungen auferlegt. Diese betrafen die Höhe ihrer Entlohnung durch die Gastgeber und die Reglementierung ihres Aufenthaltes.[465]

Das Publikum
Gewiß waren Königs-, Fürsten- und Adelshöfe hinsichtlich des künstlerischen Prestiges die wohl begehrtesten Orte für den Auftritt

Idealbild einer italienischen Seestadt (aus der Tavola Strozzi, 15. Jh.).

der Spielleute. Das galt zumindest für diejenigen, die sich darauf verstanden, höfisches Publikum in ihren Bann zu ziehen. Die Städte jedoch boten allen Spielleuten vielfältige Gelegenheiten für ihre Auftritte. Seit dem 12. Jahrhundert sind eigens errichtete Gebäude und Räume als Versammlungsorte der Bürger überliefert.[466] Zu Köln ist für das Jahr 1149 ein »domus civium«, ein (auch) für Tanzvorstellungen gedachtes Bürgerhaus belegt. Im Spätmittelalter wurden in wohl allen Städten Tanzhäuser von Zünften und Gilden exklusiv für ihre Mitglieder errichtet. Auch Patrizier und Judengemeinden besaßen ihre eigenen Gebäude.[467] Die Zulassung zum Tanz wurde für die verschiedenen Gruppen der städtischen Gesellschaft durch Tanzstatute geregelt. Dienerschaft, Handwerksgesellen, wandernde Studenten usw. sollten von den Tanzveranstaltungen der Zünfte, Nichtpatrizier von denen der patrizischen Führungsschicht ferngehalten werden.[468] Was nun die Spielleute betrifft, so zeigt sich vor diesem Hintergrund ein hoher Bedarf an musikalischen und anderen Darbietungen. In den genannten Großstädten des Mittelalters konnten sich Spielleute auch als (halb-)seßhafte Künstler ein Auskommen sichern – wenn die Obrigkeit es zuließ.

Darüber hinaus boten sich den Spielleuten Dorf und Dorfplatz, Straße und Marktplatz, Kirche und Wirtshaus, ja selbst der Friedhof als Bühne für ihre Künste an: für Spiel und Tanz, für Gesang, Saitenspiel, Taschenspielerkünste, Akrobatik, Dressur von Tieren aller Art und für den Vortrag von Wundermären und Neuigkeiten aus aller Welt. An allen diesen Orten fanden sich auch Gelegenheiten für die mehr oder weniger verdeckte Prostitution von Wanderhuren oder fahrenden Frauen. Auch im Mittelalter gab es die großen, landauf und landab bekannten Zentren und Gelegenheiten für das *show business* neben den Stätten für Tingeltangel und provinzielle Darbietung geringen Niveaus und dilettantischen Eifers. So wie die Orte unterschieden sich auch die Darbietungen hinsichtlich ihrer Gattungen, ihrer Inhalte, ihres Niveaus und ihres Stils. Wir werden noch sehen, welchen Wert Spielleute auf »Klasse« legten, auf ihre Qualität und ihren Anspruch an sich und vor allem an die Konkurrenten, wenn es darum ging, als »höfischer« Spielmann zu gelten.

Die romanische Welt und ihre Städte waren in vielerlei Hinsicht weiter entwickelt, und die städtische Gesellschaft befand sich, im Gegensatz zur ehedem romfreien Welt, in einem Zustand der Schriftlichkeit, wenngleich das Lese- und Schreibvermögen über die Völkerwanderungszeit hinweg erheblich gemindert worden ist. Die romanischen Volkssprachen in Frankreich und Italien ebenso wie in Rätien und auf der iberischen Halbinsel haben sich aus dem Lateinischen entwickelt und somit blieben wenigstens Reste der römischen Kultur auf vielen Gebieten erhalten und konnten weiterentwickelt werden. Die nördlich der Alpen entstehende Kultur des Mittelalters mußte erst einmal mit einem Alphabet ausgestattet werden.

So blieb die geistige und kulturelle Verbindung mit der verdrängten antiken Hochkultur auf die Klöster und Domschulen begrenzt. Die kulturelle und technische Ausstrahlung der mittelalterlichen Klöster auf das Land und auf die Laien war dort jedoch viel eingeschränkter als uns romantische Vorstellungen und wissenschaftliche Forschung suggerieren wollen. Die Filterung der antiken Kultur durch die auf das Jenseits orientierten Klöster hat die Entwicklung der nordalpinen Länder Europas um Jahrhunderte verzögert. Ja, sie betrieben mit ihrer intoleranten Selektion und Vernichtung antiken

Städtische Trompeter geben hohen Gästen das Ehrengeleit (aus: Ulrich von Richenthal, Chronik des Konstanzer Konzils, Schwaben, um 1470, Wien Österr. Nationalbibl. Cod. 3044).

Schrifttums durch Mönche und Theologen Kulturbarbarei – die hier schon gebotenen Kostproben sind lediglich die Spitze des Eisberges. Das zeigt die materielle und geistige Vernichtung vorchristlicher Heiligtümer während der Missionierung und ebenso die Tilgung antiken heidnischen Wissens. Das Ausmaß dieses viele Jahrhunderte anhaltenden »Kulturkampfes« des extrem intoleranten Christentums – d. h. insbesondere seiner Vordenker und seiner Institutionen – kann nicht hoch genug veranschlagt werden. Welch schwere Belastung das frühe Christentum dem Mittelalter für geistiges Leben, weltliche Bildung und Wissenschaft vererbte, wird in den Auslassungen des Tertullian deutlich:[469] »Wenn wir darüber hinaus die Gelehrsamkeit der heidnischen Literatur verachten, weil sie bei

Gott als Dummheit eingestuft wird, dann wird uns unsere Haltung hinreichend deutlich auch im Hinblick auf jene Arten von Schauspielen vorgeschrieben, die in der heidnischen Literatur in komische und tragische Bühnenstücke unterteilt werden.«

In den romanischen Ländern besaßen die Kirche und ihre Klöster nicht im gleichen Maß wie im Norden das Monopol der Vermittlung und Vererbung von Kultur und Werten. Die gebildete, schriftliche Laienkultur der Antike hat sich, wenn auch barbarisiert und ausgedünnt, nie ganz aufgelöst.

Es ist daher kaum verwunderlich, daß die Landschaften und die Städte der romanischen Welt reichhaltiger mit Spielleuten und mit höfischen und städtischen Bühnen ausgestattet waren als der deutsche und der englische Raum. Im Süden wehte für die Spielleute und andere Künstler nicht nur eine bessere Luft, sie fanden auch wesentlich günstigere Lebens- und Überlebensbedingungen für ihr Wanderdasein vor. Das sehr viel mildere Klima am Mittelmeer hat das Leben fahrender Leute ganz erheblich erleichtert. Das ist keineswegs nebensächlich, denn Regen und Kälte sind die schlimmsten Todfeinde unbehauster Existenzen.

Oberitalien und die Provence rücken immer wieder in unser Blickfeld, wenn von großen und berühmten Aufgeboten der wandernden Künstler die Rede ist. Sei es das Fest der Malatesta in Rimini im Jahre 1324, das über 1500 Spielleute gesehen haben soll, oder die Erzählung von Giachetto Malespini über die Osterfeiern zu Florenz 1283, wo sich eine große Anzahl von Spielleuten aus aller Herren Länder eingefunden und höchste Aufmerksamkeit auf sich gezogen hatten. Sie trugen reiche Geschenke davon.[470] In den Dörfern und zahlreichen Städten der romanischen Gebiete Italiens und Frankreichs waren ständig Spielleute gegenwärtig, um Feste aller Art zu gestalten.

Edmond Faral faßt den Lebensrhythmus der Spielleute zusammen: »Es gab immer Fahrende auf den Straßen, und das Publikum versäumte zu keiner Zeit eines der gebotenen Spektakel, gleichgültig, zu welcher Zeit es stattfand, abgesehen von der Fastenzeit. An den Feiertagen jedoch hatten die Spielleute ihren großen Auftritt. Es gab keine größere Festlichkeit ohne sie. Sie schienen für Hochzeiten schlichtweg unentbehrlich, und zwar sowohl bei den kleinen Leuten wie bei der Oberschicht«.[471] Die Städte haben zwar versucht, die fremden Spielleute zu reglementieren. Dennoch standen sie, ebenso wie die Häuser der wohlhabenden Bürger, den Spielleuten ebenso offen wie die Höfe der adeligen und geistlichen Herren.

In der Chanson »Le Moniage Guillaume«, »Das Mönchsleben Wilhelms«,[472] finden die Spielleute eine treffende Charakterisierung. Räuber lauern im Wald und sind im Begriff, den Diener Guillaumes zu überfallen. Ein Räuber rät von einem Überfall ab, weil er wegen des Gesanges auf Spielleute schließt. Er nennt dabei die Orte ihres Auftretens:

> »Nach meiner Auffassung sind dies Spielleute,
> Die von einer Burg, von einem Dorf oder einer Stadt her kommen,
> Von dort, wo sie auf den Plätzen gesungen haben.
> Von einem Spielmann kannst du nichts erbeuten,
> Von ihrer Lebensart habe ich nämlich genug gesehen.«

Im Fabliau – das ist eine Verserzählung zum Lachen – »Les trois bossus«, »Die drei Buckligen«, aus dem Beginn des 13. Jahrhunderts, ziehen drei mißgestaltete Spielleute in eine Stadt, um bei einem ebenfalls buckligen reichen Bürger und dessen schöner jungen Frau Weihnachten zu feiern:

> »Es war einmal zu Weihnachten
> Als drei bucklige Spielleute
> Zu ihm ins Haus kamen;
> Ein jeder sagte ihm, daß er
> Das Fest mit ihm zusammen feiern wolle …«[473]

Die Spielleute werden von dem Bürger bewirtet und bevor er sie entläßt, gibt er jedem von ihnen für ihr Auftreten 20 Pariser Sous. Die Marienburger Willkür von 1365 behandelt aufdringliche Spielleute dagegen wie eine Landplage: »Auch sollen keine Fiedler noch allerlei bettelnde Gruppen unaufgefordert an die Tische der Bürger kommen; wenn sie das Verbot übertreten, soll man sie festsetzen oder in das Halseisen spannen.«[474]

VIERZEHNTES KAPITEL
Teufel, Tanz und Spielleute

Der Teufel tanzt mit
Der wie Augustinus aus Nordafrika stammende Kirchenvater Lactantius, vormals Rhetoriklehrer und zeitweilig Erzieher kaiserlicher Prinzen, warnte um 304/311 vor den Gefahren des Tanzes: »Was die schamlosen Gebärden der Schauspieler angeht, mit denen sie liederliche Weiber nachäffen – sie lehren doch geradezu die Lüste, die sie im Tanze darstellen! Und erst die Posse – ist sie nicht eine richtige Schule der Sittenverderbnis? Dort werden Dinge, deren man sich schämen sollte, auf der Bühne vorgeführt, auf daß sie in der Wirklichkeit ohne jede Scham geschehen können. Das sehen dann die Jugendlichen, die in ihrem gefährdeten Alter Zügel und eine feste Leitung nötig hätten, anstatt daß sie durch diese Darstellungen zu Sünde und Laster angeleitet werden.«[475]

Zu Lactantius ist zu bemerken, daß er als Theologe rückständig und außerdem ein Anhänger dualistischer Vorstellungen war, die sich insbesondere durch radikale Körper- und Lustfeindlichkeit auszeichneten.[476]

Es wurde zur Tradition der frühchristlichen Kirchenväter, daß sie zugleich mit der Verdammung von Schauspiel und weltlicher Musik den wahren Christen auch weltliche Tänze untersagten. Der heilige Ambrosius etwa verbot das Tanzen gänzlich; nicht nur das Konzil von Laodikaea folgte ihm in dieser Auffassung.[477] Auch der heilige Johannes Chrysostomus, der strenge Patriarch von Konstantinopel, sprach in der zweiten Hälfte des 4. Jahrhunderts sein vernichtendes Urteil darüber. Für ihn war das Tanzen satanischer Pomp und ein Werk des Teufels, wobei Tod und Teufel mit von der Partie seien.[478] Basilius (der Große), Bischof von Caesarea in Kleinasien, sah im Tanz die Niederlage der Seele und den Ausdruck unentschuldbarer Geilheit.[479]

»Es ist verboten, in der Kirche weltliche Reigentänze aufzuführen und Gesänge der Mädchen zu veranstalten sowie Festgelage dort zu feiern.«[480]

Diese Verordnung wird dem heiligen Bonifatius, dem sog. »Apostel der Deutschen«, zugeschrieben. Er soll sie auf dem Konzil von Leptinus im Jahre 743 durchgesetzt haben. Darin stimmen Theologen, Seelsorger und Kirchenkonzilien überein: Alle Arten von Tänzen, die *ballationes* und die *saltationes*, schändliche Gesänge und Spiele, das alles ist Teufelswerk und deshalb verboten; und zwar nicht nur in den Kirchen, sondern auch in den Privathäusern, auf den Plätzen und auch sonst überall, denn dies sei ein »Überbleibsel der heidnischen Sitten« – »paganorum consuetudo«.[481]

Das Tanzen wurde – ganz in der wörtlich genommenen Tradition der mehr oder weniger dualistisch eingefärbten Kirchenväter – von den kirchlichen Moralisten des Mittelalters immer wieder verurteilt und verteufelt. Das Christentum hat die selbst herbeigeführten Widersprüche zur Erklärung von Gut und Böse und zur Bewertung von Materie und menschlichem Körper nie zu lösen vermocht – weder im Mittelalter noch in der Gegenwart.

Jakob von Vitry (ca. 1160/70–1240), Geschichtsschreiber und fanatischer Kreuzzugsprediger gegen Albigenser und Muslime, hat diese Verbindung von Tanz und Teufel frei nach Augustinus kurz und bündig in die Worte gefaßt:

»Chorea enim circulus est, cujus centrum est diabolus.«[482]

»Der Tanz findet im Kreise statt und in der Mitte befindet sich der Teufel«.

In einer französischen Handschrift des 15. Jahrhunderts finden wir folgende kirchliche Lehrsätze: »Die Tanzveranstaltungen, sagt der Teufel, gehören zu unseren einträglichsten Geschäften. Sie sind unsere Messen, und die Spielleute sind unsere Priester.«[483]

Kein Wunder, daß nicht nur in der kirchlichen Welt Tanz und alles, was damit zusammenhing, mit kritischen Augen gesehen wurde. Auch im »Renner« (um 1300) des Bamberger Dichters Hugo von Trimberg wird vor dem Teufel gewarnt, der den Tanz als gute Gelegenheit sieht, die Seelen zu fangen:[484]

Spielleute als Musikanten und Akrobaten bei der Anbetung der Statue des heidnischen Königs Nebukadnezar, nach A.T., Daniel 3, 5ff. (aus einer Bibelhandschrift aus Sant Pere de Roda, Katalonien, um 1000, Paris Bibl. Nat. lat. 6).

»Dorthin, wo Streit und Tanz und Kneipenstimmung ist,
ziehen die Teufel gerne.
Denn dort warten sehr viel mehr Seelen auf ihn
als irgendwo sonst.«

Die Theologen betonten unentwegt, daß der Tanz teuflischen Ursprunges sei. Seine Geschichte beginne mit dem berühmten Tanz um das Goldene Kalb im Alten Testament. Während Moses auf dem Berg Sinai von Gott die steinernen Tafeln mit den Zehn Geboten empfing, errichteten die ungeduldig wartenden Israeliten ein Götzenbild in Form eines Kalbes und huldigten diesem im Tanze:[485]
»Als Mose dem Lager näher kam und das Kalb und den Tanz sah, entbrannte sein Zorn.«

Die Quellen und Texte überliefern uns an vielen Stellen die wohl älteste Tanzfigur dieser Zeit, die europaweite Verbreitung gefunden hatte: den Kreistanz oder Reigen. Die Tänzer hielten sich an den Händen fest und bildeten auf diese Weise einen Körper, dessen Bewegung nach außen und nach innen auf die einzelnen Tänzer dynamisch übergreifen und ekstatische Wirkung hervorrufen konnte. Diese Tanzveranstaltungen dienten auch den Ritualen der Erotik und der Partnerwahl.[486] Selbstverständlich waren die Spielleute mit Gesang und Instrumenten die begabtesten und beliebtesten musikalischen Begleiter. Die Tänzer selbst haben mitgesungen. Erhalten blieb das seit dem 11. Jahrhundert belegte »Kölbigker Tanzlied«, das an einen Fall von Tanzwut aus dem Jahre 1020 erinnert: In dem Dorf Kölbigk in Anhalt sollen junge Leute den Weihnachtsgottesdienst durch ein Tanzspiel mit Entführung der Pfarrerstochter entweiht haben; zur Strafe für ihre Sünde mussten sie ein Jahr lang ununterbrochen tanzen und singen, nach der Lösung vom Bann für den Rest ihres Lebens mit zitternden Gliedern unstet umherirren.

Wenn wir den Texten glauben dürfen, und nicht die Frauenfeinschaft der theologischen Schreiber die Feder geführt hat, waren es die Frauen, die besonders tanzbesessen waren. Sie stellten sich an die Spitze der Polonaisen und führten sie durch die Straßen, auf die Friedhöfe und in die Kirchen. Das hat, wie wir oben gesehen haben, schon im 6. Jahrhundert den Unmut der Geistlichkeit am Hofe des Merowingerkönigs Childebert hervorgerufen und ein strenges Verbot durch den König bewirkt.

»Auch dürfen sich am Samstag keine Tänzerinnen auf den Höfen herumtreiben. Wir erlauben dies nicht, weil Gott dadurch beleidigt wird.«[487]

Das Konzil von Rom im Jahre 843 hat schon vor »gewissen Leuten, darunter insbesondere Frauen, gewarnt, die zotige Lieder singend Tanzreigen abhalten und anführen.«[488] Eine Predigt des 15. Jahrhunderts schildert drastisch »Was schaden tantzen bringt«, also »Welchen Schaden das Tanzen nach sich zieht«: »Es sind sonderlich drei Dinge, durch die der Teufel mit den Frauen die Männer verlockt: nämlich sehen, reden und anfassen. Alle drei kommen beim Tanzen vor. Da schauen sie sich an und winken mit den Augen, da gibt es unsittliche Reden und Gebärden und Gesänge, da werden die Hände angefaßt und der ganze Körper, wovon das Feuer der Unkeuschheit entzündet und vergrößert wird, dem manches tugendsame Kind zum Opfer fällt.«[489]

Der Teufel verschlingt die Seele eines Verdammten (Kapitell der Abteikirche von Chauvigny, um 1120).

Der Rückgriff auf die Kirchenväter, hier den heiligen Hieronymus, kommt nicht unerwartet und wird zur Vorführung eines phantastisch-anschaulichen Schauspieles genutzt:[490]

»Aus dem ›springenden tantz‹ entstehen 6 Schädigungen. Zum Ersten: Der Teufel benutzt zur Überwindung und zum Töten der Seele nicht nur ein Schwert, vor allem, wenn vielerlei gut aussehende Menschen zur Stelle sind. Denn Hieronymus sagt: Gestalt und

Gesicht der herausgeputzten Frauen sind wie ein feuriges Schwert. Beim Tanzen sticht und schlägt der Teufel die Seele mit einem blank gezogenen Schwert; denn dabei werden Mäntel und Schleier abgelegt. Das Schwert schneidet überall: denn die Töchter lassen sich allenthalben begucken und begaffen, von vorne und von hinten, von unten und oben. Da werden diese mit einem scharf geschliffenen Schwert, das bestens geschliffen glänzt, verwundet.«

Die Folgen der Tanzwut sollen fürchterlich sein: »... zum Ersten führen die Tänze dieser Welt die Tänzer hin zum Höllentanz. Dort werden sie sich alle treffen und unter großen Schmerzen und in ewigem Trübsal mit ihrem Herrn und Meister, dem ›Butzen‹, auf glühenden Kohlen tanzen müssen. Und sie werden ein Klagelied singen und dabei bitter weinen und heulen.«[491]

Der gelehrte Konrad von Megenberg (1309–1374) unterfüttert seine Ablehnung des Tanzens auch mit ästhetischen Aspekten:[492] »... zu dem lautstarken Getöse springen die Mädchen um die Wette, indem sie wie Hirschkühe die Hinterkeulen grob und unanständig bewegen.«

Das am Ende des Mittelalters, 1494 zu Basel erschienene Buch »Das Narrenschiff« von Sebastian Brandt geißelt die Untugenden und Laster der Menschheit mit Hohn und Spott. Auch dem Tanzen wird ein Kapitel über menschliche Torheit gewidmet, wobei im Text und mit dem beigegebenen Holzschnitt an die Entstehung aus dem Götzendienst im Alten Testament erinnert wird:

»Vom Tanzen
Die hielt ich fast für Narren ganz,
Die Lust und Freude haben am Tanz
Und springen herum grad wie die Tollen,
Im Staub sich müde Füße zu holen.
Aber wenn ich denke dabei,
Wie Tanz mit Sünde entsprungen sei,
So kann ich merken und betrachte,
Daß ihn der Teufel wohl aufbrachte,
Und schuf, daß man Gott ganz verachte.
Noch viel damit zuweg er bringt;
Aus Tanzen Unheil oft entspringt:
Da ist Hoffart und Üppigkeit
Und Vorlauf der Unlauterkeit,

Da schleift man Venus bei den Händen,
Da tut all Ehrbarkeit sich enden.
Drum weiß ich aus dem Erdenreich
keinen Scherz, der so dem Ernst sei gleich,
Als daß man Tanzen hat erdacht,
Auf Kirchweih und Primiz gebracht;
Da tanzen Pfaffen, Mönch' und Laien,
Die Kutte muß sich hinten reihen;
Da läuft man, wirft umher wohl eine,
Daß man hoch sieht die bloßen Beine;
Ich will der andern Schande schweigen.
Der Tanz schmeckt süßer da als Feigen.
Wenn Kunz mit Greten tanzen kann,
Ficht Hunger ihn nicht lange an,
Bald sind sie einig um den Preis,
Wie man dem Bock geb um die Geiß.
Soll das nun Kurzweil sein genannt,
So hab ich Narrheit viel erkannt,
Viel warten lange auf den Tanz,
Die doch der Tanz nie sättigt ganz.«[493]

Kirchen als Tanzpaläste.
Die Strafe folgt auf dem Fuße

Neben den Zunftsälen und Bürgerhäusern benutzten die Spielleute auch Kirchen als Podium für ihren Auftritt, wie die ständig wiederholten Verbote beweisen. In den Predigten und in den Verdikten der kirchlichen Morallehre wird immer wieder, offenbar erfolglos, vor allem gegen die gotteslästerliche Unsitte des Tanzens in den Kirchen gewettert.

Aus dem Jahr 1405 sind Statuten des Bischofs Henri von Nantes überliefert, die dem Unwesen der Spielleute in den Kirchen entgegentraten:[494] »Wir verbieten den ›mimi‹ und den ›joculatores‹ die Aufführung von Tänzen mit Larven von Ungeheuern bzw. die künstliche Darstellung von irgendwelchen Personen (Rollen), ... sowie mit irgendwelchen Musikinstrumenten zu spielen sowie allen von jeglichem Stand und Rang, Milieu oder Geschlecht, Tanzveranstaltungen beizuwohnen oder sich herauszunehmen, irgendwelche sonstige Spiele in Kirchen und auf Friedhöfen unserer Stadt aufzuführen!«

Bischof Johannes von Lüttich bestimmte in einem Synodalbeschluß, daß Spielleute und Tänzerinnen (»saltatrices«) in der Kirche, auf dem Friedhof und seinem Vorplatz sowie bei Prozessionen und Bittgängen ihre Aufführungen und Spiele nicht mehr aufführen dürfen. Auch hat er ihnen an diesen genannten Orten jegliche Art von Tanzveranstaltung verboten.[495]

Der Tanz gehörte zu jedem Fest dieser Zeit, ob es nun kirchlichen oder profanen Charakter hatte. Und es waren nicht nur Familien- und Kirchenfeste, die dazu Anlaß boten. Allein schon die Anwesenheit von Spielleuten im Dorf oder in der Stadt, in einem Gasthaus oder wo auch immer, bot den Anreiz zu einer spontanen Tanzerei. Und wenn die Gasthäuser oder Scheunen zu klein waren und das Wetter den Tanz im Freien nicht zuließ, dann zogen die Tanzlustigen eben in die Kirche. Und die Kirchen des Mittelalters hatten beileibe nicht den ehrwürdigen Charakter, den wir ihnen heute zuschreiben. Bettler und Händler, Flaneure und Damen verschiedenen Standes beim unkontrollierten Kirchgang – die spätmittelalterliche Schwankliteratur bietet uns drastische Milieustudien und Abenteuer, die unter solchen Umständen ihren Anfang nahmen.[496] Insofern waren die Kirchen geeignete Orte, an denen die Musikanten zum Tanz aufspielen konnten.

Der Brauch, Kirchen als Tanzhäuser zu benutzen, hielt das ganze Mittelalter an und fand erst mit Reformation und Gegenreformation im 16. Jahrhundert ein Ende. Alle Verbote und Vorhaltungen, daß weltliche Tänze überhaupt und in der Kirche im Besonderen ein heidnisches Relikt seien, fruchteten nichts. Im Spätmittelalter waren nicht wenige belehrende Legenden im Umlauf, welche vor der Mißachtung des Tanzverbotes und ihren Folgen warnten; die im 11. Jahrhundert wurzelnde und bis weit in die Neuzeit wirkende Kölbigker Tanzlegende haben wir bereits erwähnt.

Der weitgereiste Prämonstratensermönch und spätere Dominikaner Étienne de Bourbon (ca. 1190 – 1261), der vor allem in Okzitanien gegen die Ketzer – Waldenser und Katharer – predigte und sogar um 1235 zum Inquisitor ernannt wurde, hat ein Handbuch für Prediger verfaßt, »Tractatus de diversis materiis praedicabilibus« und darin etwa 3000 Beispiele in Erzählform überliefert. Einige dieser »exempla« – belehrende Moralgeschichten – polemisieren gegen das offenbar verbreitete Tanzen in der Kirche. Sie enden damit, daß sich der Kirchenboden zum Schlund öffnet und die frivole Tanzge-

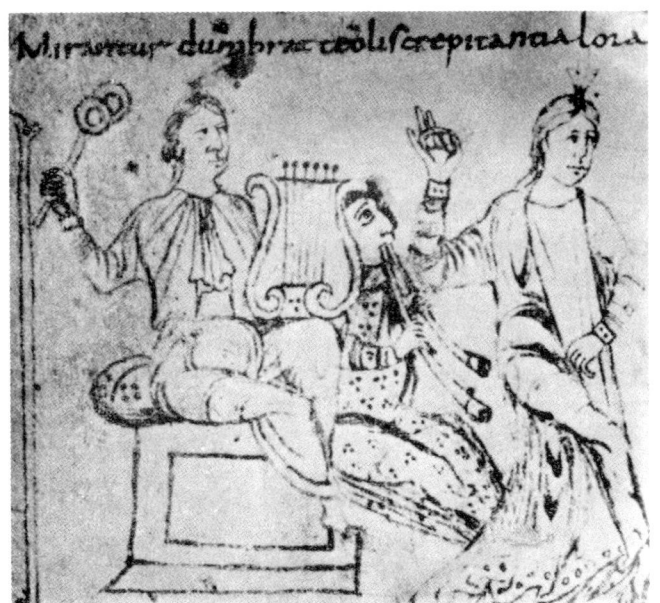

Luxuria (die Unzucht), dargestellt durch Musikantinnen und Tänzerin (Miniatur aus: Prudentius, Psychomachia, um 1000, Paris Bibl. Nat. lat. 8318).

sellschaft hinunterzieht. So sei am Weihnachtstag der Fußboden der Kirche unter dem Sohn des Grafen Guy de Forez und seiner Festgesellschaft bei Tanz und Musik eingebrochen und habe alle verschlungen.[497]

Eine andere schreckliche Geschichte habe sich in der Stadt Elne im Roussillon ereignet: An Kirchweih wollte ein junger Mann in der Pfarrkirche tanzen, obwohl es der Pfarrer verboten hatte. Dabei wurde er von den Kerzenflammen erfaßt und verbrannte daraufhin zu Asche. Auch in Soissons sei eine Kirche eingestürzt, weil die Menschen dort tanzten. An einem anderen Ort seien Frauen von einer schrecklichen Krankheit heimgesucht worden, weil sie gerne getanzt hätten. Über den Köpfen anderer »tanzbesessener« Frauen habe sich der Teufel gezeigt. Man habe den Teufel auch mit dem Antlitz eines kleinen Schwarzen gesehen, wie er auf einem Tänzer geritten sei und ihm nach Lust und Laune die Zügel zu spüren gab. Eine spätmittelalterliche Sittenpredigt mahnte mit drastischen Worten: »Behüte Gott alle frummen Gesellen für solchen Jungfrawen, die da Lust zu den Abendtänzen haben und sich da gerne umbdrehen, unzüchtig küssen und begreifen lassen; es muß freylich nichts guts an ihnen sein, da reitzet nur eins das ander zur Unzucht, fiddern dem Teuel seine Bölze«.[498]

Für Abbeville an der unteren Somme hingegen ist überliefert, daß der Pfarrer zum Fest Unserer Lieben Frau, der Kirchenpatronin, den Spielleuten seine Kirche überließ, damit sie dort ihre Künste vorführen konnten. Der Pfarrer war der Gerichtsherr dieser Spielleute, d. h., er besaß das Recht, in allen ihren Angelegenheiten das Gericht auszuüben und wurde mit dem Titel »roi des ribauds«, »König der Fahrenden« versehen.[499]

Die reiche Überlieferung der Tanzverbote läßt den Schluß zu, daß Kirchen und Friedhöfe regelmäßig zu sehr profanen Vergnügungen mißbraucht worden sind. Die Verbote wurden keineswegs nur aus Pietät erlassen, sondern weil die mit dem Tanz verbundene Lebensfreude als offenes Tor zur Sünde angesehen wurde. Die mit dem Tanz ausgedrückte Körperlichkeit, die ausgelassene, als unsittlich angesehene Bewegung, wurde von den Theologen und Bußpredigern unter Heranziehung frühchristlicher Autoritäten unentwegt verdammt. Die Worte des Augustinus waren selbst dem einfachen Landpfarrer bekannt: »Der Tanz findet im Kreise statt und in der Mitte befindet sich der Teufel«.[500] Nach Étienne de Bourbon ist »der Teufel Erfinder, Anführer und Organisator der Reigen und der Tänze.«[501] Trotz der ständig wiederholten Verbote und des aufgebotenen »schweren Geschützes« in den Exempla war die Lust am Tanz in der Bevölkerung nicht auszurotten. Es bedurfte lediglich einiger Spielleute (*jugleour*) mit Violine, schon fanden sich Bürgersfrauen (*borjoises*) ein, die Lust zu tanzen hatten:

»Li jougleour vont viëlant,
Et les borjoises karolant.«[502]

Der Tanz der spätmittelalterlichen Mystikerinnen mit Jesus hingegen führte in himmlische Sphären. Am Beginn des 15. Jahrhunderts schwärmt ein geistliches Lied:

»Da führt Jesus den Tanz mit der Schar der Jungfrauen an,
Da ist die Liebe gar grenzenlos,

Da hört man manchen süßen Gesang und den Klang manch
süßer Töne.
Da sind Harfe und Leier, Lobgesang und Jubilieren zu hören.
Da sah man Tanzen und Singen und Reigen und Springen ...«[503]
Der Tanz mit dem himmlischen Bräutigam wurde als Ersatz für
entgangene irdische Freuden gepriesen.

Tanzverbote in der Stadt

Aus verschiedenen Gründen erließen die städtischen Obrigkeiten immer wieder Verordnungen im Zusammenhang mit Tanzveranstaltungen, vor allem wenn sie außerhalb der geordneten bürgerlich-zünftischen Kreise stattfanden. Manchmal dienten sie auch zum Schutz der Bürger vor aufdringlichen Spielleuten. Denn diese scheuten nicht davor zurück, Bürgerhäuser vor allem zu den Mahlzeiten heimzusuchen oder sich mit Nachdruck als Musikanten bei allen Gelegenheiten anzudienen.

Die Spielleute konnten zur Landplage werden, wobei die Bevölkerung sich als hilflos gegen das zudringliche Auftreten und Betteln erwies. Die Stadtobrigkeiten waren deshalb immer wieder gezwungen, die Notbremse gegenüber unverschämt auftretenden Spielleuten zu ziehen. So erließ die Stadt Marienburg eine »Willkür« (ein Statut) gegen Spielleute, die sich ohne Aufforderung bei Bürgern der Stadt einluden und sich zum Mahle niederließen und drohte ihnen mit Gefängnis und Halseisen. Worms wollte fahrenden Musikanten gar nicht erst Einlaß in die Stadt gewähren. Zumindest sollten Fremde, Kaufleute, Pilger und andere Durchreisende nicht von den vagabundierenden Herbergsgenossen belästigt werden, etwa von Spielleuten männlichen und weiblichen Geschlechtes.[504]

Die Belege für die Anziehungskraft der Städte sind vielfältig und reichlich. Auch wenn die Städte des Mittelalters noch überschaubar klein waren – manche Städte hatten nicht mehr als 500 Einwohner – fanden die Spielleute dort wesentlich mehr Menschen auf kleinem Raum als auf dem flachen, meist dünnbesiedelten Land. War die Stadt groß genug, fand beinahe jeden Tag eine Hochzeit oder Trauerfeier, Kindstaufe oder Zunftfeier statt. Ansonsten waren die Verdienstmöglichkeiten für seßhafte Spielleute jedoch sehr beschränkt.

Wir finden vor allem seit dem Spätmittelalter in Gesetzen, Land-

und Stadtrechten, Satzungsbüchern und Ordnungen einschränkende Luxusordnungen verzeichnet.[505] Diese standen im Rahmen der regelmäßig überwachten Lebensführung, welcher die Bewohner in Stadt und Land zunehmend ausgesetzt waren. Nicht nur, daß die Obrigkeit der maßlosen Verschuldung vor allem der kleinen Leute durch üppige Hochzeiten, Taufen und andere Feste Einhalt gebieten wollte. Sie folgte darin auch den moralisch-sittlichen Vorgaben, welche die Geistlichkeit vorgab. Auf diesem Wege sind auch überall in Europa Kleiderordnungen erlassen worden, denen vor allem an der maßvollen Bekleidung – ein jeder nach seinem Stand bzw. seiner Vermögensklasse – gelegen war.

Ein besonderes Anliegen der Luxusordnungen galt der Einschränkung der Zahl der Festgäste insbesondere bei Hochzeit und Trauerfeier. Offenbar saß dem Bürger der Beutel recht locker und er war bereit, sein Sozialprestige durch hohe Ausgaben zu demonstrieren. Diese Maßnahmen waren seit 1200, seit sich eine urbane Gesellschaft entwickelte, in ganz Deutschland verbreitet. Die Zahl der zugelassenen Gäste war von Stadt zu Stadt unterschiedlich – acht Verwandte pro Ehepartner in Nürnberg oder 120 Personen und 24 Verwandte in Göttingen in der Mitte des 15. Jahrhunderts. Ein besonderes Augenmerk galt auch der Anwesenheit von Spielleuten. Die städtischen Magistrate bzw. die Stadtrechte hielten es für notwendig, ihre Zahl bei Festen zu begrenzen. Schon um 1200 erlaubte Straßburg lediglich die Mitwirkung von vier »joculatores«. Zürich beschränkte vor 1300 die Zahl der Musikanten auf »zwen singer, zwen giger und zwen toiber (Bläser)«. »Sechs spylmann, dy teneze und reigyn machen«, verordnet Mülhausen im Elsaß als Höchstzahl bei Hochzeiten. Krakau und Bremen waren 1336 bzw. 1303 verhältnismäßig großzügig: sie ließen 8 Spielleute zu.[506]

In Bamberg, wie an vielen anderen Orten auch, wurde darüber hinaus bestimmt, daß nur Spielleute aus der näheren Umgebung beschäftigt werden dürfen. In Regensburg wurden die »Honorare« für den einheimischen Spielmann auf 24 Pfennige, für den »Ausmann« auf höchstens 12 Pfennige festgelegt. Frankfurt verbot den Zulauf fremder Spielleute im Jahre 1352 vollständig.[507] Die Stadt Bologna verbot den französischen Spielleuten jeglichen Auftritt auf den Plätzen der Stadt; eine Maßregel, die nach allem, was wir über das Verhältnis von Stadtobrigkeit und Spielleuten wissen, bestenfalls für kurze Zeit durchgesetzt werden konnte.[508] Dahinter dürfte auch nicht das Interesse gestanden haben, die Spielleute insgesamt fernzuhalten, sondern eher die Absicht, die einheimischen Spielleute von ihrer Konkurrenz zu entlasten. Das Mißtrauen gegenüber den Fahrenden hat dabei ebenfalls eine Rolle gespielt.

Von städtischen Maßnahmen gegen derartige Aufdringlichkeit und Übergriffe erfahren wir z. B. aus Narbonne und aus Montpellier im 13. Jahrhundert, wo die Obrigkeit den Spielleuten verbot, sich unter die Prozession der Taufgäste zu mischen.[509] Auch aus Wismar ist für das Jahr 1343 eine Spielleuteordnung überliefert.[510]

Bürgermeister und Räte legten Wert darauf, daß das von den Spielleuten dargebotene Programm feierlich gestaltet werde, wie es einer Hochzeit gezieme (»cum solempnioribus ludis«). Die Entlohnung der Spielleute, je nachdem ob sie auf einer großen oder auf einer kleinen Hochzeit auftraten, wurde entsprechend auf vier oder auf zwei Lübecker Schillinge begrenzt.

Nicht nur Bürger in den Städten, sondern auch englische Lords mußten vor zudringlichen Spielleuten in Schutz genommen werden. Ein königlicher Erlaß von 1315 wandte sich an die Sheriffs von London, »... forbidding minstrels to go to the houses of great lords beyond the number of three or four a day, unless requested to do so, and ordering them to be satisfied with the meat and drink and the reward that the lord may give them of his free will, without demanding aught else.«[511]

FÜNFZEHNTES KAPITEL

Frauen als Spielleute –
der Tanz der Salome und ihrer Töchter

Frauenspiel
»Es gab eine Menge von Spielleuten am Hof
Sänger und Instrumentenspieler;
Man konnte viele Lieder hören,
Rotruengues und neue Melodien.
Leierspieler, Lais und Notes,
Leierlais und Notenlais
Lais mit Harfe und Frestel.
Lyra, tympres und Schalmei
Symphonium und Psalterium,
Monocord, Cymbal und Chorons
Es gab dort genug tresgiteors,
Spielleute und Jongleresses.«[512]

Die Dichtung, wie z. B. der »Rosengarten«, überliefert ganz selbstverständlich, daß weibliche Spielleute an den Höfen auftraten. Auch sie konnten, wenn sie ihr Publikum begeisterten, mit reicher Belohnung rechnen, wie die im »Rosengarten« gewürdigte »Spielmännin« (*spilmennen*) am Hofe.[513]

»Eine Frau spielte mit einer Rotte vor der vornehmen Königin.
Alle Zuhörer haben sich daran sehr erfreut.
Der Markgraf trat zurück und entledigte sich seines
                                        Obergewandes
und überreichte es der Jongleresse mit nobler Geste.«

Im Epos von Sankt Oswald liegt die Königstochter in heftigem Streit mit ihrem Vater und spricht die Drohung aus:[514]

Spielmann mit Fidel und akrobatische Tänzerin (Kapitell der Kirche von La-Chaize-le-Vicomte/Vendée, 12. Jh.).

»Glaubt mir, mein Vater
ich werde fortgehen,
des versichere ich dich, Vater,
mit einem Spielmann werde ich das Land verlassen.
Vater, du wirst für immer dadurch Schande tragen.
Er sprach: Du taugst nicht zur Jongleresse (»spilwîp«),
dafür bist du dir denn doch zu fein; und fürwahr,
ich habe noch nie einen Tanzsprung von dir gesehen.
Darauf wieder sie: Mach dir darüber keine Gedanken;
Was ich heute noch nicht kann, das lerne ich morgen.«

Die Jongleresses stellen als Sängerinnen, Musikantinnen und Tänzerinnen gewohnte Erscheinungen des fahrenden Volkes dar. Der spontane Widerspruch des königlichen Vaters weist darauf hin, daß die Tanzkünste für die Jongleresse zumindest genauso wichtig waren, wie Gesang und Instrumentalmusik. Singen und Musizieren, ja selbst höfisches Tanzen konnten auch bei einer Königstochter vorausgesetzt werden, nicht jedoch die raffinierten Drehungen und Windungen oder die akrobatischen Tanzsprünge.

Salome und Jongleresse – Bilder und Vorstellungen

Lange Zeit vor dem 13. Jahrhundert waren in Europa allenthalben weibliche Spielleute mit und ohne Begleitung von männlichen Kollegen unterwegs und haben ihre Künste und oft genug auch sich selbst angeboten. Mit ihren verführerischen Künsten nahmen sie ihr Publikum ein.

»Manche singen vielleicht um eher dem Volk zu gefallen als Gott. Wer auf diese Weise singt, singt nicht mit Maria, der Schwester des Moses, sondern im Palast mit Herodias, damit er den bei Tische liegenden und dem Herodes gefalle ... Wenn du so singst, daß du von anderen Applaus forderst, verkaufst du deine Stimme ...«[515]

Die Jongleresses brachten die Moraltheologen, die Seelsorger und die Kirchenversammlungen in höchstem Maße gegen sich auf: »So wie ein Vogelfänger sich eines Lockvogels bedient, der flattert und singt, als wäre er frei, so führt der Teufel die Jongleresse, die schöne Lieder singen kann, zum Tanze, damit sie andere mit sich zieht.«

Dieses drastische Bild führt uns ein unbekannter Kleriker des 13. Jahrhunderts vor.[516] Es steht in einer alten Tradition. Denn die Darbietungen von Schauspielerinnen, Sängerinnen und Tänzerinnen waren schon für die Kirchenväter des frühen Christentums ein Stachel im Fleisch.

Gautier d'Orléans verzeichnete in seiner Kapitulariensammlung des ausgehenden 10. Jahrhunderts folgende königliche Verordnung: »Wenn zum Festmahl eines Jahrtages Priester eingeladen sind, dann sollen diese sich in aller Schamhaftigkeit und Zurückhaltung vor sittenlosem Geschwätz und heidnischen Liedern (»rusticae cantilenae«) in Acht nehmen. Es soll vor allem nicht erlaubt sein, daß Tänzerinnen, nach Art der Tochter des Herodias vor ihnen schändliche Spiele aufführen.«[517]

Es war besonders infam, die Jongleresses mit Salome, der Tochter des Königs Herodes Antipas, gewissermaßen gleichzusetzen. Diese hat ja bekanntlich als Lohn für ihren betörenden Tanz vor den Gästen ihres Vaters das Haupt von Johannes dem Täufer verlangt und bekommen.

»Herodes hatte nämlich Johannes (den Täufer) festnehmen und in Ketten ins Gefängnis werfen lassen. Schuld daran war Herodias, die Frau seines Bruders Philippus ... Als aber der Geburtstag des Herodes gefeiert wurde, tanzte die Tochter der Herodias vor den Gästen. Und sie gefiel Herodes so sehr, daß er schwor, ihr alles zu geben, was sie sich wünschte. Da sagte sie auf Drängen ihrer Mutter: Laß mir auf einer Schale den Kopf des Täufers Johannes herbringen. Der König wurde traurig; aber weil er einen Schwur geleistet hatte – noch dazu vor allen Gästen – befahl er, ihr den Kopf zu bringen. Und er ließ Johannes im Gefängnis enthaupten. Man brachte den Kopf auf einer Schale und gab ihn dem Mädchen, und sie brachte ihn ihrer Mutter.«[518]

Durch den Vergleich mit Salome meinten die Theologen den Beweis zu erbringen, daß Tänzerinnen willfährige Werkzeuge des Teufels seien.

Als »Schwestern« der Salome standen sie nach Auffassung der Theologen im Dienste des Bösen. Ihre Stellung war nicht nur moralisch, sondern auch – angesichts der Rolle von Salome als »Mörderin« von Johannes, der Jesus Christus getauft hatte – heilsgeschichtlich definiert.

Salome und ihre »Nachfolgerinnen« erscheinen in unzähligen bildlichen und plastischen Darstellungen. Eine der bekanntesten ist die tanzende Salome auf der Bronzetür von San Zeno in Verona. Die geradezu widernatürliche Verrenkung, die sie vornimmt, ist Ausdruck der Sündhaftigkeit des Tanzes. Denn jeder Gläubige kennt die verabscheuungswürdige Absicht der Tänzerin. Doch der Blick des Betrachters sollte sich am nackten Oberkörper oder an den prallen Hüften der Salome nicht allzulange weiden. Deshalb wurde eine innere Verbindung zwischen dem Tanz der Salome und der schrecklichen Folge durch das körperlose Haupt des Johannes hergestellt, welches auf die Tafel gelegt und dann weggetragen wird.

Nördlich der Alpen finden wir schon um 1030 den Tanz der Salome auf der Bernwardsäule in Hildesheim dargestellt.

Der übertriebene tänzerische Ausdruck der Salome entspricht dem Bild von tanzenden Frauen in zahlreichen plastischen Darstellungen des Mittelalters. Auf einem Kapitell des Kreuzganges des Zürcher Großmünsters aus dem 12. Jahrhundert ist eine vergleichbare Tänzerin in Gesellschaft eines fiedelnden Spielmannes dargestellt. Diese zeigt nicht von ungefähr ihren nackten Oberkörper mit

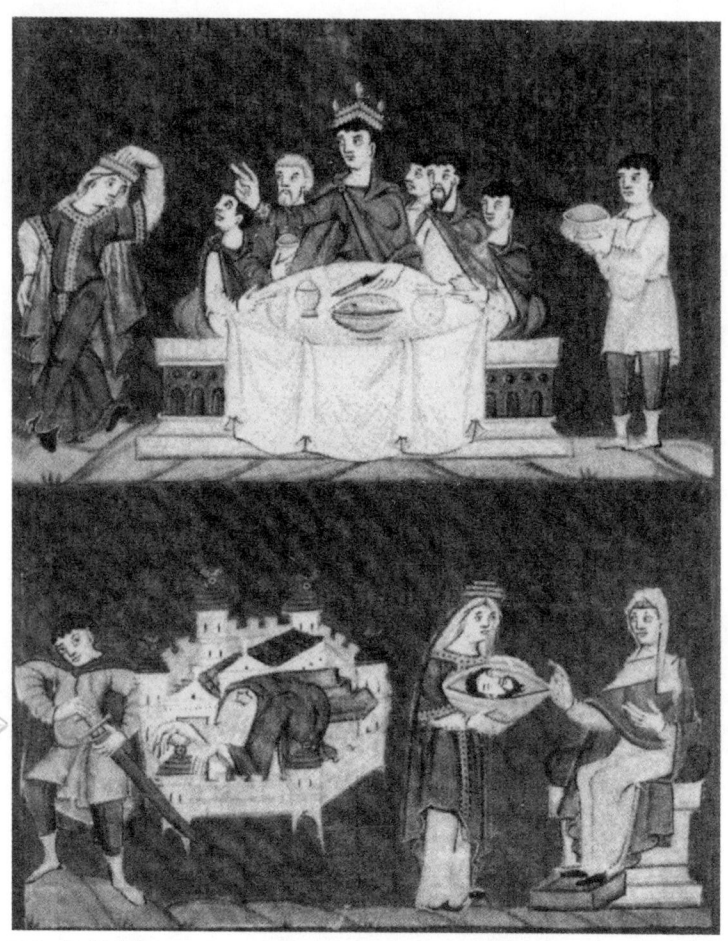

Tanz der Salome vor Herodes und seinen Gästen und Enthauptung des Täufers Johannes (aus einem Evangelistar der Reichenau, um 1030, Augsburg Diözesanmuseum Ms. 15a, Inv. Nr. DM I 3).

wohlgestalteten Brüsten. Die negative Bewertung des Tanzens und Musizierens kommt in den beiden Untieren und in der Teufelsfratze zum Ausdruck, von denen die obere Hälfte des Kapitells eingenommen wird.

Auch die reiche Bilderwelt des Kreuzganges von Sainte-Foye in Conques in Südwestfrankreich zeigt auf einem Kapitell eine geradezu akrobatische Tanzdarbietung einer Frau. Jedem mittelalterlichen Betrachter mußte klar geworden sein, daß dieser Tanz Dämonenwerk sei. Denn das Blasinstrument, mit welchem der beigesellte Spielmann den Tanz begleitet, mündet in eine Dämonen- oder Teufelsfratze. Die tanzende Jongleresse folgt damit für alle offensichtlich den Eingebungen des Satans.[519]

Die Darstellung eines aufspielenden Dämons und einer Tänzerin auf einem Kapitell der Kirche von Thines an der Ardèche in Südfrankreich läßt sich nahtlos verknüpfen mit dem oben genannten Satz aus dem Poenitentiale:[520] »Der Teufel führt die Jongleresse zum Tanze, damit sie andere mit sich zieht.« Ebenso wie das betont lange Haar dienen vor allem die Nacktheit und die dargestellten Bewegungen als Symbol und Merkmal, ja geradezu als Stigma für das sündhafte Tun sowohl der Hure als auch der tanzenden Jongleresse in der Tradition der Salome. Es ist geradezu abwegig, wenn Salmen erklärt, daß »die gelegentlich begegnende Nacktheit Fahrender, einst von tiefer kultischer Bedeutung erfüllt, von Gauklern und Mimen jedoch ins nur Sexuell-Attraktive veräußerlicht« worden sei.[521]

»Meretrix« und »joculatrix« – Hure und Spielmannsfrau

In der christlichen Morallehre wird nicht nur das »*spilwip*«, die »*jongleresse*«, als »Schwester« der Salome diskriminiert, sondern auch mit »*meretrix*«, der Hure, gleichgesetzt. Schon Augustinus verwandte »*meretrices et histriones*« als ein zusammenhängendes Begriffspaar. Mittelalterliche Theologen und Geistliche übernahmen diese Denkweise und Sprachregelung: Humbert von Romans, Generalmeister der Dominikaner, schrieb um die Mitte des 13. Jahrhunderts in einem Predigthandbuch in einem Atemzug über »*turpes personae et histriones et malae mulieres*«, über »schandbare Leute, Spielleute und sittenlose Weiber«.[522] Die Wirkungen, die von diesem bedeutenden Mann ausgingen, waren beträchtlich.

Nach dem 1156 bis 1159 entstandenen »Policraticus« des Johannes von Salisbury, seit 1176 Bischof von Chartres, seien »histriones«, »mimi« und »scurrae«, Kuppler und andere »menschliche Ungeheuer« dieser Art zusammen mit den »meretrices« einer gemeinsamen Kategorie von Menschen zuzurechnen, die von den Fürsten nicht begnadigt, sondern beseitigt werden soll, und er fordert:[523] »Wenn also Huren und Spielleute zur Beichte gehen, so darf ihnen keine

Tanz der Salome (Verona, San Zeno, Bronzetür, um 1100).

Absolution erteilt werden, es sei denn, daß sie ihr Gewerbe vollständig aufgäben.«

So regelt eines der verbreiteten didaktischen Werke das Problem der Spielleute.[524] Johannes von Salisbury vertritt den Standpunkt, daß entsprechend der Lehre der Kirchenväter, die Spielleute (*histriones et mimi*) auch von der Heiligen Kommunion ausgeschlossen

Spielmann, Dämon und Frau (Kapitell aus Sainte-Madeleine in Vézelay/Burgund, um 1100).

seien, solange sie in ihrem bösen Tun verharren.[525] Diese Konsequenz ist angesichts der von den höchsten Autoritäten der Kirchengeschichte entfachten Haßpropaganda nur folgerichtig. *Joculator* und *meretrix* wurden in ständiger Wiederholung einander gleichgesetzt, so daß sich in den Köpfen zumindest der Theologen, der Prediger und der Verfasser entsprechender Traktate die sachliche und moralische Gleichsetzung von Spielmann, Jongleresse und Hure einnistete.

Vor allem die große Anziehungskraft der als Sängerinnen, Tänzerinnen, Akrobatinnen und bei manchen anderen Darbietungen auftretenden Jongleresses wurde von der Kirche extrem negativ gedeutet.

»Cantatrix capellana est Dyaboli«: »Die Sängerin ist die Kaplanin des Teufels. Sie tragen Glöckchen wie seine Kuh. Wenn er diese hört, weiß er, daß seine Kuh nicht weggelaufen ist.«[526]

So wie sie selbst Kreaturen des Teufels seien, hätten sie fortwährend die Absicht, die Mitmenschen dem Teufel zuzuführen. Das Bild von der »Falle« und dem »Lockvogel« setzte nicht nur die betreffenden Frauen herab, sondern degradierte auch das Publikum zu triebhaften Tieren. Damit wurden Klischees konstruiert, welche die Jongleresse diskriminieren und aus der Gesellschaft ausschließen sollten.

Die bildlichen Darstellungen entsprechen inhaltlich dem Vorwurf des Thomas Chobham:[527] »Gewisse Spielleute entstellen ihren Körper durch schamlose Tanzsprünge und Gesten und entblößen sich in schändlicher Weise.«

Hier liegen drastisch illustrierte Übersetzungen der theologischen Traktate in die einfache Vorstellungs- und Bilderwelt des mittelalterlichen Menschen vor. Sie erklären und ergänzen die in den Pönitentialen aufgeführten Verbote und bringen sie auf dem Kapitell in eine dramatische Form.

Den Jongleresses und den Huren ist nach Auffassung der Bußbücher gemeinsam, daß sie in gleicher Weise ihren Körper mißbrauchten: die Spielleute nutzen ihn für ihre Darbietungen, die Huren als Wechselgeld.[528]

Wie der Spielmann, so wird auch die Hure mit dem Verdikt der schandbaren Person etikettiert. Die Theologen und Seelsorger werfen die Dirnen, die Jongleresses sowie die Frauen und Töchter der Spielleute allesamt in einen Topf. Beinahe übergangslos verbindet Humbert von Romans Frauen und ihre »weiblichen Schwächen« mit Verworfenheit und Prostitution:[529] »Geschwätzig, ständig unterwegs, unruhig, nicht fähig, das Haus zu hüten, treiben sie sich auf öffentlichen Plätzen und an Straßenecken herum!«

In einem Predigtbuch »für alle Stände« gibt der gebildete Fran-

Musiker und Tänzer. Männerreigen vor dem Stadttor von Konstantinopel (Miniatur aus dem Luttrell-Psalter, Ostengland, um 1340. London, Brit. Libr. Add 42130 E. A.C.)

ziskaner Gilbert von Tournai in der Mitte des 14. Jahrhunderts den Jungfrauen und Mädchen eine eindrucksvolle Schilderung der Gefahren, die von übel beleumundeten Frauen ausgehen: »Ich bin auf den jungen Mann bedacht, der durch die Straße geht. Dort begegnet ihm eine Frau, die nach Art der Huren aufgetakelt ist und Seelen einfangen will, und er folgt ihr auf der Stelle wie ein Stier, der zum Opferaltar geführt wird.«[530]

Die Jongleresses stellten nach kirchlicher Auffassung nicht nur eine Gefahr für die Männer jeden Alters, sondern auch ein schlechtes, Verderben bringendes Vorbild für die Frauen dar. Das bewegte Leben der Spielleute hat unbestreitbar auch abweichende Werte- und Moralvorstellungen erzeugt und die Freizügigkeit der Jongleresses gefördert. Diese Auffassung teilte auch König Jaime I. von Aragón, der Eroberer. Er verbot im Jahre 1234 den adeligen Damen, »Tisch und Bett mit einer Jongleresse zu teilen und diese zu küssen.«[531] Sein Erlaß dürfe keineswegs lediglich aus theoretischen Erwägungen hervorgegangen zu sein. Die Welt der Spielleute hat sich von der des Adels, der Bürger und der Bauern nicht zuletzt auch durch ihre Freizügigkeit unterschieden. Auch darin mag das besonderere Interesse des Publikums eine Erklärung finden.

Nach Étienne de Bourbon würden die Frauen den unmoralischen Lebenswandel nachahmen und sich schminken: »... wie die Spielleute, die nach ›gallischer Art‹ ihre Gesichter anmalen, ihr Spiel treiben und die Menschen betrügen.«[532]

Die Unzucht des Leibes

»Homo pictus non est homo« – »der bemalte Mensch ist kein Mensch«. Mit diesem lapidaren Verdikt schloß der Kreuzzugsprediger und Bischof Jakob von Vitry Anfang des 13. Jahrhunderts die Spielleute radikal von der Gattung Mensch aus.[533] Nach derartigen Vorstellungen der Theologen sind die betrügerischen Listen der Frauen und die maskierende Bemalung des Gesichtes mit den Verkleidungs- und Verwandlungskünsten der Spielleute gleichzusetzen. Beides gehe aus demselben Übel hervor, aus den Ausschweifungen der Liebe, der übertriebenen Aufmerksamkeit für den menschlichen Körper, ja der Körperbesessenheit. Und daraus wiederum erwüchsen zahlreiche Sünden, die Frauen und Spielleuten gemeinsam sind: Heuchelei, Eitelkeit, Lüsternheit und Betrug. Damit steht die von den Theologen geforderte Verdrängung der Fleischlichkeit in allen körperlichen Äußerungen in eklatantem Widerspruch: Mimik, Gestik und das Verhalten beim Sprechen wurden für klösterliche Novizen bis ins Kleinste geregelt. Der berühmte Hugo von St. Victor behandelte in seinem Buch »Über die Einrichtung des Noviziates« auch ein Kapitel: »Die Disziplin der Gesten«.[534]

»Vorrangig geht es um die Zucht der Bewegungen, damit ein jedes Körperglied das verrichtet, wozu es geschaffen ist und damit nicht die anderen Körperglieder ihre Aufgaben verwechseln. Es geht darum, daß die Augen sehen, die Ohren hören, die Nasen riechen, der Mund sprechen, die Hand handeln und die Füße gehen sollen, damit die Glieder ihre Aufgaben nicht verwechseln und unkontrolliert durcheinander geraten.«

Wer diese Verhaltensregeln nicht beachte, verhalte sich wie ein Spielmann oder wie eine Hure, schreibt Gilbert von Tournai in seinen »Predigten für alle Stände«.[535] Die an Mönche und Geistlichkeit gestellten strengen Anforderungen sollten auch für die Laien, zumindest für die »anständigen« unter ihnen, gelten. Und der jungen Frau wird mitgegeben: »Deine Gangart soll also nicht Leichtsinn ausstrahlen und nicht die Augen der anderen beleidigen.«[536]

Frauen, die diesen Normvorstellungen nicht folgen, werden als gefährdet oder der Einfachheit halber gleich als Huren etikettiert. Die Jongleresse ist die Hure par excellence. Ihr tatsächliches oder das ihr unterstellte Verhalten wird als sprichwörtlich schlechtes Beispiel und als Teufelswerk denunziert.

Frauenbild und Körperfeindschaft: ein psychischer Defekt

Die Frau war im Mittelalter stets in einer sehr gefährdeten Position hinsichtlich ihrer moralischen Bewertung.[537] Dies war schon durch das alttestamentliche Frauenbild vorgeprägt, das die Frau in der Projektion des Sündenfalles sah. Seit den frühen Tagen des Christentums lagen die positive und die negative Haltung zum Körper und zur Leiblichkeit miteinander in erbittertem Kampf. Denn schon damals sind dualistische, gnostische Strömungen dazugetreten, die Körper und Seele nicht nur streng zu unterscheiden suchten, sondern sogar soweit gingen, daß sie den menschlichen Körper zum schmutzigen Gefängnis für die der Erlösung harrenden Seele erklärten.

Das Christentum hat das Alltagsleben vor allem in den Städten der Spätantike völlig verändert. Theater, Zirkus, Stadion und Thermen wurden geschlossen; also gerade diejenigen Orte, an denen die Körperlichkeit gefeiert wurde. Damit trat gewissermaßen eine neue Lehre vom Körper in Kraft.[538] »L' horreur du corps culmine dans ses aspects sexuels.«[539] Humbert von Romans eröffnet uns in seinen Ausführungen zur Regel der Benediktinerchorherren ein bedrückendes Bild von Körperfeindlichkeit, sexuellen Ängste sowie vom eigenen Zwang zur Triebunterdrückung: »Unkeusch ist das Auge, welches menschliche Geschlechtsorgane bei sich selbst oder bei anderen ansieht ... Ebenso unkeusch ist das Auge, welches mit Hingabe aufreizend gemalte Bilder betrachtet ... Unkeusch ist auch das Auge, welches den Blick nicht von kopulierenden Tieren abwendet ... Unkeusch ist auch das Auge, welches bei Schauspielen den

Die unselige Macht der Weiber. Der Philosoph Aristoteles dient der Hetäre Phyllis als Reittier (Kupferstich des Hausbuchmeisters, um 1480).

schamlosen Szenen zuschaut ... Ebenso das Auge, welches begierig Frauen ansieht ...«[540]

Die Feindschaft gegen den menschlichen Körper ist nicht nur auf die Mechanismen von Sünde und Strafe oder die Abneigung des Dualismus gegen den Körper als Materie zurückzuführen,[541] sondern auch auf tief verwurzelte Ängste. Die sexuellen Ängste und die damit verknüpfte Körperfeindlichkeit der Theologen konzentrierte sich von Anfang an auf die Frau. Als Symbol der Sünde, der Wollust und der Verführung war sie zumindest in den theologisch-moralischen Schriften ein ständig wiederkehrendes Thema. Die Verführungsszene unter dem »Baum der Erkenntnis« lieferte Vorlage und Rechtfertigung für die Bewertung der Frau.

»Da sah die Frau, daß es köstlich wäre, von dem Baum zu essen, daß der Baum eine Augenweide war und dazu verlockte, klug zu werden. Sie nahm von seinen Früchten und aß; sie gab auch ihrem Mann, der bei ihr war, und auch er aß.«[542]

Und wie Gott im Alten Testament den Adam gefragt hat: »Hast du von dem Baum gegessen, von dem zu essen ich dir verboten habe?«, so werden die Kirchenmänner des Mittelalters schreiben, was Adam geantwortet hat: »Die Frau, die du mir beigesellt hast, sie hat mir von dem Baum gegeben, und so habe ich gegessen.« Und die Frau antwortete Gott: »Die Schlange hat mich verführt, und so habe ich gegessen.«[543]

An zweiter Stelle nach dem Teufel ist Eva in Gestalt der Schlange für die Verführung und den Sündenfall Adams und damit der Menschheit verantwortlich. Das Alte Testament trägt eine Fülle von Argumenten für diese Auffassung zusammen: »Alle Bosheit ist gering gegen die Bosheit der Frau. Schaue nicht auf die schöne Gestalt der Frau und begehre nicht die Frau beim Anblicken. Groß ist der Zorn der Frau und ihr Ungehorsam und ihr Vergehen. Von der Frau hat die Sünde ihren Ursprung genommen.«[544]

Das extrem frauenfeindliche Buch des Alten Testamentes, der Ecclesiasticus (Jesus Sirach), drückt sich hinsichtlich der Frau unmißverständlich aus: »Von einer Frau nahm die Sünde ihren Anfang, ihretwegen müssen wir alle sterben.«[545]

Dementsprechend frauenfeindlich ist die jüdisch-christliche Heilslehre konzipiert. Sie entwickelte tiefsitzende sexuelle Ängste vor der weiblichen Sexualität und dem weiblichen Körper, die bis in die Gegenwart die theologische Haltungen gegenüber der Frau mitbestimmen.

Der Zeitgenosse des heiligen Augustinus, der Kirchenvater Hieronymus († 420), dessen seelische und mentale Strukturen in seinen psychedelischen Alpträumen zu Tage treten – die Theologie hat sie zur »Versuchung des heiligen Hieronymus« stilisiert – verfaßte Briefe an Damen der römischen Gesellschaft, in denen er sie hinsichtlich der Erziehung ihrer Töchter beriet. Diese Briefe wurden zur Grundlage christlicher Erziehungsliteratur und der damit verbundenen Bewertung der Frau. Vinzenz von Beauvais schrieb im 13. Jahrhundert sein Werk »Über die Erziehung königlicher Kinder« ganz im Geiste dieses körperfeindlichen Fanatikers, der in asketischer Kürze formuliert hatte: »Omnia mala ex mulieribus« – »alles Böse kommt aus den Frauen«.[546] Bonaventura, der franziskanische Ordensgeneral und spätere Kardinal zählt, wie viele andere Theologen auch, die Ängste vor der Frau und Frauenfeindschaft zu besonderen Eigenschaften von Heiligen: »... beatus Nicolaus qui mulieres quasi pestem fugiebat.« Wir haben oben schon gesehen, daß der heilige Nikolaus die Frauen wie die Pest gemieden hat.[547] Seine Haltung zu den Frauen sei Vorbild für alle, insbesondere für die Jugend.

So sieht sich auch die von Männern geleitete Kirche von der Frau bedroht. Angesichts der schier unerfüllbaren Forderung von Askese und Keuschheit an die Welt- und insbesondere an die Mönchsgeistlichkeit wird die Frau vom Gegenstand der Begierde zur Ursache der Begierde verwandelt. Sie wird auf die Rolle der Verführerin festgelegt, die wegen ihrer Willensschwäche ein gefügiges Werkzeug des Satans ist. Evas Entschuldigung: »Die Schlange hat mich verführt...« wurde zugleich zum entlastenden Alibi für die Niederlagen der Männer, insbesondere der Geistlichen. Diese Bewertung hat im christlichen Mittelalter bis in unsere Gegenwart die Rolle der Frau weit über den kirchlichen Bereich hinaus bestimmt.[548] Sie wurde tausendfach und bis in das kleinste Detail in theologischen Traktaten, Kirchenversammlungen und Konzilien ausformuliert und hat sich als schier untilgbares Element im europäischen Wertesystem niedergeschlagen.

Maria oder Hure

Vordergründig scheint ein Widerspruch zu den Erwartungen zu bestehen, die der Frau eine hohe Bürde auferlegten, indem diese eine Verinnerlichung und Verkörperung der Reinheitsideale leisten sollte. Maria, die Mutter Jesu,[549] war die heilsgeschichtliche Antwort auf die gestrauchelte Eva im Kampf gegen den Teufel: »Ein Weib wird kommen und dir den Kopf zertreten.«[550] Evasprinzip und Marienprinzip stehen sich – immer noch – unversöhnlich gegenüber. Und weil »die Frau« diese mit Maria zu vergleichenden Erwartungen nicht erfüllte, sahen die Theologen ihre Auffassungen und ihre Verdikte gegen »die Frau« bestätigt. Dies um so mehr, seit sich mit dem 12. Jahrhundert endgültig die Lehre des Augustinus durchsetzte, daß die Erbsünde im Geschlechtsakt bestanden habe[551] – eine Auffassung, die bis heute Allgemeingut geblieben ist. Die *cupiditas*, die Begierde, habe die Sünde bewirkt. Und was tun die Frauen? Sie erzeugen Begierde, sagt Augustinus.

Besonders seit dem Hochmittelalter hat der Marienkult sowohl in der Gunst der Theologen als auch in der Volksfrömmigkeit großen

Lieblicher Glanz der Madonna. Stephan Lochner (um 1400- 1451), Muttergottes in der Rosenlaube, Köln.

Aufschwung und Intensivierung erfahren.[552] Als Kirchenpatronin, Wundertäterin, Fürbitterin und als Schutzmantelmadonna erlangte sie große Popularität. Die thronende Maria der Romanik und die »Schöne Madonna« der Gotik sowie die volkssprachliche Mariendichtung seit dem 12. Jahrhundert sind Ausdruck ihrer seither ungebrochenen Verehrung. Ja, die Theologen mußten mit Aufmerksamkeit und Argwohn zusehen, wie tiefgläubige und ekstatische

Mystikerinnen wie z. B. Mechthild von Magdeburg die heilige Maria beinahe zu einer Göttin stilisierten. Erstaunlicherweise spricht François Villon in einem seiner – seltenen – religiösen Gedichte, der »Ballade que Villon foist a la requeste de sa mere pour prier Nostre Dame«, die Jungfrau Maria inbrünstig als »haulte Deesse«, als »hohe Göttin« an!

Mit der Zunahme und Steigerung des Marienkultes ging die Ausbildung eines neuen Frauenideals einher, dessen Ausstrahlung sich jedoch auf die höfische Welt beschränkte. Selbst hier waren die Haltungen zur Frau von extremer Gegensätzlichkeit geprägt. Marbod, der Bischof von Rennes, hat am Ende des 11. Jahrhunderts in ein und demselben Buch »Von den zehn Kapiteln« je ein Kapitel »Über die ehrsame Frau« (»*De matrona*«) und »Über die Hure« (»*De meretrice*«) verfaßt. Darin stellt er in beinahe nahtlosem Übergang die Frau, »die schöner als Silber und kostbarer als Gold« sei, »dem bösen Geschlecht, der lasterhaften Saat« gegenüber.[553] Auch bei Andreas Capellanus, der, obgleich Mönch, am Ende des 12. Jahrhunderts als der Fachmann schlechthin in Sachen Frauen und Liebe galt, lagen »Grund und Ursprung des Guten« den Frauen ebenso nahe wie die Laster dieser Welt.[554]

Weil die Frau angeblich mit einem schwachen Willen ausgestattet sei, wurde sie als eine leichte Beute des Teufels angesehen. Insbesondere ihre Sexualität galt als triebhaft und von Dämonen beherrscht. Nur die Abschließung im klösterlichen Konvent und strikte Jungfräulichkeit oder ein straffes Eheregiment konnten nach christlicher Auffassung zusammen mit Askese und strenger Zucht die von den Frauen ausgehenden Gefahren bannen. Die Zusammenhänge, die zwischen weiblicher Sexualität und Dämonen gesehen wurden, erweiterten sich um die Vorstellung, daß die Frauen auch in magische Zusammenhänge verstrickt seien.

Letzten Endes schlägt sich in den theologischen Haßtiraden ein Selbsthaß der Geistlichkeit nieder, die den eigenen Anforderungen der Enthaltsamkeit nicht gewachsen war. Unter diesem Aspekt sind schließlich auch die Hexenverfolgungen zu sehen.

Fahrende Frauen – Objekte der Herrschaft und der Begierde
Wir können uns vorstellen, daß angesichts der prekären Situation der Frau im christlichen Mittelalter die Frauen und Töchter der

Spielleute sowie die Jongleresses sich auf besonders dünnem Eis bewegten. Denn während die in den verschiedenen Schichten und Rollen in der Gesellschaft verankerten Frauen immerhin sozial eingebunden waren und den Schutz ihrer Familien oder Herren genossen, galten die fahrenden Spielleute ohnehin schon als verdammungswürdig. Hinsichtlich der Jongleresse verdichteten sich Ablehnung und Verdammung bis zum Extrem.

In mancherlei Beziehung sahen sich sogar die professionellen Dirnen besser gestellt.[555] Die seßhaften, »kasernierten« Dirnen lebten in den Frauenhäusern, also in den Bordellen der großen Städte. Dort standen sie unter städtischer Aufsicht und unter städtischem Schutz. Beides war der Gewalt des Scharfrichters, der Stadtknechte oder eines eigens dafür angestellten »Hurenwaibels« übertragen worden.[556] Augustinus hat den Stadtoberen die Möglichkeit eröffnet, trotz aller moralischer Bedenken dennoch Bordelle zu unterhalten. Er war nämlich der Auffassung, daß es besser sei, wenn die Männer Hurenhäuser besuchten, als wenn sie mit verheirateten oder unverheirateten, im Prinzip »anständigen« Frauen Unzucht trieben.[557] Dadurch wurden die Frauen von der christlichen Morallehre gleichsam zur sexuellen Mülldeponie erklärt. Immerhin unterlagen die Dirnen in den städtischen Bordellen dem Schutz, der Kontrolle und der Strafgewalt der Stadtobrigkeit. Das brachte ihnen gewisse Vorteile. Diese kontrollierte Seßhaftigkeit war ein Schlüssel für ihre städtische Existenz. Allein unter der Bedingung, daß solche Frauen im Bordell, im »freien Haus«, im »Hurenhaus« lebten und ihrem Gewerbe nachgingen, wurde ihnen auch ein Platz, wenn auch nur ein »Stehplatz«, in der Gesellschaft eingeräumt.[558]

Die fahrenden Frauen hingegen waren sowohl der obrigkeitlichen, kirchlichen und nachbarschaftlichen Kontrolle entzogen. Hier trat zudem noch das in der Gesellschaft schwerwiegende Moment des Mißtrauens gegenüber Fremden hinzu. Durch ihre Mobilität waren diese Frauen der rechtlichen und der sittlich-religiösen Normenaufsicht entzogen. Damit allein waren sie schon den Verdächtigungen der etablierten Gesellschaft, der Bürger in den Städten sowie der weltlichen und geistlichen Herrschaft ausgesetzt. Mutmaßungen gegenüber diesen fremden, nicht einschätzbaren Frauen erhärteten sich um so mehr, als unbewußte Wünsche der »Anständigen« die Phantasien über die fahrenden Frauen und insbesondere über das »freie« Leben der Jongleresses beflügelten. An-

Teufel zerren die Verdammten in die Hölle. Im Vordergrund: Hure und Spieler (»Hölle« aus »Arme-Seelen-Zyklus«, Regensburg, um 1480).

gesichts solcher Vorstellungen ging es gar nicht um die Frage, ob die fahrenden Frauen tatsächlich der Prostitution nachgingen. Die Bußbücher gaben mit ihren Verdikten die Richtung an: »Es gibt bestimmte Gewerbe, die sind zutiefst sündhaft, so z. B. das der Huren und das der Spielleute.«[559]

Die Mobilität dieser Frauen, ihre »Freiheit«, ihr vermeintlich abenteuerliches Leben, ihre als selbstverständlich vorausgesetzte Unmoral gab dem Publikum Gewißheit. Möglicherweise hatten die Predigten über Unmoral und Ausschweifungen der Jongleresses eine ganz andere Wirkung als die gewünschte. Deren Auftritt zog die Menschen und naturgemäß besonders die Männer in ihren Bann. Die bunte und exotische Kleidung, Gesang und Tanz besaßen ohnehin schon eine große Anziehungskraft auf das Publikum in Stadt und Land. Der körperliche Ausdruck beim Tanz, die lange, aufgelöste, herausfordernde Haarpracht ebenso wie die als erotisch empfundenen Tanzbewegungen und die gelegentlich nackten Oberkörper der Tänzerinnen dürften einige Unruhe in das Gefühlsleben des Publikums gebracht haben.

Wir müssen uns vor allem darüber im Klaren sein, daß die Menschen im Mittelalter unter einem extrem hohen Triebstau litten. Nur ein Drittel der Bevölkerung hatte die Chance, einen Ehepartner zu finden und eine Familie zu gründen. Eheliche Treue, Jungfräulichkeit bei Frauen vor der Ehe galten als besonders streng einzuhaltende Normen. Wenn wir diese Gesellschaft und ihr Sexualverhalten im Spiegel der Bußbücher betrachten, dann sehen wir eine unvorstellbare sexuelle Notlage, aus der in einer breiten Variation von Sexualpraktiken Auswege gesucht wurden. Homosexualität, Sodomie, Masturbation, Inzest und Vergewaltigungen gehörten zu diesem umfangreichen Spektrum sexueller Betätigungen und zwar bei Weltgeistlichen, Mönchen und Laien, bei Jungen und Alten.[560] Frauen und Mädchen konnten es kaum wagen, sich ohne Begleitung im Umfeld von Dorf oder Stadt, außer Sichtweite der Bewohner, aufzuhalten. Die unter ungestillter sexueller Erhitzung leidenden Jugendlichen machten allein oder in Gruppen Jagd auf leichte Beute.[561]

Bei fahrenden Frauen und Jongleresses dürfen wir in vielen Fällen davon ausgehen, daß sie auch als Prostituierte dienten. Die Übergänge zwischen der Hingabe aus Neigung oder aus Gewinnstreben oder aus schierer Not oder Nötigung sind ohnehin nicht leicht zu definieren. Der Typus der Wanderhure existiert in vielen Kulturen. Je restriktiver eine Gesellschaft auf das Ausleben von Sexualität reagiert, um so mehr fördert sie die Lösung des Sexualproblems mit Hilfe auswärtiger »Sünderinnen«, die nach getaner Arbeit abreisen und die Gesellschaft vom Umgang mit ihnen und von der Auseinandersetzung mit sich selbst befreien. Sie werden gewissermaßen wie Sündenböcke in die Wüste getrieben – mit ihrer eigenen Last und dazu noch mit der Last der seßhaften Sünder.

Manche Tänzerin, Sängerin, Musikantin, Akrobatin oder andere Künstlerin der Straßen, Plätze und Wirtshäuser wird also ihr Gewerbe der Lustbarkeit umfassend betrieben oder entsprechende Zugaben gewährt haben. Sexuelle Großzügigkeit wurde unter besonderen Umständen sogar erwartet. Sie konnte durchaus dem Schutz der Frauen dienen, wenn sie sich dadurch eines Schirmherrn vergewisserten. Die Erlaubnis für Aufenthalt und Auftreten war wie eh und je durch ein gewisses »Entgegenkommen« möglicherweise käuflich, der Zugriff durch die Obrigkeit und Angriffe der Öffentlichkeit dadurch vermeidbar. Die Hingabe an Vertreter der herrschaftlichen Gewalt bot die Möglichkeit der Existenzsicherung. »Sexuelle Freizügigkeit«, wie sie bei Jongleresses in den zahlreichen Traktaten geradezu vorausgesetzt wurde, kann durchaus der Preis für ihre Freiheit gewesen sein.

Der Verdacht und die vorweggenommene Gewißheit, kurz, das Vorurteil, daß die Jongleresses käuflich seien, bezog sich nicht nur auf solche, die allein und auf eigene Rechnung oder in Trupps unterwegs waren, sondern auch auf die Frauen und Töchter der Spielleute. Diese waren meist an den Aufführungen selbst aktiv beteiligt, weil es sich ja um Familienunternehmen handelte. Der Spielmann galt häufig als Kuppler im Dienste dieser Frauen.

Als Musikant im Auftrag des Teufels führt er die lasziv tanzende Jongleresse mit ihren körperlichen Reizen vor. So schilderten ihn die theologischen Traktate und die Predigten der Seelsorger; so fand er seine bildliche Darstellung in Malerei und Skulptur.

In welchem Ausmaß und in welcher Intensität die Spielleute und die mit ihnen ziehenden Frauen, auch die Ehefrauen, in den theologischen Traktaten und anderen Schriften bekämpft wurden, illustriert ein Poenitentiale des 13. Jahrhunderts: »In verschiedenen Fällen wird auch danach gefragt, ob eine Ehefrau ihrem Manne in die Ferne folgen müsse ... Wenn also der Spielmann eine Frau hat, und von ihr verlangt, mit ihm herumzuziehen und sich in Kneipen und beim Würfelspiel aufzuhalten ... braucht die Frau ihrem Mann nicht in ein schamloses und ehrloses Leben zu folgen. Wenn sie ehrbar leben will und der Mann ehrlos und durch die Dörfer und Städte ziehen will, sei sie nicht gezwungen, ihm zu folgen.«[562]

Karrieren an Königs- und Fürstenhöfen

Weibliche Spielleute finden wir nicht nur auf den Straßen, den Markt- und Dorfplätzen und in den Wirtshäusern in Stadt und Land, sondern auch an den Höfen von Adel und Geistlichkeit. Manchen Frauen gelang es, ebenso wie ihren männlichen Kollegen unter den höfischen Spielleuten, sich dort als Musikantinnen oder Tänzerinnen zu verdingen und ein längeres oder kürzeres Engagement zu erlangen. Damit werden die von der Kirche unentwegt ausgesprochenen Verdammungsurteile durch die Praxis relativiert. Denn der enge Umgang des adeligen oder gar des königlichen Hofes mit dem Abschaum der Gesellschaft und mit Exkommunizierten dürfte unvorstellbar gewesen sein.

Die wohl berühmtesten Tänzerinnen des Mittelalters dürften die schönen Sarazenenmädchen sein, die am Hofe Friedrichs II. auftraten. Der Engländer Matthäus Paris, der sich um 1238 am sizilianischen Hof des Staufers aufhielt, war von dem Gebotenen tief beeindruckt und beschrieb ihre Künste ausführlich in seiner Chronik:[563] »Auf Geheiß des Kaisers bekam er eine große Mannigfaltigkeit an fremdartigen Spielen und an Musikinstrumenten zu sehen, die zur Ergötzung der Kaiserin bestimmt waren und die er mit Vergnügen betrachtete. Unter den staunenswerten Neuheiten hat er vor allem eine gelobt und bewundert. Zwei Sarazenenmädchen von schönem Wuchs traten auf dem glatten Fußboden auf vier runde Kugeln, und zwar setzte die eine die Füße auf zwei Kugeln und die andere auf die beiden anderen, und sie glitten hin und her und klatschten dabei in die Hände. Wohin sie wollten, bewegten sie sich auf den rollenden Kugeln, ließen ihre Arme spielen und drehten sich und sangen dabei auf verschiedene Weise und bewegten ihre Körper nach der Melodie, schlugen klingende Zimbeln und Hölzer mit den Händen zusammen, stellten Scherzhaftes zur Schau und führten sich auf sonderliche Weise auf. So gewährten sie denen, die zuschauten, ein wunderbares Schauspiel; und ebenso andere Spielleute.«

Die junge Elisabeth, künftige Frau des Landgrafen von Thüringen, hat von ihrem Großvater, dem König von Ungarn, im Jahre 1211 eine Jongleresse namens Alheit als Begleiterin erhalten, damit diese in der Fremde das Herz der Prinzessin erheitern solle.[564]

Eine Musikerin namens Agnes lebte im nächsten Umkreis des böhmischen Königs Wenzel II. († 1305) und war dessen enge Vertraute. Als Gesangs- und Harfenkünstlerin nahm sie angesichts ihrer

Nähe zum König eine exponierte Stellung bei Hofe ein und genoß eine Vielzahl von Gunsterweisen. Sie wurde sogar mit diplomatischen Aufgaben im Ausland betraut. Zwölf Pferde sollen ihr neben vielem anderem Luxus zur Verfügung gestanden haben. Ein Wagen voll mit ihren Toilettenartikeln und persönlichen Gegenständen soll sie begleitet haben, wenn sie unterwegs war.

In England verzeichnet das Domesday Book unter den Lehensleuten des Königs auch eine Jongleresse Adeline, die in Hampshire ein Lehengut innehatte.[565] Kaum eine andere Jongleresse ist in den Quellen konkreter beschrieben und häufiger belegt als die schon erwähnte Matilda mit dem vielversprechenden Beinamen Makejoy. Sie hat 1306 das Fest der Erhebung Edwards zum Ritter als *saltatrix*, als Tänzerin, verschönert. Ein derart hochkarätiger Auftritt läßt darauf schließen, daß sie höher qualifiziert war als andere Tänzerinnen. Ihr Auftritt dürfte in künstlerischer und in akrobatischer Hinsicht von erlesener Qualität gewesen sein, wie wir aus ihrem Beinamen entnehmen können. Schon an Weihnachten 1296 hatte sie als Dreizehnjährige ihre Tanzkünste vor erlesenem Publikum, mit dem jungen Prinzen an der Spitze, vorgeführt. Als Siebenundzwanzigjährige unterhielt sie im Jahre 1310 die beiden königlichen Prinzen Thomas und Edmund bei der Feier zur Mittsommernacht. Somit können wir ihre Spur am königlichen Hof über vierzehn Jahre hinweg zumindest punktuell verfolgen.[566]

Im »Roman de Beuvon« macht sich Josiane in Gestalt einer Jongleresse auf den Weg, ihren Geliebten zu suchen.[567] Sie wird vom Autor mit den äußeren Attributen und den typischen Merkmalen einer exquisiten Jongleresse ausgestattet, die ihr Autentizität für den Auftritt bei Hofe verleihen sollen. Damit wird für uns das unverkennbare Bild einer Jongleresse gestaltet:

> »Alles ist geschlitzt sowohl vorne wie hinten
> Und von einem Riemen an den Hüften zusammengehalten,
> An den Fingern steckten Ringe mit Edelsteinen
> Hellglänzend aus arabischem Gold.
> Mit heller Stimme rief sie laut:
> Hört nun, ihr Ritter und Krieger,
> Ihr Jungfrauen und edlen Damen und auch ihr Kinder
> Ein neues Lied aus französischem Land ...«[568]

Fresne gibt sich in »Galeran de Bretagne« (um 1220) als Harfnerin aus und verkleidet sich mit einem kostbaren Gewand. In diesem Aufzug geht sie zur Hochzeit ihres Geliebten und desavouiert die professionellen Spielleute; diese verstummen angesichts ihres schönen Harfenspieles. Die Musik der Spielleute habe wie Wolfsgeheul im Vergleich mit einer Fidel geklungen.[569]

Wie alltäglich das Auftreten der weiblichen Spielleute für die adelige Hofhaltung und selbst für den adeligen Herrn war, sei er Laie oder Geistlicher, sehen wir an den überlieferten Reiserechnungen des Passauer Bischofs und späteren Patriarchen von Aquileja, Wolfger von Erla.[570] Unter den aufgezeichneten Empfängern der Honorare während seiner Romreise 1203/04 finden wir nicht nur Walther von der Vogelweide, der in den Rechnungen als »cantor« geführt wurde. Immer wieder treten auch Jongleresses auf. So findet in Rom eine »*Francigena cum giga*«, eine geigespielende Französin mit ihrem Begleiter Erwähnung. In Ferrara empfing eine »*cantatrix*«, eine Sängerin, ihren Lohn, in Siena eine Sängerin und zwölf Spielleute, also eine ganze Truppe.

Wir sehen somit die weiblichen Spielleute nicht nur in marginalen Existenzen, die dem Druck von Obrigkeit und Moraltheologie ausgesetzt waren, sondern durchaus auch in bevorzugter Stellung bei hohen Herren. Seßhaftigkeit und Hofdienst konnten zumindest für begrenzte Zeit Schutz vor Verfolgung durch die rigoros formulierten weltlichen und kirchlichen Gesetze bewirken.

SECHZEHNTES KAPITEL

Spielmannslohn: Wie gewonnen, so zerronnen

Zwischen den Forderungen und Verboten der Kirche und der weltlichen Herrschaft einerseits und der Lebenswirklichkeit der Spielleute andererseits klaffte eine große Distanz. Wir sehen in vielen Zusammenhängen, daß Normen und Realität bei weitem nicht übereinstimmen. Denn bei strikter Einhaltung der Normen hätten die Spielleute nicht zu allgegenwärtigen Unterhaltungskünstlern werden können. Die Einkommensverhältnisse der Spielleute in Form von Geld, Beherbergung und Geschenken, die in historischen Quellen und literarischen Texten erwähnt werden, erlauben uns auch Rückschlüsse auf ihre Lebensführung.

Fürstliche Entlohnung

»Eine kostbare Krone im Wert von 40000 Solidi (Sous) spendete die Gräfin Sorgest von Urgel (im nördlichen Katalonien) für Guillelmus Mita, der zum König aller Spielleute erwählt wurde.«[571]

Derartig »fürstliche« Geschenke empfing beileibe nicht jeder Spielmann und gewiß nicht jeden Tag. Dieses großartige Geste bildete den Höhepunkt eines großartigen Festes, welches zu Beaucaire, am rechten Ufer der unteren Rhône, im Jahre 1147 gefeiert wurde. Selbst unser Beispiel läßt, nicht zuletzt wegen des hohen Wertes, Zweifel am Wert der Trophäe aufkommen.

Damit wir zumindest annähernd realistische Vorstellungen von den Spielmannseinkünften erlangen, wenden wir uns zunächst einer uns schon bekannten dokumentarischen Quelle zu: den Rechnungsbüchern des Bischofs Wolfger von Passau während seiner Romreise 1203/04. Genaue Tarife lassen sich jedoch nicht herauslesen, weil nicht festgehalten wurde, wie lange der Spielmann oder die Jongleresse ihre Künste dargeboten hat, ob einen Abend lang oder mehrere Tage – oder nur eine Nacht.[572]

Wie wir gesehen haben, liefert uns diese Reiserechnung Hinweise auf die Jongleresses, die ihm zu Diensten waren. Darüber hinaus wurden die verschiedenen Unterhaltungskünstler aufgelistet und ihr Lohn notiert: Sie wurden *histriones*, *mimi* und *joculatores* genannt, wie in den Konzilsbeschlüssen und in den theologischen Traktaten auch. Der Erzbischof kannte deren Inhalte und Urteil über die Spielleute sehr wohl und engagierte sie, Männer und Frauen, dennoch ganz selbstverständlich. Andere der notierten Unterhaltungskünstler wurden als »*vociferator*« (eigentlich Schreihals), »*gigarius*« (Geiger), »*obleiarius*« (vielleicht »*oblectarius*«, Unterhalter), »*discantor*« (Sänger) und »*cantatrix*« (Sängerin) bezeichnet. Die Spielleute sind darüber hinaus wohl bewirtet worden. Ein Geiger erhielt zwei solidi, ein »*obleiarius*« 12 Denare, ein Spielmann, der mit Messern jonglierte, ein Veroneser Talent usw. Die Umrechnung dieser Angaben erweist sich als schwierig und kaum lösbar.[573] Immerhin sehen wir die Relation zwischen Ausgaben in Höhe von ca. acht Mark für Unterhaltungskünstler und für Arme, Alte und Pilger in Höhe von ca. 3 Mark.[574]

Die Ermahnungen der Geistlichkeit, nicht den Spielleuten, sondern den Armen zu geben, sehen wir also beim Erzbischof keineswegs befolgt. Wie schrieben die Theologen der Zeit? »Den Spielleuten zu geben, heißt, den Dämonen zu opfern.«

Eine andere Quelle stammt aus dem Jahre 1334. Es handelt sich um die Lohnabrechnung für die höfischen Spielleute, welche die Feiern zum Pfingstfest mitgestaltet hatten. Wir finden 83 Einträge. Manche Spielleute wurden einzeln entlohnt, andere in Gruppen. Insgesamt wurde die ansehnliche Summe von 124 Pfund an sie ausgegeben.[575]

Die Entlohnung der Spielleute galt als genauso selbstverständlich wie ihr Auftreten bei jeglicher Art von Fest und Feier. Man mußte schon ein Heiliger wie Ägidius (frz. Gilles) sein, um den Verlockungen der Fleischeslust zu entgehen und konsequent die kirchlichen Forderungen einzuhalten. Auch hier bestätigt die Ausnahme die Regel. Als nämlich der Heilige elterlichen Besitz erbte, habe er diesen verschenkt; aber nicht an Huren und Spielleute:[576]

»Ihm wurde ein großes Erbe hinterlassen:

Burgen und Städte, Weinberge und Güter,
Gold und Silber, Tuch und Seidenstoffe,
Pferde, Maultiere und edle Rosse,
Und Geschirr aus Gold und Silber;
Aber er verteilt es großzügig: Er gibt es nicht den Leckern,
Und nicht den Huren und den Spielleuten;
Sondern er spendete den armen Klöstern.«

Die Einkünfte der Spielleute bestanden nicht nur aus Geld, sondern darüber hinaus aus Zuwendungen, die einen breiten Rahmen umspannten: Herberge, Speisung, Sachspenden wie Kleidung, besonders Mäntel, Tuche, ja sogar Pferde. Wenn der Gastgeber oder das Publikum nicht freigebig waren oder die von den Spielleuten in den Herbergen hinterlegten Pfänder, die »*gages*«, nicht auslösten, geriet der Spielmann in die Klemme. Colin Muset dichtet hierzu:[577]

»Sire cuens, j'ai vielé
Devant vous en vostre ostel,
Si ne m'avés rien doné
Ne mes gages aquités:
C'est vilanie!

Foi que doi sainte Marie,
Ainsi ne vous sivrai mie.
M'aumosniere est mal garnie
Et ma bourse mal farsie.

Sire cuens, car comandez
De moi vostre volenté.
sire, s'il vous vient à gré,
Un beau don car me donez
Par courtoisie!

Talent ai, n'en doutez mie,
De raler à ma mesnie.
Quant j'i vois bourse esgarnie,
Ma feme ne me rit mie.
…«

»Erlauchter Graf, ich habe Geige gespielt
Vor Euch, in Eurem Anwesen
Und Ihr habt mir nichts dafür gegeben
Und auch nicht meine Unkosten bezahlt:
Das ist niederträchtig!

Bei der Heiligen Maria,
Unter solchen Umständen folge ich Euch nicht mehr.
Um meinen Almosenbeutel ist es schlecht bestellt
Und meinem Geldsäckel mangelt es an Fülle.

Erlauchter Graf, veranlaßt etwas für mich.
Erlaucht, es möge Euch gefallen,
Mir ein schönes Geschenk zu reichen
Aus höfischer Haltung!

Ich würde gerne, glaubt mir das,
Nach Hause zurückkehren.
Mit einem leeren Beutel jedoch
Wird mir meine Frau kein Lächeln mehr schenken ...«

Manche Feste scheinen, wenn wir den historischen Quellen und den literarischen Texten Glauben schenken dürfen – im Vertrauen gesagt, wir dürfen das nicht immer, weil viele Autoren maßlos übertrieben – von Geschenken an die Spielleute übergeflossen zu sein.[578] Wir haben oben gesehen, wie bei der Hochzeit des Eneas Könige und Fürsten die Spielleute reich beschenkt haben. Hier wie an anderen, realen Höfen überboten sich die Mäzene und übten »milte« im Überfluß: teure Seidenstoffe und Samt (»*phelle und samîde*«), Geschirr von Gold und Silber sowie Kleidung (»*silber, kleider und golt*«), Pferde und Kleider (»*ross unde kleider*«), kostbare Mäntel (»*manichen rîchen mantel*«), Maultiere und Streitrosse (»*mule ende ravit*«), Pelze, darunter Zobel und Hermelin (»*zabel ende hermin*«), seien an die Spielleute ausgeteilt worden.

Gerbert de Montreuil berichtet um 1227/29 in seinem »Roman de la Violette«, daß manches bunte Kleid in den Behältnissen der Spielleute davongetragen worden sei. Einige von ihnen wären zu Fuß beim Feste angelangt und hätten es zu Pferd verlassen.

Wenn wir uns noch einmal Rigord, dem Geschichtsschreiber König Philippes II Auguste von Frankreich, zuwenden, erhalten wir von einer sehr kritischen Position aus ebenfalls eine Vorstellung von der Verschwendungssucht der Könige und Fürsten. König Philippe allerdings sei eine Ausnahme gewesen – schreibt Rigord: »Wir sehen gewisse Fürsten, die mit Bedacht entworfene Gewänder, die mit verschiedenen Blumen und Mustern kunstvoll gearbeitet waren, für welche sie möglicherweise zwanzig oder dreißig Mark Silber bezahlt haben, bevor sieben Tage vergangen waren, den Spielleuten, den Dienern des Teufels, gegeben haben, kaum daß diese ihr Maul aufgemacht haben.« Wir wissen ja, daß Philippe Auguste im Gegensatz zu diesen Fürsten »alle seine Kleider den Armen überlassen hat«.[579]

Mäntel als Geschenke waren eine typische Zuwendung an die Spielleute. Immer wieder erleben wir großzügige Adelige, die ihre Mäntel von sich reißen und den Spielleuten vor die Füße werfen.

Auch im »Rosengarten« nimmt das fürstliche Geschenk des Markgrafen in Form eines Gewandes an die »Spielmännin« eine wichtige Rolle ein. Eine Frau spielt:

»mit einer rotten vor der künegîn rîch.
Alle die ez hôrten die wurden freuden rîch.
Hinder sich trat der margrâve, zôch abe daz gewant,
Und gab ez der spilmennen mit sîner milten hant.«[580]

Im Verlauf einer Hochzeit 1368 zu Mailand sollen 500 Musikanten und Spielleute neue Kleider empfangen haben.[581] Ebenfalls in Mailand seien im Jahre 1300 über 7000 kostbare Tücher anläßlich der Hochzeit von Beatrice d'Este mit Galeazzo Visconti an diese Unterhaltungskünstler verschenkt worden, überliefert die Chronik der Este.[582]

Die Spielleute scheinen manchmal in ihren adeligen Kleidern derart »overdressed« aufgetreten zu sein, daß deswegen Kritik an ihnen laut und die Gebefreudigkeit reduzierte wurde: »Wadt sôcht de Eventurer by me, dwite he durbarer Kleider dricht den ich?« – »Was will der Herumtreiber von mir«, erwiderte Graf Nikolaus von Holstein einem gehrenden Spielmann, »wo er doch teurere Kleider trägt als ich?«[583] Wilhelm von Saccovilla predigte im 13. Jahrhundert in der Absicht, die Freigebigkeit gegenüber den Spielleuten bloßzustellen:[584] »Spielleute (histriones) ... benutzen die Kleider, die man ihnen gibt, nur wenige Tage lang zum Angeben. Sie tragen sie auch nicht im Dienste ihres Herrn, sondern verkaufen sie sofort an andere Leute weiter. Heute seht ihr noch den Spielmann so prächtig gewandet als wäre er der einzige Sohn eines Grafen, schon morgen erscheint er wieder in ärmlichen Kleidern.«

Twinger von Königshofen schrieb »von dis keysers ymbeße mit den Kurfürsten«, über das Festessen des Kaisers Karl IV. mit den Kurfürsten im Jahre 1356, bei welchem die hohen Herren bis zur Tafel ritten und ihr Pferd jeweils einem der Fahrenden oder Spielleute schenkten: »... und die kurfürsten reit ir ieglicher uf eime rosse untz für den disch, und wenne einre abe sas, so gap men das ros den spillüten und varenden lüten die vor des keysers dische worent.«[585]

Nicht an jedem Tag im Jahr fanden große Feiern statt, obgleich das Mittelalter eine sehr viel größere Zahl von kirchlichen Festen kannte. Nicht jeder, der ein Fest veranstaltete oder als hochmögender Gast dort weilte, war so freigebig, wie manche historische Quellen und die meisten literarischen Texte überliefern. Wir müssen immerhin damit rechnen, daß zusammen mit dem nachfestlichen »Kater« auch die Besinnung auf moraltheologische Forderungen zurückkehrte und, verbunden mit trivialem Geiz, den in Aussicht gestellten Spielmannslohn verkürzte. Wir haben schon gesehen, wie vortrefflich Colin Muset eine solche Situation dargestellt hat:[586]

»Erlauchter Graf, ich habe Geige gespielt
Vor Euch, in Eurem Anwesen
Und Ihr habt mir nichts dafür gegeben
Und auch nicht meine Unkosten bezahlt:
Das ist niederträchtig!«

Die Mengen und Werte der angegebenen Entlohnung und der Geschenke, insbesondere, wenn sie in der Dichtung aufgeführt werden, sind, wie gesagt, erheblich zu reduzieren. Das Rechnungsbuch etwa Bischof Wolfgers von Passau oder die Buchführung des englischen Königshofes bieten hierzu verläßlichere Angaben. Die Dichter hatten die Absicht, die »milte«, also die ostentative Freigebigkeit eines »Helden« oder eines Adelshofes zu verbreiten. Einer dieser berühmten und verschwenderischen Kunstmäzene, Markgraf Albert de Malaspina, wurde von Raimbaut de Vaqueiras auf seine einträglichen Raubzüge angesprochen. Albert hat die Raubzüge unumwunden zugegeben.[587]

Monochordspieler und Pauker (Fresko im Festsaal des Eichenauerhofes zu Ulm, um 1380).

»Mantas vetz per talen de donar
Ai aver tol e non per manentia
Ni per thesaur, qu'ieu volgues amassar.«

»Das leugne ich nicht. Ich habe jedoch nicht um Schätze zu sammeln, sondern um Freigebigkeit zu üben nach fremdem Gute gegriffen.«

Diese Antwort trägt eine gewisse Logik in sich. Denn der Dauphin der Auvergne soll auf Grund seiner üppigen Hofhaltung mehr als die Hälfte seiner Grafschaft eingebüßt haben. »E per larguesca soa perdet la meitat e plus de tot lo sieu comtat.«[588]

Die adeligen Gönner. Empfehlung als Lohn und Chance

Kleider, Gold und Pferde ... Davon konnte die überwiegende Zahl der Spielleute nur träumen – oder dichten. Der Lohn für kurzfristige Engagements am Adelshof, bei durchziehenden Edelleuten oder hohen Geistlichen war gewiß nicht immer hoch und ging zudem nicht regelmäßig ein. Die Aussicht auf langfristige gastliche Aufnahme und angemessenen Lohn wurde hingegen von der Ausstellung eines »Instrumentes« (d. h. eines Briefs bzw. einer Urkunde) durch einen zufriedenen Gastgeber geboten. Solche Empfehlungen adeliger und geistlicher Herren an andere Adelshöfe stellten eine wertvolle und gesuchte Belohnung für die auf diese Weise »weitergereichten« Spielleute dar. Auch Städte haben solche Empfehlungsschreiben beachtet.

Der Wortlaut solcher Referenzen ist in einigen Formelbüchern erhalten. Formelbücher oder Formelsammlungen sind seit dem 6. Jahrhundert überliefert. Sie enthalten Muster für Urkunden, Briefe, Bittschriften, usw.[589] Aus der Aufnahme von solchen Empfehlungsschreiben geht hervor, daß Briefe dieser Art häufig ausgestellt wurden. In einem solchen Formelbuch mit der Überschrift »De inventore cancionum« wird ein Spielmann angepriesen, der »wunderbare Gesänge erdichtet und süßeste Melodien erfindet, die in allen Provinzen im weiten Umkreis berühmt sind. Diesen empfehle ich also Eurer Hoheit und bitte um Eure Großzügigkeit auf daß Ihr ihn, unserer Freundschaft eingedenk, auf das Ehrenvollste beschenken mögt ...«[590]

Vom Empfehlungsschreiben zur Patronage und zum Mäzenatentum, also zu einem mehr oder weniger intensiv gearteten Schutzverhältnis, war kein weiter Weg.[591] In vielen Quellen und Texten treten Spielleute auf, die adeligen Herren zugeordnet wurden. Die Rechnungsbücher des französischen Königshofes erwähnen zum Jahr 1239: Bouriaus, Spielmann des Herrn Arnulf von Audenarde (Oudenaarde in Flandern); Allelmus, Spielmann des Grafen vom Nivernais; Johannes, Spielmann des Grafen von Soissons usw.[592] Am englischen Hof finden wir folgende Namen verzeichnet: »*Ricardus vidulator comitis Lancastrie*« (Fiedler des Grafen von Lancaster), »*Robertus Citharista Abbatis de Abbyndone*« (Spielmann/Zitherspieler des Abtes von Abbyndone), »*Parvus Willelmus, organista Comitisse Herefordie*« (Handorgelspieler der Gräfin von Herford).[593] Im Rechnungsbuch des Kämmerers Wolfart Helttampt am Hof Herzog Albrechts II. von Niederbaiern-Straubing erscheint in der »Nota Garend Leuten«, also im »Verzeichnis der Gaben heischenden Leute«, aus dem Jahre 1392 eine große Zahl solcher Spielleute. Hier eine Auswahl: Ein Pfeifer des Bischofs von Salzburg; zwei Fidler, der eine gehört dem Herzog Klemens, der andere dem Bischof von Trient, der Pfeifer des Grafen von Württemberg, zwei Fidler des Bischofs von Prag, Liendel, einstmals Sänger des Römischen Königs, der Lautenspieler des Bruders des Römischen Königs; der Fidler des Markgrafen Prokop von Meran. Drei fahrende Fräulein befinden sich ebenfalls darunter.[594] Von diesen »*drei varenden frawlen*« erfahren wir jedoch nicht, ob sie im Dienste eines Gönners standen. Und dann waren da noch 1329 die »*ioculatores domini imperatoris*«, die Spielleute des Kaisers an der Spitze der Karriereleiter also, die entweder im Dienste des Kaisers standen oder kaiserliche Schutzbriefe besaßen.

Ein hochmögender Gönner sicherte den Spielleuten nicht nur das Einkommen, sondern verlieh ihnen auch Prestige, das sich wiederum in klingende Münze umwandeln ließ. Der häufig wiederholte Appell der französischen Spielleute lautete denn auch: »Doneiz nos maistres ou deniers!«

»Nennt uns Gönner oder entlohnt uns mit Geld
Wie es recht und billig ist
Dann wird jeder nach Hause gehen.«

In diese Worte kleidete Rutebeuf, einer der bekanntesten französischen Dichter und Spielleute, der zwischen 1250 und 1280 in Paris wirkte, in seinem Fabliau »Charlot Le Juif qui chia en la pel dou lievre«, auf deutsch: »Karlchen der Jude, der in das Hasenfell schiß«, die Hoffnungen der Spielleute und anderer Künstler auf Fortkommen und Existenzsicherung.[595] Diese Forderung war – nicht nur im Fabliau von Erfolg gekrönt:

»Jeder bekam einen Gönner zugewiesen, sogar Charlot,
Der nicht gerade ein schmucker Junker war ...
Ein Brief wurde ihm geschrieben,
Gut formuliert und ordnungsgemäß gesiegelt.«

Mit diesem empfehlenden »Instrument« zog Charlot zu dem genannten Gönner. Die Geschichte nimmt zwar eine eigentümliche Wendung, aber sie illustriert die ständige Suche der Spielleute nach einem großzügigen Mäzen, der ihn an seinem Hof aufnimmt; sie belegt zugleich, daß solche Beziehungen gang und gäbe waren.[596] Einen der berühmtesten Förderer der Spielleute aus nah und fern haben wir im Markgrafen Bonifaz zu Montferrat kennengelernt.

Gelegentlich nahm die Zahl der herumziehenden Spielleute überhand. Selbst wenn sie in einer festen Stellung waren, zogen sie durchs Land und suchten weitere Auftrittsmöglichkeiten und Einkünfte. In Deutschland wurden daher seit dem Spätmittelalter immer wieder Reglementierungen erlassen, die auch die Gönner in die Pflicht nahmen. So ordnet der baierische Landfrieden von 1300 an:[597] »Swer einen Spilman haben wil, der sol in auch beraten und sol niemen nihts bitten und sol niemen niht geben.«

»Wenn ein adeliger oder geistlicher Herr jemand als Hofspielmann hält, dann soll dieser nicht anderswo betteln und niemand soll ihm etwas geben.«

Das stellt eine verbindliche Verpflichtung für den »Halter« eines Spielmannes dar. Wie wenig wirksam solche Versuche waren, zeigt jedoch der Abschied (d. h. der Beschluß) des Reichstags zu Lindau im Jahr 1497, der im Absatz 19 fordert: »Item: ain yeglicher Fürst und Oberkait hält billich seine Pfeiffer, Trummeter und Spilleut in zimlicher Besoldung, damit si ander leut unbesucht und unbelestigt lassen, wie dann das uff dem Tag zu Regenspurg auch geordnet und furgenommen gewest ist.«

»Ebenso soll jeder Fürst und jede Obrigkeit seine Pfeifer, Trommler und Spielleute angemessen versorgen, damit sie andre Leute nicht heimsuchen und belästigen, so wie es schon auf dem Reichstag von Regensburg geregelt und behandelt worden ist.«

»Spielmannslehen«

Wenn uns die historischen Quellen und Texte nicht in die Irre führen, dann hat die Fürsorge mancher adeliger Herren in Frankreich und in England sogar die Ausstattung mit Lehensbesitz umfaßt.[598] Demnach werden Grund und Boden (oder aus ihnen bezogene Einkünfte: Renten) gewissermaßen als »Spielmannslehen« zur Belohnung an bewährte und ausgezeichnete höfische Spielleute ausgegeben. Die Voraussetzung dafür scheint allerdings die Position eines am Hofe angestellten Spielmannes, eines »ménéstrel de cour«, gewesen zu sein. Allein schon die Position eines solchen höfischen Spielmannes und seine relative Seßhaftigkeit, die eine herrschaftliche Unterordnung und Eingliederung in die adelige Herrschaft bedingte, macht es fragwürdig, ob dieser den hier behandelten mobilen Randgruppen zugerechnet werden kann. Die Übergänge zwischen den fahrenden Spielleuten und den seßhaften Musikanten erweisen sich gerade in dieser Hinsicht seit dem ausgehenden Mittelalter als fließend. In Frankreich und Okzitanien scheinen die rechtsförmlichen Schranken zwischen den verschiedenen Schichten erheblich durchlässiger gewesen zu sein.

In den fiktiven Texten der Dichtung wird der Wunsch des Spielmannes zum Vater des Gedankens: »Grant terre et noble seignorie« habe Pinchonnet von König Cléomades erhalten und die Ritterwürde dazu.[599] Im Alexanderroman empfängt ein Harfenspieler vom König die Stadt Tarsus als Geschenk. Der Spielmann Garin Troussebeuf erhält Landbesitz vom Erzbischof von Dol. Solche Karrieren und Standeserhöhungen finden jedoch, wie ich meine, ausschließlich in der Dichtung statt.

Größere Glaubwürdigkeit verdienen die historischen Quellen, zumal wenn sie aus der Praxis der Verwaltung und des Rechtswesens hervorgehen. So vermerkt das Domesday Book, daß ein Spielmann von William dem Eroberer drei »*villae*«, also Güter, in der Grafschaft Gloucester innehatte. Auch eine »*joculatrix*«, eine Jongleresse, habe eine »*villa*« in Hampshire als Lehen besessen. Mit Erlaubnis des französischen Königs Philips V. habe sein Spielmann Pierre Touset ein Lehen erworben.[600] Auf dem Festland gegenüber der Inselstadt Lindau finden wir eine Flur namens »Spielmannslehen«.[601] Wir dürften es bei diesen Lehensinhabern jedoch kaum mit Spielleuten zu tun haben, die ihren sozialen Stand am Rande der Gesellschaft hatten. Vielmehr ist davon auszugehen, daß diese Aufsteiger dem Niederadel oder dem Bürgertum entstammten und sich bei Hofe, jeder auf seine Weise, emporgedient haben und schließlich wie ein Walther von der Vogelweide mit einem Lehen belohnt wurden. Er dankte seinem Gönner, dem Stauferkönig Friedrich II., in bewegenden Worten:[602]

»Ich hân mîn lêhen, al die werlt, ich hân mîn lêhen
Nû enfürhte ich niht den hornunc an die zêhen ...«

»Ich habe mein Lehen, hört es, ihr Leute alle, ich hab' mein
Lehen!

Nun fürchte ich nicht mehr den Februarfrost an den Zehen
und will in Zukunft die geizigen Herren nicht mehr anbetteln.
Der edelmütige König, der großzügige König, hat so für mich
gesorgt,
daß ich im Sommer Kühlung und im Winter Wärme habe.
Gleich erscheine ich auch meinen Nachbarn um manches
vornehmer.
Sie sehen mich nicht mehr wie vordem als Schreckgespenst an.
Leider bin ich zu lange arm gewesen.
Ich war so schmähsüchtig, daß mein Atem stank.
Das alles hat der König wieder rein gemacht und meinen Sang
dazu.«

Der Februar, der für Winterkälte steht, stellte alle Fahrenden vor Probleme – auch die zu Denkmälern gewordenen fahrenden und dichtenden Ritter, wie Walther von der Vogelweide.

Die mit Gütern ausgestatteten Spielleute sind also Ausnahmen im großen Heer der Fahrenden. In den weit überwiegenden Fällen haben Lehen in Händen der Spielleute nur fiktiven Charakter – den Wünschen und Träumen der Dichter entsprungen. Der Spielmann lebte von der Hand in den Mund. Insofern ist seine Existenz nicht anders bedingt als die der übrigen Fahrenden, der Vagabondage. Die Aufforderung, gewissermaßen der Schlachtruf der Spielleute: »*doneiz nos maistres ou deniers*«, »Seid unsere Herren oder entlohnt uns mit Geld«, entspringt ihren mehr oder weniger diffusen Wünschen und Sehnsüchten, dem ausgegrenzten Status und den diskriminierenden Lebensbedingungen des Fahrenden zu entgehen. Im Dienste eines adeligen Herrn lag immerhin, so deuten es die Quellen zumindest in Frankreich, in der Provence und in England an, eine gewisse Chance für Aus- und Aufstieg. Der »ministrellus« (lat.), »ménéstrel« (altfrz.) oder »minstrel« (engl.) in einer Dauerstellung bei Hofe gehörte schon nicht mehr der unübersehbaren Masse von vagabundierenden Spielleuten an.

Der höfische *ménéstrel* konnte dabei sehr wohl seine Eigenschaft als Fahrender zu gewissen Zeiten beibehalten. Sein sozialer und herrschaftlicher Fixpunkt, sein Gönner – sein *maistre* – gab ihm einen Rechtsstatus und beseitigte den Makel der gesellschaftlichen Marginalität, des Randgruppendaseins. Die Auftritte an fremden Höfen ließen ihm, dem *ménéstrel* des Herrn von Soundso, Geschenke und Belohnung zufließen, die zu Ehren seines Herrn gereicht wurden. Im dadurch ausgelösten Schenkverhalten liegt ein bisher nicht erkanntes Interesse der Spielleute.

Die Sicherheit und die Kontinuität der Einkünfte, die rechtliche und soziale Einbindung und gar die Nutznießung von Grundbesitz, veränderten die Existenzbedingungen des Spielmannes. Damit schied er aus dem engeren Definitionskreis der mobilen Randgruppen aus und wir sind gehalten, diesen Typ nicht mehr den *joculatores*, sondern den *ménéstrelli* bzw. den städtischen Musikern, den Stadtpfeifern, zuzuordnen. Ganz nebenbei wird durch dieses Problem auch deutlich, daß unsere Gegenwartssprache nicht ausreicht, um die hier behandelten Phänomene in angemessene zeitgenössische Begriffe zu kleiden. Dieses Problem ist uns schon bei der »Spielfrau«/«Spielmannsfrau« begegnet, so daß wir uns mit dem französischen Wort »Jongleresse« behelfen mußten. Im Französischen tritt dieses Problem in dieser Form nicht auf: Dem »jongleur« entspricht die weibliche Form der »jongleresse«, dem »ménéstrel« die »ménestrelle«.

Kleine Leute, kleine Feste, kleine Münze

Die Höfe des weltlichen und des geistlichen Adels waren, wie wir schon wissen, nicht die einzigen Orte des Auftrittes und des Erwerbs von Spielleuten aller Art. Auch die Straßen und Plätze, die Wirtshäuser innerhalb und außerhalb der Städte und Dörfer, ja selbst die Kirchen stellten beliebte Auftrittsorte dar.

Dort unterhielten sie die Leute, wie Raoul de Houdenc im »Roman des Eles« hervorhebt, nicht nur mit Musik und Tanz und anderen Künsten, sondern auch als Übermittler von Nachrichten und Tratsch:[603]

> »In gleicher Weise schließlich
> Kann man von den Spielleuten herauskriegen,
> Die auf den Plätzen und in den Gasthäusern
> Ehrenhaftes und Unehrenhaftes zu sehen bekommen,
> Von wem man gute Geschichten erzählen kann
> Und von wem nicht.«

Kirchweihfeste und Jahrmärkte waren ohne eine Menge von Unterhaltungskünstlern gar nicht denkbar. Für die Champagnemessen sind Listen mit den Unkosten überliefert, welche auch Spielleute betreffen: »Ausgaben für die Spielleute ... beim Maimarkt und an St. Ayoul«.[604] In dieser Umgebung wurde mit Naturalien oder mit kleiner Münze bezahlt:

»Und ich bitte einen jeden von euch,
Mir eine ins Hemd eingeknotete Münze mitzubringen.«[605]

Mit einem Geldstück, in den Hemdzipfel eingeknotet, sollten die Zuschauer am folgenden Tage wiederkommen, wenn sie die Fortsetzung der Darbietung sehen wollten. Diesen Trick wandten nach Petrus Cantor auch Priester an, wenn sich die Gläubigen beim Meßopfer mit dem Opfer zurückhielten. Sie beendeten die Messe so lange nicht, bis »der Groschen fiel« und verhielten sich genauso wie gewisse »Sänger von Fabeln und Heldengeschichten«.[606] Der Trick, die Aufführung im spannendsten Augenblick zu unterbrechen und erst dann weiterzumachen, wenn Hut oder Beutel gefüllt war, ist so alt wie das Gewerbe selbst. Guy de Bourgogne unterbricht seine Vorstellung im spannendsten Augenblick:[607]

»Wer jetzt ein Lied hören möchte,
der muß schnell seine Börse öffnen.«

Die ungesicherten Einkünfte scheinen sehr schnell wieder ausgegeben worden zu sein. Als eine herausragende negative Eigenschaft der Spielleute wird immer wieder die Verschwendungssucht angeprangert. »Argent de ménestrel«, »Spielmannsgeld«, war sprichwörtlich leicht verdient und schnell vertan.

SIEBZEHNTES KAPITEL

Die Organisation der Spielleute: Korporation und Bruderschaft

Der unbehauste Spielmann

»Die Spielleute sind überall, aber sie haben nirgends einen Wohnsitz. Sie leben in den Städten und auf dem flachen Land; sie sind weder Bauern noch Bürger; sie verkehren bei allen sozialen Gruppen, aber sie gehören nicht einer von ihnen an. Obwohl wir sie an den Höfen der Mächtigen finden, sind sie nicht deren Leute, obwohl sie als Begleiter der Kaufleute auf Messen und Märkten auftreten und bei den Handwerkern in den Städten auftreten, finden sie keine Heimstatt in einer anerkannten Korporation wie etwa die Kaufleute in der Gilde und die Handwerker in der Zunft. Es liegt an ihrer Mobilität, ihrem unsteten, unbehausten Vagabundenleben, daß sie sowohl in der grundherrschaftlichen, ländlichen Welt als auch in der handwerklich-zünftischen Welt der Städte als Fremde empfunden und behandelt werden.«[608]

Heimatlosigkeit, Fremdheit und Marginalität – damit hat Carla Casagrande-Vecchio die Grundkomponenten der spielmännischen Existenz umfassend und präzise beschrieben. Lediglich in Ansätzen sehen wir, daß auch den Spielleuten Chancen zur sozialen Eingliederung geboten wurden. Solche Erscheinungen zeigen sich seit dem 11. Jahrhundert auf wenige Regionen, vielleicht sogar nur auf Einzelfälle, beschränkt. Sie vermehren und verdichten sich jedoch seit Thomas von Aquin mit den neuen philosophischen und theologischen Entwürfen für die christliche Gestaltung der diesseitigen Welt. Diesem rationalen Trend gingen jedoch nicht wenige vorrationale, von magisch-religiösem Denken bestimmte Versuche voraus, die Spielleute wenn nicht in die Gesellschaft, so doch in die Gemeinschaft der Gläubigen aufzunehmen.

Frömmigkeit und Wunder als Eintrittskarten in die Kirche
Das Marienmirakel des *Tumbeor Nostre Dame* – wir erinnern uns der rührenden Tanzrevue des Mönches und ehemaligen Spielmannes vor dem Marienaltar zu Clairvaux – ist ein Zeugnis dafür, daß die Spielleute selbst bestrebt waren, sich als gläubige Christen zu präsentieren. Ihre soziale, moralische und kirchliche Akzeptanz bedurfte jedoch der öffentlich bezeugten Fürsprache durch Maria oder der Heiligen in Gestalt eines Wunders.

»Und die süße, edle Königin
nimmt ein weißes Tuch
und fächelt damit ihrem *ménéstrel*
ganz sanft vor dem Altar.
Die edle Herrin war so gütig
und an Hals, Leib und Gesicht
fächelt sie ihm Kühlung zu.
Die Herrin müht sich, ihm zu helfen
und gibt sich dieser Aufgabe hin.
Der gute Mann achtet nicht darauf,
denn er sieht und weiß nicht,
daß er in so schöner Gesellschaft ist.«[609]

Die Absicht der literarischen Gestaltung dieses Marienmirakels ist leicht zu durchschauen. Einerseits sollte die Kunst und die Kunstfertigkeit des armen, von Minderwertigkeitskomplexen geplagten klösterlichen Ex-Spielmannes sowie der Spielleute überhaupt vor Augen geführt werden. Zum anderen ging es dem Autor darum, die Anerkennung der Spielleute durch Gott selbst, unter der besonderen Fürbitte Mariens, zu demonstrieren. Ein Mitbruder und der Abt wurden als Zeugen und Gewährsmänner aufgeboten. Das Marienwunder sollte den Spielleuten, wenn nicht den Eintritt, so doch ein Schlupfloch in den Himmel öffnen – an den Moraltheologen vorbei. Zugleich begründete oder erhöhte ein derartiges Wunder, welches gar die »Bekehrung« eines schweren Sünders bewirkt hat, den Ruf des Wallfahrtsortes und zugleich seine Einnahmen.

Wie dem *Tumbeor Nostre Dame* zu Clairvaux, so wurde auch einem Spielmann zu Notre-Dame de Rocamadour ein Wunder zuteil. Die Marienwallfahrt zur schwarzen Madonna von Rocamadour im Südwesten Frankreichs zog Pilger von weither an, sogar aus England, Dänemark und aus dem Baltikum. Der um 1172 verfertigten »Liber Miraculorum« (»Buch der Wunder«), überliefert auch Wunder, die an einem Ritter Riculf von Stollberg bei Würzburg und an einem Spielmann aus Sieglar (heute Troisdorf bei Siegburg) verübt worden seien.[610]

XXXIV. »Von der Kerze, die auf eine Geige herabsteigt«: »Petrus Iverni de Sigelar (Peter Winter aus Sieglar) lebte vom Musizieren. Er machte es sich zur Gewohnheit, nachdem er in einer Kirche gebetet hatte, zum Lobe Gottes in die Saiten seines Instrumentes zu greifen. Als er einmal in der Basilika der heiligen Maria von Rocamadour weilte, spielte er unermüdlich auf seiner Geige. Schließlich begann er auch noch, sich mit seiner schönen Stimme auf dem Instrument zu begleiten und erhob seinen Blick zur Madonna: ›O, Herrin,‹ sagte er, ›wenn meine Lieder und meine Musik dir und deinem Sohn, meinem Herrn, gefallen, so überlaß mir eine der an Zahl und Wert kaum schätzbaren hier aufgestellten Wachskerzen.‹ Und als er auf dies Weise Gebet und Gesang miteinander verband, stieg vor aller Augen eine Kerze auf sein Musikinstrument hernieder. Der Sakristan der Kirche, der Mönch Gerhard, beschuldigte den Spielmann als Verbrecher und Zauberer. Entrüstet nahm er die Kerze und stellte sie wieder an ihren alten Platz. Petrus, der das göttliche Wunder sehr wohl wahrgenommen hatte, fuhr geduldig in seinem Gesang fort und dieselbe Kerze wie vorher setzte sich erneut auf seine Geige. Der vom Zorn ergriffene Mönch nahm wiederum die Kerze und befestigte sie noch sicherer an der ursprünglichen Stelle. Der Herr hat jedoch in seinem unabwendbaren Willen ein zweites und ein drittes Mal das gleiche Wunder vollbracht. Alle Anwesenden, die das sahen, ›waren voll Verwunderung und staunen über das, was mit ihm geschehen war.‹[611] Vereint erhoben sie die Stimme und sangen das Lob des Herrn. Der Spielmann weinte vor Freude und reichte seiner himmlischen Wohltäterin die von ihr empfangene Kerze zurück und lobte sie »mit Pauken und Tanz, ... mit Flöten und Saitenspiel.«[612] Zur Ehre und zum Lobe Gottes brachte er jedes Jahr, solange er lebte, der glorreichen Jungfrau zu Rocamadour zur Erinnerung an das Wunder als Zinsleistung – »pro trecensu« – eine pfundschwere Kerze dar.«[613]

Der jährliche Besuch des Wallfahrtsortes und die jährliche Zinsleistung – als Jahresbeitrag möglicherweise – geben uns zu bedenken, ob sich in Rocamadour nicht sogar eine Korporation von Spielleuten gebildet hat, die der Verehrung Mariens frönte. Der Versuch von Spielleuten, sich von der schwer auf ihnen lastenden Verdammungspraxis der Kirche zu befreien und sich über eine Bruderschaft in die christliche Glaubensgemeinde einzugliedern, tritt in Quellen aus dem nördlichen Frankreich noch deutlicher hervor.

Des Schutzes der Heiligen bedurften die Spielleute gewiß noch mehr als die anderen Christen. Und weil jeder Stand seine besonderen und einschlägig wirksamen Patrone hatte, wandten sich auch die Spielleute an »ihre« Heiligen. Die Muttergottes galt ja für jedermann als hilfreiche Schutzpatronin und insbesondere für die Armen und »Elenden«. »Elend«, also fremd und heimatlos waren die Spielleute in besonderem Maße.

Neben Maria wurden einige Heilige besonders verehrt, weil ihre Vita sie als »bekehrte« Spielleute ausweist: Die heilige Pelagia, als eine der sogenannten »großen Büßerinnen« kam aus dem gleichen Milieu und war nach ihrer *conversio*, ihrer Bekehrung, zur Fürbitterin der Spielleute geradezu prädestiniert.

»Sie stammt aus Antiochien, ist Schauspielerin und Tänzerin, deren Kunst und Schönheit umworben werden. über ihren Leichtsinn, ihre Genuß- und Prunksucht weint der Bischof Nonnus von Edessa bittere Tränen, bis Pelagia von einer seiner Predigten innerlich ergriffen wird, sich bekehren und taufen läßt. Sie spendet Schmuck und Schätze den Armen und bezieht auf dem Ölberg in Jerusalem eine Zelle. dort stirbt sie 280 nach kurzer Zeit an den harten Bußübungen, die sie sich auferlegt hat.«[614]

Auch der heilige Porphyrius, der als Märtyrer zu Cäsarea nach verschiedenen Überlieferungen entweder im 3. oder im 4. Jahrhundert starb, war »Schauspieler, der die christliche Taufe nachäffte, sich während der Schaustellung aber wirklich bekehrte und deshalb gemartert wurde.«[615]

Die Überlieferung berichtet von weiteren Spielleuten, die sich bekehrt haben und später als Heilige Verehrung fanden:

In der Vita Patrum berichtet die Legende, wie Paphnuce einen Spielmann zu Gott führt, der sich wegen seiner guten Werke verdient gemacht hat.[616]

Andere Spielleute brachten es zwar nicht zum Heiligenschein, werden jedoch immerhin als besonders fromme und heiligmäßige Männer verehrt. So war Fouque von Marseille ebenfalls Spielmann, bevor er in den Zisterzienserorden eintrat und schließlich sogar

265

»Heilige Kümmernis« (Wilgefortis). Fresko des 14. Jh. aus der Dominikanerkirche in Bozen. Es erzählt die Legende von der wundersamen Rettung eines frommen Spielmanns, der von der Heiligen einen goldenen Schuh geschenkt bekommen hatte, aber als vermeintlicher Kirchendieb am Galgen baumeln sollte, wovor ihn St. Kümmernis durch Hergabe ihres zweiten Schuhs gnädig bewahrte. Bei der bärtigen, am Kreuz hängenden »Jungfrau Kümmernis« handelt es sich um eine volkstümliche Mißdeutung des »Volto Santo«, des hoch verehrten Kruzifixes im Dom von Lucca.

Bischof von Toulouse wurde.[617] Der Spielmann Gondran aus St. Gilles, einen Tagesmarsch westlich von Arles, soll auf dem Berg Publimont bei Lüttich zu Ehren des heiligen Gilles (Ägidus), seines heimatlichen Patrons aus Okzitanien, eine Klausnerzelle gegründet haben. Sie sei der Kern des späteren Klosters geworden.[618] Der heilige Johann der Gute (Jean le Bon) lief bis zu seinem vierzigsten Lebensjahr als Spielmann durch die Welt und zog sich danach als Eremit aus ihr zurück.[619]

Dazu kommen die heiligen Genesius und Gelasius, Ardalio, Arnold (von Arnoldsweiler) und – seit dem Spätmittelalter – die heilige Cäcilia, die bis heute als die Patronin der Musik schlechthin angesehen wird.[620]

Nach der Muttergottes galt St. Martin als der prominenteste und wirksamste Fürbitter in Angelegenheiten der Armen und Heimatlosen. Die Legende von der barmherzigen Mantelteilung mit dem Bettler am Wege, der sich als Jesus Christus entpuppte, ist bis in die Gegenwart populär geblieben. Daher ist es kein Zufall, daß die älteste uns überlieferte Bruderschaft von Spielleuten unter dem Schutz des heiligen Martin entstand. Mäntel gehörten, wie wir den Texten entnommen haben, zu den typischen Geschenken, welche Spielleuten überlassen wurden.

Die Bruderschaft vom heiligen Martin zu Fécamp

Soweit wir aus den Quellen ersehen, nimmt die Ausbildung von Spielleutekorporationen im 12. Jahrhundert konkrete religiös kultische und rechtliche Formen an. In der Kapelle der Leprosen, der Aussätzigen, die zur Benediktinerabtei Fécamp an der Seinemündung (Normandie) gehörte, wurde schon in der 1. Hälfte des 11. Jahrhunderts im Schutze des Dreifaltigkeitsklosters eine Bruderschaft, eine *confraternitas* der Spielleute gegründet. Sie stand in Verbindung mit Klerikern und Rittern und hatte den heiligen Bischof Martin als Patron: »*beati Martini confessoris atque pontificis*«.

Über die Ursprünge der Spielleutebruderschaft unterrichtet uns eine Urkunde des Abtes Radulf von Argences (1190–1220).[621] Diese enthält die Gründungsgeschichte in der Zeit des Vorgängerabtes Wilhelm (bis 1031) und gibt auch die Gründungsstatuten der Bruderschaft wieder. Diese Urkunde ist als Vidimus – d. h. als beglaubigte Urkunde – des 15. Jahrhunderts überliefert.[622] Heinrich, der Nachfolger Wilhelms auf dem Abtstuhl, hat demnach die Bruderschaft erneuert.

»Am heutigen Tage machen wir bekannt, daß ich freundlich gestimmt und prüfend, Wort für Wort eine gewisse Urkunde gelesen habe, die ganz offensichtlich die Gründung der Bruderschaft des heiligen Martin, des Bekenners und Bischofs, in der Kapelle der Leprosen von Fécamps bis heute dokumentiert.«

Der weitere Wortlaut dieser Urkunde ist folgender: »Ich also, Abt Radulf, habe den Spielleuten die Teilhabe an allen unseren Wohltaten zugebilligt und gestattet, als da sind: Teilnahme an den Messen, an den Vigilien, an den Riten der Fastenzeit, an den Gebeten, und an allem, was Gott gefällig ist.

Auf daß, den Geboten der Nächstenliebe folgend, diese mit uns und wir mit ihnen, mit Frohsinn und Jubel, mit Konzert und Chor, mit Tympano und Psalterium, Seitenspiel und Orgel, mit Chitara und vollen Gefäßen mit Räucherwerk in den Händen, im Anblick des allerhöchsten Königs würdig sind zu dienen.

Wir werden für sie (die Spielleute) ebenso wie für die übrigen unserer Brüder täglich und für alle Zeiten drei Messen feiern.

Hinsichtlich der Art der Bruderschaft ist meine Vorstellung davon einzuhalten: jedes Jahr, am Tag der Bischofsweihe des heiligen Martin, versammeln sich sowohl die Spielleute als auch diejenigen, die sich ihrer Bruderschaft angeschlossen haben ... Dann wird eine feierliche Prozession des gesamten Konventes dieser Spielleute veranstaltet und von jedem von ihnen werden fünf Denare eingesammelt ...«

Der 11. November als Festtag des heiligen Martin und Jahrestag der Versammlung scheint gut gewählt. Das bäuerliche Wirtschaftsjahr war zu Ende, die Scheunen voll, die Schlachtfeste standen vor der Tür und draußen begann für die Spielleute eine kalte Zeit. »Nun fürchte ich nicht mehr den Februarfrost an den Zehen«, seufzte Walther von der Vogelweide in seinem Glück über den Empfang seines Lehens.[623]

»*Homines seculares, arti joculatorie deditos*«, also »weltliche Leute, die Spielmannskünste betreiben« sollten als Mitglieder dieser Bruderschaft (»*fraternitas*«) aufgenommen werden. Die Gründung einer derartigen Korporation unter dem Schutz einer Kirche erscheint uns zunächst als eklatanter Widerspruch zu den Quellen, in

Der Spielmann und die Mutter Gottes. Das Kerzenwunder zu Arras (Initiale des Mirakelberichts »De la Chandele d'Arraz«, Paris Bibl. Nat. fr. 17229).

denen die kirchliche Autorität durchweg alle weltlichen Künste, Neigungen und Vergnügungen mit tiefster Abscheu verdammte und mit den schrecklichsten Höllenstrafen bedrohte. Wir müssen uns jedoch vor Augen halten, daß »die« Kirche erst im Laufe des Mittelalters in langwierigen Entwicklungen zu einer zentral geleiteten Institution geworden ist. Im 11. Jahrhundert hatte sie im Investiturstreit einen großen Schritt zur Emanzipation von der weltlichen Macht in Gestalt von Kaiser, Königtum und Adel getan. Diese Entwicklung stand in Zusammenhang mit der Ausformung einer kirchlichen Hierarchie mit einem Kardinalskollegium und dem Papst an der Spitze. Damit war die Basis für eine universale, wirksame Kirchenherrschaft geschaffen. Nun erst begann die päpstliche Kurie die vielen Einzelkirchen zentral zu verwalten.

In Fécamp sehen wir zu einem relativ frühen Zeitpunkt den einzigartigen Versuch, die »weltlichen Leute«, die vor allem wegen ihrer Heimat- und Bindungslosigkeit an den Rand der Gesellschaft gedrängt wurden, in die Obhut einer kirchlichen Gemeinschaft, eines Klosters zu nehmen. Der Sinn und die Rechtfertigung zugleich für diese *confraternitas* unter kirchlichem Schutz lag in der Festigung der Spielleute im christlichen Glauben. Die Urkunde sagt mit Nachdruck:

»Auch wenn deren Leben dem oberflächlichen Spiel und der schlüpfrigen Darbietung gewidmet ist, so macht sogar das Fundament des Glaubens, das in Christus ruht, daß mit dem besten Kopf schwache Glieder verbunden sind.«

Von der Legende zur Bruderschaft. Die Spielleute zu Arras

Wenig später, um 1100, ist in Arras, dem Hauptort der Picardie im Norden Frankreichs, ebenfalls eine religiöse Bruderschaft der Spielleute überliefert, der Puy d'Arras.[624] Erst seit 1191 fließen jedoch die Auskünfte der Quellen über die »*confrérie d'Arras*« oder den »*Pui d'Arras*« reicher. Als »*pui*« bezeichnet das Altfranzösische ein Podium oder auch einen Künstlerwettbewerb. Die Bruderschaft stand unter dem Schutz der Jungfrau Maria. Ähnlich wie in Fécamp mit dem heiligen Martin ist auch in Arras eine typische Patronin gewählt worden, die seit dem 11. Jahrhundert vor allem als Schutzmantelmadonna als besonders wirksame Fürsprecherin für die Armen und Bedrohten galt.

Über die Ursprünge dieser Bruderschaft ist außer der ungefähren Gründungszeit nur eine Legende überliefert. Sie steht gewissermaßen am Anfang der Bruderschaft und ihres Kultes zu Arras. Sie spielt zu Zeiten des 1115 verstorbenen Bischofs Lambert von Arras. Der Kern dieser Überlieferung wurde in die Grabplatte des Bischofs gemeißelt: »Im Jahre des Herrn 1115, an den 16. Kalenden des Juni (17. Mai), starb seligen Angedenkens Lambertus, Bischof der Kardinalskirche von Arras. Durch ihn wurde die Würde des Bischofssitzes, welche für lange Zeit dem Bischof von Cambrai übertragen war, wiederhergestellt. Diesem Bischof und zwei Spielleuten namens Itherius und Normannus ist die heilige Maria in der Kirche erschienen und hat ihnen eine Kerze überreicht, mit deren Hilfe sie die Krankheit der »*ardentes igne malo*« heilten.«[625]

Die Kranken litten also am »bösen Feuer«. Diese Krankheit wurde auch als »Heiliges Feuer« oder als »Antoniusfeuer« bezeichnet; es handelt sich um *Ergotismus gangraenosus*, den sog. »Mutterkornbrand«. Das Mutterkorn ist ein Pilz, der eine Erkrankung des Roggens herbeiführt. An der Ähre werden dabei schwarzbraune Auswüchse sichtbar. Sie enthalten das Alkaloid Ergotin und erzeugen Muskelkrämpfe, Blutgefäßkrämpfe und Brand. In der Medizin findet Ergotin in der Geburtshilfe Verwendung. Die Krankenpflege-Bruderschaft vom Heiligen Antonius hatte sich, bevor sie sich zu einem Orden etablierte, mit Erfolg der Bekämpfung dieser Krankheit gewidmet; daher »Antoniusfeuer«. Die Heilung erfolgte im Grunde dadurch, daß die Kranken kein Brot oder Mus aus Roggenmehl mehr zu essen bekamen. Denn Weizen und andere Getreidearten, mit Ausnahme eben des Roggen, werden von Mutterkorn nicht befallen. Ursache und Wirkung waren im Mittelalter jedoch nicht bekannt. Nachdem der Aufenthalt im Kloster bei Weißbrotdiät Heilung gebracht hatte, stand dem Glauben an ein Wunder nichts im Wege.

Unter diesen Voraussetzungen und Vorstellungen, verlief auch die Vorgeschichte der Bruderschaft, die auf einer Legende beruht: »In der Zeit, als Bischof Lambert auf dem bischöflichen Stuhl von Arras saß, geschah es, daß wegen der Sünden der Menschen eine schwere Seuche über die Stadt Arras hereinbrach. Es war ein schreckliches Übel, ein Brand, welcher alle Teile des Körpers verschlang. Männer, Frauen und Kinder wurden davon erfaßt, die einen am Auge, die andern am Schenkel, andere an der Nase oder am Bauch. Gegen diese Geißel Gottes war kein Heilmittel bekannt. Die meisten, die davon betroffen waren, versuchten, wie auch immer, zur Kirche von Arras zu gelangen, um dort Buße zu tun und den Zorn Gottes zu besänftigen. Die Massenerkrankungen hielten jedoch an.«

Zu eben dieser Zeit trugen zwei Spielleute, der eine aus Brabant, der andere aus Saint-Pol-en-Ternois (Artois), einen haßerfüllten, unversöhnlichen Streit miteinander aus. Der Spielmann aus Brabant hieß Itier, der aus Saint-Pol Norman. Eines Nachts, als Itier in seinem Bett lag und schlief, erschien ihm die Heilige Jungfrau und sagte zu ihm: »Auf, eile nach Arras, zur Kirche Notre-Dame-Sainte-Marie. Dort wirst du den Bischof Lambert treffen. Ihr werdet gemeinsam im Chor Wache halten und zwar in der Nacht vor dem Sonntag. Und wenn die Mitternachtsstunde schlägt, wird eine Frau erscheinen, die gekleidet ist wie ich selbst und sie wird dir eine Kerze überreichen. Die Kerze wird daraufhin vom himmlischen Licht entzündet und das davon abtropfende Wachs das Antoniusfeuer heilen. Daraufhin verschwand die Heilige Jungfrau. Aber in derselben Nacht erschien sie dem Spielmann Norman von Saint-Pol und trug ihm genau dasselbe auf.«

Der folgende Tag sah beide Spielleute auf der Straße unterwegs. Norman, der einen kürzeren Weg hatte, kam als erster in Arras an. Er fand den Bischof Lambert in seiner Kapelle knieend im Gebet vor dem Altar des heiligen Severin versunken. Norman erzählte ihm von seiner Traumerscheinung und der Bischof hörte ihm zu. Dann, als er alles gehört hatte, fragte er:

– »Wie heißt du, mein Sohn? und woher kommst du?«
– »Hochwürdiger Vater, mein Pate und meine Patin, die mich aus der Taufe hoben, nannten mich Pierre; aber man hat mir den Spitznamen Norman, (d. h. Normanne) gegeben. Ich bin in Saint-Pol-en-Ternois geboren und ich lebe als armer *ménéstrel* von meinen Spielmannskünsten.«
– »Das glaube ich wohl« antwortete der Bischof, »denn du bindest mir, eben wie ein richtiger Spielmann; einen Bären auf.«

Daraufhin ging Norman beschämt und verwirrt davon. Inzwischen war der andere Spielmann, Itier aus Brabant, in Arras angekommen. Er eilte sofort zur Kirche und als die Messe vorbei und der Bischof allein war, erzählte er seinerseits von dem Wunder, welches ihm widerfahren war. Der Bischof fragte ihn:

– »Wie heißt du? woher kommst du? welches Gewerbe betreibst du?«
– »Hoher Herr, ich heiße Itier. Ich bin in Brabant geboren und wohne dort. Ich singe und bin ein Spielmann.«
– »Aha, entfuhr es dem Bischof, ihr habt euch also zusammengetan, um mich auf den Arm zu nehmen!«

Daraufhin erklärte er dem verdutzten Itier von der Ankunft und von der Geschichte, die ihm Norman aufgetischt hatte. Aber Itier entgegnete, daß er mit Norman in tiefster Feindschaft stehe und er ihn sogar mit seinem Schwerte durchbohren würde, wenn er seiner habhaft werden könnte. Denn Norman habe seinen Bruder getötet.

Dieser Sachverhalt erweckte Aufmerksamkeit und Neugier des Bischofs Lambert. Denn dieser sah wohl, daß es sich keineswegs um einen Scherz oder einen üblen Streich handelte und wollte den guten Willen der beiden Streithähne auf die Probe stellen. Er zwang sie, sich zu versöhnen und das taten sie denn auch. Sie knieten gemeinsam mit dem Bischof nieder. Und als sie ihre Gebete verrichteten, stieg die Heilige Mutter Gottes kurz nach dem ersten Hahnenschrei vom Chor herunter und trug eine vom himmlischen Feuer entzündete Kerze bei sich. Diese übergab sie den zutiefst erschütterten Betenden und schon in der ersten Nacht sind 144 Kranke geheilt worden, und zwar nach dem Genuß des Wassers, in welches einige Tropfen des heiligen Kerzenwachses geschüttet worden waren.

Auf dieses Ereignis hin gründeten Itier und Norman eine »charité«, eine Bruderschaft zur Pflege der Kranken. Damit sollte das Gedenken an das Wunder für alle Ewigkeit aufrechterhalten werden. Itier und Norman waren acht oder neun Jahre lang die Vorsteher dieser Bruderschaft.

Nach ihrem Tod versuchten zwei Ritter, die Verfügung über die Bruderschaft und die inzwischen eingegangenen frommen Stiftungen an sich zu reißen. Sie gebrauchten den Vorwand, daß es eine Schande sei, wenn sie sich Spielleuten unterordnen müßten und vertrieben diese aus der »confraternité«. Aber die Jungfrau Maria hatte immer noch ein Auge auf der frommen Stiftung und schickte den Rittern eine Krankheit auf den Hals, worauf sie ihre Untat schwer bereuten. In der Folge gelangte die Bruderschaft wieder rechtmäßig an die Spielleute.«[626]

Die legendenhafte Episode mit den für ihr Vergehen bestraften Rittern macht jedoch deutlich, daß die Spielleute mit Adeligen und Bürgern die Bruderschaft »betrieben«.[627] Dies bestätigt ein Dokument, in welchem Bischof Alvise von Arras im Jahre 1133 eine offizielle Darstellung der Gründungslegende abgibt. Es hebt hervor, daß »die Bruderschaft einstmals für wenige Mitglieder gedacht war; heutzutage aber haben sich ehrbare Männer und Frauen der Stadt angeschlossen und andere Edle, Geistliche und Ritter, damit die Gebete und die Wohltaten und der Unterhalt der Armen vermehrt und erhöht werde.«[628]

Die Gründungslegende der Spielmannsbruderschaft von Arras rankt sich um ein Thema, welches im Umkreis der Spielleute mehrfach überliefert ist: Die heilige Maria nimmt sich persönlich einzelner Spielleute an und erweist ihnen besondere Gnade. Als Folge solcher öffentlicher, demonstrativer Gnadenerweise zeitigt sich die Anerkennung aller rechtschaffener, gläubiger Spielleute vor Kirche und Obrigkeit und Öffentlichkeit. Darüber hinaus sollten die Legenden eine Legitimierung der Spielleute überhaupt bewirken.

Immerhin erlangte der Bischof von Arras im Jahre 1119 von Papst Gelasius II. eine Urkunde, welche die Legende absegnete und die Gründung der Bruderschaft guthieß. Ferner gewährte er den Mitgliedern der »Fraternitas« zwei Jahre Ablaß.[629] Die berühmten Spielleute und Dichter Jean Bodel (ca. 1160–1210) und Adam de la Halle, auch als Adam le Bossu bekannt (ca. 1240–1289), waren Mitglieder der *Confrérie de la Chandelle d'Arras*.

Die Bruderschaft von Amiens: Feste feiern

Wenn wir uns in das von Arras ca. zwei Tagesreisen südwestlich gelegene Amiens begeben, finden wir dort im Spätmittelalter ebenfalls eine Bruderschaft der Spielleute. Nach und nach sind in allen größeren Städten des Nordens, in der Normandie, in der Picardie und in Flandern solche Organisationen entstanden.[630] Die Statuten von Amiens sind uns zwar erst für das Jahr 1471 überliefert, sie stellen jedoch die detailgetreue Wiedergabe der ursprünglichen Ordnung dar, die »Erneuerung der einstmals erlassenen Festordnung des im Jahr der Gnade 1388 gegründeten *Puy de Nostre-Dame*«.[631] Die Bruderschaft zu Amiens steht in der Tradition von Arras. Für die Glaubensvorstellungen der vorindustriellen Zeit ist es typisch, daß das Wachs von der heiligen Kerze zu Arras besorgt worden war.[632] Reliquien sind ja bis hin zur Atomisierung unendlich oft teilbar. Die Abhängigkeit des *Puy de Nostre-Dame* zu Amiens von der Bruderschaft von Arras dürfte sich auch in den Inhalten der Statuten niedergeschlagen haben. Wir erfahren, daß es sich um die »Erneuerung der Statuten handele, die einstmals für die Durchführung des Festes des *Puy de Nostre-Dame*« erlassen wurden.[633]

Die Statuten von Amiens gestatten uns, Rückschlüsse auch auf die Bruderschaft in Arras und anderen Städten zu ziehen. Wir erfahren daraus insbesondere, daß an den Festtagen der »confrérie« Spielmannswettbewerbe stattgefunden haben. Michel Zink hebt vor allem die literaturgeschichtliche Bedeutung dieser Bruderschaften hervor: »In mehreren dieser Städte treten im 13. Jahrhundert literarische Gesellschaften auf, die Dichterwettbewerbe durchführten. Am bekanntesten ist der *Puy d'Arras*, der an eine Bruderschaft mit dem bezeichnenden Namen *Confrérie des jongleurs et bourgeois d'Arras* angeschlossen ist und in der die großen Kaufmannsfamilien der Stadt das Sagen haben. Diese städtischen Dichter, die sowohl Bürger oder Geistliche, Spielleute oder Adelige sein konnten, setzten sowohl die Aufführungspraxis des großen höfischen Liedes fort als auch, mit besonderer Vorliebe, die gesellschaftlich angepaßte Abart davon, das Rollenspiel.«[634]

Zum Gemeinschaftsleben gehörten neben dem Begräbniskult mit dem Totengedenken der Mitglieder, der Memoria, auch musische Wettbewerbe der Spielleute wie Gesang, Vortrag und Schauspiel. Damit sehen wir eine Gemeinschaft vor uns, deren Grundlage wie die der Zünfte und Gilden auf Arbeit, Religion und Geselligkeit beruhte. Ihre Entstehung, ihre innere Struktur und ihre Aktivitäten geben ein ausgeprägtes Wir-Gefühl und ein zunehmendes Gruppenbewußtsein zu erkennen.

Der Norden Frankreichs und Flandern verzeichnen im Hochmittelalter zahlreiche Stadtgründungen. Die hier entstandenen Städtelandschaften entwickelten eine florierende, europaweit agierende Wirtschaft und eine ausgeprägte Urbanität. Nachahmung und Konkurrenz zum Adel führten auch zu einer überschäumenden Festkultur, die entsprechende literarische Würdigung fand. Daher verwundert es nicht, daß in Nordfrankreich im Spätmittelalter eine Reihe weiterer Spielmannsbruderschaften gegründet wurde: in Valenciennes, Dinaux, Douai, Dieppe, Rouen, Évreux, Caen usw.[635]

Der Propst von Lausanne, Martin Franc, bezeugte um 1440, daß diese mit spielmännischen Bruderschaften durchsetzte Region auch eine Landschaft der Lustbarkeiten darstellte:[636]

»Geh zu den Festen von Tournai,
Den Festen von Arras und Lille,
Von Amiens, Douai und Cambrai,

Von Valenciennes und Abbeville,
Dort triffst du der Leute viele,
Mehr als im Wald von Torfolz,
Die in Sälen und Gassen dienen
Deinem Gott, dem Fürsten der Narren.«

Das Feiern weltlicher Feste kommt, zumindest nach dieser Quelle, der Verehrung von Götzen und fremden Göttern nahe, wie es weiland die Israeliten beim Tanz um das Goldene Kalb getrieben hatten.

Von der Bruderschaft zur Zunft: Spielleute in Paris

Die Spielleutebruderschaften konnten sich im Laufe des späten Mittelalters zu »berufsständischen«, zunftähnlichen Organisationen entwickelten. Dies boten ihnen die Chance, in der städtischen Gesellschaft akzeptiert zu werden. Denn in dem dort ausgebildeten Werte- und Tugendsystem hat die Arbeit als solche im Laufe der Zeit einen hohen Rang gewonnen. Dieser Trend wird besonders deutlich sichtbar in der 1321 gegründeten Berufskorporation (»*la confrairie dudit mestier*«) der Spielleute zu Paris, die Charakterzüge einer Handwerkerzunft trug.

Die Gründungsurkunde wurde von 37 Spielleuten, 29 Männern und 8 Frauen, unterzeichnet. An ihrer Spitze stand »*Pariset, menestrel le Roy*«, der »Spielmannskönig«, d. h., der Vorsteher der Spielmannszunft. Die Elf Artikel der Statuten wurden am 22. Oktober 1341 vom Pariser Prévôt, dem Stadtpräfekten, genehmigt und veröffentlicht.[637]

»Ein jeder soll wissen, daß wir, in Übereinkunft mit den Spielleuten, Männern und Frauen (›menestreus et menestrelles‹), die in der Stadt Paris ansässig sind und deren Namen unten verzeichnet sind, zur Reform ihres Gewerbes und zum gemeinen Nutzen der Stadt Paris die im folgenden aufgeführten und erklärten Punkte und Artikel angeordnet haben. Diese wurden von den unten genannten Personen bezeugt und durch ihre Eide bestätigt als nützlich und wertvoll für ihr genanntes Gewerbe und den ebenfalls genannten gemeinen Nutzen der Stadt.«[638]

Daraus geht hervor, daß der Berufsstand der Spielleute zwar schon lange existiert hatte, aber offenbar rechtlich und organisatorisch noch nicht in das Gefüge des städtischen Gewerbes integriert war. Im Prinzip verfolgten die niedergeschriebenen Statuten vor allem das Interesse der in Paris ansässigen Spielleute, stadtfremde Konkurrenten auszuschließen oder zumindest einzuschränken und die Kontrolle über sie auszuüben. Das Interesse der Stadtobrigkeit kam in denjenigen Bestimmungen zum Ausdruck, die Mißstände abschaffen sollten; so etwa die aufdringliche Suche nach Beschäftigung, der Kampf um Aufträge, der den Frieden der Bürger störte usw. Die Rolle des Spielmannskönigs war insbesondere die eines Bindegliedes, das ähnlich wie ein Zunftvorsteher zwischen Stadt und Spielleuten stand.

Im übrigen unterscheiden sich die Statuten in mancher Hinsicht von den Zunftordnungen der Handwerker. Dies betrifft die Inhalte und insbesondere die eigenwilligen Formulierungen der aufgeführten Vorschriften. Anders als in den zeitgenössischen Zunftordnungen findet die handwerkliche, hier also die musikalische Ausbildung der Spielleute kaum Erwähnung. So zogen die »Lehrlinge« in den Kneipen der Stadt umher, um ihr Gewerbe zu lernen und um zu üben. Das Musizieren mußte – es sei denn es handele sich um eine Hochzeitsfeier – mit dem »*couvrefeu*«, der Sperrstunde, beendet sein. Wenn jemand nach einem Spielmann fragte, um ihm eine Beschäftigung anzubieten, dann durfte diesem kein Name genannt werden, sondern er sollte weitergewiesen werden in die »*rue des jongleurs*«, wo er gute Leute aussuchen könne: »... alès en la rue aus Jongleurs, vous en trouverez de bons.«[639]

Die Feste, darunter vor allem die Hochzeiten, waren die einträglichsten Arbeitsgelegenheiten und wurden daher von den Spielleuten der Zunft untereinander aufgeteilt. Es wurde vor allem drauf Wert gelegt, daß die Spielleute pflichtgemäß bis zum Ende des Festes blieben, damit sie nicht, nach empfangenem Lohn oder wegen eines anderen lukrativen Angebotes, die Festgesellschaft auf dem Trockenen sitzen ließen. Ähnliche Gebote kennen wir auch aus handwerklichen Zunftordnungen, die besagten, daß ein und derselbe Handwerker die angefangene Arbeit auch zu Ende bringen müsse. Vor allem sollten die Pariser durch die Zulassung von Dilettanten nicht um den bestellten und bezahlten Unterhaltungsgenuß und die professionellen Spielleute nicht um ihren guten Ruf gebracht werden. Daher war es auch verboten, daß Spielleute die Häuser betraten, um dort in aufdringlicher Weise ihre Dienste anzubieten.

Die Statuten sahen Geldstrafen gegen Regelverstöße vor und zeitweilige Berufsverbote in der Stadt von einem Jahr und einem Tag: »... soit bannis du mestier un an et un jour de la Ville de Paris.«[640] Die Geldstrafen wurden zur einen Hälfte an den König, zur anderen an die Bruderschaft der Spielleute abgeführt. Der Stadtpräfekt bestellte im Namen des Königs zwei oder drei ehrenwerte Männer zur gerichtlichen Vertretung.

Wir erfahren in dieser Verordnung auch, welche Instrumente von den Pariser Spielleuten verwendet wurden: Tamburin, Trompete, tragbare Orgel (Organon), Horn, Busine ... usw.

Die Liste der unterzeichnenden Spielleute verdient unsere besondere Aufmerksamkeit. Denn aus ihr geht hervor, daß auch Frauen Mitglieder der Zunft waren. Sie sind in der Reihenfolge der Unterzeichnenden allerdings den Männern nachgestellt. Im übrigen sehen wir eine bunt zusammengewürfelte Gesellschaft von Spielleuten, die, nach ihren Beinamen zu schließen, zu einem großen Teil nicht aus Paris stammten: »Jehan de Biaumont (Beaumont), Jehanot de Chaumont, Thibaut de Chaumont, Jehan de Biauvès (Beauvais), Alixandre de Biauvès, Michiel de Douay, Huet le Lorrain (der Lothringer), Guillot le Bourguegnon (der Burgunder), Vynot le Bourguegnon, Olivier le Bourguegnon, Raoul de Bercle (Berck, Pas-de-Calais?), Guillaume de Landas (aus den Landes?)« usw. Unter den Jongleresses wurde lediglich »Ysabiau la Lorraine« durch einen Herkunftsnamen näher bezeichnet. »Jehanot Langlois« (»l'Anglais«) ist möglicherweise englischer Abkunft.

Etwa die Hälfte der männlichen Mitglieder der Bruderschaft gab also durch ihren Beinamen zu erkennen, daß sie noch nicht lange in Paris lebte und zum Teil von weither gekommen war. Hier erfassen wir die Spielleute zu einem Zeitpunkt, als ihnen erste Schritte zur Seßhaftigkeit eröffnet wurden. Der unterzeichnende Huet le Lorrain wurde 1331 zusammen mit Jacques Grare, einem Spielmann aus Pistoia in der Toscana, und anderen Spielleuten und Mitbrüdern, als einer der Vorstände der Bruderschaft beim Spital von *Saint Julien* erwähnt. Diese »*menestriers et confrères d'un hospital ou Maison-Dieu*« widmeten sich den Insassen des Spitals beim Kloster von Montmartre. Die Bruderschaft hatte die beiden uns schon bekannten heiligen Märtyrer Julian und Genesius als Patrone. Im Gegensatz zur Bruderschaft von Arras, die sich vor allem der Aufgabe widmete, wandernde Spielleute zu unterstützen und ihnen eine religiöse Heimstatt zu geben, sehen wir in Paris, rund 200 Jahre später, wie sich die Spielleute »stadtfein« machten.

Sehr viel später, 1575, ist uns ein Privileg, »*lettres patentes*«, von König Heinrich III. überliefert, welches die Statuten einer schon sehr weit zurückreichenden Bruderschaft in Vierzehn Artikeln für Musikanten und Musikliebhaber bestätigte. Diese war zu Ehren Gottes, der Jungfrau Maria und der heiligen Cäcilia gegründet worden und hatte sich in der Kirche des Augustinerklosters angesiedelt:

»Lettres patentes de Henri III confirmant les statuts d'une confrérie pour les musiciens, zélateurs et amateurs de musique en l'église des Augustins et en l'honneur de Dieu, de la vierge Marie et de madame sainte Cécile, en 14 articles«.[641]

Die Vierzehn Artikel umschreiben in knapper Form die Grundsätze der Bruderschaft:

1. Die Bruderschaft wird in der Kirche des Augustinerklosters eingerichtet.
2. Jeden Sonntag ist eine Stille Messe für die verstorbenen Mitglieder zu feiern.
3. An jedem letzten Sonntag eines Monats ist ein Hochamt mit Brotsegnung und Kerzenopfer zu feiern.
4. Wenn ein Meister abwesend ist und seinen Sitz nicht einnehmen kann, bewahren die anwesenden Meister etwas vom gesegneten Brot für ihn auf.
5. Am Vorabend des 21. November, dem Fest der heiligen Cäcilie, nehmen die Mitglieder der Bruderschaft an der feierlichen Vesper teil.
6. Am folgenden Cäcilientag findet ein Hochamt und eine allgemeine Prozession mit Kerzen statt.
7. Für die verstorbenen Mitglieder werden Totenmessen gelesen.
8. Für die Teilnahme an den Zeremonien ist für Nichtmitglieder eine Einladung notwendig.
9. Die Musiker des Königreiches dürfen Motetten und Lieder (»*cantiques*«) einreichen, die gesungen werden sollen, damit gute Künstler kennengelernt und bekannt gemacht werden können; vor allem derjenige, der das beste Stück eingeliefert hat, damit er ein Ehrengeschenk empfange.

10. Für die verstorbenen Mitglieder ist eine feierliche Jahrtagsmesse zu lesen.
11. Am Jahrestag der heiligen Cäcilie sind zwei neue Meister zu wählen, um den Besitz der Bruderschaft zu verwalten.
12. Für die Gestaltung der Gottesdienste durch die Musikanten muß ein Plan erstellt werden.
13. Für die Aufnahme eines neuen Mitgliedes müssen vier Meister zustimmen.
14. Von jedem Mitglied wird ein jährlicher Beitrag erhoben.

Der »*confrérie*« ist auch daran gelegen, das Musikleben zu pflegen und veranstaltet deshalb eine Art von Spielmannswettbewerb, wie wir ihn schon in anderen Vereinigungen kennengelernt haben. Es ist jedoch unschwer zu ersehen, daß es sich bei dieser Bruderschaft nicht um eine berufsständischen Zusammenschluß handelt, sondern um eine Gemeinschaft, die sich der Musikpflege unter dem Schutz der heiligen Cäcilia, der Patronin der Musik, gewidmet hat. Sie diente primär der sozialen Aufwertung der Musiker.

Spielmannsschulen

Unter den Spielleuten finden wir eine Vielfalt von Gruppen und individuellen Typen. Diese unterschieden sich hinsichtlich ihrer sozialen Herkunft, der Kunstrichtung als Sänger, Tänzer oder Akrobaten und nach Qualität und Prestige. Die Versuche, sich von anderen Vortragskünstlern abzuheben, spiegeln zahlreiche Texte, so etwa die Verspottung des Kollegen, »er habe gar manches alte Kleidungsstück angenommen«.[642] Es wird ihm daher unterstellt, er sei ein niederer, ein nicht-höfischer Spielmann, einer, der ein jämmerliches Repertoire aufweise und dem man deshalb Ehrengaben verweigere.

Das Gruppen- und Berufsbewußtsein hat sich im Laufe des 13. Jahrhunderts bei den Spielleuten erheblich verstärkt. Angesichts des breitgefächerten Repertoires der Spielleute stehen wir vor der Frage, ob diese als realitätsferne Aufschneiderei oder als konkrete Auflistungen zu bewerten sind: Sagen- und Mythenstoffe, eine Vielzahl von Gattungsformen, Instrumente jeglicher Art, dazu Tanz, Akrobatik, Tierdressur.

Wir erinnern uns, wie Guiraut de Cabreira über Cabra lästerte:[643] »Denn dieser schlechte Spielmann kennt weder die Geschichte von

Karl dem Großen, noch von Roland, von Ansëis, von Wilhelm, von Erec, von Robert, von Ogier, von Girart de Roussillon, von Beuve, von Gui, von Merlin, von Alexander dem Großen, von Priamus, von Tristan, Gawain oder von hundert anderen.«

Mehr noch als die Aufführung bekannter Stoffe und die musikalische Interpretation galten eigene Dichtung und Komposition als Kriterien für die Zurechnung zur Spitzenklasse.

Im Winter und im Frühjahr zogen manche Spielleute an Orte, die für ihre *scolae menestrellorum, scolae mimorum, écoles de ménéstrérie,* also für ihre »Spielmannsschulen« bekannt waren. Was hat es mit diesen »Spielmannsschulen« auf sich?

Das Leben von Guiraut de Borneil verlief dergestalt, daß er den ganzen Winter »auf der Schule« war und lernte – »tot l'ivern estava a scola et aprendia«. Im Sommer hingegen zog er mit zwei Sängern, welche die von ihm gedichteten Lieder vortrugen, an die Höfe des Adels – »e tota la estatz anava per cortz«.[644] Paris scheint eine Hochburg des Zitherspieles gewesen zu sein, wenn wir die Stelle in Moriant und Galie beim Hoffest Karls des Großen richtig deuten: »Mehr als vierhundert Menestrels, die wir Spielleute nennen« seien dort aufgetreten. Sie zeigten vielerlei Künste und »es gab einige, die das Spielen der Zither in Paris gelernt haben ...«[645]

Die Quellenüberlieferung zu diesen Spielmannsschulen, etwa in Beauvais, Lyon, Genf, Bourg-en-Bresse und Cambrai, ist nicht günstig.[646] Alle Erwähnungen stehen lediglich mit Musikanten in Verbindung. Diese Schulen, wenn wir den Begriff in unserem Zusammenhang überhaupt verwenden wollen, haben zu begrenzten Zeiten, wohl überwiegend in den Winter- und Frühjahrsmonaten, stattgefunden; in Zeiten also, welche den Spielleute ohnehin das Reisen erschwerte. Es war gewiß nicht so, wie es sich biedere, deutsche Handwerkerromantik im 19. Jahrhundert vorstellte: »Die zünftigen Spielleute Frankreichs fanden sich alljährlich zu sogenannten Spielmannschulen ... zusammen, um neue Lieder und Weisen zu lernen und über die Angelegenheiten ihres Standes ihre Erfahrungen auszutauschen.«[647]

Die Orte der Spielmannsbruderschaften waren gewiß Treffpunkte der Spielleute und besaßen einen weit über die Region hinaus wirksamen Ruf. Allein schon die in der Gründungsurkunde von 1321 aufgeführten Mitglieder der *confrairie* der Spielleute zu Paris zeigen die große Anziehungskraft. Wir haben gesehen, wie groß das

Einzugsgebiet der hier eingeschriebenen Mitglieder war. Für eine formale Ausbildung oder gar eine Schule finden sich jedoch keine konkreten Hinweise. Möglicherweise handelt es sich lediglich um Winterquartiere an solchen Orten, wo mit Verköstigung durch adelige oder städtische Gönner zu rechnen war. Die zahlreichen, bunt aneinandergereihten Feste während der Winterzeit – St. Martin, Weihnachten, Dreikönig, Karneval usw. – erforderten ohnehin einen erhöhten Bedarf an Spielleuten. Die Zusammenkunft einer größeren Zahl von Musikern führte jedoch zu ungezwungenem gemeinsamen Musizieren. Während sich die einen gegenseitig über die Schulter schauten, betrieb der Nachwuchs *training on the job* und war darauf angewiesen, sich in den Wirtshäusern, gewissermaßen in der Schule des Lebens, weiterzubilden. Einer lernte vom anderen. Im »Wigalois« des Wirnt von Grafenberg wird geschildert, wie die Spielleute beim Musizieren die Griffe beobachteten: »deheiner dem andern nie einen grif übersah«.[648] Daraus haben sie gelernt und ihr Können vervollkommnet. Auch eine deutsche Zech- und Spielrede aus dem 14. Jahrhundert betont die Bedeutung des Wirtshauses zur Erlernung der musikalischen und rhetorischen Kunstgriffe (*Bar* bzw. *parat*): »Wer parat welle lernen, der uar in diese tauernen.«

Bruderschaften als Heimat der Spielleute

Vor allem aus Städten im Norden Frankreichs und aus Flandern sind, ähnlich wie in Fécamp und Arras, Zusammenschlüsse von Spielleuten überliefert. Auch gemeinsam mit Bürgern wurden Bruderschaften und andere Vereinigungen gegründet. Dies scheint besonders aufschlußreich für die Bedürfnisse der Spielleute. Denn sie zeigen die Notlage und die Sehnsüchte einer gesellschaftlichen Gruppe, die auf die Straße verbannt und von den anerkannten seßhaften Gemeinschaften ausgeschlossen war.

Das Stadtrecht bot dem Vollbürger umfassende Rechtssicherheit, nicht jedoch der gesamten Bewohnerschaft einer Stadt, in der viele »Insassen«, also Bürger zweiter Klasse, lebten – Dienstboten, arme Leute und einheimische Bettler. Spielleute und andere Fahrende hatten von den Stadtrechten keinen Nutzen – im Gegenteil. Sie stellten eher eine Bedrohung für sie dar. Robert Muchembled stellt aus seiner Kenntnis der flandrischen Stadtgeschichte die Situation so dar: »Der Einzelgänger war im Grunde schutzlos, ja, er stellte in den Au-

Verteilung von Brot an Opfer des Antoniusfeuers (Fresko aus dem Brixener Domkreuzgang, 15. Jh.).

gen der Zeitgenossen eine Gefahr dar, die in den Vorstellungen und Ängsten sich zur Hysterie steigern konnte. Er blieb ein Fremder, der innerhalb der Stadtgesellschaft bindungslos war und dem ein tiefes Mißtrauen entgegengebracht wurde. Denn nach den herrschenden Normen mußte jeder mehreren Körperschaften und darüber hinaus einer Familie und einem Kreis von Verwandten, Freunden und

Nachbarn angehören. Mehr noch als die Landbewohner lebten die Städter durch die Zugehörigkeit zu einer Vielzahl familiärer, lokaler, beruflicher, religiöser und anderer Gruppen.«[649]

Die existentiellen Belange der Spielleute hingegen konnten nur durch eigene Vereinigungen geschützt werden. Die Statuten der *Confrérie d'Arras* machen sichtbar, daß es hierbei zugleich um ideellen und materiellen Schutz ging. Die älteste Fassung ist aus der Zeit von 1194 überliefert und wurde mehrere Male erneuert und ergänzt: »Diese Bruderschaft kommt von Gott und der heiligen Maria. Und unter ihrem Schutz wurde sie gegründet: für die Kranken, die unter dem Höllenfeuer des Antonius leiden. Sie wurde keineswegs für Zwecke der Wollust und der Frivolitäten errichtet. Und Gott ließ große Wunder geschehen. Denn am Tag der Gründung litten 144 Kranke in Arras unter dem Antoniusfeuer. Sobald jemand als Mitglied in die Bruderschaft aufgenommen war, ist weder er selbst noch eines seiner Kinder am Antoniusfeuer erkrankt und auch nicht dem plötzlichen Tod erlegen, wenn er im festen Glauben verharrt ist.«

Somit wurde die Gemeinschaft zum geschützten Ort. Die Spielleute nahmen ferner in ihrer Bruderschaft einen Rang ein, der angesichts ihres ansonsten verbürgten Randgruppendaseins sehr ungewöhnlich war. Vor allem ihre beherrschende Rolle als Herren der »*confraternitas*« kündet einen Wandel der Einstellungen an.

»Diese Bruderschaft wurde von Spielleuten gegründet und Spielleute stehen ihr vor. Und wen sie auch immer aufnehmen, ist Mitglied, und wen auch immer sie entlassen, der kann nicht bleiben. Denn über den Spielleuten steht kein Herr.«

Auch die Pflichten einer Begräbnisgemeinschaft wurden im Laufe der Zeit in den Statuten festgeschrieben. »Die Toten im Begräbnis ehren«, das war eine zentrale Aufgabe der Bruderschaft. Diese trug damit vor allem auch den Charakter einer Begräbnisbruderschaft, wie sie in den Städten für verschiedene Berufsstände existierten. Wenn ein Mitglied starb, dann sollte, unter Androhung einer Buße bei Versäumnis, der Leichnam von den anderen im Haus abgeholt und zur Kirche geleitet werden. Dabei durfte nicht der kürzeste Weg eingeschlagen werden, weil ja die Stadt möglichst umfassend vom Verstorbenen Abschied nehmen sollte. Sterben und Trauer waren auch eine Sache des Prestiges. Anschließend sollten sich alle Mitglieder im Chor um den Toten versammeln und eine Messe feiern.

Bei den Begräbnisbruderschaften ging es vor allem darum, sich in gottgefälliger Gemeinschaft gegenseitig ein ehrbares und angemessenes Begräbnis zu sichern und bei Messe und Kerzenschein ehrenvolle Totenfeiern zu gestalten. Die Mitglieder einer Pfarrkirche, die Verehrer eines Heiligenaltares oder auch Handwerksgesellen gründeten auf diesem Wege Begräbnisbruderschaften in gegenseitiger Verpflichtung. Das Besondere in unserem Falle ist, daß in Arras nicht eingesessene Bürger, sondern die ansonsten verachteten und diskriminierten Spielleute eine eigene, von ihnen geleitete »confrérie« gegründet hatten.

Die Anfänge der Bruderschaft verliefen nicht ohne Schwierigkeiten und forderten machtgewohnte Interessengruppen heraus, zumal die frommen Stiftungen stets mit Gütern und Einkünften als materielle Grundlage ausgestattet wurden. Die Verfügung darüber konnte lukrativ ausgeübt werden. Das wird aus der oben wiedergegebenen Legende ersichtlich. Die Nachricht von den beiden Rittern, die nach dem Tod der Gründer Itier und Norman die Macht in der Bruderschaft an sich bringen wollten, ist ein Indiz für Auseinandersetzungen um die gesellschaftlich angemessene Leitung der *confraternité*.

Arras und die Kirche Notre Dame wurden zu Anlaufstellen für Spielleute, die z. T. von weither kamen. Hier wurde kranken Spielleuten die Möglichkeit zu Pflege und Gesundung geboten und, wie wir gesehen haben, im äußersten Fall auch ein »bürgerliches« Begräbnis im Kreise der »*confrères*«. Diese Aussicht vermittelte dem Spielmann schon zu Lebzeiten nicht nur Trost und ein Gefühl der Sicherheit um seine letzten Dinge. Das langfristige Totengedächtnis in dieser Gemeinschaft verlieh ihm darüber hinaus auch soziale Reputation unter seinen Kollegen sowie vor der Gesellschaft und vor der weltlichen und kirchlichen Obrigkeit. Diese untereinander sozial und religiös verbundenen Spielleute nahmen sich selbst als Gruppe wahr und wurden von ihrer Mitwelt als Menschen mit anerkennenswerten Lebensformen und Werthaltungen wahrgenommen. O. G. Oexle kleidete dies in die Formel: »Die Totenmemoria (bewirkt) eine stete Erneuerung und Selbstvergewisserung einer sozialen Gruppe. Mit anderen Worten: sie ist bedeutsam für die Dauer der Gruppe in der Zeit und für ihr Wissen von ihrer eigenen Geschichte.«[650]

Die Ausformung von Gruppen im Umkreis von Kirche und Bürgerschaft war ein beachtlicher Ansatz zum Eintritt in die Gesellschaft. In seiner Fortsetzung wurden Spielleute im ausgehenden Mittelalter zu seßhaften Musikanten in den Städten. Aber bis dahin hatten sie noch einen weiten und steinigen Weg vor sich.

Spielmannskönige

In Paris haben wir zum Jahr 1321 »Pariset, menestrel le Roy«, den »Spielmannskönig«, als Vorsteher der Spielmannszunft kennengelernt. Er nahm die Funktion eines Bindegliedes wahr. Ähnlich wie ein Zunftvorsteher, war er nach innen ein Organ der Selbstverwaltung und nach außen Repräsentant gegenüber der Stadtobrigkeit. Wenn wir in den historischen Quellen und literarischen Texten etwas zurückblättern, stoßen wir schon seit dem 12. Jahrhundert in Katalonien, Okzitanien, Frankreich und England auf solche Spielmannskönige.

»Sie beschlossen, Guillelmus Mita zum König aller Spielleute zu ernennen. Die Gräfin Sorgest von Urgel (Katalonien) hatte zu diesem Zweck eine kostbare Krone im Wert von 40 000 Solidi (Sous) gespendet«. Dies vermeldet der Chronist Gaufrey de Vigeois zum Jahre 1174, als anläßlich der Versöhnung zwischen Raymond von Narbonne und Alfons von Aragón ein großes Fest in Beaucaire, auf dem rechten Ufer der unteren Rhône, gefeiert wurde und nach einem Künstlerwettstreit der Sieger gekürt wurde.

Das Überreichen einer wertvollen Krone wird auch zum Jahr 1367 überliefert, als der französische König Karl V. dem schon 1357 erwähnten Spielmannskönig Copin de Brequin ebenfalls eine silberne Krone verlieh.[651] In Tournai wurde ein Fest im Jahre 1330 gerühmt, bei welchem einunddreißig Könige – rois des ménéstrels – teilgenommen hatten.

Hugues de Penna, der, wie wir gesehen haben, dem Vorwurf des Plagiates ausgesetzt war, empfing um 1280 einen Preis als bester Dichter unter allen Provenzalen seiner Zeit: Königin Beatrice von der Provence setzte ihm die Dichterkrone aufs Haupt.[652] Auch die Schwertleite Prinz Eduards von England im Jahre 1306 sah einige Spielmannskönige unter den mit Geld entlohnten »menestralli«: »Le Roy de champaigne, Le Roy Capenny, Le Roy Baisescu, Le Roy Marchis, Le Roy Robert ... Le Roy Druet.«[653] Doch bereits die Vita des heiligen Franziskus berichtet von einem Spielmann und Dichter, der vom Kaiser wegen seiner Künste mit dem Titel »rex versuum«, also »Dichterkönig«, ausgezeichnet wurde.[654]

Während es sich bei diesen »Königen« noch eher um ausgezeichnete Künstler handelte, traten zusehends auch Spielmannskönige in rechtlicher und organisatorischer Funktion auf. In einer Urkunde des französischen Königs Philipps des Schönen aus dem Jahre 1288 findet ein Spielmann als »*rex flaioletus*«, als »König des Flagoletts« Erwähnung.[655] 1296 wurde der Spielmann Jean, genannt Charmillons, urkundlich vom französischen König zum »rex juglatorum«, zum König der Spielleute, in der Stadt Troyes ernannt:

»Joannes dictus Charmillons, juglator, cui dominus rex per suas litteras tanquam regem juglatorum in civitate Trecensi magisterium juglatorum quemadmodum suae placeret voluntati concesserat.«[656]

1407 hat der französische König Karl VI. die Statuten der Pariser Spielleutezunft aus dem Jahre 1397 auf den untertänigen Wunsch des Spielmannskönigs und seiner Kollegen erneut bestätigt: »... l'umble supplicacion du roy des menestriers et des autres menestriers joueurs d'instrumens ...«

Spielmannskönige und Bruderschaften in Deutschland

Im deutschsprachigen Raum wird ein den französischen »*rois des jongleurs*« vergleichbares Phänomen erstmals im 14. Jahrhundert sichtbar. Kaiser Karl IV. verlieh 1355 Johann dem Fiedler den Titel »rex omnium histrionum per totum sanctum imperium«. Ihm sollten alle Spielleute des Reiches unterstellt sein. Als Entlohnung sollte er alle empfangenen Geschenke frei besitzen, d. h. ohne Marktzoll oder Steuern zu bezahlen. Dieses Privileg dürfte darauf zurückzuführen sein, daß Karl IV. Gewohnheiten pflegte, die er im französischen Kulturkreis kennengelernt hatte. Er war in jugendlichen Jahren am Hofe des französischen Königs Karls IV. aufgewachsen. Der anspruchsvolle Titel besaß letztendlich wohl nicht mehr Wirksamkeit als das Ergebnis des Spielleutewettbewerbs zu Beaucaire von 1174, als die Fürsten »beschlossen, Guillelmus Mita zum König aller Spielleute zu ernennen«.

Die Spielleutekorporationen ahmten nicht nur hinsichtlich ihrer Ziele, sondern auch in ihrer Struktur und ihren Institutionen die geistlichen, adeligen und vor allem die bürgerlichen Vorbilder nach.

Der »*roi des ménéstrels*« nahm die Spitze in der Hierarchie ein. Sein Status wurde bestimmt von seinen spielmännischen Qualitäten, also von der Beherrschung des Metiers und von seiner Reputation. Offizielle Ehrungen, etwa bei Spielmannswettbewerben in den Städten oder an den Höfen, die nicht nur in Geschenken, sondern auch im Ehrentitel »Spielmannskönig« bestehen konnten, trugen dazu bei.

Die erste mir bekannte Spielleutebruderschaft im mittelalterlichen Deutschen Reich ist die 1288 in der Michaelskirche gegründete Nikolaibruderschaft in Wien.[657] Auch das Wiener Stadtrecht, verfaßt zwischen 1278 und 1296, machte Vorgaben für die Spielleute: »Das ain jeder varender man nyndert antwurten sol dan vor seinem spilgraven.« Demnach war der »Spielgraf« gewissermaßen der öffentlich bestellte Richter für Spielleute und andere Fahrende. Für 1354 ist denn auch auch die Wahl eines Spielgrafen überliefert. Der Erzkämmerer Peter von Ebersdorf aus gräflichem Haus wirkte als solcher in der Rolle eines Vogtes und versah das »oberste Spielgrafenamt im Erzherzogtum Österreich ob und nid der Enz (oberhalb und unterhalb der Enns, d. h. in Ober- und Niederösterreich)«.[658] Dieser »Spielgraf« ist ein durch Geburt weit von den Spielleuten abgehobener und durch allerhöchstes Privileg ernannter Amtsinhaber. Anders sind Rang und Funktion des Spielgrafen in Regensburg geregelt, dessen Aufgaben 1320 im Stadtrecht Erwähnung finden.[659]

»Wer Spielgraf ist, der soll zwölf Spielleute für eine Hochzeit bestimmen. Wenn er jedoch mehr zulassen sollte, dann soll er für ein Jahr aus der Stadt verbannt werden.«

Hier ist also nicht ein Höfling, sondern ein Städter, vielleicht nicht einmal ein Vollbürger, als Spielgraf eingesetzt, der mit schwerwiegenden Konsequenzen rechnen mußte, wenn er in seinen Aufgaben nachlässig war. Möglicherweise war er ein Spielmann, so daß wir die Verhältnisse mit denen in Hamburg und München vergleichen können.

Im Elsaß finden wir um 1400 den Pfeifer Henselin, der vom Herrn von Rappoltstein als regionaler »Pfeiferkönig« mit dem »*kunigrich varender lúte*« belehnt wurde. Dieses »Königreich erstreckte sich zwischen Hagenauer Forst, Birs, Rhein und First.[660]

Auch im schweizerischen Uznach am südlichen Ende des Zürichsees ist für das Jahr 1407 die Existenz einer Bruderschaft überliefert. Sie wurde gegründet von den »farenden lút, all pfifer und gyger, die mit ir namen in der Rodel verschriben stant«.[661]

Heintzmann Gerwer, der Pfeifer, legte im 15. Jahrhundert »sin ambacht«, sein Amt als Pfeiferkönig, nieder. Seine Nachfolger waren die Pfeifer Henselin, Loder der Trummeter (Trompeter), ein Georg Hock und der Trompeter Jörg Baumann. Die Mitglieder der Bruderschaft waren verpflichtet, daß ein jeder »in jedem Jahr und zwar am Tag des heiligen Apostels Jakob, also am 25. Juli, oder an einem anderen vereinbarten Tag ein Huhn und ein sechstel (Scheffel?) Hafer als Abgabe leisten soll.«

Die Elsässer Bruderschaft hatte ihren jährlichen Tagungsort zunächst im Albrechtstal bei Weiler, später in Schlettstadt und in Rappoltsweiler. Wie die Gründer der *confraternité* von Fécamp haben die Elsässer Spielleute ebenfalls die heilige Maria als Patronin gewählt. Eine silberne Medaille mit dem Bild der Mutter Gottes von Dosenbach galt als »Mitgliedsausweis«. In der Marienkapelle zu Dosenbach fand auch jährlich am »Pfeifertag« ein Hochamt statt. Graf Wilhelm von Rappoltstein ersuchte 1461 den zuständigen Bischof von Basel um Erneuerung und Bestätigung der alten Spielmannsbruderschaft, wie sie früher schon einmal Papst Eugen IV. (1431–1447) ausgesprochen hatte: »Do hant ettlich pfiffer vorziten ein bruoderschafft gehebt zuo Wilr in Albrehtsthal, die darnach gan Sletzstadt vnd yetz von Sletzstat zuo Rappoldswilr in uwerm bistuom geleit ist. Nuo ist inen vormals durch einen bapstlichen legaten gegönnet und durch bischoff Johannsen, uwerm vorfaren seligen, bestetigt worden, das man inen ir kristliche rechte vund daz heylige sacrament geben und tuon solle als andern kristen luten, des inen von iren kilcherren intrag beschicht.«

Noch im 15. Jahrhundert mußten also die Spielleute darauf bedacht sein, als Christen wahrgenommen zu werden und an den Sakramenten Anteil zu haben. Die Zeiten eines Honorius Augustodunensis in der 1. Hälfte des 12. Jahrhunderts waren zwar schon über dreihundert Jahre vorbei, als auf die Frage: »Habent spem joculatores?« ob Spielleute irgendeine Aussicht auf das ewige Leben haben, mit »Nein« und der Begründung geantwortet wurde: »Denn sie glauben nicht an Gott; und deshalb verachtet sie Gott und der Herr verdammt sie, weil die Spötter selbst verspottet werden.«[662] Wir erinnern uns der Auffassung des Johannes von Salisbury, daß nach der Lehre der Kirchenväter (»*auctoritate patrum*«) die Spielleute (»*histriones et mimi*«) von der heiligen Kommunion ausgeschlossen seien, solange sie in ihrem bösen Tun verharren.[663] Auch das Poenitentiale des 13. Jahrhunderts bestand darauf, daß »den Huren und den Spielleuten, wenn sie zur Beichte kommen, keine Absolution zu gewähren sei.«[664] Nun, an der Schwelle zur Neuzeit, werden die Spielleute unter Auflagen zur Kommunion zugelassen: »einmal pro Jahr, wann sie wollen, am Besten zu Ostern ... und nur, wenn sie sich fünfzehn Tage vor und nach dem Empfang des Sakramentes ihres possenreißerischen Treibens als Spielleute enthalten.«[665]

Die Bulle Papst Eugens IV. wurde nach mehrfacher Bestätigung durch seine Nachfolger auch für andere Bruderschaften von Spielleuten und 1458 auch von Graf Ulrich von Württemberg herangezogen. Er besiegelte die Gründung einer Spielmannsbruderschaft unter dem Patronat der heiligen Maria. Die Mitglieder der Bruderschaft waren verpflichtet, am Jahrtag die gemeinsame Messe zu besuchen, ihre Instrument mitzubringen, ein silbernes Erkennungszeichen zu tragen und dieses keinesfalls zu veräußern. Sie dürfen kein anderes Mitglied schlechtmachen oder beleidigen und müssen die untereinander gegebenen Versprechen halten. Es wird den Spielleuten ferner untersagt, bei jüdischen Hochzeiten aufzuspielen. Auch das Kartenspielen, insbesondere um die Zeit des jährlichen Treffens, sollen die Spielleute unterlassen, weil sie sonst nicht zur Kommunion zugelassen werden können. Besonderes Gewicht liegt auf folgendem Gebot: »Ir keiner in der bruderschaft soll kein frouwen haben, swer mit im furre, die gelt oder narung mit sünden verdienet!« Kein Mitglied der Bruderschaft darf demnach mit Frauen herumziehen, die sich für Geld oder Nahrungsmittel prostituieren. Die Wanderprostitution im Umkreis der fahrenden Spielleute war ein immer wieder angesprochener und nicht von der Hand zu weisender Vorwurf. Auch sollten sie sich vor allem davor hüten, mit Frauen unehelich zu verkehren. Dies war nach den Statuten der Bruderschaft strafbar. Für solche Fälle erklärten die Statuten das Gericht des Pfeifertages, mit Beisitzern und dem Meister an der Spitze, für zuständig. Diesem »Meister« ist zwar nicht der Titel »Spielmannskönig« zu eigen, aber er erfüllt dessen Aufgaben.

Die Stadt Nürnberg versuchte im 15. Jahrhundert die öffentlichen Belustigungen zu reglementieren und zugleich die Spielleute in die Verantwortung für den vorschriftsmäßigen und gesitteten Ablauf von Tanzveranstaltungen zu nehmen:

»Nachdem dem ehrbaren Rat zu Ohren gekommen ist, daß zahlreiche ungewöhnliche, schändliche, unziemliche und neue Tänze

Tag für Tag aufkommen und betrieben werden, was nicht nur eine Sünde ist und Gott dem Allmächtigen ganz ohne Zweifel mißfällt, sondern auch mancherlei unehrbare Leichtfertigkeit, und dazu noch Nachrede bei Frauen und Männern entstehen lassen könnte. Damit dies alles verhütet werde, befehlen unsere Ratsherren mit allem Ernst: daß künftig kein Tanzmeister (›hofirer‹) oder Spielmann bei keinem solchen Tanz, mit Ausnahme der gewohnten Tänze, die von Alters her im Schwange waren, blasen, trommeln oder sonst mitwirken darf. Auch ist es untersagt, daß irgend jemand, wer es auch sei, Frau oder Mann, sich an solchen Tänzen beteiligt. Auch dürfen sie beim Tanzen nicht den Hals des Partners umschlingen oder sich umarmen. Und wenn sich jemand nicht daran hält und deswegen jemand verklagt oder gerügt wird, und sich nicht durch einen Eid reinigen kann, dann muß der *hofirer* oder der Spielmann für jede Übertretung vier Pfund Heller und derjenige oder diejenigen, die solche Tänze getanzt haben, müssen unweigerlich zwei Pfund neue Heller als Buße bezahlen.«[666]

Erzbischof Adolf von Mainz ernannte 1385 seinen Pfeifer namens Brachte wegen seines ehrenvollen Verhaltens bei der Belagerung von Salza zum »künige fahrender lüte« im Bereich des Erzbistums. Er findet noch im Jahre 1400 in einer Urkunde des Erzbischofs Johannes Erwähnung als Pfeiferkönig.[667]

Pfalzgraf Ruprecht der Ältere erhob im Jahre 1393 den Pfeifer Werner von Alzey zum Pfeiferkönig und ließ verkünden: »daß wir, Wernhir von Alzei, unseren Hörigen am Hofe, für unser ganzes Territorium zum König über alle fahrenden Leute gemacht haben«.[668]

Damit wir die Verbreitung des Phänomens im europäischen Rahmen würdigen können, sei ein Beispiel aus England angefügt. Im Jahre 1381 erließ der englische Prinz John of Gaunt, Herzog von Lancaster, der damals die Regierung des Königreichs England führte, eine Verordnung. Ihre Absicht war, die Rechtsverhältnisse und Streitfälle der Minstrels, die am Königshof unterhalten wurden, zu regeln bzw. aufgetretene Streitigkeiten zu schlichten. Die Regelung sah vor, daß jedes Jahr am Fest Mariae Himmelfahrt ein König der Spielleute gewählt werde und als Richter bzw. Schiedsrichter über die Spielleute im Herrschaftsbereich Johns fungieren solle.[669] Auch in diesem Beleg sehen wir die enge Beziehung der Spielleute zur Jungfrau Maria. Denn das Fest Mariae Himmelfahrt am 15. August ist eines der höchsten Heiligenfeste im Mittelalter. Die Voraussetzung für die Wahl war das Zusammentreten der Spielleute des gesamten Herrschaftssprengels an diesem Tag. Hier wird ein weiteres Mal ein Spielmannskönig für eine zumindest in Umrissen festgelegte Region institutionalisiert.

Die Rolle der Spielleutekönige, der »Roys des ménéstriers«, ist nicht immer eindeutig zu erfassen und variiert von Ort zu Ort und in der Zeit. Der Titel »Roy«, »roi«, »rex«, »König« setzt keineswegs voraus, daß dem Spielmannskönig ein entsprechender Bezirk, eine Art »Zunftsprengel« sozusagen, untersteht.

Es lassen sich jedoch vor allem zwei Bedeutungen herausarbeiten: zum einen handelt es sich um Ehrenbezeichnungen für verdiente Künstler, denen dieser Titel in einem Spielmannswettbewerb zuerkannt worden ist. Dann findet auch häufig der Titel »maître« Verwendung: »*Maistre Ferari fo da Feirara e fo giullar et intendet meillis de trobar proensal que negus*«. Die Rede ist von Meister Ferari aus Ferrara in Oberitalien. Er lebte lange am Hofe der Markgrafen von Este in Ferara; und weil er so gute provenzalische Lieder erfand wie sonst niemand, ernannten ihn die provenzalischen Spielleute, die an den Hof kamen, zum »maître«.[670] Auch die *maîtres* der Spielmannskorporationen hatten als Amtsträger gehobene Positionen inne.

Zum andern sind die Spielmannskönige Repräsentanten einer städtischen oder regionalen Vereinigung, einer Bruderschaft wie zu Arras oder einer zunftähnlichen Korporation, wie wir in Amiens und Paris feststellen konnten. In den Pariser Zunfturkunden sehen wir, wie der Übergang vom »*roi des ménéstriers*« zum »*roi des violons*« die Entwicklung von der Bruderschaft zur berufsständischen und spezialisierten Zunftorganisation begrifflich spiegelt. Derartige Formen der Organisation im Umkreis eines »Königs« finden wir auch bei anderen Berufsgruppen, deren Mitglieder mobil und ohne Dauerwohnsitz oder überhaupt unbehaust sind: bei Kupferschmieden, Kesselflickern (Kesslerkönig), Walfischfängern (Speckkönig), Seilern (Seilerkönig) usw. Die Freudenmädchen in Genf haben im 14. Jahrhundert eine Königin aus ihren Reihen gewählt. Die für die Wahl entscheidenden Kriterien sind jedoch nicht überliefert.

Integration und Arbeitsmarkt
Die vielen Versuche der Spielleute, sich in die Gesellschaft der Städte zu integrieren, dürfen nicht darüber hinwegtäuschen, daß dies nur wenigen von ihnen gelang. Die »*confréries*« blieben weitgehend auf Paris, Nordfrankreich und Flandern begrenzt und beschränkten sich trotz der gelegentlich sichtbar werdenden Öffnung zunehmend darauf, die ortsansässigen Spielleute aufzunehmen. Abgesehen von der distanzierten Haltung der Gesellschaft und der Obrigkeit gegenüber den Fahrenden, gab es auch einen sehr sachlichen Grund dafür, daß Spielleute nur in sehr beschränktem Umfang seßhaft werden konnten. Die Erklärung wird aus einer einfachen Rechenaufgabe ersichtlich: Es gab nur wenige Städte, die groß genug waren, daß eine größere Zahl von Spielleuten von den Erträgen der Feste leben konnten. Selbst wenn in der Regel die zunehmenden Beschränkungen der Anzahl von Spielleuten bei Taufen und Hochzeiten usw. legal und illegal umgangen werden konnten, so führten diese doch zu verminderten Einkünften. Im spätmittelalterlichen Deutschland finden wir, von Köln abgesehen, nur wenige Großstädte mit über 20 000 Einwohnern: Straßburg um 1474: 20 000, Metz um 1325: 25 000, Nürnberg, Augsburg, Wien, Prag, Lübeck im 14. Jh.: 20 000 – 24 000.[671] Es ist fraglich, ob angesichts dieser Größenordnungen mehr als ein Dutzend fest ansässiger Spielleute in einer Stadt ein dauerndes Auskommen gefunden hat. Anläßlich besonderer Feste, bei Jahrmärkten und Messen, an Kirchweih, beim Besuch des Königs usw. mangelte es keineswegs an fahrenden Spielleuten, die von derartigen Höhepunkten des spielmännischen Jahreslaufes und -einkommens ebenfalls profitieren wollten.

Auch für denjenigen, der sich als Spielmann und festansässiger Bewohner in der Stadt halten konnte, blieb das volle Bürgerrecht ohnedies in der Regel verwehrt. Und auch den Kindern oder Enkeln eröffneten sich kaum andere oder bessere Möglichkeiten, als erneut das Leben der Unbehausten auf sich zu nehmen. Zudem wurde ihnen als Nachfahren von Spielleuten der Eintritt in bürgerliche Berufe nicht nur im Mittelalter, sondern noch bis in das 18. Jahrhundert weitgehend verwehrt. Viele Zunftordnungen verschlossen den »Unehrlichen« sowie deren Kindern und Kindeskindern den Zugang zum Handwerk. Wie alle fahrenden Randgruppen setzten auch die Spielleute Kinder in die Welt, deren künftiges Leben auf der Straße vorgezeichnet war.

Der Zusammenschluß zu Korporationen bedeutete zwar einen ersten Schritt zur Seßhaftigkeit, wir sind uns jedoch darüber im Klaren, daß diese Lösung nur für einen sehr geringen Teil der Spielleute offenstand. Der Zusammenschluß der Spielleute in überschaubaren Organisationen, seien sie seßhaft oder nicht, kam den Interessen der weltlichen Obrigkeit entgegen. Korporationen mit hierarchisch gegliederter Struktur boten ihr nämlich die Möglichkeit, die vagierenden Teile der Bevölkerung zu überblicken und, wenn nicht zu integrieren, so doch »greifbar« zu machen.

Entsprechend organisierten Spielleute war somit ein gewisses Maß an Rechtsqualität und Freiheit in Aussicht gestellt. Denn mit dem Zusammenschluß gelangten sie in den Genuß herrschaftlichen Schutzes. In der mittelalterlichen Gesellschaft war die Bemessungsgrundlage von Rechtsqualität und Freiheit eben immer von der Qualität des Schutzes durch einen mächtigen Herrn abhängig. Erst ein Schutzverhältnis konnte Freiheit in verschiedenen Formen gewähren. Das gilt für mittelalterliche Kaufleute und Stadtbürger ebenso wie für Geistlichkeit und kirchliche Gemeinschaften. Frei waren eigentlich nur diejenigen, die mächtig genug waren, sich selbst zu schützen. Und wieviel mehr bedurften die Spielleute eines mächtigen Armes und geschützter Orte.

ACHTZEHNTES KAPITEL
Lebensformen und Mentalität

Das Wirtshaus als Heimat der Unbehausten

In einem gewissen Sinn war das Wirtshaus ein geschützter Ort und spielte daher eine wichtige Rolle im Alltagsleben des Spielmannes. Für den Unbehausten war es eine flüchtige Heimstätte und zugleich der Ort seines Auftretens, »die Bretter, die die Welt bedeuten«. Hier fand er sein Publikum und dazu Wein und Bier als Stimulans – oder zur Betäubung seiner Not. Glücksspiel jeglicher Art – Karten, Würfel, Trick-Track usw. – versprachen Unterhaltung und Hoffnung auf kleinen Gewinn mit kleinen Betrügereien. Bronislaw Geremek hat Wirtshäuser, die manchen Zeitgenossen »geradezu als »Schule des Teufels« galten,[672] als »Schule des Verbrechens fürs Volk« charakterisiert.[673] Seien wir milde und sprechen von einer Schule des Überlebens im Dschungel der Vagabondage.

Rutebeuf verrät uns in »Charlot le Juif« einiges über die Schläue der Spielleute:

»Wer einen Spielmann hereinlegen will,
Sollte sehr viel besser als dieser betrügen können;
Denn es kommt ausgesprochen häufig vor,
Daß derjenige selbst ausgeschmiert wurde,
Der versuchte, einen Spielmann hereinzulegen
Und deshalb seine Börse geleert fand.
Ich kenne keinen, dem das je geglückt wäre.
Deshalb wäre es besser,
Mit den Gemeinheiten aufzuhören,
Die den Spielleuten angetan werden.«[674]

Im Wirtshaus fanden die Spielleute Bewunderer und auch Opfer ihrer Taschenspielertricks. Sie trafen dort Leute, die für sie Reklame machten, indem sie die Nachricht von ihrem Kommen und ihren Künsten in der Nachbarschaft, im Dorf und in der Stadt verbreiteten. Das Wirtshaus war auch die Börse, wo gesellschaftliche Ereignisse in der Region und mögliche Auftritte »gehandelt« wurden, war Annoncenblatt, Litfaßsäule und Gerüchtküche für besondere Gelegenheiten. Im Wirtshaus wurden Spielleute gesucht, wenn ein Fest gefeiert werden sollte.

Eine kleine Geschichte illustriert die Vorstellungen, die sich die Zeitgenossen von der armseligen Existenz der Spielleute im Wirtshaus machten. Hier kommt ein Räuber zu Wort, der mit seiner Bande im Wald auf Kaufleute lauerte und die Gründe aufführte, warum es sich nicht lohne, Spielleute zu überfallen:

»Mir scheint, es handelt sich hier um Spielleute,
die aus einer Stadt kommen,
Wo sie auf dem Platz gesungen haben.
Bei Spielleuten ist doch nichts zu holen.
Von ihrer Sorte habe ich schon genug gesehen:
Wenn sie drei, vier oder fünf Sous beisammen haben
Tragen sie diese in die Kneipe.
Sie erfreuen sich daran, solange es reicht,
Und solange es reicht, werden sie nicht müde;
Und wenn sie den guten Wein genossen haben,
Und das Fleisch ganz nach ihrem Geschmack ist,
Und soviel, daß man es nicht einmal aufessen kann.
Wenn der Wirt sieht, daß alles vertilgt ist,
Habe ich ihn schon blöde sagen hören:
›Bruder‹, sagt er, ›geh in eine andere Wirtschaft,
Wo ihr billig bedient werdet;
Zahlt die Zeche, die ihr mir schuldet.‹
Und dieser überläßt ihm den Schuh,
Oder seine Fidel, wenn er damit nicht mehr spielen kann
Oder er bietet ihm auf Treu und Glauben an,
Daß er zurückkehren wird, wenn der Wirt ihn gehen ließe.«

Die »Wundergeschichten« von Notre-Dame zu Chartres erzählen eine Episode von zwei Spielleuten.[675] Der eine war stumm, der andere einäugig. Sie zogen nach Chartres, weil sie von den Wundern

Wirtshaus (Holzschnitt, um 1500, Prag, Národní Muzeum).

gehört hatten, welche die Heilige Jungfrau dort vollbracht habe. Der Einäugige, der sich als Spielmann ebenso auszeichnete wie als Verleumder, war als »typischer« Spielmann auch ein starker Trinker und ein Gourmand, den es bei der Ankunft sofort in die Kneipe zog.

»Denn er hatte einen lüsternen Mund,
Der nach gutem Wein und leckeren Bissen lechzte.
Kaum war er angekommen,
Ging er schon schnurstracks in die Kneipe,
Wie es seine Gewohnheit war.«

Der Stumme hingegen ist in die Kirche gegangen, um zu beten. Zum Lohn fand der Stumme bei der Muttergottes Heilung.

Am Ende des 12. Jahrhunderts verkündete Baudoin de Sebourc seinen Zuhörern, daß das eingesammelte Geld »kaum daß ich es erhalten habe, der Wirt einkassiert.«[676] Aber vielleicht gibt der Wirt auch »Einen aus«. Essen, Trinken und ein Nachtlager vermag er dem Spielmann zu bieten. Dieser füllt ihm dafür das Wirtshaus und die Kassen mit seinem bunten Programm. Im Wirtshaus wird der Spielmann gesucht und engagiert, um hier oder dort aufzuspielen. Denn jede Hochzeit und jede Trauerfeier, jede Kirchweih und jede gastliche Versammlung bedurfte der spielmännischen Darbietungen, insbesondere der Musik zum Tanz, wie die Quellen und Texte ausdrücklich betonen. Im Wirtshaus wird der Spielmann zum Trinker und macht auch noch diese Eigenschaft zur bezahlten Attraktion. Bei der Hochzeit des Arnold, Herr von Ardres, prahlte ein Spielmann, daß er das größte Faß Bier im Keller des Barons aussaufen könne, ohne den Mund vom Zapfhahn nehmen zu müssen. Ein Reit- oder Lastpferd sollte sein Lohn sein.[677]

Gaucelm Faidit, den berühmten Spielmann aus dem Limousin, haben wir schon kennengelernt. Er sei deshalb Spielmann geworden, weil er sein ganzes Vermögen beim Würfelspiel verloren habe. Er war mit einer Jongleresse verheiratet und ein dicker Trinker und Vielfraß. Seine Frau stand ihm darin nicht nach. Sie bildeten ein groteskes, extrem dickes Paar.[678]

Der bretonische Autor Wace gibt im Roman »Brut« eine lebhafte Schilderung der Hochzeit König Artus':[679] Nach dem Krönungsbankett des Königs rufen die Spielleute nach ihren Würfel- und Brettspielen: »demandent dez et tables«. Verlust und Gewinn halten sich anfangs die Waage: »Li un perdent, li un gaheignent«. Geld wird geliehen und verliehen; manche setzen ihre Gagen zum Pfand: »Sur gaiges anpruntent deniers«. Betrug und Täuschung, Ärger und Zank begleiten das nicht abreißende Spiel. »Sie saufen und betrügen«, »Sovent boisent et sovant trichent«. Die Augen der Würfel erzeugen eine Spannung, die sich oft in lautem Geschrei Luft macht: »Assez sovent noisent et crient«. Alle sind von der Spielleidenschaft erfaßt. Manch einer, der sich bekleidet an den Spieltisch gesetzt hatte, erhebt sich später davon als nackter Mann:

»Tex si puet asseoir vestuz,
qui au partir s'en lieve nuz.«

Auch der schon genannte Rutebeuf stand im Bann des Spielteufels. Er erzählte über sich selbst:[680]

»Die Würfel, welche die Teufel gemacht haben,
Haben mich auch meiner Kleider völlig beraubt:
Die Würfel bringen mich noch um.
Die Würfel beobachten mich und spionieren mich aus,
Die Würfel greifen mich an und provozieren mich.
Das ist mir eine Last.«

Am härtesten urteilen Spielleute selbst über ihre Konkurrenten und machen sie nieder. Sie bedienen sich hierbei der plumpesten Klischees und Vorurteile der Gesellschaft und der Geistlichkeit. Die Spielleute scheinen demnach allen Lastern nachzugehen, die in ihrer Zeit denkbar sind.[681]

»Tu as toute usée ta pel
En la taverne et au bordel«

»Du hast dein Fell ganz abgewetzt
Im Wirtshaus und im Bordell.«

Im Grunde genommen finden die Spielleute kaum ein Unterkommen in ihrem unsteten Leben. Wie alle anderen fahrenden und unbehausten Menschen am Rande der Gesellschaft stehen ihnen lediglich die Institutionen des kurzen Verweilens und der »Unchrlichkeit« offen, die Orte und Häuser am Rande der ehrbaren Welt.[682]

Würfelspiel und Höllenfahrt – St. Peter und der Spielmann
In einem Fabliau, der Schwankerzählung »Der heilige Petrus und der Spielmann«, wird die Lebensführung des unbekannten »Helden« aus Sens, südöstlich von Paris, exemplarisch vorgeführt.[683]

»In der Taverne war seine Heimat,
Und von der Taverne ging es ins Bordell.
In diese zwei trug er sein Instrument ...
Er liebte die Kneipe und die Unzucht,

Die Würfel und die Kneipe ...
Mit einer grünen Mütze auf dem Kopf,
Wünschte er sich stets ein Fest,
Und besonders den Sonntag herbei.«

Damit ist mit einfachen Worten sehr viel über die Lebensweise der Spielleute ausgesagt. Sogar noch in der Hölle soll der Spielmann dem Würfeln verfallen sein, wie uns die Texte glauben machen. Das Fabliau von »St. Peter und dem Spielmann«[684] erlaubt uns durchaus, ein Persönlichkeitsprofil des Spielmannes zu zeichnen. Wir müssen uns jedoch vor Verallgemeinerung und der Übernahme von Stereotypen hüten. Das Leben des Spielmannes wird als Beispiel für seine Kategorie scharf und einseitig gezeichnet und zugleich farbig illustriert. In dieser Spielmannsvita spiegelt sich eine Vielzahl von Einzelexistenzen. Zugleich finden wir unter einer ironisierenden Schicht kennzeichnende Züge der Spielleute.

»Hört lust'ge Mär ... es war einmal
Zu Sens ein Spielmann arm und kahl;
Doch weiß ich nicht, wie er genannt.
Er trug nicht oft ein ganz Gewand:
Ihm klang zu hold der Würfel Laut;
Oft ward ihm Geig' und Fiedelbogen
Und Hos' und Rock vom Leib gezogen.
Und so durch Wind und Wetterbraus
Kam er im bloßen Hemd nach Haus.
An sein Gewerbe ging er nun
Zerlumpt mit durchgetretnen Schuhn.«

Der Spielmann läßt sich davon jedoch nicht unterkriegen. Mögen die Götter Blitze auf ihn schleudern und die Adler an seiner Leber nagen. Er ist der wahre Prometheus und Orpheus zugleich:

»Doch wieder trug er den Gewinn
Zum Schenkenwirt und zum Kuppler hin,
Und alles ward in Nachtspelunken
Verspielt, verliebelt und vertrunken.«

Wollten wir diese – im Stil der wilhelminischen Zeit verniedlichenden – Verse in zeitgenössische Lyrik übertragen, wären sie etwa folgendermaßen wiederzugeben:

»Völlig stoned trug er die Hunnis
Zu den Bardamen und zur Puffmutter.
In der Animierhöhle
Hat er seine ganze Asche
Verzockt, verfickt, versoffen.«

Der Spielmann genießt das Leben, ohne auf das Ende zu sehen. Die Kneipe ist seine Heimat, dort wo er sein Publikum findet. In seiner Situation kann er nicht wählerisch sein. Und »wer sich mit Hunden schlafen legt, braucht sich nicht darüber wundern, wenn er mit Läusen aufwacht«. Das Sprichwort holt auch den Spielmann ein und konkretisiert sich in der sozialen Zusammensetzung der Kneipenkultur der mittelalterlichen Städte.

»Dort saß und sang der arme Tropf,
Ein grünes Kränzlein auf dem Kopf,
Und schuf im Kreise lockrer Gäste
Sich jeden Tag zum Freudenfeste.«

Dieser Epikuräer lebt im Heute und verkörpert einen Menschenschlag, der so gar nicht zu dem paßt, was christliche Lehre und frömmelnde Mittelalterwissenschaft zum »Menschen des Mittelalters« stilisiert haben. Der Spielmann erscheint als der Weltmensch schlechthin, der sich in einem stetigen Kampf – nicht zuletzt mit sich selbst – um die ewige Seligkeit befindet.[685] Heinrich von Veldeke und andere nannten die Spielleute »der Welt zugewandte Menschen«, »die werltlichen lûte«.[686]

Und sollte beim Zuhörer oder Leser eine Spur von Neid oder Sehnsucht erwacht sein ... Ordnung und Gleichgewicht in der Welt werden, allen zur Warnung, schnell wiederhergestellt:

»So trieb er's ohne Sorg und Gram,
Bis er ein jähes Ende nahm,
Und kaum, daß ihn die Seel' verlassen,
Kam auch der Teufel, sie zu fassen.«

Die Seele unseres Helden gelangt am Ende seiner Spielmannskarriere in die Hölle. Dorthin hat den unbelehrbaren Spielmann die Liebe zu Taverne, Sex und nicht zuletzt das Würfelspiel – »les dez« – getrieben. Der Teufel ist – wie jeder weiß – überall unterwegs und

> »Der war schon einen Monat lang
> Umhergepirscht, doch ohne Fang.
> Nun schlich er an mit weiten Schritten:
> Der Sünder blieb ihm unbestritten.
> Er warf ihn auf den Hals im Nu
> Und schlenderte der Hölle zu.«

Es handelt sich um einen etwas beschränkten Teufel, denn seine Kollegen mobben und denunzieren ihn beim Oberteufel Luzifer:

> »Wir sind beisammen bis auf einen,
> Der noch in Nöten sucht und rennt.
> Er hat zum Teufel kein Talent;
> Er ist so täppisch und verdattert,
> Daß er nicht eine Seel' ergattert.«

In der zerlumpten äußeren Erscheinung des Spielmannes vermutet Luzifer eine besonders fette Beute:

> »›Der bringt uns einen saubern Gast!
> Kam euch (je) ein größrer Lump in Sicht?
> Was warst du für ein Bösewicht?
> Ein Dieb? Ein Strolch?‹ rief Lucifer.
> ›Ein Spielmann war ich, gnädger Herr!‹«

Ja, der Spielmann ist sogar dankbar für das Obdach, welches ihm nun Lucifer in der Hölle gewähren wird und hofft zugleich, daß er seinen alten Lebensstil wieder aufnehmen kann:

> »Ich habe manchen Tag gefroren;
> manch Schmähwort scholl mir in den Ohren.
> Da man nun hier mir Obdach gibt,
> Will ich Euch singen, wenn's beliebt.«

Das ist nun gar nicht der Sinn der Höllenstrafe. Luzifer daher barsch: »Zu singen ist hier nicht der Ort.« Und weil der Spielmann halbnackt vor ihm steht, ordnet er ihn zu einer passenden Tätigkeit ab:

»So sollst du mir den Kessel heizen.«

Dankbar entgegnet der Spielmann, der ein Leben lang gefroren hat:

»Gern, und mit Holz werd' ich nicht geizen:
Mir ist ein gutes Feuer not.«

Mit Gleichmut, wie in seinem irdischen Vorleben, macht er sich an die Arbeit:

»Er setzte sich zum Höllenschlot,
Versah sein Amt mit heitrem Mut
Und warf die Scheiter in die Glut.«

Die Geschichte könnte hier zu Ende sein, aber ein Fabliau erfordert mehrere Episoden und auf jeden Fall eine Pointe.
 Unser Spielmann würde den Kessel noch heute bedienen, wenn die Teufel nicht erneut zum Seelenfang ausgezogen wären:

»Der Meister trat dem Spielmann nah,
Den er am Ofen sitzen sah:
›Hör, Spielmann,‹ sprach er, ›du bleibst hier.
Die Seelen all befiehl ich dir.
Gib acht und halte sorglich haus!
Sonst kratz' ich dir die Augen aus.
Du wirst, wenn eine dir entschlüpft,
An deiner Gurgel aufgeknüpft.‹
…
Fehlt auch nur eine aus der Schar,
So freß ich dich mit Haut und Haar.'«

Trotz dieser höllischen Drohungen kommt es, wie es kommen muß: Der Spielmann spielt seine Rolle und erfüllt so die Erwartungen, die das Publikum an ihn stellt. Seine Schwächen sind ja allenthalben bekannt und Bestandteil des Stereotyps »Spielmann«.

In Kenntnis dieser Eigenschaften möchte der heilige Petrus, der auf seiner ständigen Wanderschaft zufällig an der Hölle vorbeikommt, den Spielmann raffiniert zum Würfelspiel verführen:

»Und setzte sich zum Fidelmann.
›Freund, willst du spielen?‹ hub er an,
›Sieh dieses Brett wie wurfgerecht,
Dazu drei Knöchlein voll und echt!
Hast du nicht Lust, dein Glück zu machen?
Schau, wie die Silberfüchse lachen!‹
Er zeigt ihm, der begehrlich blickt,
Den großen Beutel reichgespickt.
...
›Sieh nur, wie's hier im Beutel blitzt!
Das liebe Geld, wie schön es glitzt,
Ganz frisch geprägt und spiegelblank!‹«

Selbst der Hinweis, daß es sich bei den »Knöchlein« um nichtgezinkte Würfel handelt, darf nicht fehlen. Der Spielmann, wie auf Erden so auch in der Hölle ohne einen Sou in der Tasche, willigt ein, die von ihm bewachten Seelen gegen die Silbermünzen zu setzen. Er läßt in der Hitze des Würfelspieles St. Peter gar großspurig die Wahl:

»»Verlaßt Euch drauf! Ich markte nicht.
Nehmt, was Euch in die Augen sticht;
Chordamen, Ritter, Edelfraun,
Schnapphähne, Mönche schwarz und braun,
Barone, Bauern, nasse Knaben,
Was Ihr begehrt, Ihr sollt es haben.‹[687]
...
Sie spielten bis der heilge Mann
Ihm alle Seelen abgewann.«

St. Petrus also gewinnt dem Spielmann nach und nach alle Seelen ab. Der Spielmann ist verzweifelt und jammert in seinem Selbstmitleid:

»»Ich Wurm, der ich seit Anbeginn
Von Glück und Stern verlassen bin!

Auf Erden schon verlor ich immer,
Und hier beim Teufel wird's noch schlimmer.‹«

Luzifer kehrt zurück und sieht, was der Spielmann angerichtet hat.

»›Vermaledeiter Hadermann,
Wo ist mein Volk? Was ist geschehn?‹«

Derjenige Teufel, der den Spielmann in die Hölle abgeschleppt hatte, wird geschlagen und mißhandelt:

»Man warf ihm Stang' und Gabel nach
Und tat ihm so viel Leid und Schmach,
Daß er verhieß mit hohen Schwüren,
An keinen Spielmann mehr zu rühren.«

Der Spielmann jedoch hat »zum ersten Mal in seinem Leben« Glück. Denn der

»... Satan rief dem Fidler zu:
›Mach, daß du fortkommst, Lecker du![688]
...
Kein Spielmann kommt mir mehr ins Haus,
Kein Schalksnarr, kein Phantast von Sänger:
Bleibt, wo ihr mögt, ihr Müßiggänger!
Schert euch zu Gott und seiner Schar!
Die jubiliert das ganze Jahr.‹«

Nicht einmal der Teufel will fürderhin einen Spielmann in die Hölle holen.[689] Mehr noch: der Spielmann wird erlöst aus seinem jämmerlichen Dasein als Ausgeschlossener. Die Argumentation des Teufels erscheint geradezu paradox. Es ist die Umkehrung dessen, was der Spielmann und seinesgleichen seit Jahrhunderten von den Theologen erfahren hatte. Die Schlußszene nimmt geradezu die Dramaturgie einer Himmelfahrt an:

»Der Spielmann lief durchs Höllentor
Und stieg zum Paradies empor.
Das öffnet ihm Sankt Peter gleich

Und fährt ihn ein ins Himmelreich.
Nun jauchzet mit hellem hohem Schall,
Ihr Sänger und ihr Fidler all!
Ihr sitzet in der Freude Schoß:
Die Angst der Hölle seid ihr los.
Euch winkt ein wonniges Asyl:
Dank sei dem edlen Würfelspiel!«

Auf solche Weise werden die Spielleute rehabilitiert und als sympathische Tölpel verharmlost. In Spielmannskreisen dürfte auch der Urheber des Werkes zu suchen sein. Insofern unterliegt dieses Fabliau der gleichen Absicht wie die Legende des »Tombeor de Notre-Dame« im Kloster Clairvaux, dessen sich die Muttergottes annahm.[690] Lediglich der Schlußsatz: »Dank sei dem edlen Würfelspiel« macht uns stutzig und wir sind über den Grad der darin ruhenden Ironie – oder ist es Sarkasmus? – hinsichtlich der Tolerierung auch der Schwächen der Spielleute verunsichert. Möglicherweise enthält das Fabliau keine andere »Moral von der Geschichte«, als daß die Spielleute nicht einmal in der Hölle gelitten sind.

Spötter und Schmarotzer

»Ich war so voll des Scheltens, daß mein Atem stank. Das alles hat der König wieder rein gemacht und meinen Sang dazu.«[691] Mit diesem Vers blickt Walther von der Vogelweide auf die Phase seiner armseligen Existenz zurück, in welcher er darauf angewiesen war, Spottgedichte zu produzieren. Wie für die Spielleute auch, »bedeutete der Übergang eines Minnesängers aus dem Dienst seines Herrn in den eines anderen sehr oft auch einen völligen Wechsel der politischen Überzeugungen, die von ihm vorgetragen wurden«.[692] Walther von der Vogelweide läßt sich als Urbild eines Opportunisten beschreiben.

Die Spielleute waren als Spötter gefürchtet und verrufen zugleich.

»Denn sie glauben nicht an Gott; und deshalb verachtet sie Gott und der Herr verdammt sie, weil die Spötter selbst verspottet werden«, hat Honorius Augustodunensis geurteilt.[693] Die üblen Eigenschaften des Spottens und Verleumdens werfen sie sich auch selbst gegenseitig vor, wie z. B. Baudoin de Condé:[694]

»Es gibt so viele Spielleute,
Höfisch die einen gewöhnlich die anderen,
Solche, die kein anderes Gewerbe betreiben
Als Verleumden und Beleidigen
Und bösartige Reden führen.
Solche Leute sollen verdammt sein!«

Rutebeuf sagte von sich selbst:

»Ich habe gedichtet und ich habe gesungen,
Zum Spott für die einen und zum Vergnügen der anderen.«[695]

Brotneid, Verschwendungssucht und Habgier erscheinen in den Texten immer wieder als typische Eigenschaften der Spielleute. Bei allen diesen negativen Erscheinungsbildern, die sie sich auch noch selbst »um die Ohren schlagen«, ist es, wie sich Faral ausdrückte, nicht einfach zu entscheiden, »ob ihre schwierige Lage von ihrem Charakter oder ob ihr Charakter von ihrer schwierigen Lage herrührt.«[696]

Angesichts dieser Texte wird uns klar, warum die Statuten der Spielmannsbruderschaften, so etwa die des Grafen Ulrich von Wirtemberg aus dem Jahre 1458, die gegenseitigen Schmähungen verboten.

Bei der Beschäftigung mit den Spielleuten drängen sich Parallelen zu modernen Künstlerexistenzen auf und zwar hinsichtlich ihrer Lebensbedingungen, ihrer Lebensformen, Verhaltensweisen, Mentalitäten. Die grundsätzliche Gemeinsamkeit zwischen den Spielleuten bestand in ihrer Eigenschaft als Fahrende, die weder in rechtlicher noch in sozialer Hinsicht mit den Maßstäben der seßhaften Gesellschaft gemessen werden können. Neben den gemeinsamen Lebensformen wird auch eine vergleichbare Mentalität der Spielleute erkennbar, eine Gruppenmentalität. Und je mehr die Zahl der Spielleute anwuchs, die seit dem 13. Jahrhundert auf den Straßen und Plätzen, an den Höfen des Adels und der Geistlichkeit, in den Bürgerhäusern, Wirtshäusern und selbst vor und in den Kirchen nicht mehr wegzudenken waren, desto deutlicher traten ihre gemeinsamen Merkmale hervor. Das hängt auch damit zusammen, daß mit der gleichzeitigen Ausweitung und Intensivierung der Schriftlichkeit die Zahl und der Umfang der Zeugnisse über die Spielleute und vor allem die Selbstzeugnisse erheblich anwuchsen.

Sonn- und Festtage sehnte der Spielmann nicht aus Frömmigkeit herbei, sondern weil an diesen Tagen Feste gefeiert wurden und Belohnungen winkten. Zu den pauschalen Vorwürfen, die dem Spielmann gemacht wurden, gehörten vor allem auch Gefräßigkeit und Trunksucht. Das hören wir von den Spielleuten selbst, wenn sie ihre Berufsgenossen aufs Korn nehmen. Selbst

»Satan rief dem Fidler zu:
›Mach, daß du fortkommst, Lecker du!‹«[697]

Der Begriff des »lechour/lecheor« und entsprechend der »lecherie« ist mehrdeutig. Er umfaßt Unzucht, das Verhältnis mit einer verheirateten Frau, Betrug und Untreue, aber auch Naschhaftigkeit, Genuß- und Freßsucht.[698] Der Oldenburger illustrierten Ausgabe des Sachsenspiegels von 1336 dient die Abbildung eines Paares im Bett als Illustration für den Rechtssatz: »Eine Frau kann durch unkeuschen Lebenswandel ihre weibliche Ehre verletzen. Sie verliert dadurch weder ihr Recht noch ihr Erbe.«[699] Der Mann unter der Decke ist durch das neben ihm liegende Saiteninstrument, eine Leier, als Spielmann ausgewiesen. Die Sprache des Bildes macht den Spielmann zum Subjekt der unzüchtigen Handlung. Möglicherweise war er nicht selten auch das Objekt der Begierde.

Auch im Mittelhochdeutschen bedeutet das Substantiv »lecker« den »Tellerlecker, Fresser, Schmarotzer«, »leckerheit« und »leckerie« »Lüsternheit, Schelmerei«.[700] Der »lecheor«/«lecker« wurde geradezu gleichgesetzt mit »jongleur«/Spielmann. In »Le jongleur d'Ely« wird geklagt, daß vor dem Herrn am großen Adelshof sich manch ein »jongleur« und manch ein »Lecker« befinde:[701]

»Devant nostre sire en pleniere cour
Sunt meint jogleur et meint lechour«.

Den Zeitgenossen des mittelalterlichen Spielmannes mag es gelegentlich vorgekommen sein, als hätten diese »Lecker« die Welt im Griff und lebten in ihrem eigenen Paradies. Philippe Mousket gibt in der zweiten Hälfte des 13. Jahrhunderts folgende »Spielleutesaga« zum Besten. Er kokettiert mit der Bezeichnung »Lecker«:

»Als der gute König Karl der Große seine Länder verteilte, gab er die ganze Provence, dieses Land voll Wein und Wald und fließenden Wassern, den üppigen Leckern, den Spielleuten, daher die Provenzalen als ihre Nachkommen noch immer bessere Lieder und Weisen erfunden, denn jedes andere Volk.«[702]

Armut, Not und Vagabondage
Konkurrenzdruck und persönliche Not machten es gewiß schwer, ein »honteux menestrel« zu bleiben oder zu werden. Der Spielmann Colin Muset schildert uns seine Heimkehr zu Frau und Familie. Sein Vortrag diente insbesondere dazu, Mitleid zu erwecken und die Solidarität aller geplagten Ehemänner und Familienväter zu gewinnen. Diese sollte sich in klingender Münze oder Sachgeschenken ausdrücken:

»Erlauchter Graf, ich habe vor Euch
In Euerm Schloß auf der Leier gespielt,
Und Ihr habt mir nichts dafür gegeben
Und mich auch nicht im Wirtshaus ausgelöst:
Das ist niederträchtig!
Bei meinem Glauben an die Heilige Jungfrau!
So werde ich Euch nicht mehr Folge leisten.
Mein Beutel ist schlecht gefüllt
Und auch meiner Börse fehlt die ›Füllung‹.
Erlauchter Graf, bestimmt über mich
Nach Eurem Gutdünken.
Erlaucht, gebt mir ein schönes Geschenk,
Nach eurer Wahl,
Aus Höflichkeit.
Ich hab' den Wunsch,
Zieht das keinesfalls in Zweifel,
Nach Haus zu gehen;
Wenn ich jedoch mit leerer Börse geh,
Wird meine Frau bestimmt nicht lachen.
Ja, sie wird mir sagen: Erlauchter Idiot,
In welchem Land seid Ihr denn gewesen,
Daß Ihr keine Beute bringt?
Ihr habt Euch wohl nur in der Stadt herumgetrieben!

Seht Euern gebauchten Koffer:
Er ist dick mit Wind gefüllt!
Unehrenhaft sei der, der Lust hat,
Mit Euch zusammen zu sein.
Wenn ich jedoch zu meinem Hause komm',
Und meine Frau gesehen hat,
Hinter mir den vollen Sack,
Und ich in vollem Ornat vor ihr steh'
In grauem Gewand,
Dann wißt Ihr, daß sie das Spinnrad
Schnell und freimütig stehen lassen wird;
Rückhaltlos wird sie mich anlächeln
Und ihre Arme um mich schlingen.
Meine Frau wird unverzüglich
Meinen Koffer öffnen,
Mein Sohn wird das Pferd tränken
Und wird es versorgen,
Meine Magd wird zu dem Fest
Zwei Kapaune schlachten und die Gans füllen.
Meine Tochter bringt mir einen Kamm,
Eigenhändig und mit ausgesuchter Höflichkeit.
Dann bin der Herr in meinem Haus
Ohne Ärger und mit großer Freude,
Größer als man sagen kann.«

Eine vergleichbare Mischung aus Lebensrealität und trickreichem Betteln hat auch Rutebeuf angeboten. Wenn wenigstens die soziale Situation Rutebeufs richtig wiedergegeben ist, dann war zumindest er kein Unbehauster. Die Übergänge zwischen der Existenz des völlig Heimatlosen und des saisonal Fahrenden dürften fließend gewesen sein. Sein Lied über den Verlauf seiner zweite Ehe im Jahre 1261 ist böse und verzweifelt zugleich:[703]

»Damit ich denen mehr Trost zuspreche,
Die mich auf den Tod hassen:
Ich habe mir eine Ehefrau genommen,
Die niemand außer mir liebt oder schätzt.
Sie war arm und bedürftig
Als ich sie

Und die Ehe zu diesem Preis nahm.
Folglich bin auch ich arm und bedürftig,
Genauso wie sie.
Sie ist weder hübsch noch schön,
Mit ihren fünfzig Jahren ist sie für jede Suppe
Zu mager und zu vertrocknet:
Ich habe keine Angst, daß sie mich betrügt.
Seit der Herrgott in der Krippe
Geboren ward von Maria,
Sah man keine derartige Ehegeschichte ...
Selbst die Ruine von Troja
War nicht so schlimm wie die meine ...
Bei mir findet man keine offene Türe,
Denn das Haus ist wie ausgestorben,
Armselig und nackt.
Es gibt oft weder Brot noch Teig;
Tadelt mich nicht, wenn ich nicht eilig
Nach Hause gehe.
Denn dort werde ich keinen schönen Empfang genießen
Und man wird mich nicht willkommen heißen,
Wenn ich nichts herbeischaffe.
Das entmutigt mich am meisten,
Daß ich es nicht wagen kann,
Mit leeren Händen mein Haus zu betreten.
Ihr wißt also, wie mein Leben aussieht:
In der Hoffnung auf morgen
Besteht mein Fest.«

Colin Muset, Rutebeuf und viele andere Spielleute verstanden es vorzüglich, an das Mitleid zu appellieren und die Zuhörer zur Freigebigkeit zu animieren. Dennoch öffnet sich der Blick auf die sozialen Verhältnisse im Umkreis der Spielleute.

Der aus der Provence stammende Spielmann Pistoleta sei »von armseligem Äußeren und von niederem sozialem Stand gewesen«.[704] Aus seinem erfolgreichen Chanson »Des voeux«, »Wünsche« sei ein Blick auf die Sehnsüchte und auf die Zwänge zur Rechtfertigung eines Spielmannes geworfen:[705]

»Oh, hätte ich doch tausend Mark feinen Silbers

Fahrende (Holzschnitt, kol., 15. Jh., Braunschweig, Herzog-Anton-Ulrich-Museum).

Und genausoviel guten roten Goldes dazu,
Und eine Menge Hafer und Weizen dazu,
Ochsen und Kühe und Schafe und Hammel,
Und jeden Tag hundert Pfund zum Ausgeben,
Und eine starke Burg, um mich zu verteidigen,
So daß keiner mich bezwingen könnte;
Könnte ich doch einen Hafen am See und einen am Meer
                                      besitzen ...
Denn es ist so schwer, tagein, tagaus
Einem kleinen Einkommen hinterherzulaufen
Wie ein verschämter Bettler.
Auch ich säße gerne glücklich und ruhig
In meinem Schloß, um die Recken zu empfangen

Und jeden gastlich aufnehmen, der bei mir haltmachen wollte.
Und ich würde ihnen geben und nichts verkaufen.
Wenn ich nur könnte, dann würde ich ein solches Leben führen.
Weil ich das nicht vermag, kann man mich doch nicht tadeln.«

Die Armut war die ständige Begleiterin der fahrenden Spielleute. Die Engagements und die Zeit, in welcher sie einem adeligen oder geistlichen Herrn dienten und ihr Auskommen hatten, waren begrenzt und von vielen Faktoren der Unsicherheit, vom Wandel der Mode und der schwankenden Gunst abhängig.

Wie die Armut den Spielmann verändern und seinen moralischen und sozialen Abstieg bewirken kann, hat François Villon kurz und bündig formuliert:[706]

»Necessité fait gens méprendre
Et faim saillir le loup de bois.«

»Armut macht Menschen verächtlich und der Hunger lockt den Wolf aus dem Wald.« Andererseits haben Dichter und Spielleute sehr wohl verstanden, Armut vorzutäuschen oder zumindest ihre Armut zu stilisieren. Denn der mittel-, heimat- und bindungslose Außenseiter vermochte beim Publikum Gefühle zu wecken, die materiellen Gewinn versprachen. Daher ist seinen Worten mit Vorsicht und Mißtrauen zu begegnen. Wir erinnern uns an Brunet Latin, der um 1265 urteilte: »Der Spielmann ist jemand, der mit Lachen und Spiel unter die Leute geht und sich über sich selbst, über seine Frau und seine Kinder lustig macht und über alle anderen auch.«[707]

Die Menschen sind der demonstrativen, betrügerischen Armut im späten Mittelalter, als Armut zu einem Massenphänomen geworden war, ständig auf den Leim gegangen und haben den Äußerungen von Not und Leid und damit auch den vorgetäuschten Gebrechen oft geradezu leichtgläubig vertraut. Invalidität, Behinderung und Krankheit wurden denn auch mittels aller denkbarer Listen und Tricks vorgetäuscht. Gutgläubigkeit und agressives Mißtrauen bei Gesellschaft und Obrigkeit wechselten einander ständig ab. Die Spielleute konkurrierten mit allen möglichen Arten von fahrenden Bettlern um ihr Auskommen und waren stets bedroht, im unübersehbaren Volk der Vagabondage, dem sie schon seit Petrus Cantor im ausgehenden 12. Jahrhundert mit allen Konsequenzen zugerechnet wurden, unterzugehen.[708] Im ausgehenden 15. Jahrhundert hat Matthias von Kemnat diese Leute pauschal in aller Härte verurteilt und an den äußersten Rand der Gesellschaft gestellt.[709]

»Ferner will ich noch von einem besonderen Volk und einer Sekte erzählen, die zu meiner Zeit mit ausgesuchter Bösartigkeit geherrscht hat, von der mir einiges bekannt ist. Und ich bin willens und habe Lust, darüber zu schreiben und das Volk davor zu warnen. Denn ich verstehe etwas davon und habe auch einiges gesehen. Diese Sekte verstellt sich nicht einmal, denn sie tritt nach außen so bösartig auf, wie sie in ihrem Inneren ist. Dieses Geschlecht ist von Natur aus faul, gefräßig, dreckig, gemein, verlogen. Es besteht aus betrügerischen Spielern, Gauklern, Meineidigen, Dieben, Räubern und Mördern. Diese Menschen sind eigentlich gesund und arbeitsfähig, aber dennoch unnütz für Gott und die Welt, sowohl für die einfachen Leute als auch für Geistliche und Laien, für Arme und Reiche. Sie leben vom Betteln und Schnorren. Sie haben den Kunstgriff gefunden, wie sie als Müßiggänger ohne jegliche Arbeit durch Betrügereien zu Geld und Brot gelangen. Auf diese Weise betrügen sie die Welt und der Betrug ist so mannigfaltig, daß man sich vor soviel Bösartigkeit kaum schützen kann.«

Für die Spielleute war es nicht leicht, sich vom Stigma des herrenlosen und landschädlichen Gesindels zu befreien. Sie waren daher gezwungen, sich zur sozialem und existenziellem Selbsterhaltung von der Vagabondage zu distanzieren. Die Möglichkeiten dazu boten die Bruderschaften oder die privilegierten Spielleutezünfte und vor allem die Seßhaftigkeit in einer Stadt.

Der »ehrbare« Spielmann

Die Selbstdarstellung bot den Spielleuten die Möglichkeit, sich als vollwertiges Mitglied der Gesellschaft auszuweisen. Insbesondere die Karriere bei Hofe und die Beachtung der höfischen Normen sollten – wie dem höfischen Ritter – so auch dem höfischen Spielmann eine gehobene gesellschaftliche Position sichern.

»Her Uc von Mataplana befand sich behaglich in seinem Hause, von mächtigen Freiherrn umgeben, man speiste und erlustigte sich, und hier und da in dem Saale wurde Brett und Schach gespielt auf grünen, roten und blauen Teppichen. Holde Frauen waren zugegen, und fein und höflich war die Unterhaltung. Siehe, da trat ein Spielmann herein von einnehmendem Wesen und wohlgekleidet; an der Art, wie er dem Herrn des Hauses entgegentrat, merkte man, daß er sich zu benehmen wußte. Hierauf trug er Gesänge vor und erheiterte die Gesellschaft auf mannigfache Weise.«[710]

Im Gegenzug zum Bündel negativer Eigenschaften der Spielleute sehen wir also auch gegenläufige Bemühungen, die der Rehabilitation dienen sollten. Dies gilt vor allem für diejenigen, die im Begriffe waren, als gesellschaftliche Aufsteiger an den Adelshöfen oder in den Städten seßhaft zu werden. Hier wie dort standen sie unter einem starken Anpassungsdruck. Die höfischen Spielleute und alle diejenigen, die dort ihr Auskommen und gesicherte Einkünfte suchten – wer unter den Spielleuten tat das nicht? – versuchten sich mit dem Werte- und Normensystem der adeligen Welt zu arrangieren. Das Verbleiben in der Stadt setzte Anerkennung und Befolgung bürgerlicher Werte und Normen voraus. Dem Negativkatalog spielmännischer Verhaltensweisen wurde von den Spielleuten selbst ein Ehrenkodex entgegengehalten. Und weil jeder Spielmann der Konkurrent des anderen war, dienten diese Strategien des Aufstieges gleichzeitig dem Zweck, sich von den anderen positiv zu unterscheiden und zu distanzieren.

Im Cléomadès zeigen einige Verse die Ansätze zu einem »Spielmannsspiegel«. Ähnlich den mittelalterlichen Fürstenspiegeln[711], in welchen die politischen Ideale und die Grundsätze für die Erziehung von jungen Fürsten aber auch die Herrschaftsprinzipien für Monarchen ihre schriftliche Form fanden, verfaßten manche Spielleute auch eine Normensammlung für den ehrbaren Spielmann, für den »jongleur honnête«, den »menestrex a droit«:

»Wisset, daß Pinchonnes glücklich war,
Wenn er Gutes erzählen konnte.
Es ist eine gute Sache
Wenn der Spielmann (ménéstrel) Gutes spricht
Und Schmähungen unterläßt.
Denn der Spielmann muß das Gute
In Erinnerung bringen und behandeln.
Vom Bösen soll er jedoch schweigen,
Überall, wo er auch sei,
Oder er ist kein anständiger Spielmann.
Ein richtiger Spielamnn hütet sich,

Zu verleumden und zu schmähen.
Er muß immer darauf bedacht sein,
Daß er die guten Dinge mitteilt.«[712]

Zumindest die ambitionierten Spielleute, die auf ein Engagement bei Hofe abzielten, konnten darin die Skizze eines Ehrenkodex sehen. Auch Watriquet de Couvins dichtete in »*Du fol ménéstrel*« – »Vom verrückten Spielmann« – Verse, die als Anleitung für den guten, »*ménéstrel*« gesehen werden können.[713] Er stellte den höfischen »*ménéstrel*« als positives Gegenstück zum negativ bewerteten »*jongleur*« dar:

»Ein Menestrel soll sich verhalten
Sanfter als eine Jungfrau ...
Ein Menestrel, der sich richtig verhalten möchte,
Soll nicht den Spielmann (*jongleur*) nachahmen,
Sondern aus seinem Munde sollen Verse strömen,
Süße Worte und schöne Strophen ...«

Jean de Condé zeichnete den perfekten Spielmann:[714]

»Nachdem du Gaben vom Gönner entgegen genommen hast,
Darfst du nicht gefällig sein und Schmähungen aussprechen,
Sondern du sollst Gutes tun und Gutes sagen,
Gutes erzählen und über das Böse hinweggehen.«

Manch ein Spielmann mag auch für sein schnelles und böses Mundwerk übel bestraft worden sein. Der Provenzale Pierre Vidal, Sohn eines Kürschners, nach anderer Überlieferung eines Gerbers aus Toulouse, wird als bedeutender Spielmann und Dichter gerühmt:
»Er hat besser gesungen als jeder andere auf der Welt, ... denn er war ein guter und souveräner Musiker, ... ein guter Dichter in provenzalischer Sprache.« Pierre Vidal habe jedoch »über alle möglichen Leute schlecht gesprochen, und so hat ein Ritter von St. Gilles ihm schließlich die Zunge abgeschnitten, weil er eine ehrbare Dame aus der Verwandtschaft verleumdet hat. Aus Furcht, noch mehr abzubekommen, floh er zum Fürsten Hugo von Les Baux, bei dem er einige Zeit lebte.«[715]

Edmond Faral hat diese Schattenseite des Spielmannes auf den

Punkt gebracht: »Zum Kollegen ist er heftig, arrogant, böse. Gegenüber seinem Brötchengeber jedoch liebenswürdig, devot und gutartig. Und weil Eitelkeit ein fruchtbarer Acker ist, kultiviert er sie auf professionelle Weise: Er katzbuckelt, lobt und schmeichelt. Ohne Überlegung und jenseits aller Wahrscheinlichkeit hebt er seinen Gönner, der ihn schützt und ernährt, in den Himmel und macht ihn zu einem Tugendbold. Selbst wenn dieser ein Ausbund von Feigheit, Häßlichkeit oder Grausamkeit ist, macht er aus ihm einen reinen Diamanten des Mutes, der Schönheit und der Güte. Der Spielmann wandelt sich zum Hanswurst.«[716]

Die Sehnsüchte des Spielmannes
Gelegentlich geben uns die von den Spielleuten überlieferten Texte Einblick in deren Sehnsüchte von einem bürgerlichen Leben, fernab von der Not. Solche Stimmungen werden ja auch in den Versen von Rutebeuf artikuliert.

>»Wenn ich sehe, wie es kalt wird
>Und Frost aufkommt,
>Und wenn die Bäume ihre Blätter verlieren
>Und es Winter wird,
>Dann möchte ich es gut sein lassen,
>Am warmen Feuer, neben der Glut
>Und verbleiben
>Mit funkelndem Wein
>In einem gemütlichen Haus
>Bei schlechtem Wetter.
>Kein Pardon für den,
>Der seine Zuflucht nicht liebt!
>Ich will gar nicht herumreiten
>Und Feuer legen,
>Und ich hasse den Krieg,
>und das Kriegsgeschrei,
>Und das Beutemachen
>Und Menschen berauben.
>Genug des verrückten Handwerks,
>Das alles verwüstet.
>Beim geringsten Anlaß

Führt der Adel Fehde
Und auf schlimmen Rat hin
Zieht er in Krieg und Kampf.
Viel besser ist es beim Turnier,
Und beim Buhurt,
Beim Brechen schwerer Lanzen
Beim Tjost.
Bei dauerndem Vergnügen
Und freigebigem Schenken
Und beim Verschwenden
Ohne Maß.
Reichtum im Gefängnis
Ist keinen Hosenknopf wert.
Der Reichtum liebt
Den reichen Mann.
Bin ich dem Kohlebecken nah
Und höre den Wind blasen
Und sehe wie der Bratspieß
Sich über dem Feuer dreht
Und wie der gute Wein
Aus dem Keller geholt wird,
Dann möchte ich essen und trinken
Und ausruhen
Am warmen Feuer.
Bei einem fetten Kapaun
Fehlt mir jede Lust
Irgend einen Turm zu erobern.
Nicht einmal in einer Lehmhütte
Werde ich Unterschlupf finden
In dieser kalten Jahreszeit.
An Sailli und Guy,
Die mich verstehen,
Schick ich mein Chanson,
Damit sie sehen, ob ich es richtig mache.«

Der Spielmann und sein Publikum
Die Verhaltensweisen der Spielleute standen in unmittelbarer Abhängigkeit von ihrer Umgebung; nämlich von den Lebensformen

und Verhaltensweisen der Nicht-Randseiter. Denn kirchliche wie weltliche Obrigkeit sowie die in Ständen gegliederte Gesellschaft sah ihre eigene Stellung in der Welt als von Gott eingerichtet. Die Vertreter der Kirche verkündeten die verbindlichen Normen mit den Worten der Kirchenväter, der Konzils- und Synodenbeschlüsse, des kanonischen Rechtes, der theologischen Traktate und der seelsorglichen Anweisungen in den Bußbüchern.

Es sei jedoch hervorgehoben, daß die Regeln des Zusammenlebens nicht nur von obrigkeitlichen Normen, sondern auch im gesellschaftlichen Zusammenspiel festgelegt wurden. So bildeten etwa die Angst vor den Fremden, vor wirtschaftlichen Krisen sowie die Unsicherheit hinsichtlich der eigenen Identität Mechanismen aus, welche die Distanz zwischen der Gesellschaft und den vagierenden Randgruppen noch verstärkten. In diesen ganz erheblich irrational gesteuerten Vorstellungen lag ein gewichtiges Potential für die Marginalisierung von Individuen und Gruppen.

Zwischen dem Publikum und den Spielleuten bestand in vielerlei Hinsicht eine enge, funktionale Beziehung. Dieses forderte von den Künstlern – nicht anders als heute – Sensation und Erbauung, Information und Fiktion, Augenschein und Täuschung. Es erwartete das Außergewöhnliche, den aus dem Alltag herausführenden Ausgleich für die Monotonie des eigenen Daseins, die Projektion auch der eigenen Träume auf die »Bühne«. Die Spielleute erfüllten die Erwartungen des Publikums nach Möglichkeit, weil sie dafür – und eben nur dafür – belohnt wurden. »Die Funktion differenziert sich mit dem Publikum.«[717]

Das gilt auch für die Gesellschaft als Publikum in einem weiteren, soziologischen Sinne. Diese trug zur Integration der Spielleute bei, weil diese sich ihres Andersseins, ihrer Unbehaustheit, bewußt wurden: In Gegenwart der etablierten Gesellschaft nahmen die Spielleute nicht nur ihre soziale Distanz und Marginalität wahr. Sie sahen sich mit ihresgleichen nicht nur quantitativ sondern auch qualitativ durch mehr Gemeinsamkeit verbunden als mit dem eingesessenen Publikum. Diese Erkenntnis führte zu einem Wir-Gefühl der Spielleute und zu dem Bewußtsein, daß sie nicht nur als Individuen, sondern auch als Gruppe eine Sonderstellung am Rande der Gesellschaft einnahmen. Damit ist der Schritt von der sozialen Kategorie zur sozialen Gruppe getan. Als unbehauste, mobile Existenzen entwickelten sie Ansätze zu einem eigenen Berufs- und Ehrenkodex sowie eine spezifische Lebensphilosophie. Diese war verursacht und getragen von den Besonderheiten ihrer mobilen und künstlerischen Lebensformen, die zwischen Affinität und Distanz zur Gesellschaft gelagert waren. Die Welt der Spielleute gestaltete sich als Subkultur.[718]

Der Gesellschaft haben sie die Möglichkeiten und den Nutzen der korporativen Zusammenschlüsse abgeschaut. Die bei den Spielleuten ausgebildete Subkultur kann von daher gewiß nicht als Gegenkultur bezeichnet werden. Denn sie stellten den Etablierten kein alternatives Werte- und Normensystem entgegen. Die Vorstellungen der Spielleute wie die anderer Fahrender auch, ihre Wünsche und Träume nährten sich, manchmal in geradezu rührender Art und Weise am behaglichen Bild eines bürgerlichen Lebens.[719]

Das außergewöhnliche Verhalten, die Nicht-Einhaltung von Normen, wurde zwar von der Obrigkeit und vom Eifer der Seelsorger und Theologen bekämpft, jedoch mit geringer Konsequenz und noch geringerem Erfolg. Stadt- und Landbevölkerung, Klerus und Adel ließen sich niemals davon abhalten, sich zu den »weltlichen Leuten« zu gesellen, ihre Darbietungen zu genießen und die Verfemten auszuhalten. Die Einstellungen des Publikums schwankten zwischen moralischer Entrüstung und romantischer Zuwendung – vielleicht sogar romantischer Identifikation. Die Zuschauer haben sich ergötzt und – keineswegs widerwillig – das »schamlose« Tun und Treiben der Spielleute, ihr »obszönes« Reden und Gebärdenspiel, ihr manchmal als Skandal empfundenes Schauspiel begierig verfolgt. Sie haben damit – jenseits der von ihnen selbst eingenommenen Standpunkte und moralischen Schutzwälle – einen entsprechenden Bedarf gezeigt und bestätigt. Das Publikum hat seine Lieblinge gekürt und darüber hinaus Eitelkeit und Konkurrenz unter den Spielleuten gefördert. Durch ihre Zuwendungen an die Spielleute, durch die Aufnahme bei Hofe und ihr Auftreten als Gönner hat die adelige Welt sich selbst erhöht. Der öffentliche Dank und Lobpreis, in mündlicher und schriftlicher Form von den Spielleuten verbreitet, half den sozialen Rang der aristokratischen *leisure-class*, der »Muße-Schicht«, zu bestätigen, zu stilisieren und literarisch zu verewigen. Dies zu übernehmen, wurden die Spielleute geradezu herausgefordert, wie Wace im »Roman de Rou« um 1170 hervorhebt:[720]

»Oft empfingen sie von den adeligen Herren
Und von den edlen Damen schöne Geschenke

Dafür, daß sie deren Namen in die Geschichten einfügten,
Damit man ihrer immer gedenke.«

Um Gunst und Anerkennung
Daß die fremden Spielleute die ihnen auferlegten Regeln und Grenzen einhalten – mehr verlangten die Zuschauer gar nicht. Und sie erwarteten, daß der Spielmann unmittelbar nach getaner Arbeit, mit Beendigung des Festes, wieder verschwindet und die ihm zugewiesene Heimat auf der Straße wieder aufsucht. In welch sehnsuchtsvoller Stimmung der Spielmann dieser Forderung nachkam, wurde hinlänglich illustriert: »Tadelt mich nicht, wenn ich nicht eilig nach Hause gehe.« Der größte Teil der Spielleute hatte, anders als Colin Muset oder Rutebeuf, überhaupt kein Zuhause.

Das war der Preis, den die Spielleute für ihre Freiheit bezahlen mußten. Dafür wurde beim Vortrag und im Verhalten der Spielleute manches toleriert, was zwar den Kitzel des Unerlaubten enthielt, aber gegen die Normen der adeligen und geistlichen Herrschaft oder der Bürger verstieß. Während des Festes schienen die in aller Härte formulierten Gesetze und Sanktionen gegen die Spielleute zu ruhen. Sie gehörten eben nicht dazu und nahmen deshalb das Unerlaubte, den Regelverstoß und die Sünde auf ihren Buckel und mit auf den Weg. Damit befreiten sie auch – nach Art von Sündenböcken – das zurückbleibende »anständige« Publikum von der schweren Last.

Somit brauchte die seßhafte, »ehrenwerte« Gesellschaft weder für sich selbst noch für den fremden Unbehausten irgendeine Verantwortung zu übernehmen. Aufenthalt und Darbietungen blieben unverbindlich, weil der Spuk binnen kurzer Zeit – beim Ende des Festes, des Jahrmarktes usw. – ebenfalls vorbei war. Man hatte schließlich auch dafür bezahlt. Der Entlohnung haftet daher der Charakter einer Ablöse an.

Die im Sachsenspiegel festgehaltene Rechtspraxis hat mit der Theorie der absoluten Rechtlosigkeit der Spielleute ein pragmatisches Arrangement getroffen: »Spillüte sind nicht Räubers noch Diebs Genoß«. Aus diesem Grunde ließ man sie in Frieden, solange sie selbst den Rechtsfrieden nicht störten oder Forderungen an die Gesellschaft stellten, etwa die Einräumung von Rechten, die nur den seßhaften und materiell gesicherten Bewohnern von Stadt oder

»Consonancia – cuncta musica«. Zwei Spielleute in einer französischen Handschrift der Zeit um 1060 (Paris Bibl. Nat. f. lat. 9449).

Dorf zustanden. Andernfalls hätte der Etablierte um seine eifersüchtig gehütete Privilegien gebangt und zwar um so mehr, wenn er selbst lediglich ein im Aufstieg begriffener oder vom Abstieg bedrohter kleiner Stadtbürger war. Diese Verhaltensmuster gegenüber Fremden können wir auch in unserer Gegenwart beobachten.

Die Haltung der Theologen hat sich seit dem 13. Jahrhundert langsam und in ersten Ansätzen zugunsten der Spielleute gewandelt. Seit den Schriften des Thomas von Aquin wurden sie nicht mehr ausschließlich als »*nullum genus hominum*«, als »dem menschlichen Geschlecht nicht angehörig« und als »*ministri satani*«, als »Teufelsdiener«, behandelt.

Das weit verbreitete »*buoch der Tugenden*« aus dem endenden 14. Jahrhundert stellt ähnlich wie der Mönch Honorius von Autun[721] in der ersten Hälfte des 12. Jahrhunderts die Frage: »*Ob spillûte ir fröidenriches ampt mügen triben an totsünde*«, »*ob Spielleute ihren freudvollen Beruf ausüben können, ohne der Todsünde zu verfallen*«. Während Honorius zweihundert Jahre vorher den Spielleuten keine

Hoffnung gab, finden wir hier eine differenzierte Antwort: »der spillûten ampt, das da geordent ist ze einer kurtzwile oder ze einer lichtegkeit, wol mit gotte mag gesin ane sünde.«

»Der Beruf der Spielleute, der zur Unterhaltung und zur Erleichterung ausgeübt wird, kann durchaus göttgefällig sein und nicht mit Sünde behaftet.«[722]

Die Anerkennung in Gesellschaft und Kirche blieb den Spielleuten, solange sie nicht in feste Stellungen einrücken konnten, weiterhin versagt. Als Fahrende wurden sie in der Regel unter die seit dem 14. Jahrhundert schnell zunehmende Masse der Vagabondage eingereiht. Diese setzte sich aus Hausierern, Kleinkriminellen, Zahnreißern, Scharlatanen, entlassenen Söldnern, den »gartenden Knechten«, entlaufenem Gesinde, geschwängerten Mädchen, falschen und echten Bettlern, falschen Pilgern, echten Wanderhuren und all den Menschen zusammen, die ihren Platz in der Gesellschaft – aus vielerlei Gründen – verloren haben. Vor allem die ländliche Bevölkerung fürchtete vagabundierende Banden.

Auch die Ressentiments gegen die Spielleute als fremde Unbehauste werden über das Mittelalter hinaus aufrecht erhalten und ständig angereichert. Philip Stubbes kennzeichnet im nachreformatorischen – puritanisch geprägten – England des 16. Jahrhunderts die Spielleute als: »betrunkene Socken und Bordellparasiten, die im Land herumvagabundieren und in Kneipen, *alehouses*, Wirtshäusern und an anderen öffentlichen Orten schmutzige, verdorbene und abscheuliche Lieder dichten und singen ... Stadt und Land sind voll von diesen Spielleuten (»minstrelles«), die jederzeit bereit sind, zum Tanz für den Teufel aufzuspielen. Aber beim Gottesdienst kriegt man kaum mal einen von ihnen zu sehen. Manche von ihnen werden jedoch antworten und sagen: ›Wie, Sir? Wir besitzen die schriftliche Erlaubnis zum Musizieren und nach Belieben unser Spielleuteleben zu führen vom Friedensrichter.‹

Verflucht seien diese Bescheinigungen, die jedermann erlauben, den Unterhalt seines Lebens mit der Zerstörung von tausenden von anderen Leben zu verdienen! Habt ihr jedoch eine Erlaubnis vom allerhöchsten Friedensrichter, Jesus Christus? Wenn nicht, ... dann sollt ihr als Gauner, als Maßlose und Herumtreiber vom Himmelreich, vom obersten Friedensrichter Jesus Christus ... mit dem ewigen Tod bestraft werden trotz eurer vorgeblichen Erlaubnis, die von Sterblichen ausgestellt ist.«[723]

Anhang
Abkürzungsverzeichnis

Art.	Artikel
Bd., Bde.	Band, Bände
Hg., hg.	Herausgeber, herausgegeben
S.	Seite
Sp.	Spalte
AA SS	Annales Sanctorum Ordinis S. Benedicti
AQ	Ausgewählte Quellen zur deutschen Geschichte des Mittelalters und der Neuzeit (Freiherr-vom-Stein-Gedächtnisausgabe). Berlin u. a. 1956 ff.
Bibl. nat. fr.	Ms. Bibliothèque Nationale française, Paris
DVJS	Deutsche Vierteljahrsschrift für Literaturwissenschaft und Geistesgeschichte
LCI	Lexikon der christlichen Ikonographie, Rom. Freiburg i. Br. u. a. 1973
LexMA	Lexikon des Mittelalters, 9 Bde., Registerbd. München, Zürich 1980–1999
Mansi	J. D. Mansi, Sacrorum Conciliorum… collectio, 53 Bde. Paris 1901–27²
MGH	MGH. Monumenta Germaniae Historica. Hannover u. a. 1826 ff.
MGH Const.	MGH. Constitutiones et acta publica imperatorum et regum
MGH Epp.	MGH. Epistolae
MGH LL	MGH. Leges
MGH SS	MGH. Scriptores
PBB	Beiträge zur deutschen Sprache und Literatur (Pauls und Braunes Beiträge)
PG	Patrologiae cursus completus, ser. Graeca, hg. J.-P. Migne u. a. Paris 1857 ff.
PL	Patrologiae cursus completus, ser. Latina, hg. J.-P. Migne u. a. Paris 1844 ff.
Trad Freis.	Die Traditionen des Hochstifts Freising, hg. Theodor Bitterauf. 2 Bde. München 1905
Trad. Pass.	Die Traditionen des Hochstifts Passau, hg. Max Heuwieser. München 1930
VSWG	Vierteljahrsschrift für Sozial- und Wirtschaftsgeschichte

Quellenverzeichnis

Abaelard, Petrus: Theologia christiana, PL 178.
Abbo von Fleury, Collectio canonum. PL 139.
Acta Sanctorum ordinis S. Benedicti..., ed. Johannes Mabillon. Bd. 1–9. Paris 1668–1701. 2. Aufl. Venedig 1733–38.
Adalbero von Laon: Carmen ad Robertum regem. Ed. mit frz. Übers. C. Carozzi. Paris 1978.
Adam de la Halle, Oeuvres complètes. Paris 1872.
Adam von Bremen, Gesta Hammaburgensis ecclesiae pontificum. In: AQ 11.
Adenet le Roi: Les Oeuvres d'Adenet le Roi, ed. A. Henry. Bd. 5, Cléomadès. Bruxelles 1871.
Adenet le Roi: Li Roumans de Cléomadès. 2 Bde., ed. A. van Hasselt. Bruxelles 1865–1866.
Albertus Magnus, Enarrationes in primam partem evangelii Lucacae. Opera omnia, Bd. 22, ed. S. A. Borgnet, 1894.
Alkuin: Epistolae, MGH Epp. 4.
Amarcius, Sextus: Sermones. Ed. K. Manitius. MGH Quellen zur Geistesgeschichte des Mittelalters 6. Hannover 1969.
Ambrosius: Epistolae, PL 14–17
Amelung, A.–Jänicke, O.: Deutsches Heldenbuch 3. 1871. Ndr. 1968.
Amira, Karl von: Die Dresdner Bilderhandschrift des Sachsenspiegels. Leipzig 1925.
Ammianus Marcellinus: Römische Geschichte, ed. W. Seyfarth, 5 Bde., Berlin (Ost) 1968–71.
Andreas Capellanus: De amore libri tres, ed. E. Trojel. 1972[3].
Annales Genuenses. In: Muratori, Rerum Italicarum Scriptores. Milano 1723–1751.
Annalista Saxo. MGH SS 6, S. 542-777.
Arnobius Afer: Disputationes adversus gentes. PL 5.
Aubri des Trois Fontaines: Alberici monachi Triumfontium Chronicon. MGH SS 23, 631–950.
Aucassin et Nicolette. Ed. A. E. Cobby, mit engl. Übers. und Einf. von G. S. Burgess. New York, London 1988.
Augustinus: De fide et operibus. PL 40.

Augustinus: Disputationes adversus gentes. PL 5.
Augustinus: De civitate Dei. PL 41.
Augustinus: Tractatus in Joann. Evang. 100. PL 35.

Baader, Joseph: Nürnberger Polizeiordnungen aus dem 13.–15. Jh., Stuttgart 1861.
Baudoin de Condé: Dits et contes. 3 Bde. Ed. A. Scheler. Bruxelles 1866–1867.
Beaudous. In: Robert de Blois. Sämtliche Werke, ed. Jacob Ulrich. Berlin 1889.
Beaurepaire, Ch. de: Trésor de l'abbaye de Fécamp, in: Bibliothèque de l'École des Chartes 20, 153 ff. und 399 ff.
Beauvillé, Victor (Hg.): Recueil de documents inédits concernant la Picardie, 4 Bde. Paris 1860-82.
Beowulf. Ein altenglisches Heldenepos. Ed. und übers. M. Lehnert. Leipzig 1986.
Berger, Roger: Le nécrologue de la confrérie des Jongleurs et des bourgeois d'Arras (1194–1361). Arras 1970.
Berthold von Regensburg: Des Franziskaners deutsche Predigten aus der 2. Hälfte des 13. Jahrhunderts, hg. C. F. Cling. Berlin 1824.
Berthold von Regensburg: Deutsche Predigten, ed. D. Richter. 1968.
Beuve de Hantonne. Der anglonormannische Boeve de Haumtone, ed. A. Stimming. Halle 1899.
Boncompagnus, ed. L. Rockinger (Quellen und Erörterungen zur bayerischen Geschichte Bd. 9, 1), 1863.
Brant, Sebastian: Das Narrenschiff. Stuttgart 1998.

Carmina Burana. Lieder der Vaganten. Lat./Deutsch. Ed. E. Brost. Heidelberg 1974^5.

Cartulaire de Notre-Dame-des-Ardents à Arras, ed. L. Cavrois. Arras 1876.
Cartulaire de Provins, zit. nach Bourquelot, Félix: Les foires de Champagne, sur la nature, l'étendue et les règles du commerce qui s'y faisait aux XIIe, XIIIe et XIVe (Mémoires des siècles. L'Académie des Inscriptions, 2e série, t. 5). Paris 1865.
Chabaneau, Camille: Les biographies des troubadours en langue provençale. Toulouse 1885.
Chanson de sainte Foy d'Agen, in: Passion et miracles de sainte Foy. St. Léger 1965.
Chastelain de Couci et de la Dame de Fayel, le Roman du. Ed. J. E. Matzke–M. Delbouille, Paris 1936.
Châtelain de Coucy et de la Dame de Fayel, l'histoire du. Ed. G. A. Grapelet. Paris 1829.
Chrétien de Troyes. Erec und Enide. Übers. und eingel. I. Kasten. München 1979.
Chronica Astensia. Muratori: Antiquitates I.
Die Chronik des Klosters Petershausen, ed. O. Feger. Sigmaringen 1978^2.
Clédat, Léon: La poésie lyrique et satirique en France au moyen âge. Paris 1893.

De Poenitentia, Bibl. nat. lat. 16419, fol 93.
Decretum Gratiani. PL 187.
Del Tumbeor Nostre Dame, ed. Foerster, in: Romania 1873.

Del Tumbeor Nostre Dame. Henry, A. (Hg.): Chrestomathie de la littérature en ancien français, Bern 1978[6].
Der Trobador Cadenet, hg. Appel, C. Halle an der Saale 1920.
Diu alte Muoter, in: Friedrich Heinrich von der Hagen (Hg.): Gesamtabenteuer. Hundert altdeutsche Erzählungen. Bd. 1–4. Leipzig, Berlin 1839.
Donizo Monachus, Vita Mathildis. MGH SS 12, S. 348-409.
Du Cange, C. du Fresne, Sieur: Glossarium mediae et infimae latinitatis. Niort 1883–875.
Duplès-Agier, H., Régistre criminel du Châtelet de Paris du 6 sept. 1389 au 18 mai 1392. Paris 1861.

Eike von Repgow: Der Sachsenspiegel. Ed. C. Schott. Zürich 19912.
Ekkehard IV.: Ekkehardi IV. Casus Sancti Galli, ed. und übers. von H. F. Haefele, AQ 10. Darmstadt 1980.
Emmeram, hl., Leben und Leiden des., ed. B. Bischoff. München 1953.
Enikel, Jans: Weltchronik. MGH Dt. Chr. 8. 1891–1900.
États du monde, les dix. In: A. Scheler, Dits et contes..., Bruxelles 1866-67.
Étienne de Bourbon: Anecdotes historiques, légendes et apologues tirés du recueil inédit d' Étienne de Bourbon..., ed. Lecoy de La Marche. Paris 1877.
Évangile de l'enfance, ed. P. Mayer, in: Romania 16, 1887.

Flamenca, Roman de. Ed. und übers. J.-Ch. Huchet. Paris 1988.
Frutolfi et Ekkehardi Chronica necnon Anonymi Chronica imperatoris. Ed. und übers. F.-J. Schmale und I. Schmale-Ott. AQ 15. Darmstadt 1972.

Galeran de Bretagne (des Jean Renart). Ed. L. Foulet, Paris 1925.
Galfred von Monmouth: Historia regum Britanniae. Ed. J. Griscom, mit engl. Übers. von R. E. Jones. 1929.
Gaudentii Sermo VIII de Evangelii lectiones. PL 20.
Gaufredus· Ex Gaufredi... Vosiensis chronica. MGH SS 27, S. 198–203.
Gautier d'Orléans. PL 119.
Gennrich, F. (Hg.): Rondeaux, Virelais und Balladen. 2 Bde. Dresden 1921–1927.
Gesta Regum Angliae, ed. W. Stubbs. Bd. 2, London 1887/88.
Gilbert von Tournai, Liber de modo bono vivendi; Sermones. PL 184.
Gilles de Corbeil (Aegidius Corbolensis): Viaticus de signis et symptomatibus aegritudinum. Ed. V. Rose, 1907.
Guiraut de Borneil: The cansos and sirventes of the troubadour Guiraut de Borneil. Ed. R. Verity Sharman. Cambridge u. a. 1989.
Giraut de Bornelh: Sämmtliche Lieder. Ed. A. Kolsen. Bd. 1: Texte, Varianten und Übersetzung. Halle 1910.
Giselbert von Mons: Chronicon Hanoniense, ed. L.Vanderkindere. Bruxelles 1904.
Gottfried von Monmouth: Historia regum Britanniae. Ed. und übers. San Marte. Halle 1854.
Gottfried von Straßburg: Tristan und Isolde. Ed. und übers. R. Krohn. Stuttgart 1986.
Gottfried von Straßburg: Tristan und Isolde. Übers. D. Kühn. Frankfurt, Leipzig 1991.

Grimm, Jacob: Deutsche Rechts-Alterthümer. 2 Bde. Leipzig 18994.
Guiraut de Calenson, in: K. Bartsch (Hg.), Denkmäler der provenzalischen Litteratur. Stuttgart 1856.

Hagen, Friedrich Heinrich von der (Hg.): Gesamtabenteuer. Hundert altdeutsche Erzählungen. Bd. 1–4. Leipzig, Berlin 1839. Ndr. Aalen 1963.
Hartmann von Aue: Erec. Ed. Th. Cramer. Frankfurt 1972.
Havelock. Ed. F. Holthusen. Heidelberg 1928[3].
Heinrich von dem Türlin: Diu Crône. Ed. G. H. F. Scholl, 1852.
Heinrich von Veldeke: Eneasroman. Ed. D. Kartschoke. Stuttgart 1986.
Henry, Albert (Hg.): Chrestomathie de littérature en ancien français. Bern 1978[6].
Historia Britonum, ed. J. A. Giles. London 1844.
Honorius Augustodunensis: Elucidarium. Ed. Y. Lefèvre. Paris 1954.
Hugo von St. Victor: De bestiis et aliis rebus. PL 177; De institutione novitiorum. PL 176.
Hugo von Trimberg: Der Renner. Ed. G. Ehrismann. 4 Bde. 1908–11. Ndr. mit Nachw. und Erg. von G. Schweikle. 1970–71.
Humbert von Romans: De eruditione praedicatorum. Lyon 1677.
Humbert von Romans: Expositio ad Regulam Beati Augustini. Como 1602.

Isidor von Sevilla: Etymologiae. Ed. W. M. Lindsay. Oxford 1911.

Jakob von Vitry: Historia Occidentalis. Ed. J. F. Hinnebusch. Freiburg 1972.
Jean le Marchant: Miracles de Notre-Dame de Chartres, ed. Duplessis. Chartres 1855.
Johannes Chrysostomus: Homilia 56 in Genesim; Sermones contra ebreos. PG 94–96.
Johannes von Freiburg: Summa confessorum. Lyon 1578 (zit. nach Mönckeberg, Spielleute, 1910, S. 36).
Johannes von Salisbury: Policraticus. PL 199.
Joinville, Jean de: Histoire de Saint Louis. Ed. N. de Wailly. 1881.
Joinville, Jean de: La Vie de Saint Louis. Ed. N. L. Corbett. 1977.
Jongleur d'Ely, Le. Ed. A. de Montaiglon, Recueil général et complet des XIIIe et XIVe siècles. 6 Bde. Paris 1972–90.
Juvénal des Ursins, Jean: Écrits politiques. Ed. P. S. Lewis. 1978.

Kölner Königschronik, die. Chronica regia Coloniensis. Annales maximi Colonienses cont. 4. MGH SS rer. Germ. Ed. G. Waitz. Hannover 1880.
König Rother. Ndr. der Ausgabe von Th. Frings und J. Kuhnt, cur. I. Köppe-Benath. Halle 1968.
Konrad von Megenberg: Ökonomik, ed. S. Krüger. 3 Bde. MGH Staatsschriften III. Hannover 1973-84.
Koschorreck, Walter: Die Heidelberger Bilderhandschrift des Sachsenspiegels. Frankfurt 1970.
Kudrun. Ed. K. Bartsch–K. Stackmann, 1980.

Lactantius: Divinae institutiones. PL 6.

La Marche, Olivier de: Mémoires, ed. H. Beaune- J. d'Arbaumont. 4 Bde. 1883–88.
Lambert von Ardres: Chronicon, 81, MGH SS 24.
Latini, Brunetto (Latin, Brunet): Li Livres dou Tresor, ed. F. J. Carmody, 1948.
Les miracles de Notre-Dame de Rocamadour au XIIe siècle. Ed. et trad. E. Albe et J. Rocacher. Toulouse 1996.
Les trois bossus. In: Fabliaux, ed. A. Gier, Stuttgart 1985, S. 74-91.
Lespinasse, René (Hg.): Tissus, étoffes, vêtement, cuirs et peaux, métiers divers (Histoire générale de Paris. Les métiers et corporations de la ville de Paris. Bd. 3: XIVe-XVIIIe siècle). Paris 1897.
Lespinasse, René–Bonnardot, François (Hg.): Le Livre des Métiers d'Étienne Boileau (Histoire générale de Paris. Les métiers et corporations de la ville de Paris). (ohne Bandzählung). XIIIe siècle. Paris 1879.
Lough, John: Writer and Public in France. From the Middle Ages to the Present Day. Oxford 1978.

Mansi, G. D.: Sacrorum consiliorum nova et amplissima collectio. Ndr. Paris.
Marbod von Rennes: Liber decem capitulorum. Ed. W. Bulst. Heidelberg 1947.
Marie de France: Les Lais. Ed. J. Rychner. Paris 1983.
Maßmann, H. F.: Denkmäler deutscher Sprache und Literatur aus Handschriften des 8ten bis 16ten Jahrhunderts... München u. a. 1828.
Matthäus Paris: Ex Mathei Parisiensis Chronicis maioribus. MGH SS 28.
Matthias von Kemnat: Chronik Friedrichs II. Quellen zur Geschichte Friedrichs I., des Siegreichen. Ed. K. Hofmann, Bd. 1. München 1862.
Moniage Guillaume, Le: Les deux rédactions en vers du Moniage Guillaume, chansons de geste du XIIe siècle. Ed. W. Clotta. Paris 1906-13.
Monstrelet, Enguerran de: Chroniques, éd. L. Douët d'Arq. 6 Bde. 1857–1862.
Montaiglon, A. de–Raynaud, G.: Recueil général et complet des Fabliaux des XIIIe et XIVe siècles. Paris 1877.
Monumenta Boica 29, hg. Bayerische Akademie der Wissenschaften. München 1763ff ; Teil 2.
Morant und Galie. Ed. T. Frinks–E. Linke. 1976.
Mouskes, Philippe de: La chronique rimée de Philippe Mouskes. 2 Bde. Ed. F. de Reiffenberg. Bruxelles 1836–38.
Muratori, Ludovico Antonio: Antiquitates Italicae Medii Aevi. Bd. 2. Milano 1739.

Nibelungenlied, das. Nach der Ausgabe von K. Bartsch, ed. H. de Boor. Wiesbaden 1961[16].
Nicolas de Braye: Carmen de gestis Ludovici VIII. Regis Franciae. MGH SS 26, S. 259–265.
Nostredame, Jehan de: Les vies des plus célèbres et anciens poètes provençaux. Lyon 1575.
Novellino, il. Ed. G. Favati, Genua 1970.

Petit de Juleville: Les comédiens en France au moyen âge. Paris 1885.
Petrarca, Francesco: Die Besteigung des Mont Ventoux. Lat./Dt. Übers. und ed. D. Steinmann. Stuttgart 1995.

Petrus Cantor: Summa de arti prosandi. Ed. L. Rockinger (Quellen und Erörterungen zur bayerischen Geschichte, Bd. 9).
Petrus Cantor: Verbum abbreviatum. PL 205.
Petrus von Blois: De confessione, PL 207, 1077 ff.
Prokop: Anekdota, Griechisch-deutsch, ed. O. Veh, München 19813 (Slg. Tusculum) (Neuausg. Düsseldorf/Zürich 2004, in Vorber.).

Raoul de Houdenc: Le Roman des Eles. Ed. und übers. K. Busby. Amsterdam, Philadelphia 1983.
Regenbogen: Ir Pfaffen und Ir Ritter. In: F. H. von der Hagen (Hg.): Gesamtabenteuer. Hundert altdeutsche Erzählungen. Bd. 1–4. Leipzig–Berlin 1838/56. Ndr. Aalen 1963, S. 309.
Rigord: Gesta Philippi Augusti. In: Oeuvres de Rigord et de Guillaume le Breton, ed. H.-F. Delaborde, 1882.
Robert of Flamborough: Liber poenitentialis, ed. J. J. Fr. Firth. Toronto 1971.
Rockinger, L. (Bearb.): Briefsteller und formelbücher des eilften bis vierzehnten jahrhunderts (Quellen und Erörterungen zur Bayerischen und Deutschen Geschichte. Bd. 9, erste Abtheilung. München 1863).
Rodulfus Glaber: Historiarum libri quinque, ed. J. France–N. Bulst. Mit engl. Übers. London 1989.
Roger Bacon: Opus Tertium (Opera Inedita), ed. J. S. Brewer. London 1859.
Roman de la Rose, Le. Ed. D. Poirion. Paris 1974.
Rosengarten zu Worms, Die Gedichte vom. 1893.
Rustebuefs Gedichte. Ed. A. Kressner. Wolfenbüttel 1885.
Rutebeuf: Charlot der Jude, der in das Hasenfell schiß. In: Fabliaux. Französische Schwankerzählungen des Hochmittelalters. Ausgewählt, übersetzt und kommentiert von A. Gier. Stuttgart 1985.

Sachsenspiegel, der. S. unter Eike von Repgow.
Sachsenspiegel, Oldenburger: Von Alten, Der Sachsenspiegel nach dem Oldenburger Cod. pict. von 1336. Oldenburg 1879.
Saint Pierre et le jongleur/St. Peter und der Spielmann. In: Hertz, Spielmannsbuch. Nachdr. Essen o. J. (danach zitiert)
Salimbene von Parma: Chronica. MGH SS 32.
Salomon und Morolf. Ed. F. Vogt. 1880.
Salvianus von Marseille: Des Presbyters Salvianus von Massilia erhaltene Schriften von der Weltregierung Gottes. Bibliothek der Kirchenväter 2. Reihe, Bd. 11. München 1935.
Scherr, Johannes: Deutsche Kultur- und Sittengeschichte. Stuttgart 1948[3].
Schwabenspiegel, der. Übers. H. R. Derschka, München 2002.
Sexti Decretalium. In: Corpus iuris canonici, ed. Ae. Friedberg. 2 Bde. 1879–81.
Stubbes, Philip: Anatomy of Abuses, ed. F. J. Furnivall. In: New Shakespeare Society. 1877–1879.

Tertullian: Über die Spiele. Lat./Deutsch. Ed. K.-W. Weeber. Stuttgart 1988.
Thegan: Das Leben Ludwigs. Quellen zur karolingischen Reichsgeschichte, Teil 1. AQ 5. Darmstadt 1968.

Thomas von Aquin: Summa theologiae. Lat./Deutsch. Graz u. a. 1934ff.
Thomas (von) Chobham: Summa confessorum. Ed. F. Broomfield. Louvain, Paris 1968.
Tourtoulon, Ch. de: Jacme Ier, le conquérant, 2 Bde. 1863-67.
Twinger von Königshofen, Jakob: Chronik. Chroniken der deutschen Städte, Bd. 8. Leipzig 1870–71.

Vidal, A.: La Chapelle St. Juliens-des-Ménéstriers et les ménéstrels à Paris. Paris 1878.
Vie de St. Gilles, ed. G. Paris und A. Bos.
Villon, François: Poésies complètes, ed. P. Michel. Paris 1972.
Vincent de Beauvais: Speculum quadruplex sive speculum maius. Bd. 4: Speculum historiale. Douai 1624. Ndr. Graz 1964.
Vita s. Bardonis auctore Vulculdo. MGH SS 11, S. 317–321.
Vitae Patrum. PL 73
Vogt, F.: Leben und Dichten der deutschen Spielleute im Mittelalter. Halle 1876.

Wackernagel: Das alte Kirchenlied. Bd. 2, 1867.
Walther von der Vogelweide: Leich, Lieder, Sangsprüche, ed. Ch. Cormeau (nach der Ausg. von K. Lachmann). Berlin 1996.
Walther von der Vogelweide: Sprüche, Lieder, Der Leich, ed. und übers. von P. Stapf. Wiesbaden o. J.
Wernher der Gärtner: Helmbrecht. Ed., übers. und erl. von F. Tschirch. Stuttgart 1974.
Winsbecke: Winsbeckische Gedichte nebst Tirol und Fridebrant. Ed. A. Leitzmann. Tübingen 1962³.
Wirnt von Grafenberg: Wigalois. Ed. J. M. N. Kapteyn. 1926.
Wittenwiler, Heinrich: Der Ring. Frühneuhd./Nhd. Ed. H. Brunner, Stuttgart 1991.
Woledge, Brian: French Verse, Bd. 1: To the fifteenth Century. Harmondsworth u. a. 1961.
Wolfdietrich. In: Amelung, A.–Jänicke: O., Deutsches Heldenbuch 3. 1871. Ndr. 1968.
Wolfdietrich. In: J. Heinzle, Heldenbuch, 2 Bde. 1981–87.
Wolfram von Eschenbach: Parzival. Ed. E. Nellmann (nach der Ausg. von K. Lachmann), Übers. D. Kühn. 2 Bde. Frankfurt 1994.
Wright, Th.: Songs and Carols from a Manuscript of the British Museum. London 1856.

Literaturverzeichnis

Acot, Jean: L'histoire du climat. Paris 2003.
Allard, Guy-H. (Hg.): Aspects de la marginalité au Moyen Age. Montréal 1975.
Alt, Heinrich: Theater und Kirche in ihrem gegenseitigen Verhältnis. Berlin 1846.
Antología de poetas liricos castellanos, ed. Sánchez Reyes. Santander 1944/45.
Asperti, Stefano: Art. »Vidal, Peire«. In: LexMA 8, Sp. 1633.

Bach, Adolf: Deutsche Namenkunde 1: Die deutschen Personennamen. Heidelberg 1952–53.
Bachfischer, Margit: Musikanten, Gaukler und Vaganten. Augsburg 1998.
Bahr, Joachim: Der »Spielmann« in der Literaturwissenschaft des 19. Jahrhunderts. In: Zeitschrift für deutsche Philologie 73, 1954, S. 174–196.
Bäuml, Franz H.: »Guot umb êre nemen« and Minstrel Ethics. In: Journal of English and Germanic Philology 59, 1960. S. 173–189.
Barber, Malcolm: Die Katharer. Ketzer des Mittelalters. Düsseldorf, Zürich 2003.
Barber, Richard – Barker, Juliet, Die Geschichte des Turniers. Düsseldorf, Zürich 2001 (Übers. von: Dies., Tournaments, Woodbridge 1987, 2000[2]).
Bechthum, Martin: Beweggründe und Bedeutung des Vagantentums in der lateinischen Kirche des Mittelalters. Diss. phil Jena 1940.
Becker, H.-J. u. a.: Art. »Landfrieden«. In: LexMA 5, Sp. 1657 ff.
Becker, H. S.: Außenseiter. Zur Soziologie abweichenden Verhaltens. Frankfurt 1971 (Übers. von: Ders., Outsiders. Studies in the Society of Deviance. Glencoe 1963).
Beneke, Otto: Von unehrlichen Leuten. Culturhistorische Studien und Geschichten aus vergangenen Tagen deutscher Gewerbe und Dienste. Berlin 1889[2].
Bergdolt, Klaus: Art. »Katastration«. In: LexMA 5, Sp. 1050.
Berger, Peter L. – Luckhaus Thomas: Die gesellschaftliche Konstruktion der Wirklichkeit. Eine Theorie der Wissenssoziologie. Frankfurt 1980.
Bertolucci – Pizzorusso, V.: La supplica di Guiraut Riquier. In: Studi mediolatini e volgari 14, 1966, 10–135.
Bezzola, Reto: Les origines et la formation de la littérature courtoise en occident (500–1200). 3 Bde. (in 5), 1944–63.
Biedermann, Hermengild Maria u. a.: Art. »Maria, hl.« In: LexMA 6, Sp. 243 ff.
Boockmann, Hartmut: Spielleute und Gaukler in den Rechnungen des Deutschordens-Hochmeisters. In: Feste und Feiern. Sigmaringen 1991, S. 217–227.

Böhme, Franz: Geschichte des Tanzes in Deutschland. 2 Bde. Leipzig 1886.
Bonifacio, G.: Giullari e uomini di corte nel 200. Napoli 1907.
Borst, Arno: Lebensformen im Mittelalter. Frankfurt u. a. 1979
Bosl, Karl: Die horizontale Mobilität im Mittelalter und ihre Kommunikationsmittel. In: Zeitschrift für bayerische Landesgeschichte 35, 1972, S. 40–53.
Bosl, Karl: Mensch und Gesellschaft in der Geschichte Europas. München 1972.
Bosl, Karl: Die Grundlagen der modernen Gesellschaft im Mittelalter. Eine deutsche Gesellschaftsgeschichte des Mittelalters. 2 Bde. Stuttgart 1972.
Bosl, Karl: Europa im Aufbruch. Herrschaft – Gesellschaft – Kultur vom 10. bis zum 14. Jahrhundert. München 1980.
Bossuat, Robert: La poésie lyrique au moyen âge. Paris 1936.
Brandhorst, Jürgen – Hergemöller, Bernd-Ulrich: Spielleute. Vaganten und Künstler. In: Hergemöller, Bernd-Ulrich: Randgruppen der spätmittelalterlichen Gesellschaft. Neu bearbeitete Ausgabe. Warendorf 2001, S. 173–197.
Brunner, Otto: Land und Herrschaft. Wien 1965[5].
Brusten, Manfred – Homeier, Jürgen (Hg.): Stigmatisierung. Zur Produktion gesellschaftlicher Randgruppen. 2 Bde. Neuwied, Darmstadt 1975.
Bullock-Davies, Constance: Menestrellorum Multitudo. Minstrels at a Royal Feast. Cardiff 1978.
Bullock-Davies, Constance: Register of Royal and Baronial Domestic Minstrels 1272–1327. Woodbridge 1986.
Bumke, Joachim: Mäzene im Mittelalter. Die Gönner und Auftraggeber der höfischen Literatur in Deutschland, 1150–1300. 2 Bde. München 1986.
Bumke, Joachim: Höfische Kultur. Literatur und Gesellschaft im hohen Mittelalter. 2 Bde. München 1986.
Burmeister, Karl H.: Vorarlberger Spielleute des 14. und 15. Jahrhunderts. In: Montfort 29, 1977, S. 112–117.
Busse, Burkhard: Eine Ordnung für die Spielleute aus dem Jahre 1343 in Wismar. In: Beiträge zur Musikwissenschaft 3, 1961, S. 67–69.

Camporesi, Piero (Hg.): Il libro dei vagabondi. Turin 1073.
Casagrande, Carla – Vecchio, Silvana: Clercs et jongleurs dans la société médiévale (X^e et XIIIe siècles). In: Annales. E. S. C. 34, 1979, S. 913–928.
Casagrande, Carla – Vecchio, Silvana: L'interdizione del giullare nel vocabulario del XII secolo. In: Il contributo dei giullari, S. 207–258.
Cesaretti, Paolo: Theodora, Kaiserin von Byzanz. Düsseldorf, Zürich 2004 (in Vorber.) (Übers. von: Ders., Teodora. Ascesa di una imperatrice. Milano 2001).
Chambers, Edmund K.: The Medieval Stage. 2 Bde. London 1903.
Cohen, Esther: Le vagabondage à Paris au XIVe siècle. In: Le Moyen Age 88, 1982, S. 293–313.
Cutts, Edward L.: Scenes and characters of the Middle Ages. London 1872.

Danckert, Werner: Unehrliche Leute. Die verfemten Berufe. Bern 1963.
Daxelmüller, Christoph: Zauberpraktiken. Die Ideengeschichte der Magie. München, Zürich 1993, Düsseldorf, Zürich 2001[2].
Della Giovanna, Ildebrando: S. Francesco d'Assisi, giullare e le »laudes creaturum«. In: Giornale storico della letteratura italiana 25, 1895.

Denecke, Dietrich: Sozialtopographische und sozialräumliche Gliederung der spätmittelalterlichen Stadt. Problemstellungen, Methoden und Betrachtungsweisen der historischen Wirtschafts- und Sozialgeographie. In: J. Fleckenstein – K. Stackmann (Hg.): Über Bürger, Stadt und städtische Literatur im Spätmittelalter. Göttingen 1980, S. 161–202.

Der Kleine Pauly. Lexikon der Antike, 5 Bde. München 1975.

Dhondt, Jan: Das frühe Mittelalter. (Fischer Weltgeschichte, Bd. 10). Frankfurt 1968.

Die großen Deutschen. Deutsche Biographie, hg. H. Heimpel, Th. Heuss, B. Reifenberg. Berlin 1956/57.

Diez, Friedrich: Die Poesie der Troubadours. Nach gedruckten und handschriftlichen Werken derselben dargestellt. 2. Auflage, hg. K. Bartsch. Leipzig 1883.

Diez, Friedrich: Leben und Werke der Troubadours. Ein Beitrag zur näheren Kenntnis des Mittelalters. 2. Aufl., hg. Karl Bartsch. Leipzig 1882.

Dronke, Peter: Die Lyrik des Mittelalters. München 1968.

Dubrulle, H.: Cambrai à la fin du Moyen Age (XIIIe–XVIe siècle). Lille 1903.

Duby, Georges: La société aux XIe et XIIe siècles dans la région mâconnaise. Paris 1953.

Duby, Georges: Die drei Ordnungen. Das Weltbild des Feudalismus. Frankfurt 1981.

Eckert, Christoph: Der Fronbote im Mittelalter. Leipzig 1897.

Elias, Norbert: Über den Prozeß der Zivilisation. Soziogenetische und psychogenetische Untersuchungen. Zweiter Band: Wandlungen der Gesellschaft. Entwurf zu einer Theorie der Zivilisation. Frankfurt 1981^3.

Ennen, Edith: Frauen im Mittelalter. München 1987^3.

Erkens, Franz-Reiner: Fecit nuptias regio, ut decuit, apparatu. Hochzeitsfeste als Akte monarchischer Repräsentation in salischer Zeit. In: Feste und Feiern. Sigmaringen 1991, S. 403–408.

Euling: Studien über Heinrich Kaufringer. Breslau 1900.

Faral, Edmond: Les jongleurs en France au moyen âge. Paris 1910.

Feste und Feiern im Mittelalter. Paderborner Symposion des Mediävistenverbandes. Sigmaringen 1991.

Flandrin, Jean-Louis: Un temps pour embrasser. Aux origines de la morale séxuelle occidentale (VIe–XIe siècle). Paris 1983.

Frugoni, Chiara: La rappresentazione dei giullari nelle chiese fino al XII sec. In: Il contributo dei giullari alla drammaturgia italiana delle origini, S. 113–134.

Foulet, Alfred: Art. »Joinville, Jean«. In: LexMa 5, Sp. 620f.

Gautier, Léon: Les épopées françaises. Bd. 2, Paris 1892^2.

Gennrich, Friedrich: Rondeaux, Virelais und Balladen. 2 Bde. 1921–1927.

Geremek, Bronislaw: Criminalité, vagabondage, paupérisme. La marginalité à l'aube des temps modernes. In: Histoire moderne et contemporaine 21, 1974, S. 337–375.

Geremek, Bronislaw: Der Außenseiter, in: Le Goff, Jacques (Hg.): Der Mensch des Mittelalters. Frankfurt, New York 1989, S. 374–401.

Geremek, Bronislaw: Inutiles au monde. Truands et misérables dans l'Europe moderne (1350–1600). Paris 1980.

Geremek, Bronislaw: Les marginaux parisiens au XIVe et XVe siècles. Paris 1976.

Geremek, Bronislaw: Geschichte der Armut. Elend und Barmherzigkeit in Europa. München, Zürich 1988.
German. Literaturgesch., hg. H. Paul. 2 Bde. Ndr. Essen 1984.
Ginzburg, Carlo: Der Käse und die Würmer. Frankfurt 1983.
Glasenapp, Franz Georg von: Varia/Rara/Curiosa. Bildnachweise einer Auswahl von Musikdarstellungen aus dem Mittelalter. Spielleute und Gaukler, musizierende Tiere, musizierende Fabelwesen, musizierende Teufel. Hamburg, Göttingen 1971.
Goetz, Hans-Werner (Hg.): Kirchenfest und weltliches Alltagsleben im früheren Mittelalter (Mediävistik 2). 1989.
Goetz, Hans-Werner: Proseminar Geschichte: Mittelalter. Stuttgart 1993.
Goffman, Erving: Stigma. Über Techniken der Bewältigung beschädigter Identität. Frankfurt 1967 (New York 1963).
Graus, František: Die Randständigen. In: Unterwegssein im Spätmittelalter. Hg. Peter Moraw (Historische Zeitschrift, Beiheft 1). Berlin 1985, S. 93–104.
Graus, František: Randgruppen der städtischen Gesellschaft im Spätmittelalter. In: Zeitschrift für Historische Forschung 8, 1981, S. 385–437.
Graus, František: Art. »Fahrende«. In: LexMa 4, Sp. 231.
Greimas, A.-J.: Dictionnaire de l'ançien français. Paris, 1968.
Grimm, Jacob: Deutsche Rechts-Alterthümer. 2 Bde. Leipzig 1899[4].
Grimm, Jacob – Grimm, Wilhelm: Deutsches Wörterbuch. Leipzig 1905.
Grossmann, Wilhelm: Frühmittelenglische Zeugnisse über Minstrels (ca. 1100 bis ca. 1400). Diss. Berlin 1906.
Gülke, Peter: Mönche, Bürger, Minnesänger. Musik in der Gesellschaft des europäischen Mittelalters. Leipzig 1975.

Hammerstein, Reinhold: Diabolus in musica. Studien zur Ikonographie der Musik im Mittelalter (Neue Heidelberger Studien zur Musikwissenschaft 6), Bern 1974.
Hampe, Th.: Die fahrenden Leute in der deutschen Vergangenheit. Leipzig 1902.
Hartung, Wolfgang: Das 11. Jahrhundert als »Aufbruchsepoche« Europas. In: Wegmarken europäischer Zivilisation, hg. D. Ausorge, D. Geuenich und W. Loth. Göttingen 2001, S. 50–73.
Hartung, Wolfgang: Die Spielleute. Eine Randgruppe in der Gesellschaft des Mittelalters (VSWG Beiheft 72). Wiesbaden 1982.
Hartung, Wolfgang: Gesellschaftliche Randgruppen im Spätmittelalter. Phänomen und Begriff. In: Städtische Randgruppen und Minderheiten, hg. B. Kirchgässner und F. Reuter (Stadt in der Geschichte. Bd. 13). Sigmaringen 1986, S. 49–114.
Hartung, Wolfgang: Spielmannsleben und Randexistenz. In: Zeitschrift für Religions- u. Geistesgeschichte 35, 1983, S. 309–322.
Hausmann, Frank-Rutger: Französisches Mittelalter. Lehrbuch Romanistik. Stuttgart – Weimar 1996.
Hausmann, Torsten: Die tanzende Salome in der Kunst von der christlichen Frühzeit bis um 1500. Ikonographische Studien. Zürich 1980.
Heers, J.: Vom Mummenschanz zum Machttheater. Europäische Festkultur im Mittelalter. Frankfurt 1986.
Heger, Hedwig: Das Lebenszeugnis Walthers von der Vogelweide. Wien 1970.
Hennig, Beate: Kleines Mittelhochdeutsches Wörterbuch. Tübingen 1993.

Hergemöller, Bernd-Ulrich (Hg.): Randgruppen der spätmittelalterlichen Gesellschaft. Warendorf 1990. (Neu bearbeitete Ausgabe, ebd. 2001); vgl. dort die jeweiligen Einführungskapitel des Hg.s: S. 1–51 (1990) und S. 1–57 (2001).

Hergemöller, Bernd-Ulrich: Art. »Prostitution«. In: LexMA 7, Sp. 267 ff.; Art. »Randgruppen«. In: ebd. 7, Sp. 433.

Hertz, Wilhelm: Spielmannsbuch. Novellen in Versen aus dem zwölften und dreizehnten Jahrhundert. 4. Auflage, Stuttgart 1912.

Hüschen, Heinrich: Berufsbewußtsein und Selbstverständnis von Musicus und Cantor im Mittelalter. In: Miscellanea medievalia 3, 1964, S. 225–238.

Huizinga, Jan: Herbst des Mittelalters. Studien über Lebens- und Geistesformen des 14. und 15. Jahrhunderts in Frankreich und in den Niederlanden. München 1931[3].

Ibsen, Henrik: Brand (1866), in: Sämtliche Werke, Bd. 2, hg. J. Elias und P. Schlenther. Berlin 1907.

Il contributo dei giullari alla drammaturgia Italiana delle origini. Atti del II° Congresso di Studio, Viterbo 17–19 giugno 1977. Roma 1978.

Il tempo libero. Atti della XXVI Settimana di St., Istituto Francesco di Marco Datini Prato, hg. S. Cavaciocchi. Prato 1995.

Imhof, Arthur E.: Störung von Stabilität durch »Randgruppen«? Fragen an die Stadtgeschichtsforschung. In: Städtische Randgruppen und Minderheiten, hg. B. Kirchgässner und F. Reuter (Stadt in der Geschichte. Bd. 13). Sigmaringen 1986, S. 200–225.

Irsigler, Franz – Lassotta, Arnold: Bettler und Gaukler, Dirnen und Henker. Randgruppen und Außenseiter in Köln 1300–1600. Köln 1984.

Isenmann, Eberhard: Die deutsche Stadt im Spätmittelalter. Stuttgart 1988.

Johannsmeier, Rolf: Spielmann, Schalk und Scharlatan. Die Welt als Karneval: Volkskultur im Späten Mittelalter. Reinbek bei Hamburg 1984.

Jütte, Robert: Abbild und soziale Wirklichkeit des Bettler- und Gaunertums zu Beginn der Neuzeit, Köln u. a. 1988.

Jungwirth: Art. »Spielmann«. In: Handwörterbuch des deutschen Aberglaubens, hg. H. Bächtold-Stäubli, Bd. 9, Nachträge. Berlin und Leipzig 1941 (Nachdr. 1987), Sp. 577–579.

Jusserand, J. J.: Englisch Wayfaring Life in the Middle Ages. London 1889 (Ndr. New York 1961).

Kieckhefer, Richard: Magie im Mittelalter. München 1992.

Klapper, Josef: Die soziale Stellung des Spielmanns im 13. und 14. Jahrhundert. In: Zeitschrift für Volkskunde 40, 1930, S. 111–119.

Krickeberg, Dieter: Art. »Spielmann«. In: Die Musik in Geschichte und Gegenwart. Suppl. Bd. 16. Kassel u. a. 1979, Sp. 1721–1728.

Krueger, Roberta L.: Women Readers and the Ideology of Gender in Old Verse Romance. Cambridge 1993.

Kühnel, Harry (Hg.): Alltag im Spätmittelalter. Graz, Wien, Köln 1984.

Künssberg, Eberhard Frh. von: Swer einen Spiolman haben wil, der sol in auch beraten. In: Deutschkundliches. Festschrift Friedrich Panzer, hg. Hans Teske. Heidelberg 1930.

Kurzweil viel ohn' Maß und Ziel (Katalog), hg. Deutsches Historisches Museum. Berlin 1994.

La juglaresca. Actas del I Congreso internacional sobre la juglaresca. (Historia sobre la literatura hispanica desde sus fuentes 7). Madrid 1986.
Ladero Quesada, Miguel A.: Art. »Spiele, II«. In: LexMA 7, Sp. 2106–2108.
Lamnek, Siegfried: Theorien abweichenden Verhaltens. München 1979.
Lartigaut, J.: Art. »Rocamadour«. In: LexMA 7, Sp. 920f.
Lautmann, Rüdiger: Art. »Subkultur«. In: Lexikon zur Soziologie. Opladen 1973.
Le Goff, Jacques (Hg.): Der Mensch des Mittelalters. Frankfurt, New York 1989.
Le Goff, Jacques: Kultur des europäischen Mittelalters. München, Zürich 1970.
Le Goff, Jacques: Métiers licites et métiers illicites dans l'Occident médiéval. In: Ders., Pour un autre Moyen Age. Paris 1977.
Le Goff, Jacques: L'imaginaire médiéval. Paris 1985.
Le Goff, Jacques: La civilisation de l'occident médiéval. Paris 1973.
Le Goff, Jacques: Les marginaux dans l'occident médiéval. In: Les marginaux et les exclus dans l'histoire (Cahiers Jussieu 5). Paris 1979, S. 19–28.
Le Roy Ladurie, Emmanuel: Montaillou. Ein Dorf vor dem Inquisitor. 1294–1324. Berlin 1980. (Übers. von: Ders., Montaillou, village occitan de 1294 à 1324. Paris 1975)
Les marginaux et les exclus dans l'histoire (Cahiers Jussieu No 5). Paris 1979.
Lexikon der christlichen Ikonographie, hg. Engelbert Kirschbaum. 5 Bde. Roma u. a. 1968.
Lexikon der Namen und Heiligen, hg. O. Wimmer und H. Melzer, bearbeitet und ergänzt von J. Gelmi. Innsbruck,Wien 1988[6].
Lexikon zur Soziologie, hg. W. Fuchs u. a. Opladen 1973.
Lomenec'h, Gérard: Chantres et ménéstrels à la cour de Bretagne. Rennes 1993.
Lough, John: Writer and Public in France. Oxford 1978.

Markefka, Manfred: Vorurteile, Minderheiten, Diskriminierung. Ein Beitrag zum Verständnis sozialer Gegensatze. Neuwied, Darmstadt 1084[5].
Marix, Jeanne: Histoire de la Musique et des Musiciens de la Cour de Bourgogne sous le règne de Philippe le Bon (1420–1467). Strasbourg 1939.
Marquardt, Rosemarie: Das höfische Fest im Spiegel des mittelhochdeutschen Dichtung (1140–1240). Göppingen 1985.
Marrou, Henri I.: Les troubadours. Paris 1971.
Maschke, Erich: Die Unterschichten der mittelalterlichen Städte Deutschlands, in: Die Stadt des Mittelalters, hg. C. Haase, Bd. 3: Wirtschaft und Gesellschaft (Wege der Forschung 245). Darmstadt 1973.
Meer, John H. van der: Musikinstrumente. Von der Antike bis zur Gegenwart. München 1983.
Menéndez Pidal, Ramón: Poesía juglaresca y juglares. Madrid 1924.
Mentgen, Gerd: »Die Juden waren stets eine Randgruppe.« Über eine fragwürdige Prämisse der aktuellen Judenforschung. In: Liber Amicorum, 1996, S. 393–411.
Mentgen, Gerd: Juden zwischen Koexistenz und Pogrom. In: Hergemöller, Bernd-Ulrich (Hg.): Randgruppen der spätmittelalterlichen Gesellschaft. Warendorf 1990, 2001, S. 335–386.

Mertens, Volker: Art. »Berthold von Regensburg«. In: LexMA 1, Sp. 2035f.; Art. »Regenboge, Barthel«. In: ebd. 7, Sp. 562f.

Mezger, Werner: Art. »Narr«. In: LexMA 6, Sp. 1023–1026.

Mölk, Ulrich: Französische Literaturästhetik des 12. und 13. Jahrhunderts. Prologe – Exkurse – Epiloge. Tübingen 1969.

Mölk, Ulrich: Troubadourlyrik. Eine Einführung. München, Zürich 1982.

Mönckeberg, Adolf: Die Stellung der Spielleute im Mittelalter. 1. Kapitel: Spielleute und Kirche im Mittelalter. Berlin und Leipzig 1910.

Moser, Hans Joachim: Die Musikergenossenschaften im deutschen Mittelalter. Diss. jur. Rostock 1910. Stuttgart 1929.

Muchembled, Robert: Kultur des Volks – Kultur der Eliten. Die Geschichte einer erfolgreichen Verdrängung. Stuttgart 1982.

Naumann, Hans: Art. »Spielmannsdichtung«. In: Reallexikon der deutschen Literaturgeschichte. Berlin 1929, Bd. 3, S. 253–269.

Naumann, Hans: Versuch einer Einschränkung des romantischen Begriffs Spielmannsdichtung. In: DVJS 2, 1924, S. 777–794.

Nelli, René: Troubadours et Trouvères. Paris 1979.

North, J. D.: Art. »Roger Bacon«. In: LexMA 7, Sp. 940–942.

Nowosadtko, Jutta: Scharfrichter und Abdecker. Der Alltag zweier »unehrlicher Berufe« in der Frühen Neuzeit. Paderborn u. a. 1994.

Oexle, Otto Gerhard: Die mittelalterlichen Gilden, ihre Selbstdeutung und ihr Beitrag zur Formung sozialer Strukturen, in: Soziale Ordnung im Selbstverständnis des Mittelalters, hg. A. Zimmermann (Miscellanea Mediaevalia 12/1), Berlin, New York 1979, S. 284–354.

Oexle, Otto Gerhard: Gilden als soziale Gruppen in der Karolingerzeit. In: Das Handwerk in vor- und frühgeschichtlicher Zeit. Teil 1, hg. Herbert Jankuhn u. a. Göttingen 1981.

Ott, Norbert H.: Art. »Tanzlied von Kölbigk«. In: LexMA 8, Sp. 463.

Paravicini, Werner: Die ritterlich-höfische Kultur des Spätmittelalters (Enzyklopädie deutscher Geschichte, 32). München 1994.

Petzsch, Christoph: Art. »Bar (parat)«. In: LexMA 1, Sp. 1426f.

Planitz, Hans: Die deutsche Stadt im Mittelalter. Graz, Köln 1954.

Reclams Lexikon der Heiligen und der biblischen Gestalten. Legende und Darstellung in der bildenden Kunst von Hiltgart L. Keller. Stuttgart 1991[7]

Reich, Hermann: Der Mimus. Ein litterar-entwicklungsgeschichtlicher Versuch. 1 Bd., 1. Teil. Theorie des Mimus. Berlin 1903.

Rieger, Angelica: Beruf: Joglaresca. Die Spielfrau im okzitanischen Mittelalter. In: Feste und Feiern. Sigmaringen 1991, S. 229–242.

Riot, Claude: Chants et instruments. Trouvères et jongleurs au Moyen Age. Paris 1995.

Rossi, Luciano; Ott, Norbert H.; Reichl, Karl: Art. »Spielmannsdichtung«. In: LexMA 7, Sp. 2113–2117.

Rousselle, Aline: Porneia. De la maîtrise du corps à la privation sensorielle (IIe au IVe siècle de l'ère chrétienne). Paris 1983.

Russell, J. C: Die Bevölkerung Europas 500–1500. In: Cipolla, Carlo M. – Borchardt, Knut: Bevölkerungsgeschichte Europas. Mittelalter bis Neuzeit. München 1971, S. 9–57.

Rychner, Jean: La chanson de geste. Essai sur l'art épique des jongleurs. Genève, Lille 1955.

Sabatier, Paul: Vie de Saint François d'Assise. Paris 1899.

Sachs, Curt: Real-Lexikon der Musikinstrumente. Zugleich ein Polyglossar für das gesamte Instrumentengebiet. Berlin 1913.

Saffioti, Tito: I giullari in Italia: lo spettacolo, il pubblico, i testi. Milano 1990.

Sagarin, Edward: Deviants and Deviance. An Introduction to the Study of Disvalued People and Behavior. New York 1975.

Salmen, Walter: Der fahrende Musiker im europäischen Mittelalter. Kassel 1960.

Salmen, Walter: Der Spielmann im Mittelalter. Innsbruck 1983.

Scheffknecht, Wolfgang: Scharfrichter. Vom römischen carnifex bis zum frühneuzeitlichen Staatsdiener. In: Hergemöller, Bernd-Ulrich (Hg.): Randgruppen der spätmittelalterlichen Gesellschaft. Warendorf 1990. 2. Auflage 2001.

Schaer, Alfred: Die altdeutschen Fechter und Spielleute. Ein Beitrag zur deutschen Kulturgeschichte. Straßburg 1901.

Schindler, Norbert: Widerspenstige Leute. Studien zur Volkskultur in der frühen Neuzeit. Frankfurt 1992.

Schletterer: Geschichte der Spielmannszunft in Frankreich und der Pariser Geigenkönige. Berlin 1884.

Schmeller, Johann Andreas: Bayerisches Wörterbuch. 2 Bde. München 1872/77.

Schneider, Erich: Soziale Stellung und Funktion der Spielleute in Vorarlberg. In: Montfort 29, 1977, S. 118–127.

Schönach, Ludwig: Die fahrenden Sänger und Spielleute Tirols 1250–1360. In: Forschungen und Mitteilungen zur Geschichte Tirols und Vorarlbergs 8, 1911.

Schönbach, Anton E.: Studien zur Geschichte der altdeutschen Predigt, zweites Stück (Zeugnisse Bertholds von Regensburg zur Volkskunde). Wiener Sitzungsberichte, phil.-hist. Klasse CXLII, S. 56–89.

Schreier-Hornung, Antonie: Spielleute, Fahrende, Außenseiter: Künstler der mittelalterlichen Welt. Göppingen 1981. Diss.

Schröder, Walter Johannes (Hg.): Spielmannsepen. Bd. 2. St. Oswald, Orendel, Salman und Morolf. Darmstadt 1976.

Schubert, Ernst: Art. »Spielmann, -leute«. In: LexMA 7, Sp. 2112f.

Schubert, Ernst: Fahrendes Volk im Mittelalter. Bielefeld 1995.

Schubert, Ernst: Soziale Randgruppen und Bevölkerungsentwicklung im Mittelalter. In: Saeculum 34, 1988, S. 294–339.

Schubiger, Anselm: Die Antonier und ihr Ordenshaus in Uznach. In: Geschichtsfreund 34, 1879, Nr. 6, S. 225f.

Schulze, Ursula: Art. »Drama, V«. In: LexMA 3, Sp. 1361–1365; Art. »Nibelungenlied«. In: ebd. 6 Sp. 1120–1125; Art. »Walther«. In: ebd. 8, Sp. 2004–2007.

Schur, Edwin M: Abweichendes Verhalten und soziale Kontrolle. Etikettierung und gesellschaftliche Reaktionen. Frankfurt, New York 1974 (Labeling Deviant Behavior. New York 1971).

Schuster, Peter: Das Frauenhaus. Städtische Bordelle in Deutschland 1350 bis 1600. Paderborn u. a. 1992.

Schwab, Heinrich H.: Die Anfänge des weltlichen Berufsmusikertums in der mittelalterlichen Stadt. Studien zu einer Sozialgeschichte des Stadtmusikantentums. Kassel u. a. 1982.

Sellert, W.: Art. »Landschädliche Leute«. In: LexMA 5, Sp. 1675.

Southworth, John: The English Medieval Minstrel. Woodbridge 1989.

Sprandel, Rolf: Art. »Spiele, I«. In: LexMA 7, Sp. 2105f.

Spruit, Johannes E.: Rechtspositie van de Speellieden in de Middeleeuwen. In: Ars Aequi 10, no. 8, 1961, S. 185–196.

Städtische Randgruppen und Minderheiten, hg. B. Kirchgässner und F. Reuter (Stadt in der Geschichte, Bd. 13). Sigmaringen 1986.

Sterl, Raimund W.: Die Regensburger Stadtrechnungen des 15. Jahrhunderts als Quelle für fahrende und höfische Spielleute. In: Beck, Hermann (Hg.): Studien zur Musikgeschichte der Stadt Regensburg. Bd. 1 (Regensburger Beiträge zur Musikwissenschaft, Bd. 6). Regensburg 1979, S. 249–313.

Stosch, Johannes: Der Hofdienst der Spielleute im deutschen Mittelalter. Berlin 1881.

Straten, van der, Edmond: Les ménestrels aux pays bas du XIIIe au XVIIe siècle. Bruxelles 1878.

Svanberg, Jan: Gycklarmotiv i romansk konst och en tolkning av portalreliefema på Härja kyrka (Antikvariskt arkiv 41).

Taylor, A.: The Myth of the Minstrel Manuscript. In: Speculum 66, 1991, 43–73.

Tervooren, Helmut: Sangspruchdichtung. Stuttgart 2001².

Vavra, Elisabeth: Kunst als Unterhaltung. In: Kühnel, Harry (Hg.): Alltag im Spätmittelalter. Graz, Wien, Köln 1984. S. 341–353.

Vogel, Cyril: Les »Libri Paenitentiales«. Turnhout 1978.

Wackernagel, Wilhelm: Geschichte der deutschen Literatur. Bd. 1. Basel 1879².

Wallner, Anton: Herren und Spielleute im Heidelberger Liedercodex. In: PBB 33, 1908, S. 483–540.

Wapnewski, Peter: Deutsche Literatur des Mittelalters. Göttingen 1990.

Waremann, Piet: Spielmannsdichtung. Versuch einer Begriffsbestimmung. Amsterdam 1951.

Witthoeft, Friedrich: »Sirventes Joglaresc«. Ein Blick auf das altfranzösische Spielmannsleben. Marburg 1891.

Wright, L. M.: More on the Meanings and Uses of »Jongleur« and »Menestrel«. In: Romance Studies 17, 1990, S. 7–19.

Žak, Sabine: Musik als »Ehr und Zier« im mittelalterlichen Reich. Studien zur Musik im höfischen Leben, Recht und Zeremoniell. Neuss 1979.

Zink, Michel: Littérature française du Moyen Age. Paris 1992.

Zwischen Sein und Schein. Kleidung und Identität in der ständischen Gesellschaft, hg. N. Bulst und R. Jütte (Saeculum 44, 1993, Heft 1).

Anmerkungen

1 Paris 1910, S. 1. Im Lexikon des Mittelalters wäre eigentlich ein fundierter Artikel über die Spielleute zu erwarten. Das Gebotene ist jedoch von peinlicher Dürftigkeit und geht sowohl an der Fragestellung als auch am Forschungsstand vorbei. Vgl. Schubert, E.: Art. »Spielmann, -leute«, in: LexMA, 2112f.
2 Zink: Littérature, S. 255f.
3 »Aiso es suplicatio, que fes Gr. Riquier al rey de Castela per lo nom dels joglars l'an MCCLXXV.« Diez: Poesie, 297. »Dies ist die Eingabe, welche Gr. Riquier beim König von Kastilien hinsichtlich des Namens der joglars« im Jahr 1275 machte.
4 »Declaration, qu'el senher rey 'N Amfos de Castela fe par la suplicatio, que Gr. Riquier fe per lo nom de joglar l'an MCCLXXV«. Ebd., S. 67ff. Hier sei die Übersetzung von Diez, ebd., wiedergegeben.
5 Ebd., S. 14f.
6 Vgl. Le Roy Ladurie, Montaillou, jetzt auch: M. Barber, Die Katharer.
7 Petrarca, Ep. rerum sen. V, 3.
8 Zit. nach Faral, Les jongleurs, S. 319.
9 Die großen Deutschen. Deutsche Biographie, hg. von H. Heimpel, Th. Heuss, B. Reifenberg. Berlin 1960.
10 Henrik Ibsen, Brand (1866), in: Sämtliche Werke, Bd. 2, hg. von J. Elias und P. Schlenther. Berlin 1907.
11 Vgl. Joachim Bahr, Der »Spielmann«.
12 Gautier: Épopées françaises 2. Paris 1892².
13 Reich: Der Mimus.
14 »… die im Mittelalter so vielfach bezeugten Mimen sind, wie Hermann Reich als erster gesehen hat, die Nachfolger der antiken Mimen.« Curtius, Ernst Robert: Europäische Literatur und lateinisches Mittelalter. Bern 1954², S. 419. Curtius hat offenbar Gautier, Épopées françaises, von 1892² nicht zur Kenntnis genommen.
15 Vergleiche vor allem die kritische Auseinandersetzung mit der »Spielmannsforschung« durch Antonie Schreier-Hornung: Spielleute, hier S. 42ff.
16 Wilhelm Hertz: Spielmannsbuch. Novellen in Versen aus dem zwölften und dreizehnten Jahrhundert. Im Folgenden nach der vierten Auflage, Stuttgart 1912, zitiert. Vgl. Schreier-Hornung: Spielleute, S. 7ff.
17 Hertz: Spielmannsbuch, S. 3.
18 Schreier-Hornung: Spielleute, S. 9.

19 Mönckeberg: Spielleute, S. 11.
20 Naumann, Hans: Versuch einer Einschränkung des romantischen Begriffs Spielmannsdichtung, in: Reallexikon der deutschen Literaturgeschichte. Berlin 1929, Bd. 3, S. 253–269.
21 Auszüge aus Naumann, zusammengestellt von Schreier-Hornung: Spielleute, S. 14.
22 Naumann: Art. »Spielmannsdichtung«, S. 253–268, zusammengestellt bei Schreier-Hornung, Spielleute 15.
23 Naumann: Art. »Spielmannsdichtung«, S. 260. Frau Schreier-Hornung vermied es, das eindeutig faschistische Denken H. Naumanns als solches zu bezeichnen. Offenbar erschien dies selbst in den achtziger Jahren des 20. Jahrhunderts in der Germanistik nicht als ratsam. Gegen Naumanns Auffassungen vgl. Piet Wareman, Spielmannsdichtung. Versuch einer Begriffsbestimmung. Amsterdam 1951, S. 20 ff.
24 Salmen: Der fahrende Musiker im europäischen Mittelalter. Kassel 1960.
25 Ein Beispiel: »Auch die gelegentlich begegnende Nacktheit Fahrender, einst von tiefer kultischer Bedeutung erfüllt, von Gauklern und Mimen jedoch ins nur Sexuell-Attraktive veräußerlicht.« S. 58. Siehe dazu unten.
26 Les marginaux parisiens aux XIVe et XVe siècles.
27 Allard, G.-H. (Hg.): Aspects de la marginalité au Moyen Age. Montréal 1975.
28 Les marginaux et les exclus dans l'histoire. Siehe auch Geremek: Truands et misérables. Ders.: Der Außenseiter.
29 Zum Problem der Einordnung von Juden und Zigeunern unter die Randgruppen siehe meine kurze Einlassung unten.
30 Hergemöller, Bernd-Ulrich: Randgruppen. Neuauflage 2001. Darin auch Jürgen Brandhorst und Bernd-Ulrich Hergemöller: Spielleute. Vaganten und Künstler, S. 173–197.
31 Il contributo dei giullari alla drammaturgia italiana delle origini. Beachte insbesondere die Beiträge von Casagrande, C.-Vecchio, S.: L'interdizione del giullare nel vocabulario del XII secolo (S. 207–258) und von Frugoni, Ch. S.: La rappresentazione dei giullari nelle chiese fino al XII sec. (S. 113–134).
32 Schreier-Hornung, Spielleute, Einleitung S. V ff.
33 Hartung: Die Spielleute. Siehe auch Ders.: Spielmannsleben.
34 Carozzi: »Carmen ad Robertum regem«.
35 Zit. nach Duby: Ordnungen: S. 16.
36 Vgl. hierzu ebd., 123 ff.
37 Von der Hagen: Gesamtabenteuer, Bd. 2, S. 309, vv. 4–9.
38 Vgl. hierzu auch Chambers: The Medieval Stage 1, S. 17.
39 Vgl. hierzu u. a. Le Roy Ladurie: Montaillou. Ginzburg: Der Käse und die Würmer. Kieckhefer: Magie im Mittelalter. Daxlmüller: Zauberpraktiken.
40 Hierzu vor allem Karl Bosl: Europa im Aufbruch. Ders.: Grundlagen der moderenen Gesellschaft. Hartung: Das 11. Jahrhundert.
41 Vgl. hierzu neuerdings Acot, Jean: L'histoire du climat. Paris 2003.
42 Vgl. hierzu Denecke: Sozialtopographische und sozialräumliche Gliederung. Göttingen 1980.
43 Zu Paris vgl. Gautier: Épopées françaises 2, S. 13; zu Arras vgl. Cartulaire de Notre-Dame-des-Ardents à Arras, S. 13, Anm. 4.

44 Salmen: Der Spielmann, S. 59, ohne Belege.
45 Vgl. Brunner: Land und Herrschaft, S. 267. Sellert.: Art. »Landschädliche Leute«, in LexMA 5, Sp. 1675. Vgl. auch Borst: Lebensformen, S. 585.
46 Schubert: Soziale Randgruppen, S. 311 ff.
47 Imhof: Störung von Stabilität durch »Randgruppen«?, S. 201.
48 Le Goff: Les marginaux, S. 22. Vgl. hierzu Hartung: Gesellschaftliche Randgruppen, S. 114.
49 Schuster: Frauenhaus, S. 16 f.
50 Vgl. Schubert: Diskussionsbeitrag, in: Städtische Randgruppen und Minderheiten, S. 231.
51 Vgl. Hartung: Gesellschaftliche Randgruppen im Spätmittelalter, S. 111.
52 Scheffknecht: Scharfrichter, S. 163. Vgl. auch Nowosadtko: Scharfrichter und Abdecker.
53 Vgl. hierzu Mentgen: Juden; siehe auch Dens.: »Die Juden waren stets eine Randgruppe.«
54 Graus: Randgruppen, S. 398.
55 Vgl. hierzu ebd., S. 112 ff. Im Prinzip der gleichen Auffassung ist Schubert: Diskussionsbeitrag, in: Städtische Randgruppen und Minderheiten, S. 230.
56 Duplès-Agier: Régistre criminel du Châtelet de Paris, Bd. 1. S. 419–480 und Bd. 2, S. 1–6.
57 Danckert: Unehrliche Leute.
58 Vgl. zu Danckert insbesondere Hergemöller: Randgruppen, 2001[2], S. 28 ff.
59 Danckert: Unehrliche Leute, S. 7.
60 Schreier-Hornung: Spielleute, S. 149.
61 Ebd., S. 150 f.
62 Danckert: Unehrliche Leute, S. 252.
63 Schreier-Hornung: Spielleute, S. 145. Ähnliche wissenschaftsferne Ausführungen bei Salmen: Der fahrende Musiker, besond. S. 12 ff.
64 Siehe oben.
65 Faral: Les jongleurs, S. 84.
66 Guiraut de Calenson, S. 94.
67 Chrétien de Troyes, cap. 69.
68 Adenet, ed. Henry, v. 47.
69 Bumke: Höfische Kultur 1, S. 305 f.
70 Gottfried, Tristan, übers. D. Kühn, S. 261, vv. 2559–2568.
71 Morant und Galie: v. 5145–5184.
72 Übers. von Bumke: Höfische Kultur 2, S. 692 f.
73 Vgl. Del tumbeor Notre-Dame, S. 319, vv. 163 ff.. Henry: Chrestomathie, S. 175–178
74 Siehe auch das einem Spielmann zu Rocamadour widerfahrene Wunder. Die Muttergottes ließ eine Kerze von ihrem Altar auf dessen Geige herabsteigen.
75 Zink: Littérature, S. 117.
76 Diez: Poesie, S. 156.
77 Adenet, Cléomades, 38.
78 Le vilain au buffet, zit. nach Hartung, Spielleute, S. 94.
79 Flamenca, Z. 96. Siehe auch unten.
80 Guiraut de Calenson, S. 94.

81 Diez: Poesie, Anh. S. 298.
82 Maßmann, Denkmäler, S. 105 ff., Z. 134 ff.
83 Zit. nach Wareman: Spielmannsdichtung, S. 76.
84 Faral: Les jongleurs, S. 279, Anm. 43.
85 Chronik des Klosters Petershausen, S. 43.
86 Guiraut de Calenson, S. 94.
87 Châtelain de Coucy, vv. 3895 ff.
88 Le dit de la maille, S. 106.
89 Robert of Flamborough, Liber poenitentialis, III, De officio 172, S. 165.
90 Ms. Bibl. nat. lat. 16515 nr. 204. zit. nach Gautier: Epopées 2, S. 66, Anm. 2.
91 Zit. nach Faral: Les jongleurs, S. 279, Anm. 43.
92 Lespinasse, René et Bonnardot, François: Le Livre des Métiers d'Étienne Boileau, S. 236 (art. 44).
93 Siehe entsprechende Abb.
94 Vgl. hierzu LCI 1, Sp. 76 ff.
95 Gottfried, Tristan, übers. Kühn, S. 261, vv. 2559–2562.
96 Vgl. Zedelmaier, Art. »Schriftlichkeit I« in: LexMA 7, Sp. 1566 f.
97 Diez: Poesie, S. 38.
98 Ebd., S. 38.
99 Nostredame, Les vies, S. 147.
100 Ebd., S. 158.
101 Vgl. Hertz: Spielmannsbuch. Gautier: Épopées françaises 1, (2. Aufl.) S. 255 ff.
102 Wright: Songs and Carols, zitiert nach Faral, Les jongleurs, S. 182.
103 Zit. nach Wareman, Spielamnnsdichtung, S. 94.
104 Zitiert nach Faral, Les jongleurs, S. 171.
105 Évangile de l'enfance, zitiert nach Faral, Les jongleurs, S. 171.
106 Vgl. Zink: Littérature, S. 34.
107 Ebd.
108 Zitiert nach Hausmann: Französisches Mittelalter, S. 194.
109 Herbert le Duc: Fouque de Candie, S. 150 und S. 52.
110 Faral: Les jongleurs, S. 196.
111 Mölk: Französische Literaturästhetik, nr. 17, S. 15, vv. 16–24. Übersetzung von Hausmann: Französisches Mittelalter, S. 193, mit kleinen Veränderungen von mir. »role« ist selbstverständlich als Pergament- und nicht als Papierrolle zu übersetzen.
112 Wright: Songs and Carols, zitiert nach Faral, Les jongleurs, S. 178.
113 Hausmann: Französisches Mittelalter, S. 193.
114 Mölk: Französische Literaturästhetik, S. 115.
115 Ebd., S. 33. Übers. Hausmann: Französisches Mittelalter, S. 237.
116 Übersetzung von Hausmann: Französisches Mittelalter, S. 173.
117 Diu alte Muoter, Z. 1 ff.
118 Amelung, A. – Jänicke, O.: Deutsches Heldenbuch, 3. 1871. Ndr. 1968.
119 Flamenca, vv. 583–616. Übersetzung nach Hausmann: Französisches Mittelalter, S. 171.
120 Übersetzung ebd., S. 192 f.
121 Petrus von Blois, De confessione, PL 207, Sp. 1088.
122 MGH SS XXIII, S. 941.

123 Hertz: Spielmannsbuch. Stuttgart 1912⁴.
124 Vgl. auch Bosl: Kommunikation.
125 Lespinasse: Tissus, S. 575, Anm.
126 Vgl. LexMA 7, Sp. 403f.
127 Bullock-Davies: Menestrellorum Multitudo, S. 12.
128 Ebd., S. 66f.
129 Nibelungenlied, v. 1963f. (Übersetzung von W. H.)
130 König Rother, vv. 305–3058 und vv. 3073–3076.
131 Gesta Regum Angliae, Bd. 1, S. 126.
132 Ebd., Bd. 1, S. 143.
133 Historia Britonum, S. 158.
134 Gottfried von Monmouth: Historia regum Britanniae, S. 123.
135 Huizinga: Herbst des Mittelalters, S. 15.
136 Valentin und Namenlos, v. 2489ff.
137 Vgl. hierzu: Zwischen Sein und Schein.
138 Juvénal des Ursins, zit. nach Huizinga, Herbst S. 15.
139 Rodulfus Glaber, Historiarum libri quinque.
140 Ebd., 3, 40, S. 166 und 168.
141 Isenmann: Die deutsche Stadt, S. 157.
142 Monstrelet, Chroniques, cap. 4, S. 302–306. Vgl. Huizinga, Herbst, S. 9.
143 Wernher der Gärtner. Helmbrecht, S. 39.
144 Ebd., vv. 193–202, vv. 147–150, vv. 224–227.
145 Ebd., vv. 1814–1922.
146 Ebd., S. 40.
147 Du Cange 4, S. 422.
148 Salmen: Der fahrende Musiker, S. 59.
149 Ebd., S. 58.
150 Amira: Die Dresdner Bilderhandschrift. Koschorreck: Die Heidelberger Bilderhandschrift. Alten, von: Der Sachsenspiegel nach dem Oldenburger Codex picturatus von 1336. Oldenburg 1879. Das Exemplar der Handschrift in der Herzog-August-Bibliothek zu Wolfenbüttel liegt nicht gedruckt vor.
151 Vgl. die Darstellung Alexanders des Wilden im Codex Manesse (Heidelberg UB Cod. Pal. Germ. 848).
152 Eustache le Moine, zit. nach Faral, Les jongleurs, S. 310.
153 Heger: Das Lebenszeugnis, S. 93.
154 Salomon und Morolf, v. 3701.
155 Vgl. Hertz: Spielmannsbuch, S. 23. Die heute hellbraune Farbe ist lediglich ein verblaßtes Rot.
156 Aucassin et Nicolette, c. 38, S. 165.
157 Salomon und Morolf, vv. 3701ff.
158 Faral: Les jongleurs en France, S. 29.
159 Rosengarten, vv. 999ff. Siehe auch oben.
160 Wolfram von Eschenbach, Parzival, S. 786, 25.
161 Enikel, Weltchronik, vv. 17688ff.
162 Salmen: Der Spielmann, S. 88.
163 Elias: Über den Prozeß der Zivilisation, S. 104.
164 Eneasroman, vv. 13181–13197.

165 Saint Pierre et le jongleur/St. Peter und der Spielmann, S. 213.
166 Beneke: Von unehrlichen Leuten, S. 22.
167 Jütte: Abbild, S. 117.
168 Ebd., S. 118f.
169 Zur Namengebung bei Fahrenden vgl. Bach: Die deutschen Personennamen, S. 530.
170 Das Buch Weinsberg, S. 112f.
171 Zit. nach Eckert: Der Fronbote, S. 68.
172 Wernher, Helmbrecht, vv. 1535–1556. Vgl. auch Boesch: Zur Namengebung, S. 241–262.
173 Vgl. hierzu auch Schindler: Widerspenstige Leute, S. 80.
174 Vgl. auch ebd., S. 86f.: »face-to-face-Beziehungen«.
175 Ebd., S. 101.
176 Vgl. Grossmann: Minstrels, S. 107.
177 Vierei; Dronke: Lyrik, S. 9.
178 Zink: Littérature, S. 117. Vgl. auch Diez: Leben und Werke, S. 38.
179 Der Trobador Cadenet, S. 94, Anm. 3.
180 Hartung: Spielleute, S. 86.
181 Bullock-Davies: Menestrellorum Multitudo, S. 97.
182 Vgl. Schmeller: Bayerisches Wörterbuch Bd. II, 2, Sp. 215.
183 Vgl. Schönach: Sänger und Spielleute Tirols, S. 1ff. und S. 119ff.
184 Euling: Studien. Breslau 1900, S. 103.
185 Bullock-Davis: Menestrellorum Multitudo, S. 1.
186 Ebd., S. 73f.
187 Vgl. Bullock-Davis: Menestrellorum Multitudo, S. 73.
188 Lespinasse: Tissus, S. 575, Anm.
189 Boncompagnus, S. 163.
190 Adam de la Halle, S. 285.
191 Bullock-Davies: Menestrellorum Multitudo, S. 67.
192 Berthold, des Franziskaners deutsche Predigten aus der 2. Hälfte des 13. Jahrhunderts, hg. von C. F. Cling. Berlin 1824, S. 55. Vgl. Hartung: Spielleute, S. 42.
193 Wareman: Spielmannsdichtung, S. 109ff. mit zahlreichen Hinweisen zur Forschungsgeschichte.
194 Vgl. hierzu exemplarisch Reich: Der Mimus sowie Danckert: Unehrliche Leute, S. 173f.
195 Dronke: Lyrik, S. 3.
196 Gautier: Épopées françaises 2, S. 6; Erstauflage 1865.
197 Ebd.
198 Ebd.
199 Ebd., S. 10.
200 Chambers: Medieval Stage 1, S. 24.
201 Ebd.
202 Ebd., S. 25.
203 Faral: Les jongleurs, S. 6ff. und Inhaltsverzeichnis, S. 337.
204 Rodulfus Glaber, Historiarum libri quinque, 3, 40, S. 166ff.
205 Faral, Les jongleurs, S. 21.

206 Ebd., S. 22.
207 Ebd., S. 23.
208 Der kleine Pauly, Art. »Mimus«, Sp. 1309–1314.
209 Auch Jürgen Brandhorst und Bernd-Ulrich Hergemöller können sich dem vordergründigen Reiz dieser Behauptungen nicht ganz entziehen: Spielleute, S. 180.
210 Vgl. J. Hennig, Art. »Barden« in: LexMA 1, Sp. 1456f.
211 Reichl, Art. »Skop«, in: LexMA 7, Sp. 1989.
212 Beowulf, vv 1063–1067.
213 Reich: Der Mimus, S. 809f.
214 Ammianus Marcellinus, Römische Geschichte, Buch 16, 3. Kap.
215 Beowulf, vv. 1063–1067.
216 Isidor von Sevilla, Etymologiae.
217 Dronke: Lyrik, S. 3.
218 Vgl. auch Rychner, ha chanson de geste, S. 22.
219 Emmeram, hl., ed. B. Bischoff.
220 Ebd., c. 42.
221 Vgl. hierzu Isenmann: Die deutsche Stadt, besond. S. 17–29. Hartung: Das 11. Jahrhundert, S. 50–73.
222 Trad. Freis. 46a.(a. 772).
223 Emmeram, heiliger. Hg. von Bischoff, B.
224 Trad. Freis. 197 (a. 804).
225 Renard le Contrefait, v. 38.523–38.542. Übersetzung von Hausmann: Französisches Mittelalter, S. 117f.
226 Ebd., S. 9.
227 Vgl. hierzu schon Diez: Leben und Werke, S. 496. Wegen der unzuverlässigen und gelegentlich phantasievollen Ausschmückungen sei diese Ausgabe mit aller Zurückhaltung benutzt.
228 Graf Raimond VI. (1156–1222) galt als Sympathisant und Schirmherr, die Region um Toulouse als Zentrum der katharischen Häresie.
229 Gemeint ist das nordfranzösische »Kreuzfahrerheer« während der Albigenserkriege.
230 Chabaneau, Biographies, S. 76.
231 Chabaneau, ebd., S. 10. Vgl. auch Diez: Leben und Werke, S. 17.
232 Ebd., S. 37f.
233 Nostredame, Les vies, S. 162f.
234 Vgl. Mertens, Volker: Art. »Regenboge, Barthel«, in LexMA 7, Sp. 562f.
235 Nostredame, Les vies, S. 202.
236 MGH LL Sectio IV, Const. II, S. 600.
237 Siehe unten.
238 Zit. nach Faral, Les jongleurs, S. 321.
239 Ebd., S. 307.
240 Germanische Literaturgeschichte, S. 973. Canons of Edgar 58, Northumbrisches Priestergesetz 41.
241 Sexti Decretalium, lib. III, tit. I, cap. 1, Sp. 1019.
242 Carmina Burana, S. 26 und 27.
243 Vgl. hierzu Isenmann: Die deutsche Stadt, bes. S. 311ff.

244 Nibelungenlied, v. 687.
245 Chabaneau, Biographies, S. 94.
246 Vgl. Duby: La société.
247 Diez: Poesie, S. 29.
248 Nostredame, Les vies, S. 59.
249 Ebd., S. 177.
250 Vgl. Muratori, Antiquitates 2, 841.
251 Dronke: Lyrik, 9.
252 Nostredame, Les vies, S. 156 ff..
253 The cansos and sirventes, S. 1 ff. Faral: Les jongleurs en France, S. 301, Anm. 156.
254 Walther von der Vogelweide, S. 72 f.
255 Vgl. hingegen den Germanisten Bumke: »Heute kann jedoch als sicher gelten, daß Walther ein Berufsdichter unbekannter Herkunft war ...« Bumke: Höfische Kultur 2, S. 689.
256 Bäuml: »Guot umb êre nemen«, S. 173–189.
257 Vgl. etwa Schreier-Hornung, Spielleute, S. 144 ff. Marquardt: Das höfische Fest, S. 224 ff. mit Literatur zu weiteren Deutungsversuchen.
258 Hartmann von Aue, Erec, vs. 2166 f.
259 Heinrich von Veldeke, Eneasroman, vv. 12767–12771. Die Übersetzung »Lohnsänger« für diejenigen, die gût umb êre wolde, sei hier vermieden.
260 Berthold, S. 55.
261 Schwabenspiegel.
262 Bumke übersetzt ihn mit »Geld für Ehre nehmen«, mit »Lohn statt Achtung empfangen« und mit »Geld für Ansehen nehmen«. Höfische Kultur 2, S. 697 f.
263 Ebd., S. 698.
264 Vgl. Hennig: Mittelhochdeutsches Wörterbuch, S. 137 f.
265 Clédat: La poésie, S. 107.
266 So jedoch Hergemöller, Hans-Ulrich: Art. »Randgruppen«, in: LexMA 7, Sp. 433.
267 Bumke: Höfische Kultur 1, S. 316.
268 Lexikon zur Soziologie, hg. von W. Fuchs u. a. Opladen 1973, Art. Sozialkategorie. Wer sich an der zeitgemäßen Sprache und Begrifflichkeit stört, sollte bedenken, daß die Geschichtswissenschaft sich immer der Sprache ihrer Zeit bedient. Oder sollten wir uns etwa in der Begrifflichkeit von Thomas von Aquin bewegen?
269 Hartmann, Erec, vv. 2166 f.
270 Altes Testament, Daniel.
271 Tertullianus, Über die Spiele, c. 30, 1–2, S. 83 und 85. Vgl. hierzu auch Chambers: The Medieval Stage 1, S. 11.
272 Salvianus von Marseille, S. 183.
273 Tertullianus, ebd., c. 9, S. 39.
274 Ebd., c. 13, S. 47.
275 Ebd., c. 13, S. 54. Die »atellana fabula« war eine bäuerliche Posse mit derben Späßen und Obszönitäten. Ebd., S. 100, Anm. 146.
276 Ebd., S. 81 und 83.
277 Le Goff: L'imaginaire, S. 143.
278 De fide et operibus, c. 18.

279 Augustinus, De civitate Dei II, 13.
280 Disputationes adversus gentes 2, Kap. 38, Sp. 868 ff.
281 Siehe unten, die Einstellung zur Jongleresse.
282 Vgl. Rousselle: Porneia.
283 Flandrin, J.-L.: Un temps pour embrasser.
284 Bergdolt, K.: Art. »Kastration«, in: LexMA 5, Sp. 1050.
285 »Die Verteufelung des Fleisches und des Körpers als Ort der Ausschweifungen und Mittelpunkt sündigen Tuns, wird im Mittelalter dem menschlichen Körper jegliche Würde nehmen.« Flandrin: Un temps, S. 139.
286 Petrarca, Die Besteigung des Mont Ventoux, cap. 32.
287 Hartung. Spielleute, S. 33 ff.
288 Aachener Konzil 816. Mansi 14, Sp. 202.
289 Concilium Rhemense (Reims) II, Kanon 17, Mansi 14, Sp. 78 f.
290 Decretum Gratiani, Dist. 23, Sp. 131.
291 Mansi 22, Sp. 1003 f.
292 Alkuin, ep. 175, S. 290.
293 Ebd., ep. 124, S. 183.
294 Ebd., ep. 124, S. 183.
295 Ebd., ep. 281, S. 439.
296 Augustinus, Tractatus in Joann. 100, Sp. 1891.
297 Vita s. Bardonis auctore Vulculdo. MGH SS 11, S. 321.
298 Vgl. Augustinus, Confessiones, Buch 2.
299 Salvianus von Marseille, S. 190 und 192.
300 Gaudentii Sermo VIII de Evangelii lectiones, Sp. 890.
301 Selbst noch in der Auflage von 1905.
302 Grimm, J. und Grimm, W.: Deutsches Wörterbuch, s. u.
303 Übersetzung bei Theologia Summi boni. Abh. über die göttliche Einheit und Dreieinigkeit. Lateinisch-Deutsch. Hg. v. Ursula Niggli (Philosophische Bibliothek 395). Hamburg 1989.
304 Theologia christiana. PL 178, 1210, 11. Casagrande-Vecchio, Clercs, S. 232.
305 »De bestiis et aliis rebus«, Sp. 46.
306 – »Habent spem joculatores? – Nullam: tota namque intentione sunt ministri Satanae, de his dicitur: Deum non cognaverunt ideo Deus sprevit eos, et dominus subsannabit eos, quia derisores deridentur«. PL 172, Sp. 1148 f.
307 Bonaventura, Sermo de sancto Nicolao, IX, 476, A.
308 Le Goff: L'imaginaire médiéval, S. 143.
309 »De Poenitentia«. Vgl. dazu Vogel, Cyril: Les »Libri Paenitentiales«.
310 Robert of Flambrough, Liber poenitentialis, III, S. 165 f.
311 Summa confessorum, S. 694 f.
312 Tertullianus, ebd., c. 11, S. 10 ff.
313 Matthias von Kemnat: Chronik Friedrichs I., S. 101 f.
314 Verbum abbreviatum, c. 49, PL 205, Sp. 155.
315 Ebd., Sp. 152 f.
316 Vgl. Camporesi: Il Libro dei vagabondi.
317 Gilles de Corbeil, Hierapigra 5 (in: Ders., Viaticus), zit. nach Faral, Les jongleurs, S. 299.
318 Gautier: Épopées françaises 2, S. 200, Anm. 2.

319 Berthold, S. 55. Vgl. Hartung: Spielleute, S. 42.
320 Poème moral, S. 230f.
321 Gautier: Épopées françaises 2, S. 206.
322 Albertus M., Enarrationes in primam partem evangelii Lucacae, S. 493.
323 Summa Theologiae, Quaest. 168, Art. 3.
324 Summa confessorum, lib. 2, tit. 5: De raptoribus, predonibus, incendariis, quaestio 22.
325 Hertz: Spielmannsbuch, S. 10.
326 Sabatier: Vie de Saint François d'Assise, S. 32.
327 Vgl. Faral: Les jongleurs en France, S. 29.
328 Vgl. besonders Casagrande-Vecchio: L'interdizione del giullare, S. 240ff.
329 Bonifacio, Giullari e uomini di corte, S. 71.
330 Della Giovanna: S. Francesco d'Assisi, S. 13.
331 Opus Tertium, S. 305.
332 Zu diesem vielleicht bedeutendsten und freiesten Geist des Mittelalters vgl. North, J. D.: Art. »Roger Bacon«, in: LexMA 7, Sp. 940ff.
333 Capitularia regum francorum I, MGH LL sect. II, S. 64.
334 Der Kleine Pauly. Bd. 2, Sp. 1406f.
335 Vgl. Chambers: The Medieval Stage 1, S. 8f.
336 Vgl. ebd., S. 16.
337 Corpus iuris civilis. Cod. Iustinianus, nov. 115, Cap. 3, § 10.
338 Ms 52.
339 Sachsenspiegel, Landrecht 1, 61, 1.
340 Ebd., 3, 45, 11.
341 S. unten.
342 Vgl. Becker, H.-J.: Art. »Landfrieden«, in: LexMA 5, Sp. 1657ff.
343 MGH LL IV, Const. 2, nr. 427, S. 577.
344 Ebd., nr. 438, S. 600.
345 Moser, Musikergenossenschaften, S. 9.
346 S. Abb.
347 Sachsenspiegel, Landrecht 1, 38, 1.
348 Sachsenspiegel, Landrecht 3, 45, 9.
349 Sachsenspiegel, Landrecht 3, 45, 9.
350 Ebd.
351 Grimm: Deutsche Rechts-Alterthümer, S. 251.
352 Zit. nach: Spruit, Rechtspositie, S. 194f.
353 Sachsenspiegel, Landrecht 3, 45, 10.
354 Wareman: Spielmannsdichtung, S. 100.
355 Sachsenspiegel, Landrecht 3, 45, 11.
356 Schwabenspiegel, Art. 15.
357 Siehe oben.
358 Sachsenspiegel, Landrecht 3, 45, 11.
359 Sachsenspiegel, Landrecht 1, 50, 2.
360 Spruit, Rechtspositie, S. 195.
361 Solche *payrolls* hat Bullock-Davies: Menestrellorum Multitudo, ausgewertet.
362 Les métiers et corporations 3, S. 574: Douet d'Arcq, Comptes de l'Argenterie. Comptes de l'Hôtel.

363 Comptes de l'Argenterie, t.1, p. 209 und 241
364 Comptes de l'Hôtel, S. 108. Les métiers et corporations 3, S. 574.
365 Comptes de l'Hôtel, S. 114f.
366 Chronica, S. 687.
367 Le Goff: Kultur des europäischen Mittelalters, S. 523.
368 Humbert von Romans, De erud. praedicatorum, pag. 497.
369 Vgl. etwa Pitz, Europäisches Städtewesen, S. 151ff.
370 Vgl. Hartung: Das 11. Jahrhundert.
371 Hennig: Mittelhochdeutsches Wörterbuch, S. 64.
372 Vgl. hierzu Le Goff: La civilisation de l'occident médiéval, S. 389.
373 Zitiert nach Cohen: Le vagabondage à Paris, S. 297.
374 Monumenta Boica 29, Teil 2, 267.
375 Dhondt: Das frühe Mittelalter, S. 44.
376 Ekkehardi IV. Casus Sancti Galli, S. 245.
377 Vgl. hierzu auch Dhondt: Das frühe Mittelalter, S. 17–45, besond. S. 44f.
378 Beispiele bei Salmen: Der fahrende Musiker, S. 77.
379 Siehe unten, mit Belegen.
380 Vgl. Goetz (Hg.): Kirchenfest und weltliches Alltagsleben. Heers: Vom Mummenschanz zum Machttheater.
381 MGH LL 2, S. 1.
382 MG LL 2, Capitularia regum Francorum 1, S. 195.
383 Ebd., S. 64.
384 Mansi, Sp. 1003 und 1006.
385 Thegan, Das Leben Ludwigs, c. 19, S. 227.
386 Ebd., c. 20, 229.
387 Ekkehardi chronicon Wirziburgense, S. 30.
388 Abbo von Fleury, Collectio canonum 3, cap. 477.
389 Rigord, Gesta Philippi Augusti. Faral: Les jongleurs, S. 288f.
390 Ebd.
391 Vincent de Beauvais, Speculum Historiale, 30, 5.
392 Kölner Königschronik, S. 844.
393 Novellino, S. 173.
394 Salimbene von Parma: Chronica
395 Matthäus Paris: Chronica majora.
396 Alkuin ep. 281, S. 439.
397 Alkuin ep. 124, S. 183.
398 Adam von Bremen, Gesta Hammab. S. 377 und 379.
399 Amarcius, lib. 1, v. 403
400 Heinrich von Veldeke: Eneasroman, vv. 13103–13109. »Die spilman und diu gerende diet« jedoch von mir mit »Spielleute und Lohnsänger« übersetzt.
401 Vgl. Muratori: Antiquitates 2, Sp. 841.
402 Zink: Littérature, S. 202.
403 Aucassin et Nicolette, c. 6, S. 125.
404 Gennrich (Hg.): Rondeaux, Virelais und Balladen. 2 Bde., S. 83.
405 Joinville, Vie de Saint Louis, zit. nach Faral: Les jongleurs, s. 311, Anm. 194.
406 Vgl. Foulet, A.: Art. »Joinville Jean de«, in: LexMA, 5, Sp. 620f.
407 Comptes de la Cour de France, Bd. 21, S. 228ff.

408 Tschirch: Das Selbstverständnis des mittelalterlichen deutschen Dichters, S. 249. Siehe hingegen Rychner: La chanson de geste, S. 15: »Für den adeligen Herrn wurde der Spielmann manchmal zu einem echten Gefährten (compagnon), den er in seiner Nähe hielt.« So einfach lassen sich die Inhalte der Dichtung nicht in historische Fakten übertragen.
409 Bumke: Höfische Kultur 2, S. 696.
410 Faral: Les jongleurs, S. 320.
411 Bullock-Davies: Menestrellorum Multitudo, S. 44.
412 Bonifacio: Giullari e uomini di corte, S. 41 f.
413 Zitiert nach Muratori: Antiquitates 2, Sp. 840.
414 Diez: Leben und Werke, S. 216 ff.
415 Salimbene: Chronica 1, S. 164 f.
416 Lespinasse: Tissus, S. 575, Anm. 6.
417 Zit. nach Faral: Les jongleurs, S. 95.
418 Annales Genuenses VI, Sp. 449.
419 Nicolas de Braye. MGH SS 26, Seite 479–487 (vv. 17–25, 1353–1870).
420 MGH SS 21, S. 566 f.
421 vv. 5145 ff.
422 Baudoin de Condé, Dits et contes 1, S. 28.
423 Donizo Monachus, Vita Mathildis 1, 9, S. 368.
424 Frutolfi et Ekkehardi Chronica necnon Anonymi Chronica imperatoris, S. 262 f.
425 Kleine italienische Gedichtform; franz. femin., italien. mask.
426 Kleiner Streitgesang.
427 Gereimte, kurze Erzähldichtung.
428 Flamenca, vv. 583 ff.
429 Chronica Astensia (Chronik von Este), zit. nach Muratori: Antiquitates 2, Sp. 843.
430 Vgl. Diez: Poesie, S. 40, Anm. 1.
431 Châtelain de Coucy, zit. nach Faral: Les jongleurs, S. 327, Anm. 293.
432 Petrus Cantor, Summa de arti prosandi, S. 426.
433 Giselbert von Mons, Chronicon Hanoniense, S. 156.
434 Zum mittelalterlichen Mäzenatentum vgl. insbesondere Bumke: Mäzene im Mittelalter, besond. S. 654 ff. Bezzola: Littérature courtoise.
435 Hertz, Spielmannsbuch, S. 291.
436 Hartmann von Aue, Erec, vv. 2169 ff.
437 Elias: Über den Prozeß der Zivilisation, S. 102.
438 Adam von Bremen, S. 373.
439 Lough: Writer and Public in France, S. 17. Übers. von Hausmann: Französisches Mittelalter, S. 176.
440 Marie de France, S. 2.
441 Vgl. Krueger: Women Readers and the Ideology of Gender.
442 Mölk: Französische Literaturästhetik des 12. und 13. Jahrhunderts, nr. 31, vv. 1–6, S. 34.
443 Nibelungenlied, v. 687.
444 Kudrun, v. 1675.
445 Marquardt: Das höfische Fest, S. 228. Ein fragwürdiges Unterfangen ist es, »die germanische Art des Schenkens in der höfischen milte« in Gegensatz zur

»christliche(n) Tugend der caritas« zu setzen. Vgl. Schreier-Hornung: Spielleute S. 97.
446 Heinrich von dem Türlin, Diu Crône, v. 22535 f. Marquardt, Das höfische Fest, S. 227.
447 Ebd., S. 163.
448 Beaudous, zit. nach Faral: Les jongleurs, S. 150.
449 Lough: Writer and Public in France, S. 12. Übers. von Hausmann: Französisches Mittelalter, S. 172 f.
450 Nibelungenlied, v. 577.
451 Zink: Littérature, S. 254.
452 Ebd., S. 254.
453 Zu seiner Biographie vgl. Asperti, S.: Art. »Vidal, Peire«, in: LexMA, 8, Sp. 1633.
454 Villon, Poésies complètes, S. 73 ff.
455 Vgl. hierzu Schreier-Hornung, Spielleute, S. 90 ff.
456 Eneasroman, vv. 13102 ff. Die Übersetzung wurde bei »Spielleute und Bettler« von mir verbessert. Vgl. Schreier-Hornung, Spielleute, 93 f. Zum höfischen Publikum vgl. Bumke: Höfische Kultur 2, S. 700 ff.
457 Heinrich von Veldeke, Eneasroman, vv. 13222–13227.
458 Ebd., vv. 13242–13243.
459 Ebd., vv. 13234–13235.
460 Ein Textbeispiel für ein großartiges Fest bei Faral: Les jongleurs en France, S. 292: nr. 111. Zum Tanz bei Hofe siehe Marquardt: Das höfische Fest, S. 208 ff. Siehe auch Le Roman de la Rose, vv. 740 ff.
461 Zink: Littérature, S. 270.
462 »Li dis des trois vertus«, vv. 147–52, zit. nach Faral, Les jongleurs, S. 156.
463 Gottfried: Tristan, übers. Kühn, S. 261, vv. 2559–2562.
464 Vgl. Russell: Die Bevölkerung Europas 500–1500, 19 f.
465 Siehe unten.
466 Planitz: Die deutsche Stadt, S. 115.
467 Vgl. Salmen: Der fahrende Musiker, S. 118 f.
468 Vgl. Maschke: Unterschichten, 360 f.
469 Tertullianus, ebd., S. 57 und 59.
470 Wie Anm. 417.
471 Faral: Les jongleurs, S. 87.
472 Moniage Guillaume, vv. 1248 ff.
473 Les trois bossus, v. 61 ff. (übers. W. H.).
474 Wackernagel, Geschichte der deutschen Literatur, Register Spielleute. z. B.: S. 149, nr. 18.
475 Divinae institutiones VI, 20.
476 Vgl. Art. »Lactantius«, in: Der Kleine Pauly Bd. 3, Sp. 438 f.
477 Ambrosii epistolae 30, ad Sabinum episcopum, zit. nach Böhme, Geschichte des Tanzes 1, S. 92.
478 Homilia 56 in Genesim. Böhme, Gesch. des Tanzes 1, 92.
479 Sermones contra ebreos Bd. 1, 216.
480 »Non licet in ecclesia choros secularium vel puellarum cantica exercere, nec convivia in ecclesia celebrare«. Statut. Bonifacii, cap. 21.
481 Böhme, Geschichte des Tanzes, Band 17, mit Quellenbelegen.

482 Bumke: Höfische Kultur 1, S. 311, Anm. 151.
483 Bibl. nat. fr. 1834, fo 68.
484 Hugo von Trimberg, Renner, v. 19469.
485 Exodus 32, 19.
486 Zum Tanz im Mittelalter vgl. noch immer Böhme: Geschichte des Tanzes.
487 MGH LL 1, S. 1.
488 Cap. 35. Mansi 14, Sp. 1008.
489 Böhme: Geschichte des Tanzes, S. 97. Übersetzung von Bumke: Höfische Kultur 1, S. 311.
490 Böhme: Geschichte des Tanzes Bd. 1, S. 97.
491 Ebd., S. 96.
492 Konrad von Megenberg, Ökonomik, S. 256.
493 Brant, Das Narrenschiff, S. 216 f.
494 Zit. nach Faral: Les jongleurs, S. 88 f., Anm. 3.
495 Ebd., S. 326.
496 Schwankerzählungen des Mittelalters.
497 Étienne de Bourbon, S. 399. Ferner S. 168 ff., 398, 161, 226. Dieser und weitere Belege bei Faral: Les jongleurs, S. 91 f.
498 Spätmittelalterliche Sittenpredigt; zit. nach Scherr: Kultur- und Sittengeschichte, S. 134 f.
499 Faral: Les jongleurs, S. 88.
500 So Jakob von Vitry, wie Anm. 482.
501 Étienne de Bourbon, Anecdotes historiques, S. 397.
502 Roman des sept sages, v. 696.Zit. nach Faral, Les jongleurs, S. 285.
503 Wackernagel: Kirchenlied, Bd. 2, S. 633.
504 Vgl. Hertz: Spielmannsbuch, S. 324 f.
505 Vgl. Isenmann: Die deutsche Stadt, S. 157 f.
506 Vgl. Salmen: Der Spielmann, S. 89.
507 Vgl. Hartung: Spielleute.
508 Faral: Les jongleurs, S. 326.
509 Faral: Les jongleurs, S. 319.
510 Busse: Eine Ordnung für die Spielleute, S. 67–69.
511 Zit. nach Grossmann: Frühmittelenglische Zeugnisse über Minstrels, S. 19.
512 Roman de Brut, zit. nach Faral: Les jongleurs, S. 285.
513 Rosengarten vv. 999 ff.
514 Schröder: Spielmannsepen. vv. 1044–1054.
515 Hugo von St. Victor, De claustro animae, PL 176, Sp. 1080.
516 Bibl. Nat. lat. 16515. Danach Gautier: Épopées françaises 2, S. 98, Anm. 2.
517 Gautier d'Orléans, cap. 17, S. 739.
518 Matth. 14, 3–11.
519 Vgl. entsprechende Abb.; s. a. Rieger: Beruf Joglaresca, S. 229 ff.
520 De Poenitentia. Faral: Les jongleurs en France, S. 290.
521 Salmen: Der fahrende Musiker, S. 58.
522 Humbert, De erud. Praed.
523 Joh. von Salisbury, Policraticus. PL 199. Sp. 406.
524 De Poenitentia. Faral: Les jongleurs en France, S. 290.
525 Policraticus, Sp. 406. Schreier-Hornung, Spielleute: S. 80.

526 Gautier: Épopées françaises 2, S. 98.
527 Summa confessorum.
528 Casagrande-Vecchio: Giullari, S. 218.
529 Humbert, De erud. Praed., S. 562.
530 Gilbert de Tournai, Sermones ad omnes status, ad virgines et puellas. Druck: Lyon 1511. Giullari, S. 219.
531 Tourtoulon: Jacme Ier, le conquérant, S. 159.
532 Étienne de Bourbon.
533 Historia Occidentalis, cap. 30.
534 Jakob v. Vitry, PL 176, Sp. 943.
535 PL 184, Sp. 1199. Vgl. Le Goff: L'imaginaire médiéval. S. 126.
536 Gilbert von Tournai, Liber de bono vivendi. PL 184, Sp. 1199.
537 Umfassend dazu Edith Ennen: Frauen im Mittelalter.
538 Vgl. Le Goff: L'imaginaire médiéval, S. 123 und 136 ff.
539 Ebd., S. 124.
540 Expositio ad Regulam Beati Augustini. Como 1602, cap. 84, Derartig exzeßhaft und pervertiert wurden bis vor kurzem noch Kinder im katholischen Religionsunterricht malträtiert.
541 Siehe oben.
542 Genesis 3, 6.
543 Genesis 3, 11–13.
544 Ecclesiasticus 25.
545 Ecclesiasticus 25, 24.
546 Hieronymus, Adversus Jovinianum, PL. Sp. 291.
547 Bonaventura, Sermo de sancto Nicolao. IX, 476, A. siehe oben.
548 Vgl. Bumke: Höfische Kultur 2, S. 451 ff., mit zahlreichen Quellen- und Textstellen.
549 Vgl. Biedermann, H. M. u. a.: Art. »Maria, hl.«, in: LexMA 6, Sp. 243 ff.
550 Vgl. Art. »Frau« in: LexMA 4, Sp. 852–874.
551 Vgl. Le Goff: L'imaginaire médiéval, S. 140 f.
552 Wie Anm. 549.
553 Marbod v. Rennes, Liber decem capitulorum, PL. 171. Sp. 1700 und 1698. Vgl. hierzu Bumke: Höfische Kultur 2, S. 458.
554 De amore libri tres, S. 159.
555 Vgl. Hergemöller, B.-U.: Art. »Prostitution«, in: LexMA 7, Sp. 267 ff.
556 Zum Scharfrichter vgl. besonders das grundlegende Werk von Jutta Nowosadtko, Scharfrichter und Abdecker.
557 Augustinus, De ordine, PL. 32, Sp. 100.
558 Vgl. Schuster: Das Frauenhaus, sowie Irsigler – Lassotta, Bettler und Gaukler, S. 180 ff. und 198 f.
559 Faral: Les jongleurs, S. 291.
560 Goetz: Proseminar, S. 150 f. Hergemöller: Randgruppen, 1990, 316 ff.
561 Vgl. Muchembled: Kultur des Volks, S. 40 und 76.
562 De Poenitentia, Bibl. nat. lat. 16419, fo 93. Gautier: Épopées françaises 1, S. 99, Anm. 2.
563 Chronica, MGH SS 28, S. 220.
564 Faral: Les jongleurs, S. 63, Anm. 6.

565 Faral: Les jongleurs, S. 112.
566 Bullock-Davies: Menestrellorum Multitudo, S. 26.
567 Mouskes, ed. Reiffenberg, Bd. 1, S. CXXXIX. Hertz: Spielmannsbuch, S. 63.
568 Beuve de Hantonne. Faral: Les jongleurs en France, S. 292, Anm. 113.
569 Galeran de Bretagne, vv. 6983 ff.
570 Vgl. hierzu Heger: Lebenszeugnis, S. 86. Vgl. Schreier-Hornung: 82 f.
571 Chronicon Gaufredi Vosniensis, S. 444.
572 Diesen Umstand übersieht Schreier-Hornung: Spielleute: S. 83 ff.
573 Zu Heger: Vgl. Schreier-Hornung: Spielleute, S. 84.
574 Ebd., S. 88.
575 Bullock-Davies: Menestrellorum multitudo, S. 1 ff.
576 Vie de St. Gilles, ed. G. Paris und A. Bos. Faral: Les jongleurs, S. 278, Anm. 39.
577 Woledge: French Verse, S. 160 f.
578 Aufzählung von Geschenken an Spielleute aus Texten: Marquardt: Das höfische Fest, S. 221.
579 Rigord, Gesta Philippi Augusti, Francorum regis. Zit. nach Faral: Les jongleurs, S. 288 f.
580 Rosengarten V, 999. Ms. 73.
581 Salmen: Der fahrende Musiker, S. 142.
582 Chronica Astensia. Muratori, Antiquitates II, Sp. 843.
583 Zit. nach Salmen: Der fahrende Musiker, S. 143.
584 Gautier: Epopées françaises, II, S. 136.
585 Twinger von Königshofen, S. 482. Ms 74.
586 Woledge: French Verse, S. 166 f. Siehe oben.
587 Diez: Poesie, S. 41. und Anm. 2.
588 Ebd. und Anm. 1.
589 Vgl. Gautier: Épopées françaises 2, S. 107 ff.
590 Rockinger: Briefsteller und formelbücher, S. 163.
591 Faral: Les jongleurs, S. 122 f.
592 Comptes de la Cour de France. Recueil des historiens de France, Bd. 22, S. 589 ff.
593 Bullock-Davies: Menestrellorum Multitudo, S. 1 f.
594 Moser: Musikergenossenschaften, S. 30.
595 Rutebeuf: Charlot der Jude, der in das Hasenfell schiß, S. 45 ff.
596 Zu Mäzenaten und Gönnern vgl. insbesondere Bumke: Mäzene im Mittelalter, Bezzola: La littérature courtoise en occident.
597 Art. 74. MGH Const. 4, 1223.
598 Faral: Les jongleurs.
599 Adenet le Roi, Cléomadès, vv. 18008 ff.
600 Faral: Les jongleurs, S. 112.
601 Beleg im Stadtarchiv Lindau.
602 Walther von der Vogelweide, ed. und übers. P. Stapf, S. 72 f.
603 Raoul de Houdenc, Le Roman des Eles, vv. 67–71, S. 75.
604 Cartulaire de Provins, S. 95, nr. 4.
605 Le dit de la Maille, S. 106, nach Faral, Les jongleurs, S. 119; übrigens eine gängige Methode, Kleingeld mit sich zu tragen.
606 Petrus Cantor, Verbum abbreviatum 28, cap. 155.

607 Faral: Les jongleurs, S. 120.
608 Casagrande-Vecchio: Clercs, S. 914.
609 Del Tumbeor Nostre Dame, vv. 201–212.
610 Les miracles de Notre-Dame de Rocamadour, S. 33. Für 1181, also kurze Zeit nach der Abfassung des Liber Miraculorum ist übrigens der Besuch Abt Gerhards von Kloster Siegburg in Rocamadour überliefert. Ebd., S. 142, Anm. 110. Siehe auch Lartigaut, J.: Art. »Rocamadour«, in: LexMA 7, Sp. 920f.
611 Apostelgeschichte 3, 10.
612 Psalm 150, 4.
613 Les miracles de Notre-Dame de Rocamadour, S. 142ff.
614 Reclams Lexikon der Heiligen, S. 469f. Vgl. Acta Sanctorum Sept. 5.
615 Lexikon der Namen und Heiligen, S. 683. Das Motiv der Legende geht auf die Märtyrer Genesius und Gelasio zurück. Ebd. Vgl. Acta Sanctorum Aug. 5 und Febr. 3. PG 117, Sp. 144. Migne
616 Vitae Patrum, PL 73, c. 1170.
617 Faral, Les jongleurs, S. 157, Anm. 2.
618 Ebd.
619 Acta Sanctorum oct. S. 698.
620 Vgl. zu diesen die oben genannten Heiligenlexika.
621 Ed. bei Leroux de Lincy: Essai historique, S. 153ff.
622 Faral: Les jongleurs, S. 138.
623 Siehe dazu oben. Walther von der Vogelweide, S. 72f.
624 Vgl. zum Folgenden auch Berger: Le nécrologue de la confrérie des Jongleurs et des bourgeois d'Arras (1194–1361).
625 Gallia Christiana 3, Sp. 322ff. Zit. nach Faral: Les jongleurs, S. 133ff.
626 Siehe auch Faral: Les jongleurs, S. 135, Anm. 1 sowie 136ff.
627 Berger: Le nécrologue, S. 49.
628 Cartulaire de Notre-Dame-des-Ardents à Arras, nr. IV, S. 102f.
629 Ebd., nr. II, S. 88f.
630 Faral: Les jongleurs, S. 139.
631 Ebd., S. 140.
632 Ebd.
633 Ebd.
634 Zink: Littérature, S. 123.
635 Faral: Les jongleurs, S. 142.
636 Dubrulle: Cambrai à la fin du Moyen Age, S. 233, Anm. 6.
637 Vidimus, ed. Lespinasse: Tissus, S. 580ff.
638 Ebd., S. 580.
639 Ebd., S. 581.
640 Ebd., S. 581.
641 Ebd., S. 586.
642 Diez: Poesie, S. 43.
643 Faral, Les jongleurs, S. 84.
644 The cansos and sirventes of the troubadour Guiraut de Borneil: A Critical Edition by Ruth Verity Sharman. Cambridge u. a. 1989, S. 1ff. Faral: Les jongleurs, S. 301, Anm. 156. Guiraut de Cabreira, ed. Bartsch-Koschwitz: Chrestomathie, Sp. 91.

645 Morant und Galie, vv. 5145ff.
646 Vgl. Gautier: Épopées françaises 2, S. 173ff. und 180ff.
647 Hertz: Spielmannsbuch S. 302.
648 Wirnt v. Grafenberg, Wigalois, v. 7425f.
649 Muchembled: Kultur des Volks, S. 115.
650 Oexle: Die mittelalterlichen Gilden, S. 203–226, 214.
651 Lespinasse: Tissus, S. 576.
652 Nostredame: Les vies, S. 147.
653 Bullock-Davis: Menestrellorum Multitudo.
654 Acta Sanctorum oct., S. 752. Weitere Spielmannskrönungen bei Adam de la Halle, Chanson de la croisade des Albigeois. Faral: Les jongleurs, S. 268.
655 Moser, Musikergenossenschaften, S. 57.
656 Faral: Les jongleurs, S. 327.
657 Moser, Musikergenossenschaften, S. 54.
658 Ebd., S. 55.
659 Ebd., S. 57.
660 Rappelsteinisches Urkundenbuch 2, hg. C. Albrecht. Colmar 1892, 643 und 496.
661 Schubiger, Anselm: Die Antonier, Nr. 6, S. 225f.
662 Elucidarium 2, c. 18, PL 172, Sp. 1148f.
663 Joh. v. Salisbury, Policraticus, PL 199, Sp. 406.
664 De Poenitentia. Faral: Les jongleurs, S. 291.
665 Zur Überlieferung der Papsturkunde vgl. Moser, Musikergenossenschaften, S. 78f.
666 Baader, Nürnberger Polizeiordnung, S. 91. Nach Böhme, Gesch. d. Tanzes, S. 114.
667 Moser, Musikergenossenschaften, S. 63f.
668 Ebd., S. 64.
669 Grossmann, Minstrels, S. 107.
670 Vgl. Clédat, La poésie, S. 147.
671 Isenmann, Die deutsche Stadt im Spätmittelalter, S. 31.
672 Geremek: Les Marginaux parisiens, S. 344.
673 Geremek: Criminalité, S. 344.
674 Rutebeuf: Charlot der Jude, S. 43.
675 Jean le Marchant, Miracles de Notre-Dame de Chartres, ed. Duplessis.
676 Faral: Les jongleurs, S. 144.
677 Lambert von Ardres, Chronicon, MGH SS XXIV, S. 622.
678 Clédat: La poésie lyrique et satirique, S. 97.
679 Wace, Le roman de Brute, v. 10836; Faral: Les jongleurs, S. 144.
680 La griesche d'hiver. Zit. nach Faral: Les jongleurs, S. 161.
681 Deuxx bourdeurs ribauds, nach Faral, Les jongleurs, S. 148.
682 Vgl. Hartung, Spielleute, S. 90ff.
683 Saint Pierre et le jongleur.
684 Ebd. Hier in der Übersetzung von Hertz: Spielmannsbuch, S. 266.
685 Vgl. Spielmannsbuch, S. 325, Anm. 74.
686 Heinrich von Veldeke, Eneasroman, v. 13109.
687 Schwarze Mönche sind Benediktiner, braune Mönche Franziskaner, weiße Mönche Zisterzienser. Ein Schnapphahn ist ein Straßenräuber.

688 St. Peter und der Spielmann.
689 Ebd.
690 Siehe oben.
691 Walther von der Vogelweide, S. 73.
692 Elias: Über den Prozeß der Zivilisation, S. 102.
693 Elucidarium 2, c. 18, Sp. 1148f.
694 Baudoin de Condé, Le conte du garde cors, v. 77ff. Zit. nach Faral, Les jongleurs, S. 321, Anm. 266.
695 Rustebuefs Gedichte, S. 17.
696 Faral: Les jongleurs, S. 144.
697 St. Peter und der Spielmann, S. 275.
698 Greimas, A.-J.: Dictionnaire de l'ancien français, S. 360.
699 Sachsenspiegel, Oldenburger, pag. 10 v. Landrecht 1, 5, 2.
700 Hennig: Mittelhochdeutsches Wörterbuch, S. 171.
701 Le jongleur d' Ely, S. 42.
702 Du Cange: Stichwort »Leccator«.
703 Clédat, La poésie, S. 197f.
704 Ebd., S. 106.
705 Ebd., S. 107.
706 Villon, Le Testament XXI, S. 59.
707 Latin: Li Livres dou Tresor, zit. nach Faral, Les jongleurs, S. 319.
708 Siehe oben.
709 Matthias von Kemnat: Chronik Friedrichs I., S. 101f.
710 Diez: Poesie, S. 42f.
711 Vgl. auch die »Ritterlehren« aus der Zeit um 1210/1220. Adenet le Roi, Der Winsbecke.
712 Adenet le Roi, Cléomadès, vv. 14063ff.
713 Dits de Watriquet de Couvins.
714 États du monde, Bd. 2, S. 377.
715 Nostredame, Les vies, S. 97.
716 Faral: Les jongleurs, S. 154.
717 Elias. Über den Prozeß der Zivilisation, S. 102.
718 Vgl. Hartung: Randgruppen, S. 84.
719 Auf den Wühltischen der Wissenschaft finden wir Auffassungen, die an Quelle und Begriff völlig vorbeigehen: Die Haltung der Kirche »drängt die Spielleute und andersdenkende Geistliche und Gläubige in die Situation des Widerspruchs, in der die Kultur der Spielleute als eine Gegenkultur gegen die herrschende, christlich-lateinische lebendig sich erweist.« So z.B. Schreier-Hornung, Spielleute, S. 51.
720 Übersetzung von Hausmann: Französisches Mittelalter, S. 172f.
721 Elucidarium 2, c. 18, Sp. 1148f. siehe oben.
722 Hertz: Spielmannsbuch, S. 317, Anm. 7.
723 Stubbes' »Anatomy of Abuses«, S. 171f.

Personenregister

Abbo von Fleury, Abt und Gelehrter 175
Adalbero von Laon, Bischof 23
Adalbert, Erzbischof von Hamburg-Bremen 78, 195
Adam de la Halle (Adam le Bossu), Spielmann und Dichter 83, 274
Adam von Bremen, Domkanoniker und Geschichtsschreiber 195
Adeline, Jongleresse 246
Adenet le Roi, Spielmann 40, 82, 195
Agnes, Jongleresse 245
Aimeri de Bellinoi, Spielmann 103
Alberich de Romano, oberitalien. Adeliger 186
Albert de Malaspina, oberitalienischer Adeliger 253
Albert de Puycybot, Spielmann 102
Albertetz, Spielmann 107
Albertus Magnus, Theologe und Gelehrter 140 f.
Albrecht II., Herzog von Niederbaiern-Straubing 82
Alexander der wilde, Dichter 64
Alfons X., der Weise, König von Kastilien und León 9, 199, 201
Alfred, König von England 65
Alkuin, Gelehrter am Hofe Karls des Großen 127, 177 f.
Ambrosius, Bischof von Mailand, Kirchenvater 130
Amelric de Peguilhan 186

Annalista Saxo, Geschichtsschreiber 160, 184
Arbeo von Freising, Bischof, Autor 95
Archipoeta, anonymer Dichter 144
Arnaut Daniel, Spielmann, Dichter 111
Arnobius Afer (von Sicca), frühchristlicher Autor 122
Arnold von Guines, Graf 195
Aubri (Alberich) des Trois Fontaines, Geschichtsschreiber 61
Augustinus, Bischof von Hippo (Nordafrika), Kirchenvater 27, 119, 121 f., 124, 126 f., 130, 211, 220, 237 f., 241

Balduin V., Graf von Hennegau 188
Bardo, Erzbischof von Mainz 129
Barthel Regenbogen, Spruchdichter 25, 101
Basilius (der Große), Bischof von Caesarea 211
Baudoin de Condé, Spielmann, Dichter 307
Baudoin de Sebourc, Spielmann, Dichter 298
Beatrice von Este 192, 252
Beatrice, Königin der Provence 286
Beatrix von Lothringen/von Tuscien 191
Benoît von Sainte-Maure, Dichter 57
Benvenuto Aliprando, Geschichtsschreiber 186

Beowulf 89
Bernard Sicard de Marvéjols, Troubadour 199
Bernart de Ventadour (Bernart de Ventadorn), Spielmann 100, 111
Bernhard II. zur Lippe, Bischof in Livland 41
Berthold von Regensburg, Franziskanerprediger 83, 113ff., 136ff., 144
Bertrand de Born, Spielmann 44
Blondel, Spielmann 65
Bonaventura, General des Franziskanerordens, Kardinal und Theologe 132, 237
Bonifatius, Heiliger, Missionar 212
Bonifaz I., Markgraf von Montferrat 62, 99f., 186, 199, 201, 256
Bonifaz, Markgraf von Tuszien 191
Brunet Latin, Autor, Kaufmann 13, 313

Cabra, Spielmann 39, 280
Cadenet, Spielmann 53, 111
Caesarius von Heisterbach, Zisterzienser, Autor 102
Caracalla, römischer Kaiser 149
Childebert, merowingischer König 214
Chrétien de Troyes, Dichter 40, 57, 196
Christofle d' Alemaigne, Spielmann 62, 82, 188
Colin Muset, Spielmann 309, 311, 321

Daniel, biblischer Prophet 116f.
Dante Alighieri, Dichter 118
Daude de Prades, Generalvikar des Rodez 192
David, König der Juden 159
Dionysius Areopagites 136
Donizo von Canossa, Abt und Geschichtsschreiber 190f.

Edmond de Myrevaux, Ritter, Spielmann 110
Eduard II., König von England 62, 185

Eduard, Prinz von England 189, 286
Eike von Repgow, Autor des Sachsenspiegels 153, 155, 157
Einhard, Biograph Karls des Großen 16
Ekkehard (IV.), Mönch im Kloster St. Gallen, Geschichtsschreiber 168
Ekkehard von Aura, Geschichtsschreiber 191
Eleanor, englische Königin, Gattin König Eduards I. 192
Eleonore von Aquitanien, Gattin König Heinrichs II. von England 196
Elisabeth (von Thüringen), Heilige, Gattin Landgraf Ludwigs IV. von Thüringen 245
Étienne de Boileau, Prévôt von Paris 49
Étienne de Bourbon, Mönch, Inquisitor 218, 220, 234
Etzel, Hunnenkönig 63
Eugen IV., Papst 289f.
Ezzelino da Romano, oberitalien. Adeliger 186

François Villon, Dichter und Vagant 101, 201, 240
Franz von Assisi, Heiliger, Ordensgründer 144ff., 286
Frauenlob (Heinrich von Meißen), Dichter 101
Friedrich I. Barbarossa, Röm. Kaiser 16, 194, 201
Friedrich II., Röm. Kaiser 177, 245, 258
Friedrich, Herzog von Schwaben 194

Galeazzo Visconti, Herr (Signore) von Mailand 192, 252
Garin d' Apchier, Dichter, Spielmann 51
Garin Troussebeuf, Spielmann 144, 258
Gaucelm Faidit (Gaucelme Faydit), Spielmann 40, 98f., 298

Gaudentius von Brescia, Bischof, Theologe 130
Gaufrey de Vigeois, Chronist 286
Gautier d' Orléans 226
Gelasius II., Papst 274
Geoffrey Chaucer, Dichter 47
Gerbert de Montreuil, Dichter 251
Gerhard von Cambrai, Bischof 23
Giacchetto Malespini, Geschichtsschreiber 188
Gilbert von Tournai, Franziskanerprediger 233
Gilles de Corbeil, Leibarzt König Philipps II. August von Frankreich 136
Giselbert von Mons, Kaplan und Kanzler des Grafen von Hennegau 188f., 194
Gondran de St. Gilles, Spielmann 267
Gottfried (Geoffrey) von Monmouth, Bischof und Geschichtsschreiber 65f.
Gottfried von Straßburg, Dichter 42, 204
Gratian, Rechtsgelehrter, Kanonist 127
Gregor VII., Papst 191
Guillaume de Sylvecane, Dichter 53
Guillaume Perraut, Geistlicher Autor 136
Guillelmus Mita, Spielmann 248, 286f.
Guillem Azemar, Spielmann 110
Guillem Figueiras (Guilhelm Figuera), Dichter 100
Guillielmo Ventura, Chronist 192
Guiraut de Borneil, Troubadour, Spielmann 111, 281
Guiraut de Cabreira, Dichter, Spielmann 39, 280
Guiraut de Calenson, Dichter 40, 47
Guiraut Riquier, Spielmann 9, 47, 85
Guy de Bourgogne, Spielmann 261
Guy de Thourotte, Châtelain von Coucy, Dichter 202

Hartmann von Aue, Dichter 113, 195

Heinrich II. von Brabant 202
Heinrich II., englischer König 196, 201
Heinrich III., Graf des Artois 195
Heinrich III., Röm. Kaiser 160, 174, 184, 279
Heinrich V., Röm. Kaiser 191
Heinrich VI., Röm. Kaiser 189, 194
Heinrich von dem Türlin, Dichter 197
Heinrich von Veldeke, Dichter 77, 180, 202, 203
Heliogabalus, römischer Kaiser 149
Henri, Bischof von Nantes 217
Herbert le Duc, Dichter 55
Herbertz, Dichter 54
Herodes Antipas, König 226, 227
Hieronymus, Kirchenvater 27, 122, 125, 126, 130, 214f., 237
Higbald von Lindisfarne, Bischof 127
Honorius Augustodunensis, Theologe 131, 289, 306, 322f.
Hugo von St. Viktor, Theologe, Mystiker 131, 234
Hugo von Trimberg, Dichter 212
Hugues Brunet, Spielmann 103
Hugues de Penna, Adeliger, Dichter 53, 286
Hugues von St. Cyr, Spielmann 103
Humbert von Romans, Generalmeister des Dominikanerordens 163, 229, 232
Huon le Roy, Spielmann 82
Huon von Villeneuve, Spielmann 53

Ibsen, Henrik, norwegischer Dramatiker 16
Isabella, Gattin Kaiser Friedrichs II. 177
Isidor von Sevilla, Bischof, Gelehrter 91
Itherius (Itier), Spielmann 271, 285

Jacques Grare, Spielmann 62
Jaime I. König von Aragón, »der Eroberer« 233
Jakob II., König von Mallorca 185

Jakob von Vitry, Bischof von Akkon, Geschichtsschreiber 212, 234
Jan Enikel, Geschichtsschreiber 76
Jaques de Sauilliant, Spielmann 62, 82, 188
Jean (Charmillons), Spielmann 287
Jean de Flixecourt, Dichter 55
Jean de Joinville, Seneschall der Champagne, Geschichtsschreiber 184
Jean de Nostredame, Autor 98
Jean Juvénal des Ursins, Bischof von Beauvais 67
Jean Renart, Dichter 185
Jeffrey, Spielmann 144
Johann der Fiedler, Spielmann 287
Johann der Gute, König von Frankreich 158f.
Johanna I. von Anjou, Königin von Neapel 98
Johannes Chrysostomus, Kirchenvater 27, 211
Johannes der Täufer 227
Johannes von Freiburg, Kanonist 142
Johannes von Lüttich, Bischof 218
Johannes von Salisbury, Philosoph, Geschichtsschreiber 115, 229f., 289
Joufroi de Poitiers, Dichter 45
Jouglet, Spielmann 185
Justinian, Röm. Kaiser 150, 156
Justinus von Lippstadt, Dichter 41

Karl der Große, Röm. Kaiser 43, 174, 177, 309
Karl IV., Röm. Kaiser 253, 285
Karl V., König von Frankreich 286
Karl VI., König von Frankreich 67, 159, 287
Kierkegaard, Sören, Philosoph 16
Konrad II., Röm. Kaiser 16
Konrad von Megenberg 216
Konstantin, Röm. Kaiser 121, 149
Konstanze von Aquitanien, Gattin König Roberts von Frankreich 69, 87

Lactantius, Rhetor, Autor 122, 211
Lambert, Bischof von Arras 270f.
Le Roy Baisescu, Spielmann 286
Le Roy Capenny, Spielmann 286
Le Roy de champaigne, Spielmann 286
Le Roy Druet, Spielmann 286
Le Roy Marchis, Spielmann 286
Le Roy Robert, Spielmann 286
Leopold, Herzog von Österreich 65
Ludwig (II.), Herzog von Baiern 101
Ludwig der Fromme, Röm. Kaiser 150, 174
Ludwig der Heilige, König von Frankreich 61, 184
Ludwig der Strenge, Herzog von Baiern 152
Ludwig VIII., König von Frankreich 188

Malatesta, mittelitalienische Adelsfamilie 209
Marbod, Bischof von Rennes 240
Marcabru, Spielmann 100, 111
Marcus Fabius Quintilianus, Rhetor 67
Marie de France, Dichterin 196
Marie de la Champagne, Tochter Eleonores von Aquitanien 196
Martin Franc, Propst von Lausanne 275
Matilda Makejoy, Tänzerin 84, 246
Matthäus Paris, Chronist 245
Matthias von Kemnat, Geschichtsschreiber 136, 245
Mechthild von Magdeburg, Mystikerin 240
Meister Ferari aus Ferrara, Spielmann 292
Mönch von Montmajour 53

Nabuchodonosor (Nebukadnezar), babylonischer König 76, 116f., 213
Nevers, Graf von 188
Nicolas de Braye, Dichter 188
Nikolaus von Holstein, Graf 252

Normannus (Norman), Spielmann 271, 285

Otto der Erlauchte, Herzog von Bayern 152
Otto der Große, Röm. Kaiser 47
Otto von Freising, Bischof, Geschichtsschreiber 16

Pariset, menestrel le Roy, Spielmann 286
Peire Vidal, Spielmann 199, 201
Peirols, Spielmann 110
Peter Hagenbach, burgund. Höfling 66
Peter II., König von Aragón 110
Peter Winter aus Sieglar, Spielmann 188, 264
Petrarca 12, 125, 126
Petrus Abaelard 131
Petrus Cantor, Theologe 135, 193, 261
Petrus von Blois, Gelehrter und Prinzenerzieher 61
Philipp der Schöne, König von Frankreich 287
Philipp V., König von Frankreich 258
Philippe II Auguste, französischer König 175f., 251, 252
Philippe Mousket, Dichter, Geschichtsschreiber 308
Philipp der Gute, Herzog von Burgund 66
Pierre aus der Auvergne, Spielmann 100
Pierre Cardenal, Spielmann 110
Pierre Rogier, Spielmann 102
Pierre Touset, Spielmann 258
Pierre Vidal, Spielmann 316
Pistoleta, Spielmann 65, 311
Prokop, Geschichtsschreiber 88

Radulf Glaber, Mönch und Geschichtsschreiber 67f., 87
Radulf von Argences, Abt von Fécamp 267
Rahewin, Geschichtsschreiber 16

Raimbaut de Vaqueiras, Spielmann/Trouvère 62, 100, 111, 186, 253
Raimund IV. von Toulouse, Graf 110
Raimund V. von Toulouse, Graf 201
Rainald von Dassel 144
Raoul de Houdenc, Dichter 260
Raymond von Miraval, Dichter, Spielmann 51
René von Anjou, König (später König von Navarra) 202
Richard der Pilgrim, Dichter 195
Richard Löwenherz, König von England 65, 99
Riculf von Stollberg, Ritter 264
Rigord, Geschichtsschreiber 251
Robert (II., der Fromme), König von Frankreich 23, 69, 87
Robert de Blois, Dichter 197
Robert von Flamborough, geistlicher Autor 49, 133
Robert, Bruder Ludwigs des Heiligen 61
Roger Bacon, Universalgelehrter 146
Roland von Dol-de-Bretagne, Erzbischof 144
Ruprecht der Ältere, Pfalzgraf 291
Rutebeuf 256, 295, 307, 310f., 317, 321

Salimbene von Parma, Franziskaner, Geschichtsschreiber 177f., 186
Salome, Tochter der Herodias 226f., 229
Salvianus von Marseille, Theologe 118, 122, 125, 129
Saul, erster König Israels 159
Sebastian Brant, Dichter 216
Semul de Couloigne, Spielmann 62, 82, 188
Septimius Florens Tertullianus, Kirchenschriftsteller 117, 119, 120f., 122, 125, 130, 208
Sextus Amarcius (Pseudonym), Dichter 180
St. Ardalio 267

St. Arnold (von Arnoldsweiler) 267
St. Cäcilia 267, 279, 280
St. Gelasius 267
St. Genesius 267, 278
St. Johann der Gute (Jean le Bon) 267
St. Julian 278
St. Kümmernis 266
St. Martin 267
St. Nikolaus 238
St. Oswald 224
St. Pelagia 265
St. Porphyrius 265

Thegan, Chorbischof in Trier, Geschichtsschreiber 174
Theodora, Schauspielerin, Kurtisane, Kaiserin 88
Thibaut de Champagne, adeliger Mäzen 202
Thomas von Aquin, scholastischer Universalgelehrter 115, 140 ff., 262, 322
Thomas von Chobham, Theologe 115, 133, 135, 232
Tristan 42, 50, 204
Trousseboef, Spielmann 144
Twinger von Königshofen, Geschichtsschreiber 252

Udalrich von Bregenz, Graf 47
Ulrich von Württemberg, Graf 290, 307

Vincent von Beauvais, Universalgelehrter 176, 237

Wace, Spielmann 198, 298
Walther von der Vogelweide, Dichter 112 f., 114, 247, 258 f., 306
Watriquet de Couvin, Spielmann 73, 204, 316
Wenzel II., König von Böhmen 189, 190, 245
Werner von Alzey, Pfeiferkönig 291
Wernher der Gärtner, Dichter 70, 79
Widoguerra, Pfalzgraf der Toskana 82
Wilhelm von Rappoltstein, Graf 289
Wilhelm von Saccovilla, Prediger 252
Wilhelm, Abt von Fécamp 267
Wilhelm der Eroberer, König von England 258
Wipo, Geschichtsschreiber 16
Wirnt von Grafenberg, Dichter 282
Wolfger von Erla, Bischof von Passau, Patriarch von Aquileja 73, 253, 247 f.
Wolfram von Eschenbach, Dichter 75

Bildnachweis

Farbiger Bildteil: T. 1 oben © Universitätsbibliothek, Graz; T. 2 oben © Universitätsbibliothek, Heidelberg; T. 3 oben © Österreichische Nationalbibliothek, Wien; T. 4 oben © Universitätsbibliothek, Heidelberg.

Schwarzweißabbildungen: S. 51,186,207 © Österreichische Nationalbibliothek, Wien; S. 63,111,188 © Universitätsbibliothek, Heidelberg; S. 127 © Stiftsbibliothek Heiligenkreuz; S. 178 © Stuttgart, Württ. Landesbibliothek (Cod. bibl. fol. 23, f. 55I); S. 199 © IMAREAL, Foto: Malina; S. 227 © Diözesanmuseum St. Afra, Augsburg, DMA 1003; S. 238 Wallraf-Richartz-Museum – Fondation Corboud. © Foto: Rheinisches Bildarchiv, Köln; S. 241 © Bayerisches Nationalmuseum, München; S. 253 © Stadtarchiv, Ulm; S. 282 © IMAREAL, Foto: Tarcsay; S. 311 © Herzog-Anton-Ulrich-Museum, Braunschweig, Kunstmuseum des Landes Niedersachsen.